대한민국의 해양법 실행

유엔해양법협약의 국내적 이행과 과제

유엔해양법협약의 국내적 이행과 과제 ─

대한민국의 해양법 실행

한국해양수산개발원 편

일조각

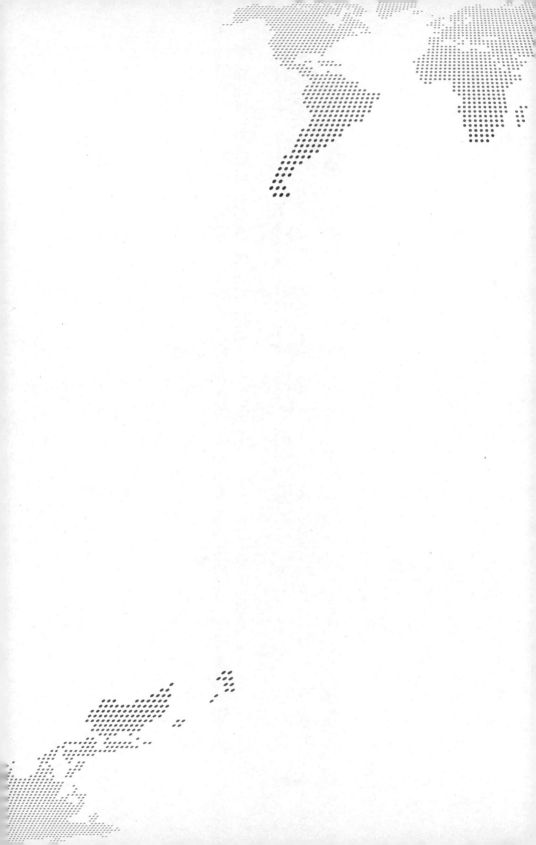

발간사

대한민국은 대륙과 해양이 교차하는 국가로, 삼면이 바다로 둘러싸여 있고 국토 면적의 약 4.4배에 달하는 관할해역(443,000km²)을 보유하고 있다. 2014년 기준으로 수산, 해운, 항만, 조선 등 해양산업의 부가가치 유발액은 86조 9천억 원, 종사자는 66만 6천 명에 이른다. 원양어업과 양식업 등 수산업은 1970년대부터 한국 경제성장의 견인차 역할을 해왔는데, 1982년 유엔해양법협약 채택 이후 200해리 배타적 경제수역 선포와 공해 조업규제의 확대 등 어려운 환경 속에서도 최근까지 해양산업의 중요한 부분을 담당하고 있다. 또 한국의 수출입 화물 99% 이상이 해상을 통해 운송되고 있기 때문에 해운과 항만 산업의 발전은 대외무역 의존도가 높은 한국경제를 뒷받침하는 근간을 이루고 있다. 최근에는 해양과학기술의 발전으로 해양바이오, 해양에너지, 해양광물 등 새로운 산업군이 출현하고 있어, 앞으로 해양을 어떻게 이용하고 개발할 것인가에 한국경제의 미래가 달려 있다고 해도 과언이 아니다.

해양의 중요성과 함께 각국의 해양활동이 유엔해양법협약과 관련 국제규범에 따라 규율된다는 점에 주목할 필요가 있다. 1994년 발효한 유엔해양법협약은 2016년 현재 당사국 수가 168개국으로 늘어남에 따라 명실공히 해양의 헌법Charter으로 국제해양질서를 규율하고 있다. 1994년 「심해저 관련 이행협정」과 1995년 「공해어업협정」 역시 유엔해양법협약의 내용을 수정 보완함으로써 국제해양질서의 일부를 규율하고 있다. 또 유엔해양법협약의 채택과 함께 설립된 대륙붕한계위원회, 국제해저기구, 국제해양법재판소도 각각 대륙붕 한계의 확정, 심해저 자원의 개발과 이용, 해양분쟁의 사법적 해결이라는 임무를 충실히 수행함으로써 해양에서의 법의 지배 구현에 기여하고 있다.

한국은 1996년 유엔해양법협약을 비준하면서 「영해법」을 개정하고 「배타적 경제수역법」을 제정하는 등 필요한 입법조치를 하였고, 이때부터 국제해양법질서에 본격적으로 동참하게 되었다. 유엔해양법협약에 가입한 이후에도 한국은 대한해협과 제주해협에서의 통항, 일본 및 중국과의 어업협정 체결 및 해양경계획정 협상, 200해리 밖 대륙붕의 외측 한계 설정, 심해저 자원의 개발, 해양환경의 보호 등 다양한 해양법 문제에 대응하기 위해 유엔해양법협약에 따른 국내입법과 국가실행을 추진해 왔다.

그러나 아직 한국은 한중, 한일 해양경계획정 및 어업협정, 동중국해 대륙붕 연장에 대한 미합의 상태 지속, 2028년 종료 예정인 한일 공동개발협정에 대한 대응 등 한반도 주변해역의 관할권에 대한 많은 과제를 안고 있다.

이와 같은 해양산업과 해양활동이 갖는 중요성에 비해 이를 규율하는 유엔해양법협약 및 관련 법령과 국가실행에 관한 연구는 부족한 실정이다. 유엔해양법협약을 비준한 이후에도 한국은 꾸준히 다양한 국내입법과 국가실행을 추진해 왔지만, 그러한 입법의 적절성이나 미비점에 관한 체계적 연구는 찾아보기 어렵다. 또 한국이 직면한 해양법 문제가 늘어나면서 해양법 실무 담당자 및 해양산업 종사자들이 유엔해양법협약의 기본내용과 한국의 해양법 실행을 숙지해야 할 필요성은 커지고 있으나 이를 충족시켜 줄 만한 종합적인 연구는 찾아보기 어려운 실정이다.

이 책은 기존 해양법 교과서 및 선행연구에서 잘 다루어지지 않은 한국의 해양법 실행에 관한 정보를 제공하고 이를 체계적으로 해설하기 위해 기획된 것이다. 해양업무를 담당하거나 해양산업에 종사하는 일반 독자들에게 실용적이고 유용한 지침서로 집필방향을 정하고, 해양법의 각 분야에 정통한 해양법 전문가들을 저자로 선정하였다. 유용한 해양법 지침서의 출간이라는 기획의도를 반영하기 위해 여러 차례 원고 검토 회의를 여는 등 일반 독자들도 쉽게 유엔해양법협약과 한국의 해양법 실행에 관한 정보에 접근할 수 있도록 노력하였다. 더 나아가 이 책에서 저자들이 제시한 한국의 해양법 실행에 대한 평가와 정책제언 부분은 해양법 연구자들이 깊이 연구해 나가야 할 주제이자, 해양법 정책을 수립하고 시행함에 있어 함께 풀어 나가야 할 과제라고 할 수 있다. 이 책의 발간이 한국의 해양법 실행을 체계적으로 정리하고 발전시켜 나가는 계기가 되기를 기대한다.

끝으로 이 책을 기획하는 단계에서부터 자문과 조언을 아끼지 않으신 부산대학교 박배근 교수님과 한국해양대학교 이용희 교수님, 귀중한 원고를 보내 주시고 까다로운 수정 요청에 응해 주신 저자분들께 깊은 감사의 말씀을 드린다. 또 출간 실무를 맡아 준 한국해양수산개발원의 현대송 독도연구센터장, 박영길 박사, 김원희 박사의 노고에 감사를 표한다. 특히 상업성 없는 해양법 책의 출판을 흔쾌히 수락해 주신 일조각 김시연 대표님과 출판과정을 꼼꼼하게 챙겨 주신 안경순 편집장님, 황인아 과장님께도 진심으로 감사드린다.

2017년 3월
한국해양수산개발원
원장 **양창호**

추천사

국제법과 국내법이 밀접하게 상호 작용한다는 사실은 긴 설명이 필요하지 않다. 국제법은 보통 각 국가의 국내법과 이에 따른 국내적 조치를 통해 적용되고 이행된다. 그런데 입법부를 통해 법률이 제정되는 국내 사회와 달리 국제 사회에는 입법부가 없다 보니, 관습이나 조약을 통해 형성되는 국제법은 정확성과 구체성이 국내법에 비해 현저히 떨어진다. 특히 많은 국가가 참여하여 작성되는 다자조약의 경우 국가 간 이해 차이로 인해 적지 않은 규정들이 일반적 원칙을 제시하는 데 그치거나 의도적으로 애매모호하게 처리되기도 한다. 따라서 각 국가들이 이러한 규정을 국내적으로 어떻게 적용하고 이행하는가는 조약의 해석, 그리고 더 나아가서 국제법의 발전에 중대한 영향을 미친다.

국제해양법도 예외가 아니다. 해양법은 국제법의 여러 분야 가운데서 가장 성문화가 진전된 분야로 꼽힌다. 해양의 이용과 보호에 관해 총체적으로 규정하고 있는 유엔해양법협약을 비롯하여 기능별로 또 지역별로 수많은 조약이 체결되어 있다. 그럼에도 불구하고 해양은 광대하고 해양에서 발생하는 행위들이 셀 수 없이 다양한 만큼 여전히 넓은 규범의 공백이 존재한다. '바다의 헌법'으로 불리는 유엔해양법협약만 하더라도 '헌법'이라는 표헌이 상징하듯이 구체적이고 상세한 규정보다는 큰 틀에서 해양질서를 정립하는 데 주력하고 있다. 따라서 이 협약을 통해 실현하고자 하는 해양법질서는 각국의 상응하는 국내법과 국내적 조치와 불가분의 관계를 가진다. 이러한 맥락에서 유엔해양법협약은 당사국들이 "이 협약의 조항에 따라 채택된 연안국의 법과 규정(laws and regulations adopted by the coastal State in accordance with this provisions of the Convention)"을 준수해야 한다고 여러 조항에서 강조하고 있다. 또 국제해양법재판소는 2015년의 권고적 의견에서 이러한 법과 규정은 유엔해양법협약 전문에서 천명한 "해양법질서(a legal order for seas and oceans)"의 일부를 구성한다고 지적한 바 있다.

한국해양수산개발원이 간행한 『대한민국의 해양법 실행－유엔해양법협약의 국내적 이행과 과제－』는 이러한 배경에서 볼 때 다소 늦은 감이 있지만 대단히 중요한 의미를 가진다. 이 책은 유엔해양법협약이 한국에서 어떻게 적용되고 이행되는지를 종합적, 체계적으로 다루고 있다. 이를 통해 우리는 유엔해양법협약 체제의 현주소를 가늠해 볼 수 있을 뿐만 아니라 국제해양법질서의 형성에 한국이 어떠한 역할을 하고 있는지도 짐작해 볼 수 있다. 또 이 책은 해양업무에 종사하는 정책결정자나 유엔해양법협약을 해석하고 적용해야 하는 업무에 종사하는 사람에게는 소중한 참고자료가 될 것이다. 더 나아가 해양법을 공부하고 해양법이 현실에서 어떻게 구체적으로 해석·적용되는지에 관심 있는 모든 사람에게 이 책은 흥미로운 읽을거리가 되리라 생각한다. 굳이 한두 가지 당부를 덧붙인다면, 국가실행이란 항상 변화하고 진화하는 만큼 이러한 성격의 간행물은 정기적으로 개정되어야 그 가치가 유지될 수 있음을 유념해 주기 바란다. 또 국내입법의 소개에서 더 나아가 법이 행정기관에 의해 어떻게 집행되고 법원에서 어떻게 해석·적용되는지도 다루어야 국가실행의 보다 정확한 실상을 알 수 있으리라 생각한다.

끝으로 의미 있는 해양법 학술서의 발간작업을 담당한 한국해양수산개발원과 일조각 출판사 담당자들의 노고를 치하하며 해양법 연구자들뿐만 아니라 해양법에 관심 있는 모든 일반 독자에게 이 책의 일독을 권한다.

2017년 3월
국제해양법재판소
백진현

차례

제6장 해양경계획정 – 이기범

일러두기

- 유엔해양법협약 등 조약문은 외교부의 공식 번역본 사용을 원칙으로 했으나, 공식 번역본이 오역이거나 적절하지 않은 경우에는 저자가 판단하기에 적합한 번역용어를 사용하고 각주에 그 이유를 설명하였다.
- 한반도 주변 바다의 명칭은 원칙적으로 동해, 황해, 동중국해를 사용하였다. 다만 방위 개념으로 바다를 지칭할 때에는 서해안, 남해안, 동해안을 사용하였고, 국방부의 공식자료에서 '서해 NLL' 또는 '서해 5도'라고 지칭한 경우에 한하여 공식자료의 용례에 따랐다.
- 학술용어, 외국 법률 및 제도 등은 한글 표기를 원칙으로 했으며, 번역된 용어의 이해를 돕기 위해 원어를 병기하였다. 예외적으로 번역이 곤란한 경우에는 원어를 사용하였다.
- 본문에서 자주 언급된 해양법협약은 다음과 같이 약칭을 사용하였다.

조약명	약칭
1958년 영해 및 접속수역에 관한 협약	영해협약
1958년 공해에 관한 협약	공해협약
1958년 대륙붕에 관한 협약	대륙붕협약
1958년 공해상 어업 및 생물자원보존 협약	공해어업협약
1982년 해양법에 관한 국제연합협약	유엔해양법협약 또는 해양법협약
1994년 해양법에 관한 국제연합협약의 제11부 이행에 관한 협정	제11부 이행협정
1982년 12월 10일 해양법에 관한 국제연합협약의 경계왕래어족 및 고도회유성어족 보존과 관리에 관한 조항의 이행을 위한 협정	유엔공해어업협정

제1장

국제해양법의 발전과
유엔해양법협약의 국내적 이행

박영길

I 국제해양법의 발전

대한민국은 삼면이 바다로 둘러싸인 반도 국가이고, 이웃 국가인 일본, 중국, 러시아와 한반도 주변 바다를 공유해야 하는 지정학적 상황에 놓여 있다. 한국이 관할하고 있는 바다는 동해East Sea, 황해Yellow Sea, 동중국해로 나누어져 있고, 관할해역의 총 면적은 국토 면적의 4.4배에 달하는 약 443,838km²이다. 한편 한국의 관할해역에는 약 3,348개의 도서가 분포해 있으며 그중 유인도서가 472개, 무인도서가 2,876개 분포해 있다. 한국은 수산자원이나 광물자원과 같은 유형적 해양자원 이외에도 해운이나 해양관광과 같은 무형적 해양자원을 적극적으로 개발하고 활용함으로써 지속적인 경제발전을 이룩해 왔다. 또 한반도 주변 수역에서는 미국, 중국, 일본, 러시아 등 4대 강대국들이 군사적 긴장관계를 유지하고 있기 때문에, 한국의 해양안보는 한반도 평화와 국가안보 수호를 위한 전제요건이다. 이와

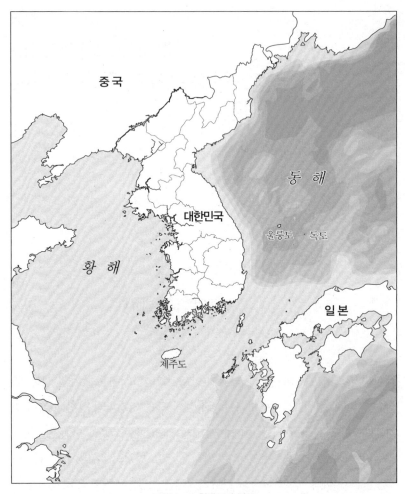

그림 1-1 한반도 수역도

같이 한국에 매우 중요한 해양의 이용과 개발은 국제법 중 해양법을 통해
규율되어 왔다. 해양법은 일찍이 대항해 시대부터 국가 간의 해양활동을 규
율하면서 국제관습법의 형태로 발전해 왔다(그림 1-1, 표 1-1).

　해양에 관한 국제관습법의 성문화는 1930년 국제법전편찬회의에서 처
음 시도되었지만 성공하지 못하였다. 한편 유엔은 유엔헌장에 따라 국제법

표 1-1 한국의 해양영토 현황

해역	현황	비고
전체 해역	바다면적: 약 443,838km²	국토면적의 약 4.4배 ※ 국토면적 100,295km²(국토교통부 2015년 기준)
	평균수심: 약 783m	
	최대수심: 약 2,896m	우산해곡 최북 측 부근
동해	평균수심: 약 1,497m	
	최대수심: 약 2,986m	최대수심 지점: 우산해곡 최북 측 부근
황해	평균수심: 약 71m	
	최대수심: 약 184m	최대수심 지점: 마라도 남북방향 약 7km
남해	평균수심: 약 51m	
	최대수심: 약 124m	최대수심 지점: 소흑산도 남동방향 약 60km
해안선	14962.8km	지구 둘레(4만 192km)의 37%에 해당 ※ 육지부 해안선은 7,752.5km(51.8%), 도서부 해안선은 7,210.0km(48.2%)(국립해양조사원 2014년 기준)
도서	3,348개	무인도서 2,876개(해양수산부 2015년 12월 기준), 유인도서 472개(행정자치부 2016년 9월 기준)
갯벌	2,487.2km²	연안습지의 83.8%가 서해안에 분포(해양수산부 2013년 기준)

의 점진적 발전과 국제관습법의 성문화를 위해 1948년 국제법위원회를 설립하였다. 국제법위원회는 유엔 총회의 요청으로 1956년 해양법 문제 전반에 관한 보고서를 작성하여 유엔 총회에 제출하였다. 그 후 유엔 체제하에서 국제해양법의 성문화를 위한 회의가 1958년부터 세 차례에 걸쳐 개최되었다. 1958년 제네바에서 개최된 제1차 유엔 해양법회의에서는 1956년 국제법위원회의 보고서에 기초하여 네 가지 협약, 즉 「영해 및 접속수역에 관한 협약」(이하 「영해협약」), 「공해에 관한 협약」(이하 「공해협약」), 「대륙붕에 관한 협약」(이하 「대륙붕협약」), 「공해상 어업 및 생물자원보존 협약」(이하 「공해어업협약」)을 채택하는 성과를 이루었다. 그렇지만 이 협약들은 해양관할권 확정의 출발점이라 할 수 있는 영해의 폭에 대한 합의를 이끌어 내지 못하는 등 국제해양법질서를 확립하는 데는 부족한 점이 많았다(그림 1-2). 다만

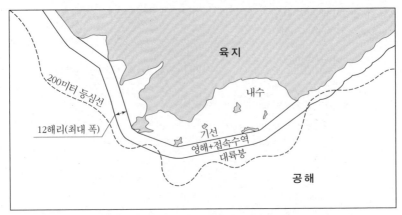

그림 1-2 1958년 4개 제네바 해양법협약에 따른 해역도

「영해협약」제24조 제2항에서 접속수역을 기선으로부터 최대 12해리까지로 규정하였으므로 영해의 폭에 대해 12해리까지 주장하는 것은 가능하였다. 이어 1960년 제2차 유엔 해양법회의가 개최되었지만 여전히 영해 폭에 대한 이견을 좁히지 못해 성과 없이 끝나고 말았다.[1]

1960년대는 신생 독립국과 전통 해양 강국의 이해관계가 대립한 시기였다. 먼저 아시아와 아프리카에서 등장한 많은 신생 독립국은 자원민족주의라는 기치 아래 연안국의 해양관할권을 확장하고 전통적인 공해의 자유를 축소하고자 하였다. 반면 미국을 비롯한 전통적인 해양 강국들은 3해리 영해를 주장하는 등 가능한 한 폭넓은 공해의 자유를 유지하고자 하였다. 한편 몰타의 유엔대사였던 아르비드 파르도Arvid Pardo는 1967년에 개최된 유엔 총회에서 개발가능성에 따라 연안국이 대륙붕을 무한정 확대할 수 있는 1958년 「대륙붕협약」을 비판하면서, 심해저를 인류의 공동유산으로 지키기 위해 심해저에 대한 국가관할권의 한계를 설정하는 새로운 제도의 수립을 촉구하였다. 이렇듯 1960년대에는 '좁은 영해'와 '넓은 공해'를 주장하

---

1 김영구, 『韓國과 바다의 國際法』(서울: 21세기 북스, 2004), 15쪽.

는 전통적 해양 강국들과 연안국의 관할권 확장을 주장하는 신생 독립국 중심의 세력이 맞서는 가운데, 과학기술 발전을 수용할 수 있는 새로운 해양법질서에 대한 열망이 높아지게 되었다.[2]

이런 분위기 속에서 1968년 유엔 총회의 "국가 관할권 이원의 해저 및 해상海床의 평화적 이용에 관한 위원회"에서는 제3차 유엔 해양법회의를 1973년에 소집하기로 결의하였다. 1973년 첫 번째 회의를 시작으로 매년 수개월씩 약 10년에 걸친 오랜 협상 끝에 1982년 유엔해양법협약이 채택되었고, 마침내 1994년 11월 16일 발효하게 되었다.

II 제3차 유엔 해양법회의와 대한민국의 입장[3]

제3차 유엔 해양법회의는 좁은 영해와 넓은 공해를 유지하려는 전통적인 해양 강국의 입장과 가능한 한 연안국의 관할권을 확대하면서 이번 기회에 국제해양질서를 새롭게 재편하려는 아시아−아프리카 신생 독립국 중심의 개발도상국 입장이 팽팽히 맞서는 가운데 진행되었다.[4] 또 당시 냉전질서의 심화로 정치적 이념에 의해 각국의 진영이 나뉘었음에도, 국익을 중심으로 해양에 관한 이해관계에 따라 원양어업 국가, 도서 국가, 내륙 국가, 지리적 불리 국가 등과 같이 여러 그룹으로 나뉜 상태에서 협상이 진행되었다. 복잡하고 다양한 이익 그룹 간의 대립 속에서 타협안을 도출하기 위해 제3

---

2 김찬규, "카라카스 海洋法會議의 特徵", 『국제법학회논총』, 제19권 제1호(1974), 39−53쪽.

3 박영길, "한국 국내법상의 유엔해양법협약 이행에 대한 검토", 『동서연구』, 제26권 제4호(2014) 중 일부를 수정, 보완한 것임을 밝힙니다.

4 유병화, "제3차 UN해양법회의의 결산과 국제심해저 제도", 『고시계』, 제27권 제2호(1982), 135−144쪽.

차 유엔 해양법회의에서는 표결보다는 컨센서스consensus에 의한 일괄타결package deal을 의사결정 방식으로 채택하였다. 10년간 진행된 제3차 유엔 해양법회의에서 공식적인 표결은 해양법협약의 최종 채택 여부를 결정한 것이 처음이자 마지막이었고 나머지 타협안은 모두 컨센서스로 이루어졌다.

제3차 유엔 해양법회의에서 한국은 전반적으로 아시아, 아프리카 국가들과 같은 입장을 취하였다. 이는 정치, 경제, 안보 등 거의 모든 분야에서 미국에 대한 의존도가 높았던 당시의 상황에서 한국 정부가 해양권익 확보를 위해 독자적인 목소리를 낸 것으로 평가할 수 있다. 제3차 유엔 해양법회의에서 주요 의제에 대해 한국 정부가 취한 입장은 다음과 같다.

첫째, 한국은 1958년 제1차 유엔 해양법회의에서 영해 폭에 대해 명확한 입장을 취하지 않았는데, 제3차 유엔 해양법회의에서는 3해리가 아닌 12해리 영해 폭을 지지하였다. 1958년 제1차 유엔 해양법회의 당시 한국 정부는 3해리, 6해리, 12해리 등 영해 폭을 두고 벌이는 논쟁에서 명확한 입장을 취하지 않았다. 한국은 미국이 주장하는 3해리 영해 폭이 연안국의 관할권이 확장되어 가고 있는 시대적 흐름과 맞지 않다고 보면서도 12해리 영해를 주장하는 것은 앞서가는 입장이라고 보았다.[5]

둘째, 영해의 무해통항과 관련해서 한국은 외국의 군함과 비상업용 정부선박에 대해 사전통고를 요구하였는데, 이는 남북한 간의 군사적 대치 상황과 냉전 상황을 고려한 것이었다. 1958년 제1차 유엔 해양법회의에서 한국 정부는 이들 선박들에 대해 사전통고 또는 사전허가를 무해통항의 조건으로 하자고 제안하였지만 부결된 바 있다.[6]

셋째, 국제해협에서의 통과통항권과 관련해서 한국 정부는 군함과 비상

---

5 문철순, "「제네바」國際海洋法會議經過", 『국제법학회논총』, 제3권 제2호(1958), 84쪽.
6 상게논문, 89쪽.

업용 정부 선박에 대해 무해통항권만 인정할 것, 상공통과권을 삭제할 것, 해협 연안국의 오염 규제권을 강화할 것을 주장하였다. 이는 영해에서의 무해통항에 대한 입장과 같은 것으로, 대한해협과 제주해협에서의 통항 문제를 염두에 둔 것이었다.

넷째, 해양경계획정과 관련하여 한국 정부는 영해의 경계획정에 대해서는 중간선 방법을 지지하였지만, 대륙붕과 배타적 경제수역의 경계획정과 관련해서는 명확한 입장을 취하지 않았다. 한국은 1969년 국제사법재판소(이하 ICJ)의 북해대륙붕 사건에서 제시된 육지영토의 자연적 연장론에 근거하여 1974년에 일본과 제주도 남부 대륙붕의 공동개발구역을 설정한 바 있다. 한편 중국과의 황해에서의 배타적 경제수역 및 대륙붕의 경계획정 관련 협상에서는 중간선 방법에 따르는 것이 유리한 상황이었기 때문에 영해를 제외한 나머지 수역의 경계획정 원칙에 대해서는 명확한 입장을 취하지 않았다.

다섯째, 해양과학조사와 관련하여 한국은 타국의 관할 해역에서 해양과학조사를 하기 위해서는 연안국의 동의가 필요하다는 입장을 취하였다. 자유로운 해양활동을 주장하는 해양 강국과 연안국의 사전 동의를 요건으로 주장하는 국가들의 견해가 대립한 상황에서 한국은 후자의 입장을 지지한 것이다.[7]

여섯째, 한국은 해양분쟁의 평화적 해결을 위한 강제적 분쟁해결 제도의 도입을 지지하는 입장을 취하였다. 제3차 유엔 해양법회의에서는 해양법 협약과 관련한 분쟁해결 절차에 대해 모든 분쟁이 강제적인 분쟁해결 제도에 회부되어야 한다고 주장하는 국가들과 국제재판소의 강제적 관할권 행사에 반대하는 국가들 간에 심각한 의견 대립이 지속되었다. 앞서 말하였듯

---

7 문정식. "第3次 유엔海洋法會議와 海洋科學調査制度: 主要討議 內容을 中心으로", 『해양정책연구』, 제3권 제3호(1988), 301쪽.

한국은 강제적 분쟁해결 제도의 도입을 지지하는 입장이었다. 결국 제3차 유엔 해양법회의에 참가한 협상국들은 포괄적인 내용을 가진 해양법협약에 관한 모든 분쟁이 분쟁 당사국 간의 임의적인 합의에 의해 해결되기 어렵다고 판단하여 임의적 절차와 강제적 절차가 혼합된 복잡한 분쟁해결 제도를 규정하게 되었다.

제3차 유엔 해양법회의를 통해 채택된 유엔해양법협약은 해양에 관한 '헌법'으로 불리고 있으며 새로운 해양법 질서를 수립한 것으로 평가받고 있다. 해양법협약은 영해, 접속수역, 배타적 경제수역, 대륙붕 및 공해 등에 대한 관할권의 범위를 규정함으로써 해양의 평화적 이용을 위한 기초를 제공하였다. 특히 영해의 폭을 최대 12해리까지로 규정했고, 종래 영해와 공해로 나뉘던 해역의 이원적 구조에 군도수역 또는 배타적 경제수역과 같은 새로운 해역을 규정하였다. 또 심해저를 인류 공동유산으로 지정함으로써 각국의 무제한적인 관할권 확장과 개발로부터 보호 장치를 마련하였으며,

그림 1-3 1982년 유엔해양법협약에 따른 해역도

강제적 분쟁해결 제도를 도입하고 국제해양법재판소를 설립함으로써 해양 분쟁의 제3자적 해결제도를 확충하였다(그림 1-3).

대한민국은 해양법협약에 1983년 3월 14일 서명했고, 1996년 1월 29일 비준서를 기탁하였다. 해양법협약은 대한민국에 대해 1996년 2월 28일 발효되었다. 한국은 1996년 해양법협약을 비준함으로써 국제해양질서에 본격적으로 동참하게 되었다. "헌법에 의하여 체결·공포된 조약과 일반적으로 승인된 국제법규는 국내법과 같은 효력을 가진다."라고 규정한「헌법」제6조 제1항에 따라 해양법협약은 국내법의 일부를 구성한다. 따라서 해양법협약을 성실히 이행하는 것은 협약의 당사자로서 국제적 의무를 다하는 것인 동시에「헌법」제6조 제1항에 따라 국내법 질서로 편입된 해양법협약을 준수함으로써 헌법상의 의무를 이행하는 것이기도 하다.

Ⅲ 유엔해양법협약상 영해제도의 국내적 이행

유엔해양법협약은 제2부에서 총 31개 조항에 걸쳐 영해와 접속수역에 대해 규정하고 있다. 주요 내용으로는 최대 12해리 영해 폭, 통상기선과 직선기선 설정 방법, 만, 주변국과의 경계획정 방법, 영해 무해통항, 외국 선박에 대한 민형사 관할권, 군함의 지위 및 접속수역 등이 있다. 한국은 영해에 관한 질서를 유지하기 위해 1977년 12월 31일「영해법」을 제정하여 1978년 4월 30일 시행하였다. 당시 연안국 중에 레바논과 한국만이 영해제도를 확정 짓지 못하고 있을 정도로 한국의「영해법」제정은 늦은 편이었다.[8] 기존 「영해법」은 유엔해양법협약을 비준하기 전인 1995년 12월 6일「영해 및 접

---

8 김영구, 전게서, 120쪽.

속수역법」으로 개정되었고, 이 법은 비준 후인 1996년 8월 1일부터 시행되었다. 「영해 및 접속수역법」은 제3조의2와 제6조의2를 신설하여 접속수역을 규정한 것을 제외하고는 「영해법」의 내용과 거의 동일하다.

1. 영해 폭과 영해기선

1958년 「영해협약」과 비교해서 유엔해양법협약의 가장 큰 특징은 그동안 논란의 중심에 있었던 영해의 최대 폭을 12해리로 확정한 것이다. 한국은 1977년 「영해법」 제1조에서 영해를 "기선으로부터 측정하여 그 외측 12해리의 선까지 이르는 수역"이라고 정의하고, 다만 일정 수역에 대해서는 대통령령에 의해 12해리 이내에서 범위를 따로 정할 수 있도록 하였다(영해법 제1조). 이를 근거로 「영해법 시행령」은 대한해협에서 최소 3해리의 영해를 정하였다(영해법 시행령 제3조). 1995년 제정한 「영해 및 접속수역법」과 「영해 및 접속수역법 시행령」은 이와 동일한 규정을 두고 있다. 한국 정부는 1995년 「영해법」을 「영해 및 접속수역법」으로 변경하면서 대한해협의 영해 폭 확대를 심각하게 고려하였지만, 결국 부처 간 합의를 보지 못해 3해리 영해가 유지되었다.[9]

　1977년 「영해법」이 제정되기까지 한동안 영해의 범위는 불명확한 상태였다. 영해에 관한 최초의 규제는 1948년 5월 10일 자 군정청 관보에 게재된 「재조선미국육군사령부군정청법령」(이하 「군정법령」) 제189호(해안경비대의 직무)를 통해서였다. 즉 군정법령 제3조 (가) 항은 "연안해라 함은 국제법상의 영해를 의미함. 북위 38도 이남 조선의 영해의 정의를 좌와 같이 정함"이라고 규정하고, (나) 항은 "영해라 함은 조선해안을 따라 있는 각 항구,

---

9　이창위, "한일양국의 국가관할권 확대―한국의 경제수역 2법 및 일본의 해양관련기본법의 채택과 관련하여", 『국제법학회논총』, 제41권 제2호(1997), 167쪽.

정박지, 만강 및 기타 해구와 또한 연해선으로부터 해상 1해리 또는 3마일 이내의 연해역을 포함함"이라고 규정하였다.[10] 그런데 군정법령의 영해 관련 규정이 1958년에 여전히 효력을 가지는지에 대해서는 정부 내에서도 의문이 있었다. 이에 대해 법제처는 이 법령 제3조 (나) 항의 영해의 범위는 독립적 의의를 가지는 것이 아니라 조선해안경비대의 관할구역에 관한 규정으로서, 국군조직법에 의해 해군이 창설됨과 동시에 이 조항은 실효되었다는 유권해석을 하였다.[11] 한국은 제1차와 제2차 유엔 해양법회의에서는 영해 폭과 관련하여 명확한 입장을 취하지 않다가 제3차 유엔 해양법회의에서는 이제 12해리가 굳어졌다고 보고 이 입장을 지지하였다.[12] 이것이 1978년 「영해법」에 그대로 반영된 것이다.[13] 다만 대한해협에 대해서는 군사안보적 관점에서 영해 폭을 3해리로 정하였다.

1996년 「영해 및 접속수역법」 제2조 제1항은 "영해의 폭을 측정하기 위한 통상의 기선은 대한민국이 공식적으로 인정한 대축척해도에 표시된 해안의 저조선으로 한다."라고 하고, 제2항은 "지리적 특수사정이 있는 수역에 있어서는 대통령령으로 정하는 기점을 연결하는 직선을 기선으로 할 수 있다."라고 하여 통상기선과 직선기선, 두 가지 기선설정 방법을 모두 규정하고 있다. 이는 중국이 직선기선만을 규정하고 있고 일본이 1977년 「영해법」에서 직선기선을 두지 않았던 것과 비교된다. 이 법률 시행령 제2조에 따라

---

10 원문은 다음과 같다. (가)항 "沿岸海라 함은 國際法上의 영해를 意味함 北緯 38度以南朝鮮의 領海의 定義를 左와 如히 定함". (나)항. "領海라 함은 朝鮮海岸에 沿在하는 各港口 碇泊地 灣江及 其他海口와 또한 海岸線으로부터 海上 1해리(리-구) 또는 3리(마이루) 以內의 沿海城을 包含함", 법제처, 『월간 법제』(1958) 참조.

11 원문은 다음과 같다. "동법령 제3조 (나)항의 규정은 영해의 범위 그 자체를 규정하는 독립적 의의가 있다고 하기 어렵고 당시의 조선해안경비대의 지역적 직무범위 즉 관할구역에 관한 규정이라고 해석하여야 할 것이므로 국군조직법에 의하여 해군이 창설됨과 동시에 조선해안경비대에 관한 타규정과 함께 동조항은 실효되었다고 사료됨." 상게서 참조.

12 이창위, 상게논문, 212쪽

13 법무부, 국제회의자료, 1978.

포항의 영일만 달만갑을 기점 1로 시작해서 울산만, 남해안, 서해안까지 총 23개의 기점을 설정하고, 총 19개의 직선기선을 설정하였다. 이에 따라 동해안을 제외한 거의 대부분의 영해기선은 직선기선으로 되어 있다.

2. 영해의 경계획정

「영해 및 접속수역법」 제4조는 주변국과의 영해의 경계선은 "별도의 합의가 없으면 두 나라가 각자 영해의 폭을 측정하는 기선상의 가장 가까운 지점으로부터 같은 거리에 있는 모든 점을 연결하는 중간선으로 한다."라고 규정하고 있다. 이는 유엔해양법협약의 중간선 방법을 따른 것으로 한국은 제3차 유엔 해양법회의에서부터 이 방법을 지지하였다.[14] 지리적으로 한국이 영해 경계선으로 중간선 원칙을 적용할 수 있는 곳은 일본 대마도와 마주하고 있는 대한해협이 유일하다. 그러나 대한해협에서는 중간선이 아닌 최소 3해리 영해를 설정하고 있기 때문에, 이 조항은 남북통일 후 중국 및 러시아와의 관계에서 의미가 있을 뿐 당장은 의의가 크지 않은 조항이다.

3. 선박의 무해통항과 국제해협

(1) 선박의 무해통항과 사전통고제도
「영해 및 접속수역법」 제5조 제1항에서 외국 선박의 통항이 한국의 "평화·공공질서 또는 안전보장"을 해치지 않는 한 외국 선박은 영해를 무해통항할 수 있다고 규정한 후, 제2항에서 "평화·공공질서 또는 안전보장"을 해치는 것으로 영해의 무해통항이 아닌 경우로 잠수항행, 어로, 조사 또는 측량행위 등 13가지를 열거하고 있다. 그러므로 13가지 열거 항목 이외의 것들

---

14 법무부, 국제회의자료, 1978.

은 모두 무해통항의 적용을 받는다. 제5조 제3항에 의하면 대한민국의 "안
전보장을 위하여" 필요한 경우 대통령령이 정하는 바에 따라서 "일정수역
을 정하여" 외국 선박의 무해통항을 일시적으로 정지시킬 수 있다. 이를 근
거로 「영해 및 접속수역법 시행령」은 그러한 무해통항의 일시정지를 국방
부 장관이 행하되 미리 국무회의의 심의를 거쳐 대통령의 승인을 얻고 일
시적 정지수역, 정지기간 및 정지사유를 지체 없이 고시하도록 하여 엄격히
제한하고 있다.

(2) 대한해협과 제주해협

대한해협은 한반도 남단과 일본 대마도 사이의 국제해협으로, 양국의 영해
기선 사이의 최소 폭이 22.75해리에 불과하다. 그렇기 때문에 이 해협에서
중간선에 따라 영해 경계선을 획정할 경우, 외국 선박은 한일 양국의 영해
에서 무해통항보다 통항이 더 자유로운 통과통항을 향유할 수 있다. 이에
한국과 일본은 각각 영해 폭을 최소 3해리로 함으로써 중간에 최대 약 17해
리에 이르는 공해대를 남겨 두었고, 선박들은 이 공해대에서 통과통항보다
더 자유로운 공해에서의 자유통항을 누릴 수 있게 되었다. 따라서 「영해 및
접속수역법」 제5조 제1항과 이 법 시행령 제4조에서 정한 외국 군함이나 비
상업용 정부 선박의 사전통고 의무도 적용되지 않는다. 한국이 영해 폭을 3
해리로 축소한 공식적인 이유는 어차피 국제해협인 대한해협에 대해 한국
이 일방적으로 규제하기 어려우며 규제 시 발생할 수 있는 강대국과의 마찰
을 피하기 위한 것이었다.[15] 또 한국이 「영해법」을 제정하기에 앞서 일본이
먼저 대마도에서 3해리 영해를 설정하였기 때문에 일본과 균형을 이루고자
한 점도 있다.

　대한해협과는 별개로 제주해협에서의 통항을 어떻게 규율할 것인가도 중

---

15 김영구, 전게서; 박춘호·유병화, 『해양법』 (서울: 민음사, 1986).

요한 문제이다. 그러나 3해리 영해 설정을 통해 외국 선박의 통항과 관련한 정부의 입장을 명확히 한 대한해협과는 달리, 제주해협의 경우 직접적 언급이 없어 한국 정부 입장이 무엇인지 또는 그러한 입장이 있는지가 분명하지 않다. 제주해협은 한반도 남해안의 직선기선에서 12해리, 그리고 제주도 북쪽으로 통상기선에서 12해리를 적용하면 모두 영해가 되기 때문에 배타적 경제수역이 없는 부분이 생긴다. 그렇지만 제주해협은 유엔해양법협약 제37조상의 "공해나 배타적 경제수역의 일부와 공해나 배타적 경제수역의 다른 부분 간의 국제항행에 이용되는 해협"이므로 국제해협이다. 문제는 제주해협에 일반적으로 국제해협에 적용되는 통과통항제도가 인정되느냐 하는 점이다. 유엔해양법협약 제38조는 "해협이 해협연안국의 섬과 본토에 의하여 형성되어 있는 경우, 항행상 및 수로상 특성에서 유사한 편의가 있는 공해 통과항로나 배타적 경제수역 통과항로가 그 섬의 바다 쪽에 있으면 통과항로를 적용하지 아니한다."라고 규정하고 있다. 이와 관련하여 제주해협 대신 제주도 남쪽으로 우회하는 길을 유사편의 항로로 볼 수 있는지가 쟁점이 되고 있는데, 이에 관해서는 다양한 견해가 제시되고 있다.[16]

Ⅳ 유엔해양법협약상 배타적 경제수역 제도의 국내적 이행

배타적 경제수역은 유엔해양법협약에서 새롭게 도입된 제도이다. 배타적 경제수역에 관해 유엔해양법협약은 제5부에서 총 21개 조항에 걸쳐 규정하고 있다. 이미 제3차 유엔 해양법회의 이전부터 많은 연안국이 200해리 어

---

16 제주해협에 관한 상세한 내용은 '제3장 Ⅲ-2. 제주해협 문제' 참조.

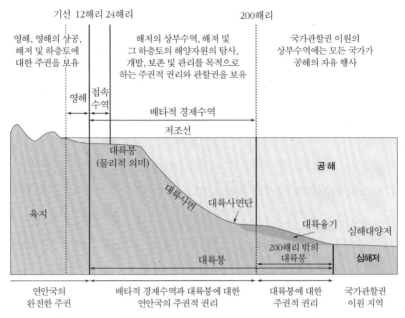

기선 12해리 24해리   200해리

영해, 영해의 상공,   해저의 상부수역, 해저 및   국가관할권 이원의
해저 및 하층토에   그 하층토의 해양자원의 탐사,   상부수역에는 모든 국가가
대한 주권을 보유   개발, 보존 및 관리를 목적으로   공해의 자유 행사
                하는 주권적 권리와 관할권을 보유

영해   접속
       수역   배타적 경제수역

저조선

대륙붕   공해
(물리적 의미)

대륙사면 대륙사면단

육지   대륙융기 심해대양저

                     200해리 밖의
             대륙붕   대륙붕   심해저

연안국의   배타적 경제수역과 대륙붕에 대한   대륙붕에 대한   국가관할권
완전한 주권   연안국의 주권적 권리   주권적 권리   이원 지역

그림 1-4 유엔해양법협약에 따른 해역도

업수역, 심지어 200해리 영해를 선언하면서 경쟁적으로 해양관할권을 확대하고 있었다. 이런 가운데 제3차 유엔 해양법회의에서는 연안국의 권리와 전통적인 공해의 자유 사이에서 균형점을 찾기 위해 노력하였는데, 그 결과물이 배타적 경제수역제도라 할 수 있다. 그래서 배타적 경제수역 제도는 영해도 아니고 공해도 아닌 독특한 성격sui generis을 가진 수역으로 인식된다. 배타적 경제수역은 영해와 공해 사이에서 있는 다양한 기능을 가진 수역으로, 현재까지 성공적으로 정착한 것으로 평가받고 있다.[17] 해양법협약은 배타적 경제수역에서의 경제적 활동에 대해서는 연안국에 배타적 관할권을 인정하면서도 항행과 같은 비경제적 활동에 대해서는 공해와 유사하

---

17 Donald R Rothwell·Tim Stephens, *The International Law of the Sea* (Oxford: Hart Publishing, 2010), pp. 82−84.

게 취급하고 있다.

한국은 유엔해양법협약 비준 후인 1996년 8월 8일 「배타적 경제수역법」을 제정하여 같은 해 9월 10일부터 시행하고 있다. 조문이 5개에 불과한 이 법은 배타적 경제수역에 관한 기본적인 사항만 규정하였고, 배타적 경제수역에서의 어업이나 해양과학조사 등에 관한 사항들은 개별 법령에서 규율하고 있다(그림 1-4).

1. 배타적 경제수역 선언과 관할 수역

한국의 「배타적 경제수역법」은 "「영해 및 접속수역법」 제2조에 따른 기선으로부터 그 바깥쪽 200해리의 선까지에 이르는 수역 중 대한민국의 영해를 제외한 수역"을 배타적 경제수역으로 선언하고 있다(배타적 경제수역법 제2조 제1항). 다만 주변국과의 경계는 "국제법을 기초로 관계국과의 합의에 따라 획정"하도록 규정하고 있다(배타적 경제수역법 제2조 제2항). 「배타적 경제수역법」 제3조에서는 배타적 경제수역에 관한 권리를 간결하게 규정하고 있는데, 이는 유엔해양법협약 제56조 제1항을 그대로 옮긴 것이다. 그리고 이 법 제4조에서는 한국의 배타적 경제수역에서 외국인의 권리와 의무를 규정하고 있는데, 이 조항도 유엔해양법협약 제58조 내용을 규정한 것이다. 해양법협약 제56조 제2항은 배타적 경제수역에서 권리를 행사하고 의무를 이행함에 있어서 연안국은 "다른 국가의 권리와 의무를 적절히 고려 due regard하고, 이 협약의 규정에 따르는 방식으로 행동한다."라고 함으로써 연안국의 의무를 규정하고 있지만, 「배타적 경제수역법」에는 이에 대해 아무런 언급이 없다.

한국이 해양을 마주하는 중국 및 일본과의 영해기선 간 거리가 최대 400해리를 넘지 않기 때문에, 한국 배타적 경제수역과 중국과 일본이 주장하는 배타적 경제수역이 상당 부분 중첩하고 있다. 한국은 1996년 이후 이 문제를 해결하기 위해 일본 및 중국과 배타적 경제수역 경계획정 협상을 계속하고 있지만 아직까지 뚜렷한 결실을 맺지 못하고 있다. 이는 일본과는 독도 문제와 제주 남부수역 대륙붕 공동개발구역 문제 등이 있고, 중국과는 경계획정에 대한 기본적인 입장 차이가 너무 크기 때문이다. 다만 2014년 7월 한국과 중국 간 정상회담에서 해양경계획정 협상을 추진하기로 한 이후, 2015년 12월 해양경계획정을 위한 제1차 공식회담이 열렸고, 실무 협상이 추진되고 있는 상황이다.

한국은 일본과는 1998년에, 중국과는 2000년에 어업협정을 체결하였다. 어업협정은 해양경계가 정해지지 않은 가운데 체결한 것으로 유엔해양법협약상 잠정약정의 성질을 가진다(제74조 제3항). 다만 각각의 어업협정에는 모두 중간수역 또는 잠정조치수역을 두고 있으며, 해당 수역의 경계로부터 한국 측 수역은 우리의 배타적 경제수역이 된다. 또 남해안 일부 수역에 대해서는 일본과 배타적 경제수역 경계선을 획정하였다.[18]

2. 생물자원의 이용 및 보존

유엔해양법협약은 생물자원의 이용 및 보존과 관련하여 제61조부터 제68조까지에서 비교적 상세히 규정하고 있는데, 대부분 어족자원에 관한 내용이다. 이와 관련해서 자국 배타적 경제수역 내 허용어획량 결정, 최대지속생산량을 유지하기 위한 보존 및 관리 조치, 배타적 경제수역 내 자국의 어획능력 결정, 잉여량에 대한 다른 국가의 입어 허용 등을 규정하고 있다.

배타적 경제수역에서의 어업을 규율하는 한국의 법령으로는 「어업자원보호법」, 「수산업법」, 「수산자원관리법」, 「배타적 경제수역에서의 외국인어

---

18 한일 어업협정 제7조. "…… 자국의 배타적 경제수역으로 간주한다."

업 등에 대한 주권적 권리의 행사에 관한 법률」 등을 들 수 있다. 이 중 「어업자원보호법」은 1953년 12월 12일 제정하여 같은 날 시행하였는데, 조항이 4개에 불과하다. 한편 한국은 1952년 1월 18일 일본 어선의 월선과 남획으로부터 자국의 수역을 보호하기 위해 흔히 평화선선언이라고 불리는 「인접해양에 대한 주권에 관한 선언」을 하였다.[19] 즉 평화선은 영해선을 의도한 것이 아니며 수산자원의 보호, 안전보장 등의 목적으로 설정된 것이다.[20] 「수산업법」[21]은 어업면허와 어업권, 수산업 육성 등에 대해 규정하고 있는데, 이는 어업행위가 무분별하게 이루어지는 것을 방지하고 어업을 국가의 관리하에 둔다는 점에서 중요하다. 그렇지만 유엔해양법협약 제61조 생물자원의 보존 및 제62조 생물자원의 이용에 관한 규정과 보다 관련성 있는 국내법은 「수산자원관리법」[22]이다. 「수산자원관리법」의 관련 규정들은 모두 유엔해양법협약의 규정과 부합하고 그 내용을 구체적으로 이행하기 위한 것이라 할 수 있다. 그런데 유엔해양법협약은 2개국 이상 연안국의 배타적 경제수역에 걸쳐 출현하거나 배타적 경제수역과 바깥의 인접수역에 걸쳐 출현하는 어족, 고도회유성 어종, 소하성 어족, 강하성 어종에 대해서 연안국에 권리와 의무를 부여하는 규정을 두고 있는 반면, 「수산자원관리법」을 포함한 국내법령에는 이에 대해 별도의 규정을 두고 있지 않다. 이러한 법적 공백은 해양법협약의 충실한 국내적 이행을 위해 보완되어야 한다.

「배타적 경제수역에서의 외국인어업 등에 대한 주권적 권리의 행사에 관한 법률」(이하 「경제수역어업주권법」)[23]은 법률명에서 알 수 있듯이 한국의 배타적 경제수역 내에서의 외국인 어업을 규제하기 위한 법이다. 한국 배타

---

19 정인섭, "국제법 발전에 대한 한국 외교의 기여: 1952년 평화선 선언과 해양법의 발전", 『서울국제법연구』, 제13권 제2호(2006), 1-28쪽.
20 문철순, 전게논문, 82쪽.
21 1953년 9월 9일 제정, 1953년 12월 9일 시행.
22 2009년 4월 22일 제정, 2010년 4월 23일 시행.
23 1996년 8월 8일 제정, 1997년 8월 7일 시행.

적 경제수역 내 외국인의 어업에 대해서는 외국과의 협정에서 따로 정하는 경우 외에는 「수산업법」과 「수산자원관리법」보다 「경제수역어업주권법」이 우선 적용된다(경제수역어업주권법 제3조). 이 법에 따르면 외국인은 "어업자원의 보호 또는 어업조정을 위하여" 배타적 경제수역 중 대통령령으로 정하는 특정 금지구역에서 어업활동을 할 수 없다(경제수역어업주권법 제4조). 「경제수역어업주권법 시행령」은 특정 금지구역을 동해와 서해에서 북한과 접경하는 지역과 영해의 최소 폭을 3해리로 정하고 있는 대한해협에서 기선으로부터 12해리까지 중 영해를 제외한 부분, 즉 배타적 경제수역으로 정하고 있다. 이를 볼 때 한국의 어업금지구역 설정은 어업자원의 보호나 어업조정보다는 안보상의 이유가 더 크다고 할 수 있다.

한국의 배타적 경제수역에서 이루어지는 외국인의 어업활동에 대한 규제와 아울러 공해 및 외국의 배타적 경제수역에서 이루어지는 한국 국민의 어업활동에 대한 관리도 중요하다. 2013년 1월 미국은 한국을 10대 불법, 비보고, 비규제 어업(이하 IUU어업) 국가로 지정했고, 같은 해 11월에는 유럽연합이 IUU어업에 대한 비협력 제3국으로 한국을 예비 지정하였다. 한국에 대한 미국과 유럽연합의 결정이 최종 확정될 경우 이 국가들로의 수산물 수출이 막힐 위기에 놓이게 되었다. 그 후 한국은 수차례에 걸친 「원양산업발전법」 개정을 통해 원양어업자의 IUU어업에 대한 처벌을 대폭 강화하고, 조업감시센터FMC 조기 가동, 모든 원양어선에 대한 선박위치추적시스템VMS 장착, 어획증명서 제도의 신뢰성 제고 등 전반적인 제도를 개선하였다. 이러한 한국의 제도개선 노력에 미국과 유럽연합은 2015년 상반기에 한국을 IUU어업 국가 목록에서 삭제하였다.

3. 해양과학조사

연안국은 배타적 경제수역 내 해양과학조사에 대한 관할권을 가진다. 유엔 해양법협약에 의하면 배타적 경제수역과 대륙붕에서의 해양과학조사는 연안국의 동의를 얻어 수행해야 한다(제246조 제2항). 그리고 연안국은 통상적 상황에서, 오로지 평화적 목적을 위하여, 또 모든 인류를 위한 해양환경에 대한 과학지식 증진을 위하여 이 협약에 따라 자국의 배타적 경제수역과 대륙붕에서 수행하는 해양과학조사에 대하여 동의해야 한다(제246조 제3항). 또 유엔해양법협약은 연안국이 다른 국가 또는 국제기구의 해양과학조사 실시 사업이 "다음과 같을 경우에는 동의를 거부할 수 있는 재량권을 가진다."라고 하면서, 해양과학조사가 생물 또는 무생물 천연자원의 탐사와 개발에 직접적인 영향을 미치는 경우 등 네 가지를 규정하고 있다(제246조 제5항).

한국은 「해양과학조사법」을 1995년 1월 5일 제정하여 같은 해 7월 6일부터 시행해 오고 있는데, 적용범위에 내수, 영해, 배타적 경제수역 및 대륙붕이 포함된다. 이 법에 의하면 '해양과학조사'는 "해양의 자연현상을 연구하고 밝히기 위하여 해저면·하층토·상부수역 및 인접대기를 대상으로 하는 조사 또는 탐사 등의 행위"를 의미한다(해양과학조사법 제2조 제1항). 이는 유엔해양법협약이 해양과학조사에 대해 정의하지 않는 것과 비교된다. 외국인 등이 한국의 배타적 경제수역 또는 대륙붕에서 해양과학조사를 실시하고자 하면 실시 예정일로부터 6개월 전까지 조사계획서를 외교부 장관을 거쳐 해양수산부 장관에게 제출해야 한다(해양과학조사법 제7조 제1항). 그런데 동의 거절 사유로 유엔해양법협약 제246조 제5항에서 네 가지를 열거하고 있는 것과 달리 「해양과학조사법」은 일곱 가지를 열거하고 있다(해양과학조사법 제7조 제4항). 두 내용이 서로 유사하지만, 「해양과학조사법」에서 동의거절 사유로 규정한 상호주의는 해양법협약에는 없는 것이다. 이때 유엔해양법협약에서 열거하고 있는 동의거절 사유 이외의 사유를 연안국이 추가할 수 있는지가 문제 될 수 있다.

한편 유엔해양법협약은 영해에서의 유해한 통항의 예로 조사활동과 측량활동을 규정하는 등 일부에서 조사와 측량을 구분하고 있지만, 해양과학조사와 수로측량 또는 수로조사의 구별문제와 이러한 활동이 항행의 자유로서 인정되는지 여부 등과 관련하여 명확한 규정이 없어 해석상 논란이 있다. 이와는 달리 한국은 「공간정보의 구축 및 관리 등에 관한 법률」[24] 제2조에서는 수로측량과 수로조사를 각각 정의하였다. 그러나 해양과학조사에서와 같이 이러한 정의들은 여전히 개념 간 구분이 명확하지 못한 문제가 있다.[25]

V 유엔해양법협약상 대륙붕제도의 국내적 이행

유엔해양법협약은 제76조부터 제85조까지 10개 조항에 걸쳐 대륙붕에 대해 규정하고 있다. 1958년 「대륙붕협약」과 비교해서 해양법협약의 가장 중요한 차이점은 대륙붕의 법적 개념을 정의하고 200해리 이원의 대륙붕 외측 한계를 설정하였다는 점이다(제76조). 그리고 해양법협약은 200해리 밖의 대륙붕을 개발할 경우 그 연안국에 금전 지급이나 현물 공여를 하도록 하여 개발이익의 일부를 인류와 공유하도록 하였다(제82조). 또 주변국과의 대륙붕 경계획정 원칙으로는 배타적 경제수역에서와 같이 '공평한 해결'

---

24 2014년 6월 3일 「측량·수로조사 및 지적에 관한 법률」의 제명을 「공간정보의 구축 및 관리 등에 관한 법률」로 개정하였다.

25 수로측량, 수로조사, 해양과학조사 등의 개념에 관한 상세한 내용은 '제11장 II 해양과학조사에 관한 대한민국의 실행' 참조.

만을 언급하여 결국 국가들의 실행과 판례에 의존하고 있는 점도 특징이다 (제83조).

한국이 대륙붕에 대해 최초로 권리를 선언한 것은 앞서 언급한 평화선언 언이다. 이 선언은 "대한민국정부는 국가의 영토인 한반도 및 도서의 해안에 인접한 해붕海棚의 상하에 기지旣知되고 또는 장래에 발견될 모든 자연 자원 광물 및 수산물을 국가에 가장 이롭게 보호보존 및 이용하기 위하여 그 심도 여하를 불문하고 인접 해붕에 대한 국가의 주권을 보존하며 또 행사한다."라고 하였다.[26]

1969년 유엔 극동경제위원회의 해저석유공동탐사위원회는 황해와 동중국해에 대량의 석유가 매장되어 있을 가능성이 높다는 보고서를 발표하였다. 같은 해 ICJ는 북해대륙붕 사건에서 주변국과의 대륙붕 경계획정 시 육지의 자연연장을 고려해야 한다고 판결하였다. 일련의 사건은 한국과 중국, 일본 사이에 동중국해 대륙붕 확보를 위한 치열한 경쟁을 일으켰다. 한국은 이러한 국가실행과 ICJ의 판례를 반영하여 대륙붕 탐사와 개발을 위해 1970년 「해저광물자원 개발법」을 서둘러 제정하였다. 「해저광물자원 개발법」 제정 이후 한국은 일본과 대륙붕 공동개발을 위한 협상을 추진했고 1974년 대륙붕 공동개발협정을 체결하였다.

한국은 1996년 유엔해양법협약 비준 후 대륙붕에 관해 별도의 입법을 하지 않았다. 이는 유엔해양법협약이 접속수역과 배타적 경제수역을 새롭게 도입함으로써 기존의 「영해법」을 「영해 및 접속수역법」으로 개정하고 「배타적 경제수역법」을 제정한 것과 비교된다. 한국 정부가 이행입법을 하지 않은 것은 별도의 입법 필요성을 느끼지 못하였기 때문이다. 배타적 경제수

---

26 신창훈, "대한민국의 대륙붕선언의 기원과 1974년 한일대륙붕공동개발협정의 의의", 『서울국 제법연구』, 제13권 제2호(2006), 113–189쪽; 박배근, "국제법과 한국: 과거, 현재 그리고 미래−해양/영토문제와 한국", 『국제법학회논총』, 제58권 제3호(2013), 91–128쪽.

역의 경우 유엔해양법협약에서 새롭게 도입된 제도로 연안국의 명시적 선언을 필요로 하지만, 대륙붕의 경우 그러한 선언 없이 연안국의 권리가 곧바로 인정되기 때문이다.

한편 유엔해양법협약은 연안국이 200해리 밖 대륙붕의 외측 한계를 설정하기 위해 대륙붕에 관한 정보를 유엔 대륙붕한계위원회(이하 CLCS)에 제출하고 위원회의 심사를 받는 절차를 자세히 규정하고 있다. 해양법협약의 규정은 한국 「헌법」 제6조 제1항에 의해 직접 적용되는 조약이므로 굳이 이에 관한 새로운 입법을 할 필요는 없다. 한국은 이렇듯 국내적 이행입법이 없지만 유엔해양법협약을 근거로 제주도 남부 동중국해에 대해 200해리 밖 대륙붕의 외측 한계 설정을 위한 정보를 제출하였다. 즉, 2009년 5월 11일 CLCS에 예비정보를 제출한 후, 2012년 12월 26일 정식정보를 제출하였다. 한편 중국도 한국과 비슷한 시기에 동중국해의 200해리 밖의 대륙붕 확장을 위한 정식정보를 제출하였다. 하지만 한국과 중국의 정보 제출에 대해 일본이 강하게 이의를 제기함으로써, CLCS는 정보에 대한 심의를 무기한 보류하기로 결정하였다.

Ⅵ 결론

1996년 유엔해양법협약을 비준한 이후 한반도 주변 수역의 해양질서도 이를 중심으로 재편되었다. 「영해법」이 「영해 및 접속수역법」으로 개정되고, 「배타적 경제수역법」이 새롭게 제정되었다. 한국이 일본 및 중국과 각각 1998년, 2000년에 체결한 어업협정도 유엔해양법협약과 부합하는 내용으로 채워졌다. 「경제수역어업주권법」도 1996년 제정되어 유엔해양법협약에서 정한 범위 내에서 외국인 어업을 관리하고 불법어업을 규제하고 있다. 1995년「해양과학조사법」을 제정하여 유엔해양법협약에서 정하고 있는 외국인 등의 해양과학조사에 관한 내용들을 수용하고 있다.

다만 유엔해양법협약을 구체적으로 이행함에 있어서 일부 내용들은 협약과 부합하지 않거나 새로운 입법을 필요로 하는 것들도 있다. 예컨대 여전히 논란이 있지만 군함과 비상업용 정부 선박의 무해통항 시 사전통고제도,「경제수역어업주권법」에서 하천회귀성 어족(소하성 어족) 관련 규정, 유엔해양법협약에서 규정한 경계왕래성 어종, 고도회유성 어종, 해양포유동물, 강하성 어종 등에 관한 기술이 없는 점, 해양과학조사와 수로측량, 수로조사의 불명확한 관계, 대륙붕에 관한 기본 법률이 없는 점 등을 들 수 있다. 따라서 위와 같은 내용들은 유엔해양법협약과 부합되게 기존 법령을 개정하거나 새로운 법령을 제정할 필요가 있다.

¤ 참고문헌

1. 강영훈, "UN 海洋法協約의 批准問題와 관련된 韓國領海法上의 諸問題", 『국제법학회논총』, 제37권 제2호 (1992).
2. 김영구, 『韓國과 바다의 國際法』(서울: 21세기 북스, 2004).
3. 김찬규, "카라카스 海洋法會議의 特徵", 『국제법학회논총』, 제19권 제1호 (2007).
4. 문정식. "第3次 유엔海洋法會議와 海洋科學調査制度: 主要討議 內容을 中心으로", 『해양정책연구』, 제3권 제3호 (1988).
5. 문철순, "「제네바」國際海洋法會議經過", 『국제법학회논총』, 제3권 제2호 (1958).
6. 박배근, "국제법과 한국: 과거, 현재 그리고 미래−해양/영토문제와 한국", 『국제법학회논총』, 제58권 제3호 (2013).
7. 박춘호·유병화, 『해양법』(서울: 민음사, 1986).
8. 스튜어트 케이, "해양법의 발전에서 평화선이 지니는 의의", 『영토해양연구』, 제4권 (2013).
9. 신창훈, "배타적경제수역(EEZ)에서의 수로측량과 해양과학조사의 법적 의의에 대한 재조명", 『서울국제법연구』, 제12권 제2호 (2005).

제2장

영해 및 접속수역 제도

정진석

Ⅰ 영해 및 접속수역 제도 개관

1. 기선

해양은 내수, 영해, 접속수역, 배타적 경제수역, 공해 등 다양한 해역으로 나누어지며, 해양에 관한 법질서는 그렇게 구분된 해역에 기초한다. 이렇듯 해양을 다양한 해역으로 나눌 때 출발점이 되는 기준선을 기선基線이라고 한다. 즉, 기선은 그로부터 영해와 그 밖의 해역들의 외측 한계가 측정되는 선으로, 여기에는 통상기선을 비롯하여 직선기선, 만의 폐쇄선 등이 있다.

영해의 폭을 측정하기 위한 통상기선은 유엔해양법협약에 달리 규정된 경우를 제외하고는 연안국이 공인한 대축척해도에 표시된 해안의 저조선 low-water line으로 한다(제5조). 고조선high-tide line이 아니라 저조선이 통상기선이 됨으로써 조수 간만의 차이가 큰 해안에서는 결과적으로 영해 등

45

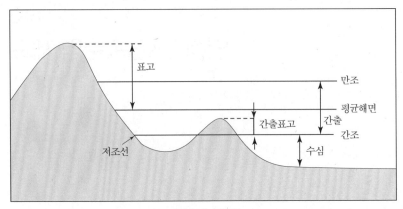

표고

만조

평균해면

간출표고 간출

간조

수심

저조선

그림 2-1 저조선

해역의 외측 한계가 바다 쪽으로 더 나아가는 효과가 생긴다. 한편 통상기
선은 해안선이 비교적 단순한 경우에 적용된다(그림 2-1).

해양법협약에 달리 규정된 경우에는 저조선 이외의 기선설정 방법들이
적용될 수 있는데, 가장 대표적인 예가 직선기선이다. 직선기선에 관한 국제
법 규칙은 1951년 영국과 노르웨이 사이의 어업사건에 대한 국제사법재판
소(이하 ICJ)의 판결에서[1] 정립되었다. ICJ가 직선기선에 대해 판시한 내용은
1958년 「영해 및 접속수역에 관한 협약」과 1982년 해양법협약에 그대로 반
영되었다. 해양법협약에 따르면, 해안선이 깊게 굴곡이 지거나 잘려 들어간
지역 또는 해안을 따라 아주 가까이 섬이 흩어져 있는 지역에서는 적절한 지
점을 연결하는 직선기선의 방법이 사용될 수 있다(제7조 제1항). 하지만 직선
기선은 해안의 일반적 방향으로부터 현저히 벗어나게 설정할 수 없으며, 직
선기선 안에 있는 해역은 내수제도에 의해 규율될 수 있을 만큼 육지와 충분
히 밀접하게 관련되어야 한다(제7조 제3항). 직선기선 설정을 위한 '적절한 지
점'을 기점이라고 하며, 섬, 소도, 암석 등이 흔히 기점으로 사용된다. 하지

---

1 *Fisheries case(United Kingdom v. Norway), Merits, Judgement, I.C.J. Reports 1951*, p.
116.

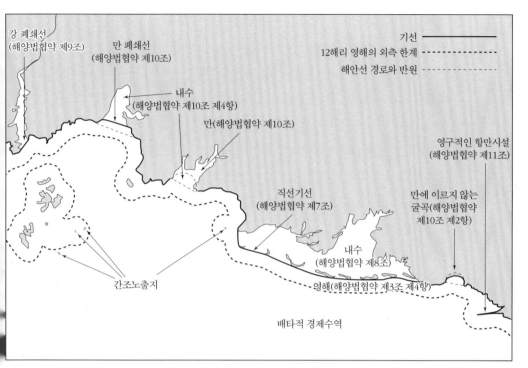

강 폐쇄선
(해양법협약 제9조)

만 폐쇄선
(해양법협약 제10조)

내수
(해양법협약 제10조 제4항)

만(해양법협약 제10조)

기선 ————
12해리 영해의 외측 한계 ------------
해안선 경로와 반원 - - - - - - -

영구적인 항만시설
(해양법협약 제11조)

직선기선
(해양법협약 제7조)

만에 이르지 않는
굴곡(해양법협약
제10조 제2항)

내수
(해양법협약 제8조)

간조노출지

영해(해양법협약 제3조 제4항)

배타적 경제수역

그림 2-2 직선기선

만 썰물일 때에는 물 위에 드러나나 밀물일 때에는 물에 잠기는 간조노출지
는 원칙적으로 직선기선 설정을 위한 기점으로 사용될 수 없다. 이는 기선이
지나치게 바다 쪽으로 설정되는 것을 방지하기 위해서다. 다만 영구적으로
해면 위에 있는 등대나 이와 유사한 시설이 간조노출지에 세워진 경우 또는
간조노출지 사이의 기선설정이 일반적으로 국제적인 승인을 받은 경우에는
간조노출지가 기점이 될 수 있다(제7조 제4항). 개별 직선기선의 길이의 한계
는 해양법협약에 명시적으로 규정되어 있지 않다. 노르웨이의 직선기선제
도가 적법하다고 인정받은 1951년 사건에서 가장 긴 직선기선은 44해리였
다(그림 2-2).[2]

---

2 R. R. Churchill & A. V. Lowe, *The Law of the Sea*, 3rd ed. (Manchester: Manchester

만은 그 들어간 정도가 입구의 폭에 비해 현저하여 육지로 둘러싸인 수역을 형성하고 해안의 단순한 굴곡 이상인 뚜렷한 만입으로서, 만입 면적이 만입의 입구를 가로질러 연결한 선을 지름으로 하는 반원의 넓이 이상이어야 한다(제10조 제2항). 즉, 해양법협약상 만이 되기 위해서는 소위 반원테스트semi-circle test를 통과해야 한다. 측량 목적상 만입 면적은 만입 해안의 저조선과 만입의 자연적 입구의 양쪽 저조지점을 연결하는 선 사이에 위치한 수역의 넓이이며, 만입의 안에 있는 섬은 만입 수역의 일부로 본다(제10조 제3항). 그리고 섬이 있어서 만이 둘 이상의 입구를 가지는 경우에는 각각의 입구를 가로질러 연결하는 선의 길이의 합계가 반원테스트의 지름이 된다(제10조 제3항). 반원테스트를 통과하여 해양법협약상 만으로 인정되는 경우에는 만의 입구를 가로지르는 폐쇄선을 그을 수 있다. 이때 만의 자연적 입구 양쪽의 저조지점 간의 거리가 24해리 이하인 경우에는 두 저조지점 간에 폐쇄선을 그을 수 있으며, 이 선이 기선이 되고 그 안의 수역은 내수로 본다(제10조 제4항). 하지만 만의 자연적 입구 양쪽의 저조지점 간의 거리가 24해리를 넘는 경우에는 24해리의 직선으로서 가능한 한 최대의 수역을 둘러싸는 방식으로 만 안에 24해리 직선기선을 그어야 한다(제10조 제5항)(그림 2-3). 이 선에 포함되지 않는 만 부분에서는 다른 기선을 적용할 특수상황이 없는 한 저조선이 기선이 된다. 이를 그림으로 나타내면 그림 2-3과 같다. 하지만 위와 같은 규정들은 직선기선이 적용되어 만이 이미 그 안쪽 수역에 포함된 경우에는 적용되지 않는다(제10조 제6항). 그리고 만의 연안국이 둘 이상인 경우에도 위의 규정들은 적용되지 않는다(제10조 제1항). 해양법협약은 연안국이 둘 이상인 만에 대해서는 규정하고 있지 않으며, 국제관습법상 일반적으로 그러한 만에는 만 폐쇄선이 적용되지 않고 만입 해안의

University Press, 1999), p. 37.

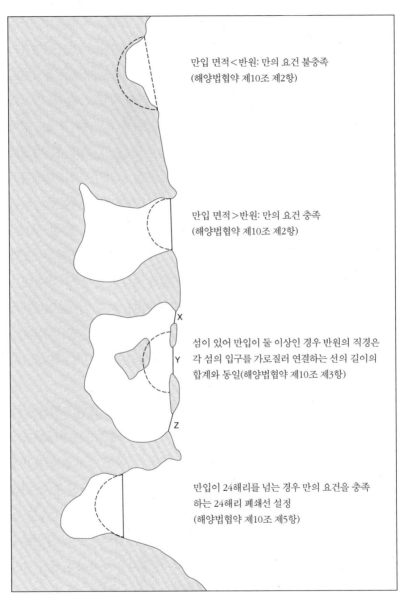

만입 면적<반원: 만의 요건 불충족
(해양법협약 제10조 제2항)

만입 면적>반원: 만의 요건 충족
(해양법협약 제10조 제2항)

섬이 있어 만입이 둘 이상인 경우 반원의 직경은
각 섬의 입구를 가로질러 연결하는 선의 길이의
합계와 동일(해양법협약 제10조 제3항)

만입이 24해리를 넘는 경우 만의 요건을 충족
하는 24해리 폐쇄선 설정
(해양법협약 제10조 제5항)

그림 2-3 유엔해양법협약의 만

저조선이 기선이 된다.[3]

섬은 바닷물로 둘러싸여 있으며 밀물일 때에도 수면 위에 있는, 자연적으로 형성된 육지지역이다(제121조 제1항). 섬은 자연적으로 형성된 육지지역이므로 인공섬은 해양법협약상 섬이 아니며, 따라서 자체의 영해를 가지지 못할 뿐만 아니라 영해, 배타적 경제수역 또는 대륙붕의 경계획정에도 영향을 미치지 못한다(제60조 제8항). 모든 섬은 원칙적으로 본토와 마찬가지로 영해, 접속수역, 배타적 경제수역 및 대륙붕을 가진다(제121조 제2항). 하지만 인간이 거주할 수 없거나 독자적인 경제활동을 유지할 수 없는 암석rocks은 배타적 경제수역이나 대륙붕을 가질 수 없다(제121조 제3항). 즉, 섬 중에서 암석의 저조선은 영해와 접속수역을 위한 기선 역할만 할 수 있다. 이 조항은 대양 가운데 있는 작은 암석이 방대한 면적의 배타적 경제수역이나 대륙붕을 가지는 불합리한 결과를 방지하기 위한 것이다. 하지만 해양법협약은 '암석', '인간의 거주', '독자적 경제활동'의 의미에 대해 규정하고 있지 않다.[4] 한편 직선기선 설정을 위한 다른 조건들이 충족될 경우 암석이 직선기선의 기점이 될 수는 있다.[5]

간조노출지는 썰물일 때에는 물로 둘러싸여 물 위에 노출되나 밀물일 때에는 물에 잠기는 자연적으로 형성된 육지지역이다(제13조 제1항). 간조노출지의 전부 또는 일부가 본토나 섬으로부터 영해의 폭을 넘지 않는 거리에 위치하는 경우에는 그 간조노출지의 저조선을 기선으로 사용할 수 있다(제13조 제1항). 반면에 간조노출지 전부가 본토나 섬으로부터 영해의 폭을 넘는 거리에 위치하면 그 간조노출지는 자체의 영해를 가질 수 없다(제13조 제2항). 하지만 그러한 간조노출지에 등대나 이와 유사한 시설이 세워진 경우

---

3 *Ibid.*, p. 45.
4 해양법협약상 섬과 암석의 구별에 관한 상세한 내용은 '제8장 Ⅰ-1. 유엔해양법협약에서의 섬' 참조.
5 Churchill and Lowe, *supra* note 2, p. 50.

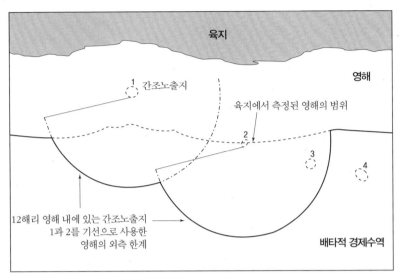

그림 2-4 간조노출지와 영해기점

또는 간조노출지 사이의 직선기선 설정이 일반적으로 국제적인 승인을 받은 경우에는 앞에서 본 바와 같이 그 간조노출지는 기점이 될 수 있다(제7조 제4항)(그림 2-4).

항만체계의 불가분의 일부를 구성하는 가장 바깥의 영구적인 항만시설은 해안의 일부를 구성하는 것으로 보는데, 다만 근해시설과 인공섬은 영구적인 항만시설에 포함되지 않는다(제11조). 따라서 항만시설이 기선으로 사용되기 위해서는 해안에 붙어 있거나 아주 가까워야 한다. 한편 연안국은 항구의 입구를 가로지르는 폐쇄선을 설정할 수 있다.

연안국은 통상기선, 직선기선, 만의 폐쇄선 또는 그 밖에 해양법협약에 규정된 여러 가지 기선결정 방법을 교대로 사용하여 기선을 결정할 수 있다(제14조). 직선기선과 만의 폐쇄선 또는 그로부터 도출된 영해의 외측 한계는 그 위치를 확인하기에 적합한 축척의 해도에 표시되어야 하며, 이는 측지자료를 명기한 각 지점의 지리적 좌표목록으로 대체할 수 있다(제16조 제

1항). 연안국은 이러한 해도나 지리적 좌표목록을 적절히 공표하고, 그 사본을 유엔 사무총장에게 기탁해야 한다(제16조 제2항).

2. 내수

내수는 연안국 영토의 본질적인 구성부분으로 육지영토와 동일하게 취급된다. 따라서 해양법협약은 내수에 대해 자세히 규정하고 있지 않다. 그럼에도 불구하고 내수에 관한 국제법 체제가 해양법협약으로부터 완전히 배제된 것은 아니며, 해양법협약상 내수에 관한 규정은 산발적으로 규정되어 있다.[6] 해양법협약에 따르면 내수는 기선의 육지 쪽 수역을 말한다(제8조 제1항). 기선의 바다 쪽 수역이 영해이므로 기선은 내수와 영해를 구분하는 선이 된다. 하지만 영해도 국가의 주권이 미치는 국가영역의 일부이므로 기선이 국가영역의 외측 한계는 아니다. 대부분의 내수는 직선기선 안쪽의 수역, 만, 하구, 항구로 구성된다.

연안국의 주권은 영토뿐만 아니라 내수에도 미친다(제2조 제1항). 연안국의 주권에 속한다는 점에서 내수는 영해와 법적 지위가 같지만, 영해에서 인정되는 외국 선박의 무해통항권이 내수에서는 원칙적으로 인정되지 않는다. 다만 해안선이 굴곡이 지거나 해안 가까이 섬이 많아 직선기선을 설정함으로써 내수가 아니었던 수역이 내수에 포함되는 경우에는 무해통항권이 그 수역에서 계속 인정된다(제8조 제2항).

---

6 Marcelo G. Kohen, "Is the Internal Waters Regime Excluded from the United Nations Convention on the Law of the Sea?", in Lilian del Castillo (ed.), *Law of the Sea: From Grotius to the International Tribunal for the Law of the Sea* (Leiden: Brill, 2015), p. 110.

3. 영해

(1) 영해의 법적 지위

영해는 내수의 바깥쪽으로 인접한 해역이다. 연안국이 영해에 대해서 가지는 권리에 대해서는 주권설, 관할권설, 국제지역권설, 소유권설 등이 주장되어 왔다.[7] 그런데 1930년 헤이그에서 열린 국제법전편찬회의Conference for the Codification of International Law에서 영해의 법적 지위가 정리되면서 이에 대한 논의는 끝났다고 할 수 있으며,[8] 그 결과는 1958년 「영해 및 접속수역에 관한 협약」과 1982년 해양법협약에 동일한 내용으로 반영되었다. 즉, 영해는 연안국의 주권이 미치는 해역이며(제2조 제1항), 이러한 주권은 영해의 상공, 해저 및 하층토에까지 미친다(제2조 제2항).

(2) 영해의 폭

영해는 연안국의 주권에 속하는 바다이기 때문에 영해의 폭은 영해 개념이 형성될 때부터 논쟁의 대상이었으며, 학설과 각 국가의 실행도 다양하였다.[9] 따라서 1958년 제1차 유엔 해양법회의에서 영해에 관한 조약이 체결되었을 때 이 조약은 영해의 폭에 대해서 규정하지 못하였다. 그 후 영해의 폭과 어업수역의 한계를 논의하기 위해 개최된 1960년 제2차 유엔 해양법회의에서도 영해의 폭은 결정되지 못하였다. 그러다가 1973년 시작된 제3차 유엔 해양법회의에서 영해의 폭에 대한 합의가 이루어졌다. 그 결과 해양법협약에서는 모든 국가가 기선으로부터 12해리를 넘지 않는 범위에서 영해의 폭을 설정할 권리를 가진다고 규정하고 있다(제3조). 이때 12해리는 영해의 최대

---

7 박병도, "영해에서 외국선박의 무해통항권", 『국제법평론』, 통권 제15호(2001), 22-24쪽.

8 Churchill and Lowe, *supra* note 2, p. 74.

9 *Ibid.*, pp. 77-81.

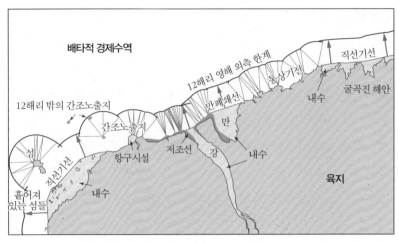

그림 2-5 영해의 외측 한계

폭이므로 연안국은 그보다 좁은 폭의 영해를 설정할 수 있다(그림 2-5).

(3) 무해통항권

영해는 연안국의 주권이 미치는 해역이지만 영해에 대한 연안국의 주권은 절대적이지 않으며, 해양법협약과 그 밖의 국제법 규칙에 따라 행사되어야 한다(제2조 제3항). 연안국이 영해에 대해 가지는 주권에 대한 가장 중요한 제한은 무해통항권으로, 연안국이거나 내륙국이거나 상관없이 모든 국가의 선박은 타국의 영해에서 무해통항권을 향유한다(제17조). 이때 무해통항권은 선박에만 인정되며 항공기에는 인정되지 않는다. 무해통항권은 해양이 영해와 공해로 나누어지고 영해에 대한 연안국의 권한행사가 인정되면서 함께 발전한 개념으로, 안보에 대한 연안국의 이해관계와 항행에 대한 외국의 이해관계가 조화를 이룬 결과이다. 무해통항권의 구체적 의미는 다음과 같다.

1) 무해성

통항이 연안국의 평화, 공공질서 또는 안전을 해치지 않는 한 무해하다고 본다(제19조 제1항). 하지만 외국 선박이 영해에서 다음의 어느 활동에 종사하는 경우에는 그 선박의 통항은 연안국의 평화, 공공질서 또는 안전을 해치는 것으로 보며 따라서 무해성을 상실한다(제19조 제2항).

(a) 연안국의 주권, 영토보전 또는 정치적 독립에 반하거나, 또는 유엔헌장에 구현된 국제법의 원칙에 위반되는 그 밖의 방식에 의한 무력의 위협이나 무력의 행사

(b) 무기를 사용하는 훈련이나 연습

(c) 연안국의 국방이나 안전에 해가 되는 정보수집을 목적으로 하는 행위

(d) 연안국의 국방이나 안전에 해로운 영향을 미칠 것을 목적으로 하는 선전행위

(e) 항공기의 선상 발진·착륙 또는 탑재

(f) 군사기기의 선상 발진·착륙 또는 탑재

(g) 연안국의 관세·재정·출입국관리 또는 위생에 관한 법령에 위반되는 물품이나 통화를 싣고 내리는 행위 또는 사람의 승선이나 하선

(h) 해양법협약에 위배되는 고의적이고도 중대한 오염행위

(i) 어로활동

(j) 조사활동이나 측량활동의 수행

(k) 연안국의 통신체계 또는 그 밖의 설비·시설물에 대한 방해를 목적으로 하는 행위

(l) 통항과 직접 관련이 없는 그 밖의 활동

2) 통항

통항은 계속적이고 신속해야 한다. 다만 정선이나 닻을 내리는 행위가 통상

적인 항행에 부수되는 경우, 불가항력이나 조난으로 인해 필요한 경우, 위험하거나 조난상태에 있는 인명, 선박 또는 항공기를 구조하기 위한 경우에는 통항에 포함된다(제18조 제2항). 그리고 통항에는 내수에 들어가지 않고 영해를 횡단하는 것뿐만 아니라 내수를 향하여 또는 내수로부터의 항진도 포함되며 내수 밖의 정박지나 항구시설에 기항하는 것도 포함된다(제18조 제1항). 한편 잠수함과 그 밖의 잠수항행기기는 영해에서 해면 위로 국기를 게양하고 항행해야 한다(제20조).

3) 통항 거부 및 정지

영해는 연안국의 주권에 속하며 외국 선박이 가지는 유일한 권리는 무해통항권이다. 따라서 연안국은 무해하지 않은 통항을 방지하기 위해 필요한 조치를 자국 영해에서 취할 수 있다(제25조 제1항). 예를 들어, 연안국은 '무해'하지 않거나 '통항'하지 않는 외국 선박을 영해로부터 추방할 수 있다. 그리고 무해통항권을 상실한 선박은 연안국의 완전한 관할권에 속하게 되며 연안국의 법령 위반을 이유로 억류될 수도 있다.

외국 선박의 무해통항권은 절대적이지 않으며 예외적인 경우 엄격한 조건에 따라서 정지될 수 있다. 연안국은 무기를 사용하는 훈련을 포함하여 자국의 안보상 긴요한 경우에는 영해의 지정된 수역에서 외국 선박을 형식상 또는 실질상 차별하지 않고 무해통항을 일시적으로 정지시킬 수 있다. 단 이러한 정지조치는 적절히 공표한 후에만 효력을 가진다(제25조 제3항). '안보'라는 용어는 보통 군사적인 맥락에서 쓰이지만 다른 맥락에서 사용되기도 하는데, '환경안보'가 그 예가 될 수 있다.[10] 하지만 입법역사를 볼 때

---

10 캐나다는 자국의 Arctic Waters Pollution Prevention Act를 옹호하면서 국가의 환경에 대한 위험이 그 국가의 안보에 대한 위험이 된다고 하였다. *International Legal Materials*, vol. 9 (1970), p. 608.

여기에서 사용된 '안보'는 군사적인 의미를 넘어 확대 해석될 수 없다. 1958년 「영해 및 접속수역에 관한 협약」제16조 제3항은 단지 '안보'라는 용어만 사용한 반면, 해양법협약에서는 '안보'라는 용어에 '무기를 사용하는 훈련'이라는 표현을 더하였기 때문이다. 즉, 무해통항의 일시 정지는 군사적인 안보를 이유로 해서만 가능하다. 이는 다음에서 보듯이 국방부 장관이 그 권한을 행사하는 한국의 예에서도 확인될 수 있다.

4) 군함 및 특수 선박의 무해통항

해양 강국의 입장에서 볼 때 군함의 무해통항권은 자국 군함의 기동성 확보를 위해 아주 중요한 반면, 연안국의 입장에서 보면 외국 군함의 영해 통항이 국가안보에 위협이 될 수 있다. 따라서 군함의 무해통항권 인정 여부는 오랫동안 해양법의 주된 논쟁거리였다. 그런데 1958년 「영해 및 접속수역에 관한 협약」은 군함의 무해통항에 대해 아무런 규정을 두지 않았으며 이러한 태도는 1982년 해양법협약에서도 이어졌다. 따라서 학자들의 주장과 해석도 다양하여 군함의 무해통항권을 긍정하는 입장, 부정하는 입장, 그리고 이 문제는 제1차 및 제3차 유엔 해양법회의에서 결정되지 못한 채 미정이라는 입장으로 나뉜다.[11] 실제로 1958년 「영해 및 접속수역에 관한 협약」과 1982년 해양법협약의 관련 조문들은 군함의 무해통항권을 인정하는 의미로 해석될 수도 있고 그 반대로 해석될 수도 있다. 예를 들어, 무해통항권에 관한 규정들이 '모든 선박에 적용되는 규칙'이라는 제목하에 있다는 점, 잠수함의 무해통항권이 인정된다는 점, 1982년 해양법협약 제19조 제2항에 열거된 행위 중에는 군함과 관련된 행위가 있다는 점 등을 근거로 군함의 무해통항권을 인정하는 견해가 있다.[12] 한편 1958년 「영해 및 접속수역

---

11 신각수, "국제법상 군함의 무해통항권", 『서울국제법연구』, 제2권 1호(1995), 69~71쪽.
12 강영훈, "UN해양법협약의 비준문제와 관련된 한국영해법상의 제문제", 『국제법학회논총』, 제

에 관한 협약」 제23조와 그에 상응하는 1982년 해양법협약 제30조가 군함
만을 달리 취급하므로 해석상 군함의 무해통항권이 부정되는 것이며, 해양
법협약 제19조 제2항에 '군함의 행위유형'이 명시된 것으로 보아 오히려 군
함의 무해통항권이 인정되지 않는다고 해석하는 견해도 있다.[13] 따라서 해
양법 관련 협약들이 군함의 무해통항에 대해 명시적으로 규정하지 않았으
며 긍정적 해석과 부정적 해석이 다 가능한 상태에서는 해양법협약상 이 문
제가 결정되지 못하였고 아직 미정이라고 보는 견해가 타당하고 현실에도
부합하는 것이라 본다.[14] 한편 국가들의 실행을 보면, 미국과 소련(당시)은
군함을 포함한 모든 선박이 무해통항권을 향유하며 사전통고나 사전허가
도 요구되지 않는다고 주장하였다.[15] 반면에 중국은 외국 군함이 자국 영해
로 들어오기 위해서는 허가를 받아야 한다는 입장이다.[16] 또 다음에서 보듯
이 한국처럼 사전통고제를 실시하는 국가도 있다. 40여 개 국가에서 군함
의 영해 통항에 대해 사전통고나 사전허가를 요구하고 있으며 해양 강국들
은 이러한 제한에 반대하고 있다.[17] 이처럼 군함의 무해통항권 문제에 대한
국가실행 역시 통일되어 있지 않기 때문에 이 문제에 대한 국제관습법 역시

37권 제2호(1992), 5쪽.

13 김영구, 『한국과 바다의 국제법』, 신판(서울: 21세기북스, 2004), 168−169쪽.

14 신각수, 전게논문 (주 11), 72쪽.

15 USA−USSR Joint Statement on the Uniform Interpretation of Norms of International Law
   Governing Innocent Passage, *Law of the Sea Bulletin*, No. 14 (1989), p. 13, para. 2 (All
   ships, including warships, regardless of cargo, armament or means of propulsion, enjoy
   the right of innocent passage through the territorial sea in accordance with international
   law, for which neither prior notification nor authorization is required.).

16 中华人民共和国领海及毗连区法(중화인민공화국 영해 및 접속수역법, 1992), 제6조 (外国军
   用船舶进入中华人民共和国领海, 须经中华人民共和国政府批准 : To enter the territorial sea
   of the People's Republic of China, foreign military ships must obtain permission from the
   Government of the People's Republic of China.).

17 John E. Noyes, "The Territorial Sea and Contiguous Zone", in Donald R. Rothwell et al.
   (eds.), *The Oxford Handbook of the Law of the Sea* (Oxford: Oxford University Press,
   2015), p. 99.

분명하지 않다.[18] 결국 현행 실정국제법은 군함의 무해통항권 여부에 대해 명확한 해답을 주지 못하는 상태이다.

핵추진선박과 핵물질 또는 본래 위험하거나 유독한 그 밖의 물질을 운반 중인 선박은 무해통항권을 향유한다. 다만 이러한 선박들은 무해통항권을 행사할 때 국제협정이 정한 서류를 휴대하고 또한 국제협정에 의해 확립된 특별예방조치를 준수해야 한다(제23조). 관련된 국제협정으로는 1962년 「원자력선 운항자의 책임에 관한 협약」,[19] 「1978년 의정서에 의하여 개정된 선박으로부터의 오염방지를 위한 1973년 국제협약」,[20] 1974년 「해상에서의 인명 안전을 위한 국제협약」[21] 등이 있다. 한편 연안국은 유조선, 핵추진선박 및 핵물질 또는 본래 위험하거나 유독한 그 밖의 물질이나 재료를 운반 중인 선박에 지정된 항로대만을 통항하도록 요구할 수 있다(제22조 제2항).

(4) 연안국의 권리와 의무

외국 선박이 무해통항권을 향유한다고 하여 연안국의 법을 전혀 적용받지 않는다는 것은 아니다. 연안국은 무해통항 하는 외국 선박에 대해 (a) 항행의 안전과 해상교통의 규제, (b) 항행 보조 수단과 설비 및 그 밖의 설비나 시설의 보호, (c) 해저 전선과 관선의 보호, (d) 해양생물자원의 보존, (e) 연안국의 어업법령 위반 방지, (f) 연안국의 환경보전과 연안국 환경오염의 방지, 경감 및 통제, (g) 해양과학조사와 수로측량, (h) 연안국의 관세·재정·출입국관리 또는 위생에 관한 법령의 위반방지에 관한 법령을 제정할 수 있다(제21조 제1항). 하지만 그러한 법령은 일반적으로 수락된 국제 규칙이나 기

---

18 신각수, 전게논문 (주 11), 72쪽; Y. Tanaka, *The International Law of the Sea*, 2nd ed. (Cambridge: Cambridge University Press, 2015), pp. 89-90.

19 Convention on the Liability of Operators of Nuclear Ships.

20 International Convention for the Prevention of Pollution from Ships, 1973, as modified by the Protocol of 1978 relating thereto (MARPOL 73/78).

21 International Convention for the Safety of Life at Sea (SOLAS).

준을 시행하는 것이 아닌 한 외국 선박의 설계, 구조, 인원배치 또는 장비에 대하여는 적용되지 않는다(제21조 제2항). 즉, 외국 선박의 설계, 구조, 인원배치나 장비에 적용되는 연안국의 국내법에서는 연안국의 자의적인 국내기준이 아니라 국제 규칙이나 기준을 규정해야 한다. 선박의 설계, 구조 등을 입항하는 국가마다 그 국가의 법에 따라서 바꿀 수 없는 현실을 감안하면 통일적인 국제기준을 요구하는 해양법협약의 태도는 당연하다. 영해에서 무해통항권을 행사하는 외국 선박은 이러한 모든 법령뿐만 아니라 해상충돌방지에 관해 일반적으로 수락된 모든 국제규칙을 준수해야 한다(제21조 제4항). 해상충돌방지에 관한 가장 중요한 조약은 1972년 「국제해상충돌예방규칙 협약」[22]이다. 한편 무해통항을 하지 않는 외국 선박에는 연안국의 모든 법이 적용된다는 것이 확립된 국가실행이다.[23]

연안국은 무해통항 중인 외국 선박에 대해 집행관할권도 행사할 수 있는데, 다만 집행관할권은 앞에서 본 입법관할권에 비해 제한적이다. 연안국은 영해를 통항하고 있는 외국 선박의 경우 통항 중에 선박 내에서 발생한 범죄와 관련하여 그 선박 내에서 원칙적으로 형사관할권을 행사할 수 없다. 다만 (a) 범죄의 결과가 연안국에 미치는 경우, (b) 범죄가 연안국의 평화 또는 영해의 공공질서를 교란하는 경우, (c) 그 선박의 선장이나 기국의 외교관 또는 영사가 현지 당국에 지원을 요청한 경우, (d) 마약이나 향정신성 물질의 불법거래를 진압하기 위해 필요한 경우 연안국은 형사관할권을 행사할 수 있다(제27조 제1항). 또 연안국은 해양법협약 제12부(해양환경의 보호와 보전)에 규정된 경우 또는 제5부(배타적 경제수역)에 따라 제정된 법령 위반의 경우를 제외하고는, 외국 선박이 내수에 들어오지 않고 외국의 항구로부터 단순히 영해를 통과하는 경우에는 그 선박이 영해에 들어오기 전에 발생한 범죄와 관

---

22 Convention on the International Regulation for Preventing Collisions at Sea (COLREG).
23 Churchill and Lowe, *supra* note 2, p. 95.

련하여 사람을 체포하거나 수사를 하기 위해 영해를 통항 중인 외국 선박 내에서 어떠한 조치도 취할 수 없다(제27조 제5항). 그러나 연안국은 내수를 떠나 영해를 통항 중인 외국 선박 내에서 발생한 범죄에 대해서는 체포나 수사 행위를 할 수 있다(제27조 제2항). 연안국은 체포 여부나 체포방식을 결정함에 있어서 통항의 이익을 적절히 고려해야 한다(제27조 제4항).

연안국의 민사집행관할권도 제한적이다. 연안국은 영해를 통항 중인 외국 선박 내에 있는 사람에 대한 민사관할권을 행사하기 위해 그 선박을 정지시키거나 선박의 항로를 변경시킬 수 없다(제28조 제1항). 그리고 연안국은 외국 선박이 연안국 수역을 항행하는 동안이나 그 수역을 항행하기 위해 선박 스스로 부담하거나 초래한 의무 또는 책임에 관한 경우를 제외하고는, 민사소송절차를 위해 그 선박에 대한 강제집행이나 나포를 할 수 없다(제28조 제2항). 하지만 영해에 정박하고 있거나 내수를 떠나 영해를 통항 중인 외국 선박에 대해서는 연안국은 자국법에 따라 민사소송절차를 진행하기 위해 강제집행이나 나포를 할 수 있다(제28조 제3항).

연안국은 항행의 안전을 위해 필요한 경우 자국 영해에서 무해통항권을 행사하는 외국 선박에 대해 선박통항을 규제하기 위해 지정된 항로대와 규정된 통항분리방식traffic separation schemes을 이용하도록 요구할 수 있다(제22조 제1항). 특히 유조선, 핵추진선박 및 핵물질 또는 본래 위험하거나 유독한 그 밖의 물질이나 재료를 운반 중인 선박에 대해서는 이러한 항로대만을 통항하도록 요구할 수 있다(제22조 제2항).

연안국은 영해에서 외국 선박의 무해통항을 방해하지 않아야 한다. 특히 연안국은 해양법협약이나 동 협약에 따라 제정된 법령을 적용함에 있어 (a) 외국 선박에 대해 실질적으로 무해통항권을 부인하거나 침해하는 효과를 가져오는 요건을 부과하거나, (b) 특정국의 선박 또는 특정국으로 화물을 반입·반출하거나 특정국을 위해 화물을 운반하는 선박에 대한 형식상 또는 실질상 차별을 하지 않아야 한다(제24조 제1항). 또 연안국은 외국 선박에 대해 영해의 통항만을 이유로 수수료를 부과할 수는 없다(제26조 제1항). 수수료는 영해를 통항하는 외국 선박에 제공된 특별한 용역의 대가로서만 부과될 수 있으며, 이 경우에도 차별이 있어서는 안 된다(제26조 제2항). 특별한 용역의 예로는 도선pilotage을 들 수 있다. 한편 연안국은 자국이 인지하고 있는 자국 영해에서의 통항과 관련한 위험을 적절히 공표할 의무를 진다(제24조 제2항).

군함이 영해통항에 관한 연안국의 법령을 준수하지 않고 그 군함에 대한 연안국의 법령준수 요구를 무시하는 경우, 연안국은 그 군함에 대해 영해에서 즉시 퇴거할 것을 요구할 수 있다(제30조). 군함이 영해통항과 관련이 없는 연안국 법령을 위반한 경우에는 이 조문이 적용되지 않으며 군함은 계속 통항할 수 있다. 기국은 자국의 군함이나 그 밖의 비상업용 정부 선박이 영해통항에 관한 연안국의 법령 또는 해양법협약이나 그 밖의 국제법 규칙을 위반함으로써 연안국에 입힌 어떠한 손실이나 손해에 대하여도 국제책임을 진다(제31조). 위와 같은 경우를 제외하고는 군함과 그 밖의 비상업용 정부 선박은 국제법상 면제를 향유한다(제32조).

4. 접속수역

접속수역은 영해의 바깥쪽에 접속한 수역으로, 연안국은 그 안에서 일정한 권한을 행사할 수 있다. 접속수역의 외측 한계는 1958년 「영해 및 접속수역에 관한 협약」 제24조 제2항에서 기선으로부터 12해리로 규정되었으나, 1982년 해양법협약에서 24해리로 확대되었다(제33조 제2항). 연안국은 접속수역 내에서 다음과 같은 법집행 권한을 행사할 수 있다. 연안국은 자국 영토나 영해에서의 관세·재정·출입국관리 또는 위생에 관한 법령의 위반을 방지하기 위해서, 그리고 자국 영토나 영해에서 발생한 위의 법령 위반을 처벌하기 위해서 접속수역에서 필요한 통제를 할 수 있다(제33조 제1항).

접속수역에서 연안국이 권한을 행사할 수 있는 행위는 접속수역 내가 아니라 연안국 영토나 영해 내에서 행해졌거나 행해질 예정이어야 함이 원칙이다. 즉, 연안국의 관련법은 영해를 넘어 접속수역까지 적용되지 않으며 접속수역에서 행해진 법령 위반 행위는 이 조항의 적용범위에 들지 않는다. 달리 말하면, 접속수역에서 연안국은 입법관할권을 갖지 않으며 집행관할권만을 행사할 수 있다.[24] 하지만 해저유물의 경우에는 이 원칙에 대한 예외가 인정된다. 연안국은 자국의 승인 없이 접속수역의 해저로부터 유물을 반출하는 것을 자국의 영토나 영해에서의 자국 법령 위반으로 추정할 수 있다(제303조 제2항). 즉, 연안국은 접속수역에서 해저유물에 대해 입법관할권과 집행관할권을 행사할 수 있다.

접속수역은 관세, 재정, 출입국관리 또는 위생에 관한 법령을 집행하기 위해서 설정될 수 있으며 다른 목적의 접속수역은 해양법협약상 인정되지 않는다. 제1차 유엔 해양법회의를 위해 조약 초안을 작성했던 국제법위원회ILC는 안보나 어업 목적의 접속수역을 인정하지 않았으며,[25] 제1차 유엔 해양법회의에서 일부 국가가 그러한 목적의 접속수역을 주장하였지만 최종적으로 채택되지 않았다.

---

24 Churchill and Lowe, *supra* note 2, p. 137; Y. Tanaka, *supra* note 18, p. 125.
25 *Yearbook of the International Law Commission*, 1956, vol. II, p. 295.

II 영해 및 접속수역에 관한 대한민국의 실행

1. 영해제도의 연혁

1948년 5월 10일 제정된 「재조선미국육군사령부군정청법령」(이하 「군정법령」) 제189호(해안경비대의 직무) 제3조 나항은 북위 38도 이남의 한국의 영해를 3해리로 규정하였다.[26] 이 법은 「제헌헌법」 제100조에[27] 의해 계속 효력을 유지하다가, 1961년 제정된 「구법령 정리에 관한 특별조치법」에[28] 의해 1962년 1월 20일 자로 폐기되었다. 그 후 1977년 「영해법」이 제정될 때까지 한국에서 영해의 범위를 규정한 법령은 없었다. 하지만 당시 많은 국가에서 3해리 영해를 채택했고 「군정법령」 또한 그러하였다는 점을 고려하면 이 기간 동안 한국의 영해는 3해리였다고 보는 것이 타당하다.[29]

「군정법령」이 폐기된 후 한국은 곧바로 영해법을 제정하지 않았고 영해의 범위에 대해 모호한 태도를 취하였다. 하지만 경제발전과 더불어 주요 원양어업국이 되었고 북한과의 대치에 따른 안보적 문제도 있었기 때문에 한국이 계속 영해의 범위에 대해 모호한 태도를 취하기는 어려웠다. 그리고 제3차 유엔 해양법회의가 진행되면서 12해리 영해가 세계적인 추세가 되고 일본도 12해리 영해를 지지하게 되자 한국도 12해리로 영해를 확정하는 것

---

26 "나. 영해라 함은 조선해안에 沿在하는 각 항구, 정박지, 灣江 及 其他 海口와 또한 沿海線으로부터 해상 一海哩(리-구) 又는 三哩(마이루) 이내의 沿海域을 포함함"; "b. Territorial waters include the ports, harbors, bays and other enclosed arms of the sea along the coast of Korea and a marginal belt of the sea extending from the coastline outward one marine league, or three geographic miles.", 한국법제연구회, 『미군정법령총람』, 국문판(1971), 505쪽; *ibid.*, 영문판(1971), p. 530.

27 "현행법령은 이 헌법에 저촉되지 아니하는 한 효력을 가진다."

28 1961년 7월 15일 제정, 법률 제659호.

29 김영구, 전게서 (주 13), 119쪽.

을 검토하게 되었다. 이에 한국 정부는 1976년 해양법대책위원회를 발족하여 이 문제를 검토하고, 이듬해인 1977년 12월 「영해법」을 제정하였다.[30]

「영해법」은 1977년 12월 31일 제정되었고[31] 1978년 4월 30일부터 시행되었다. 「영해법」은 한국의 영해를 12해리로 규정하면서 일정 수역에서는 그 이하의 영해를 정할 수 있으며,[32] 통상기선과 직선기선을 설정할 수 있도록 규정하였다.[33] 그리고 무해통항의 의미에 대해서 해양법협약 제19조와 거의 동일하게 규정하였다.[34] 1994년 해양법협약이 발효함에 따라 한국은 이 협약의 비준을 검토하는 과정에서 「영해법」의 개정도 검토하게 되었다. 그 결과 한국은 「영해법」을 개정하여 1995년 12월 6일 「영해 및 접속수역법」[35]을 공포하였고 이 법은 1996년 8월 1일부터 시행되었다. 개정의 주요이유는 법률명이 보여주듯이 접속수역의 설정이었다.

2. 기선

한국에서 통상기선은 국가에서 공식적으로 인정한 대축척해도에 표시된 해안의 저조선이다.[36] 하지만 지리적 특수사정이 있는 수역의 경우에는 대통령령으로 정하는 기점을 연결하는 직선기선을 설정할 수 있다.[37] 「영해 및 접속수역법 시행령」은 좌표체계를 과거의 동경측지계에서 세계측지계(WGS-84) 방식으로 전환하며 자연적인 퇴적 등을 감안하여 이를 반영하여

---

30 이창위, "한국 영해제도의 역사와 문제에 대한 고찰", 『강원법학』, 제31권(2010), 213쪽.
31 법률 제3037호.
32 영해법 제1조.
33 영해법 제2조.
34 영해법 제5조.
35 법률 제4986호.
36 영해 및 접속수역법 제2조 제1항.
37 영해 및 접속수역법 제2조 제2항.

[별표 1] 직선을 기선으로 하는 수역과 그 기점

수역	기점	지명	경위도
영일만	1.	달만갑	북위 36도 06분 20초 동경 129도 26분 00초
	2.	호미곶	북위 36도 05분 29초 동경 129분 33분 28초
울산만	3.	화암추	북위 35도 28분 17초 동경 129도 24분 40초
	4.	범월갑	북위 35도 25분 56초 동경 129도 22분 08초
남해안	5.	1.5미이터암	북위 35도 10분 09초 동경 129도 13분 03초
	6.	생도	북위 35도 02분 13초 동경 129도 05분 35초
	7.	홍도	북위 34도 32분 05초 동경 128도 43분 59초
	8.	간여암	북위 34도 17분 16초 동경 127도 51분 18초
	9.	하백도	북위 34도 01분 42초 동경 127도 36분 33초
	10.	거문도	북위 34도 00분 17초 동경 127도 19분 28초
	11.	여서도	북위 33도 58분 06초 동경 126도 55분 26초
	12.	장수도	북위 33도 55분 04초 동경 126도 38분 16초
	13.	절명서	북위 33도 52분 01초 동경 126도 18분 44초
서해안	14.	소흑산도	북위 34도 02분 49초 동경 125도 07분 22초
	15.	소국흘도 (소흑산도북서방)	북위 34도 07분 07초 동경 125도 04분 35초
	16.	홍도	북위 34도 40분 29초 동경 125도 10분 22초
	17.	고서 (홍도북서방)	북위 34도 43분 15초 동경 125도 11분 17초
	18.	횡도	북위 35도 20분 12초 동경 125도 59분 05초
	19.	상왕등도	북위 35도 39분 36초 동경 126도 06분 01초
	20.	직도	북위 35도 53분 22초 동경 126도 04분 01초
	21.	어청도	북위 36도 07분 16초 동경 125도 58분 03초
	22.	서격렬비도	북위 36도 36분 47초 동경 125도 32분 29초
	23.	소령도	북위 36도 58분 56초 동경 125도 44분 58초

새로운 기점을 정하기 위해 2002년 개정되었다. 과거 「영해법」 시행령과 현재 「영해 및 접속수역법」 시행령은 23개의 직선기점을 계속 규정해 왔는데, 2002년 개정된 직선기점과 좌표는 [별표 1]과 같다. 영일만과 울산만에는 만 폐쇄선이 설정되고 남해안과 서해안에는 직선기선이 적용된다. 그리고 동해안, 제주도, 울릉도, 독도에서는 통상기선이 적용된다. 23개의 기점 중 대부분은 1965년 제1차 「한일어업협정」에 따른 어업전관수역 설정 시 양국 합의를 거쳐 채택되었다. 하지만 남해안의 거문도에서 여서도, 장수도, 절명서, 서해안의 가거도(소흑산도)에 이르는 직선기선과 서해안의 소국흘도에서 홍도, 고서까지의 직선기선은 「영해법」의 시행령 공포 시 새로 설정되었다.[38]

3. 내수

기선으로부터 육지 쪽에 있는 수역은 내수이다.[39] 외국 선박은 해양수산부 장관의 허가를 받지 않고는 대한민국의 내수에서 통항할 수 없다.[40] 하지만 「영해 및 접속수역법」에 따른 직선기선에 의해 내수에 포함된 해역에서는 정박, 정류, 계류 또는 배회함이 없이 계속적이고 신속하게 통항할 수 있다. 다만 불가항력이나 조난으로 인해 필요한 경우, 위험하거나 조난상태에 있는 인명·선박·항공기를 구조하기 위한 경우, 그 밖에 대한민국 항만에의 입항 등 해양수산부령으로 정하는 경우에는 예외적으로 정박 등이 가능하다.[41]

---

38 권문상, "유엔해양법협약 발효와 국내법", 『국제법평론』, 통권 제5호(1995), 94쪽; 이창위, *supra* note 30, 223쪽.
39 영해 및 접속수역법 제3조.
40 해사안전법 제32조 제1항.
41 해사안전법 제32조 제2항.

4. 영해

(1) 영해의 폭

한국의 영해는 기선으로부터 12해리까지이며, 대통령령으로 정하는 바에
따라 일정수역의 경우에는 12해리 이내에서 영해의 범위를 따로 정할 수 있
다.[42] 이에 따라 가장 좁은 곳이 24해리 미만인 대한해협 서수로에서 영해의
폭은 3해리로 설정되었으며,[43] 일본도 마찬가지로 3해리로 설정하였다. 한
국의 직선기선 및 영해선은 그림 2-6과 같다.

(2) 무해통항권

해양법협약의 무해통항에 관한 규정은 거의 그대로 「영해 및 접속수역법」
에 반영되었다. 외국 선박은 대한민국의 평화, 공공질서 또는 안전보장을
해치지 않는 범위에서 영해를 무해통항 할 수 있다.[44] 하지만 외국 선박이
일정한 행위를 하면 대한민국의 평화, 공공질서 또는 안전보장을 해치는 것
으로 보는데, 그러한 행위는 앞에서 본 해양법협약의 규정과 거의 같다.[45]
그런데 무해성을 상실시키는 행위들 중 (a) 무기를 사용하여 행하는 훈련 또
는 연습, (b) 항공기의 이함·착함 또는 탑재, (c) 군사기기의 발진·착함 또는
탑재, (d) 잠수항행, (e) 조사 또는 측량, (f) 통항과 직접 관련 없는 행위로 대
통령령으로 정하는 것은 관계 당국의 허가, 승인 또는 동의를 얻은 경우 무
해성이 상실되지 않는다.[46] 관계 당국의 허가, 승인 또는 동의를 얻기 위해
서 외국 선박은 외교부 장관에게 선박의 선명, 종류 및 번호, 활동목적, 활동

---

42 영해 및 접속수역법 제1조.
43 영해 및 접속수역법 시행령 제3조.
44 영해 및 접속수역법 제5조 제1항.
45 영해 및 접속수역법 제5조 제2항.
46 영해 및 접속수역법 제5조 제2항.

중국

황 해

대한민국

울릉도

독도

동 해

━+ +━ 영해한계선
━△━ 직선기선

소령도
23
22 서격렬비도
어청도
21
직도
20
상왕등도
19
18
횡도
고서
17
16 홍도
15 소국홀도
14 소흑산도
13 절명서
12 장수도
11 여서도
10 거문도 9
하백도
8 간여암
7
홍도
생도 6
5 1.5미이터암
부산
4 범월갑
3 화암추
2 호미곶
1 달만갑

제주도

일본

그림 2-6 대한민국 영해 직선기선

수역, 항로 및 일정을 기재한 신청서를 제출해야 한다.[47]

해양법협약 제19조 제2항과 달리 「영해 및 접속수역법」 제5조 제2항에서는 잠수항행을 무해성을 상실시키는 행위로 명시하고 있다. 잠수함은 무해통항 시 해면 위로 국기를 게양하고 항행해야 하므로 잠수항행은 따로 규정하지 않더라도 무해통항이 아니다. 그럼에도 불구하고 「영해 및 접속수역법」에 잠수항행을 무해하지 않은 행위로 명시한 것은 한반도 주변 해역에서의 빈번한 군사작전과 적대국 잠수함의 항행을 고려하였기 때문이라고 할 수 있다. 즉, 피아의 잠수함 활동을 구분하여 대응하려는 정책적 판단에 기인한 것이다. 이러한 점은 관계당국의 허가나 동의를 얻으면 잠수항행뿐만 아니라 무기를 사용하여 하는 훈련, 항공기의 이함, 착함 또는 탑재, 군사기기의 발진, 착함 또는 탑재, 조사나 측량을 무해하지 않은 행위에서 제외시킨다는 규정에서도 알 수 있다.[48] 그리고 오염물질의 배출과 관련하여 '고의적이고도 중대한 오염행위'라고 규정하는 해양법협약과 달리 「영해 및 접속수역법」은 '대통령령으로 정하는 기준을 초과하는 오염물질의 배출'이라고 좀 더 구체적으로 규정하고 있다. 이때 오염물질의 배출규제 기준은 「해양환경관리법 시행령」에 따른다.[49]

대한민국의 안전보장을 위해 필요하다고 인정되는 경우에는 대통령령으로 정하는 바에 따라 일정수역을 정해 외국 선박의 무해통항을 일시적으로 정지시킬 수 있다.[50] 안보를 이유로 한 무해통항의 일시정지는 국방부 장관이 행하되, 미리 국무회의의 심의를 거쳐 대통령의 승인을 얻어야 한다.[51] 그리고 국방부 장관이 대통령의 승인을 얻은 때에는 무해통항의 일시적 정

---

47 영해 및 접속수역법 시행령 제5조 제1항.
48 이창위, 전게논문 (주 30), 220쪽.
49 영해 및 접속수역법 시행령 제6조; 해양환경관리법 시행령 제47조.
50 영해 및 접속수역법 제5조 제3항.
51 영해 및 접속수역법 시행령 제7조 제1항.

지수역, 정지기간 및 정지사유를 지체 없이 고시해야 한다.[52]

외국의 군함이나 비상업용 정부 선박이 영해를 통항하려는 경우에는 통항 3일 전까지(공휴일은 제외) 외교부 장관에게 당해 선박의 선명, 종류 및 번호, 통항목적, 통항 항로 및 일정을 통고해야 한다.[53] 다만 외국의 군함이나 비상업용 정부 선박이 통과하는 수역이 국제항행에 이용되는 해협으로 이 수역에 공해대가 없을 경우에는 사전통고제가 적용되지 않는다.[54] 이에 따라 제주해협에서는 외국 군함의 무해통항 시 사전통고제가 실시되지 않고 있다.

군함 및 비상업용 정부 선박을 제외한 외국 선박이 무해하지 않은 행위를 한 혐의가 있다고 인정될 때에는 관계 당국은 정선, 검색, 나포, 그 밖에 필요한 명령이나 조치를 할 수 있다.[55] 하지만 외국의 군함이나 비상업용 정부 선박 또는 그 승무원이나 그 밖의 승선자가 「영해 및 접속수역법」이나 그 밖의 다른 법령을 위반하였을 때에는 이의 시정이나 영해로부터의 퇴거를 요구할 수 있을 뿐이다.[56]

1985년 3월 21일 오전에 중국 산둥반도의 청도항을 출항한 중국 해군 북해함대 소속 고속어뢰정 6척이 훈련을 마치고 귀항하던 도중 그중 한 척에서 선상반란이 일어났다. 이 어뢰정은 연료가 떨어져 한국의 흑산도 부근에서 표류하다가 3월 22일 한국 어선에 의해 구조되어 군산항 근처 하왕등도 연안으로 예인된 후 한국 경찰에 인도되었다. 실종된 어뢰정을 수색하고자 출동한 것으로 보이는 중국 군함 3척이 3월 23일 새벽 하왕등도 인근 한국 영해로 침입하였다. 한국은 중국 군함에 한국 영해에서 즉시 퇴거할 것을

---

52 영해 및 접속수역법 시행령 제7조 제2항.
53 영해 및 접속수역법 제5조 1항; 영해 및 접속수역법시행령 제4조.
54 영해 및 접속수역법시행령 제4조 단서.
55 영해 및 접속수역법 제6조.
56 영해 및 접속수역법 제8조.

요구했지만 중국 군함은 한국 영해에서 약 3시간 머문 후 퇴거하였다. 한국 측의 항의에 대해 중국 외교부의 권한을 위임받아 신화사 홍콩지사 부사장 리추원李儲文 명의로 작성된 중국 측의 사과각서가 3월 26일 오후 1시 홍콩 주재 한국총영사관에 접수되었다.[57] 당시의 「영해법」 제5조도 현재의 「영해 및 접속수역법」 제5조와 같이 외국 군함이 영해를 통항하고자 할 때에는 사전통고 해야 한다고 규정했으며, 제8조 역시 외국 군함이 법령을 위반한 경우 영해로부터 퇴거를 요구할 수 있다고 규정하였다. 중국 군함이 한국의 영해를 침범하고 머무른 행위는 이러한 「영해법」 규정을 위반한 행위이다. 그리고 앞에서 본 바와 같이 군함이 영해통항에 관한 연안국의 법령을 준수하지 않으면 해양법협약상 연안국은 그 군함에 대해 즉시 퇴거를 요구할 수 있다(제30조). 사전통고제는 이러한 '법령'에 해당된다고 해석될 수도 있으므로 중국 군함에 대한 한국의 즉시퇴거 요구는 국제법상으로도 적법하다고 평가할 수 있다. 설령 군함의 무해통항권이 해양법상 인정되며 한국의 사전통고제가 해양법협약과 양립하지 않는다는 입장을 취하더라도, 중국 군함이 3시간 정도 한국 영해에서 머무르면서 대치한 것은 '통항'에 해당되지 않으므로 중국 군함은 해양법상 무해통항권을 상실하였다고 할 수 있으며 한국의 즉시 퇴거 요구 역시 적법하다고 할 수 있다.

(3) 항행의 안전을 위한 제도

1986년 제정된 「해상교통안전법」을 2011년 6월 15일 전부 개정하여 공포한 「해사안전법」은[58] 대한민국의 내수, 영해와 배타적 경제수역에서 항행의 안전을 위한 제도들을 규정한다. 이 중 앞에서 본 해양법협약의 조문들과 관련 있는 제도들을 살펴보면 다음과 같다.

---

57 김영구, 전게서 (주 13), 184–186쪽.
58 법률 제10801호.

해양수산부 장관은 해상교통량이 아주 많은 해역이나 거대선, 위험화물 운반선, 고속여객선 등의 통항이 잦은 해역으로 대형 해양사고가 발생할 우려가 있는 해역을 교통안전특정해역으로 설정할 수 있다.[59] 그리고 해양수산부 장관은 해양수산부령으로 정하는 바에 따라 교통안전특정해역 안에서의 항로지정제도를 시행할 수 있다.[60] 교통안전특정해역에는 인천구역, 부산구역, 울산구역, 포항구역, 여수구역이 있다.[61]

일정기준 이상의 석유 또는 유해액체물질을 운송하는 선박의 선장이나 항해당직을 수행하는 항해사는 유조선의 안전운항을 확보하고 해양사고로 인한 해양오염을 방지하기 위해 설정된 유조선통항금지해역에서 항행하여서는 안 된다.[62] 유조선통항금지해역은 개략적으로 서해안 태안반도 옹도에서 동해항 앞 해상을 잇는 선 안의 해역이다.[63]

대한민국의 영해 또는 내수를 통항하는 외국 선박 중 핵추진선박이나 핵물질 등 위험화물운반선박은 「해상에서의 인명안전을 위한 국제협약」 등 관련 국제협약에서 정하는 문서를 휴대하거나 해양수산부령으로 정하는 특별 예방조치를 준수해야 한다.[64] 해양수산부령으로 정하는 특별 예방조치는 「해상에서의 인명안전을 위한 국제협약」에서 정한 안전조치를 말한다.[65] 그리고 해양수산부 장관은 이러한 선박에 의한 해양오염의 방지, 경감 및 통제를 위해 필요하면 통항로를 지정하는 등 안전조치를 명할 수 있다.[66]

해상교통량이 아주 많아 충돌사고가 발생할 위험성이 있어 통항분리제도

---

59 해사안전법 제10조 제1항.
60 해사안전법 제10조 제2항.
61 해사안전법 시행령 제6조.
62 해사안전법 제14조.
63 자세한 좌표는 해사안전법 시행령 별표 2 참조.
64 해사안전법 제33조 제1항.
65 해사안전법 시행규칙 제26조.
66 해사안전법 제33조 제2항.

를 적용할 필요성이 있는 수역은 해양수산부령에 의해 통항분리수역으로 정할 수 있다.[67] 통항분리방식이 적용되는 수역은 홍도항로, 보길도항로, 거문도항로이다.[68] 선박이 통항분리수역을 항행하는 경우 통항로 안에서는 정해진 진행방향으로 항행해야 하고 분리선이나 분리대에서 될 수 있으면 떨어져 항행해야 한다.[69] 그리고 선박은 통항로를 횡단해서는 안 되며, 부득이하게 횡단해야 하는 경우에는 통항로와 선수방향이 직각에 가까운 각도로 횡단해야 한다.[70]

5. 접속수역

대한민국의 접속수역은 기선으로부터 측정하여 그 바깥쪽 24해리의 선까지에 이르는 수역에서 대한민국의 영해를 제외한 수역이다. 다만 대통령령으로 정하는 바에 따라 일정수역의 경우에는 기선으로부터 24해리 이내에서 접속수역의 범위를 따로 정할 수 있다.[71]

접속수역에서 관계 당국은 대한민국 영토 또는 영해에서 관세, 재정, 출입국관리 또는 보건, 위생에 관한 대한민국의 법규를 위반하는 행위를 방지하거나 이러한 법규를 위반한 행위를 제재하기 위해 법령에서 정하는 바에 따라 그 직무권한을 행사할 수 있다.[72]

---

67 해사안전법 제68조 제1항.
68 해사안전법 시행규칙 별표 15.
69 해사안전법 제68조 제2항.
70 해사안전법 제68조 제3항.
71 영해 및 접속수역법 제3조의2.
72 영해 및 접속수역법 제6조의2.

6. 서해 북방한계선

1953년 7월 27일 한국전쟁 정전협정을 체결하면서 군사분계선military demarcation line에 대해서는 합의가 이루어졌지만, 해양경계에 대해서는 영해 폭에 대한 견해 대립으로 합의가 이루어지지 못하였다. 한국과 유엔 측은 당시 국제적 관행에 따라 3해리 영해를 주장했지만 북한 측은 12해리 영해를 주장했기 때문에 양측은 해양경계에 대한 합의에 이르지 못한 채「정전협정」을 체결하였다.「정전협정」제2조 제13항 ㄴ호는 한국전쟁 발발 이전에 상대방이 통제하고 있던 연해도서에서 모든 군사역량, 보급물자 및 장비를 철거해야 하고, 황해도와 경기도의 도계선 북쪽과 서쪽에 있는 모든 연해도서 중 일부 서해 5개 도서(백령도, 대청도, 소청도, 연평도, 우도)는 유엔군 사령관의 관할에 두고 나머지 기타 도서에 대한 군사통제권은 북한 측의 관할에 두는 것으로 규정하였다. 다만 한국 서해안에 있어서 그 경계선 이남에 있는 모든 도서는 유엔군 사령관의 군사통제하에 남겨 둔다고 규정하였다.[73]

　「정전협정」체결 후 1953년 8월 27일 클라크Mark Clark 유엔군 사령관은 한반도 주변수역 전역을 대상으로 선포했던 한국방위수역Clark Line을 폐기하였다. 클라크 유엔군 사령관은 1953년 8월 30일 서해안에서의 우발적 무력충돌을 예방하고 연합군 해군 및 공군의 초계활동을 제한하기 위해 동해에는 북방경계선Northern Boundary Line을, 서해에는 북방한계선Northern Limit Line을 설정하였다. 동해의 북방경계선은 양측이 합의한 군사분계선을 바다 측으로 연장한 선으로 설정했으나, 서해의 북방한계선은 당시에 국제적으로 통용되던 3해리 영해를 고려하여 서해 5개 도서와 북한 지역의 중간선으로 설정하였다. 한국 정부는 동해와 서해에 각각 설정된 북방경계선

---

73 정인섭,『신국제법강의』, 제6판(서울: 박영사, 2016), 637−641쪽.

과 북방한계선을 1996년 7월 1일부터 모두 '북방한계선'으로 통일하여 부르고 있다.

클라크 유엔군 사령관이 서해 북방한계선을 설정한 1953년 당시에 북한은 해양통제권을 상실하고 있었기 때문에 해상경계선 획정 문제를 회피하였고, 오히려 북방한계선 설정으로 유엔군 해상전력의 북상이 제한되는 반사적 이익을 누리게 되었다.

북한은 1953년 이후 1973년 12월까지 약 20년간 서해 북방한계선에 대해 문제를 제기하지 않다가, 1973년 10월부터 11월까지 총 43회에 걸쳐 의도적으로 북방한계선을 침범하였으며, 1973년 12월에는 북측의 연해沿海를 황해도와 경기도의 도계선 이북수역으로 주장하는 '서해 사태'를 일으켰다. 또 1977년 8월 1일 북한은 동해에는 영해기선으로부터 50해리에 이르는 해상 군사경계수역을, 서해에는 군사경계 및 경제수역을 일방적으로 선포하였다.

또 1990년대 말에 북한은 새로운 '해상군사분계선'의 설정과 '서해 5개섬 통항질서'를 주장하였다. 1999년 7월 북한은 제9차 판문점 장성급회담에서 북방한계선을 부인하면서 구체적인 기점이 포함된 새로운 해상경계선을 제시했고, 1999년 9월에는 '조선 서해 해상군사분계선'을 선포하면서 이 수역에 대한 자위권 행사를 주장하였다.

한편 북한은 2000년 3월 23일 '서해 5개 섬 통항질서'를 공포하여 한국의 서해 5개 도서를 통항하는 선박은 북측이 지정한 두 개의 수로만을 이용해야만 하고 이를 준수하지 않을 경우 '무경고 행동을 하겠다'는 입장을 밝혔다(그림 2-7).

서해 북방한계선에 관한 북한의 도발에도 불구하고 한국 정부는 다음과 같은 입장을 일관되게 유지하고 있다. 첫째, 서해 북방한계선은 정전협정의 안정적 관리를 위해 설정된 것으로 1953년부터 현재까지 우리나라가 실효

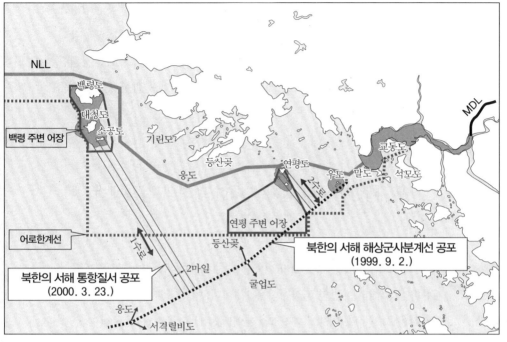

그림 2-7 서해 북방한계선 관련 북한 주장

적으로 관할해 온 실질적인 해상경계선이다. 둘째, 1992년 「남북기본합의
서」 제11조 및 「불가침 부속합의서」 제10조에 따라 서해 북방한계선은 남
북 간에 새로운 해상불가침 경계선이 합의되기 전까지 반드시 준수되어야
할 해상경계선이다. 셋째, 북한은 1953년 이후 1973년까지 20여 년간 서해
북방한계선을 묵인하였으므로, 북한이 1990년대 말 일방적으로 선포한 '조
선 서해해상 군사분계선'과 '서해 5도 통항질서'는 「정전협정」 및 국제법에
위반되는 것이다.

　서해 북방한계선을 둘러싼 한국과 북한 간의 대립은 서해 교전의 직간접
적인 원인이 되기도 했고, 남북관계의 정치적 상황에 따라 부침을 겪기도
하였다. 서해 북방한계선 문제를 평화적으로 관리하기 위해서는 국제해양

법을 비롯한 국제법 규범뿐만 아니라 한국전쟁과 「정전협정」 체결이라는 특수한 상황을 고려해야 한다. 또 「남북기본합의서」에서 합의한 바와 같이 최종적인 해양경계선에 대한 양측의 합의가 있기 전까지는 1953년 「정전협정」 체결 후 20여 년 이상 해상경계선 역할을 해 온 서해 북방한계선을 존중해야 할 것이다.

Ⅲ 대한민국의 실행에 대한 평가와 정책제언

한국의 직선기선 가운데 24해리 미만은 12개로 전체 직선기선의 63%를 차지한다.[74] 24해리 이상인 직선기선은 7개이며, 이 중 48해리를 초과하는 직선기선은 절명서와 가거도(소흑산도) 사이(60.3해리), 고서와 횡도 사이(53.91해리) 2개 기선으로 전체 10.5%를 차지한다. 48해리를 초과하는 직선기선이 일본의 경우 15개(9.3%), 중국의 경우 13개(27%)인 점을 감안하면 한국의 직선기선의 길이가 주변국에 비해 지나치다고 할 수 없다. 해양법협약이 적선기선의 길이에 대해 구체적으로 규정하지 않았고, 다른 국가들도 자국의 직선기선의 길이를 늘리고 있는 경향을 고려할 때 한국의 직선기선 주장이 해양법협약에 위반된다고 할 수 없다.

한국의 직선기선 중 상왕등도, 직도, 어청도를 잇는 두 기선의 경우 직도가 상왕등도와 어청도를 잇는 직선기선의 안쪽에 있다. 따라서 직도를 기점에서 제외하고 상왕등도와 어청도 사이에 직선기선을 그을 경우 영해확장 효과가 발생할 수 있으며, 그렇게 하더라도 직선기선이 해안의 일반적 방향

---

74 김백수 외 "한반도주변의 영해기점 및 기선에 관한 연구", 『한국공간정보학회지』, 제16권 제3호(2008), 339쪽.

으로부터 현저히 벗어난다고 보기 어렵고 그 안의 해역도 내수로 볼 수 있을 만큼 육지와 충분히 밀접하게 관련이 된다고 보고 있다.[75] 그리고 23번 기점인 소령도 이북으로도 가능한 한 직선기선을 연장하는 방안을 생각해 볼 수 있다. 예를 들어 소령도에서 소청도, 소청도에서 백령도를 직선기선으로 연결하는 방법이 있다.[76] 한편 앞에서 본 바와 같이 해양법협약상 간조노출지는 기점이 될 수 없으나 등대 등 영구 시설물이 간조노출지에 세워지면 기점으로 이용될 수 있다. 따라서 간조노출지에 등대와 같은 영구 시설물을 설치하여 영해를 확장시키는 방법도 생각해 볼 수 있다. 이러한 조치를 취하면 적어도 여의도 면적의 14배가량 영해가 확대되는 효과가 있을 것이라는 추정도 있다.[77] 2016년 3월 당시까지 총 4개의 영구시설물이 설치되었으며, 해양수산부는 2016년 내에 4개를 추가 설치하고 2020년까지 총 19개를 설치할 계획을 발표하였다.[78]

「영해 및 접속수역법」은 일정 수역의 경우 대통령령으로 접속수역의 폭을 따로 정할 수 있다고 규정하고 있으며, 이는 대한해협 서수로에 적용될 수 있다. 하지만 「영해 및 접속수역법 시행령」은 아무런 규정을 두고 있지 않다. 이에 반해 일본의 「영해 및 접속수역법」에서는 접속수역의 24해리 외측 한계선이 대향국과의 중간선을 넘는 경우 중간선 혹은 대향국과 합의한 선까지를 접속수역으로 한다고 규정하고 있다.[79] 한국도 법률이나 대통령령

---

75 상게논문, 339쪽.

76 김현수, "1995년 영해 및 접속수역법에 관한 소고", 『서울국제법연구』, 제3권 2호(1996), 105쪽.

77 http://view.asiae.co.kr/news/view.htm?idxno=2014021820544756188.

78 해양수산부 보도자료, "숨어있던 해양수산 정책에 생명을 불어넣다"(2016. 3. 28).

79 領海及び接続水域に関する法律 (영해 및 접속 수역에 관한 법률, 1996), 제4조 2항 (前項の接続水域(以下単に「接続水域」という。)は゛基線からその外側二十四海里の線(その線が基線から測定して中間線(第一条第二項に規定する中間線をいう。以下同じ。)を超えているときは゛その超えている部分については゛中間線(我が国と外国との間で合意した中間線に代わる線があるときは゛その線)とする。)までの海域(領海を除く。)とする。: The contiguous zone referred to in the preceding paragraph (hereinafter referred to as "the contiguous zone" for brevity)

을 개정하여 입법의 공백을 메울 필요가 있다.

안보 정책상의 이유로 3해리로 정해진 대한해협 서수로의 영해를 부분적으로 혹은 12해리 한계까지 확대하자는 주장이 있다.[80] 이 주장이 타당한 면이 있지만 현재처럼 3해리로 유지하더라도 큰 차이는 없어 보인다. 한국과 일본 모두 12해리로 확대한다면 대한해협 서수로에서는 군용을 포함한 모든 선박과 항공기가 해양법협약상 통과통항권을 누리게 된다(제38조). 그리고 공해대가 없는 국제해협에는 한국의 사전통고제가 적용되지 않는다.[81] 따라서 현재처럼 대한해협 서수로에 공해대를 남겨 두어 외국 군함이 자유통항 하는 것과 기본적으로 차이는 없다. 12해리보다 작게 확대하는 경우도 현 상황과 기본체제 면에서 역시 큰 차이는 없다. 따라서 현재의 3해리를 유지하더라도 무방하다고 본다.

외국 군함의 영해 통항에 대해 사전통고나 사전허가를 요구하는 것은 일반적으로 해양법협약과 일치하지 않는다는 견해도 있고,[82] 한국의 사전통고제를 폐지해야 한다는 견해도 있다.[83] 그런데 현행 국제법상 군함의 무해통항권 인정 여부는 불분명하다. 그리고 군함이 무해통항권을 누린다고 할지라도 사전통고제는 군함의 무해통항에 관한 실질적 요건이 아니라 단순한 절차적 요건이므로 사전통고제와 군함의 무해통항권은 양립이 가능하다.

---

comprises the areas of the sea extending from the baseline to the line 24 nautical miles seaward thereof (excluding therefrom the territorial sea). Provided that, where any part of that line lies beyond the median line ("The median line" here is as defined in article 1, paragraph 2. The same shall apply hereinafter) as measured from the baseline, the median line (or the line which may be agreed upon between Japan and a foreign country as a substitute for the median line) shall be substituted for that part of the line).

80 권문상, 전게논문 (주 38), 104−105쪽; 김현수, 전게논문 (주 76), 99−102쪽; 김영구, 전게서 (주 13), 124−129쪽; 이창위, 전게논문 (주 30), 225쪽.

81 영해 및 접속수역법시행령 제4조 단서.

82 United Nations Division for Oceans and the Law of the Sea, *Report of the Secretary General on the Work of its Fifty−Ninth Session, 4 March 2004, A/59/62*, para. V 12.

83 김영구, 전게서 (주 13), 132쪽.

따라서 현재로서는 외국 군함에 대한 사전통고제를 유지하더라도 무방하다고 본다.[84]

---

84 신각수, 전게논문 (주 11), 73-74쪽.

¤ 참고문헌

1. 김영구, 『한국과 바다의 국제법』, 신판 (서울: 21세기북스, 2004).
2. 김현수, 『국제해양법』 (서울: 연경문화사, 2007).
3. 박배근, "국제법과 한국: 과거, 현재 그리고 미래−해양/영토문제와 한국", 『국제법학회논총』, 제58권 제3호 (2013).
4. 박영길, "한국 국내법상의 유엔 해양법협약 이행에 대한 검토", 『동서연구』, 제26권 제4호 (2014).
5. 박찬호·김한택, 『국제해양법』, 제2판 (서울: 서울경제경영, 2011).
6. 이창위, "한국 영해제도의 역사와 문제에 대한 고찰", 『강원법학』, 제31권 (2010).

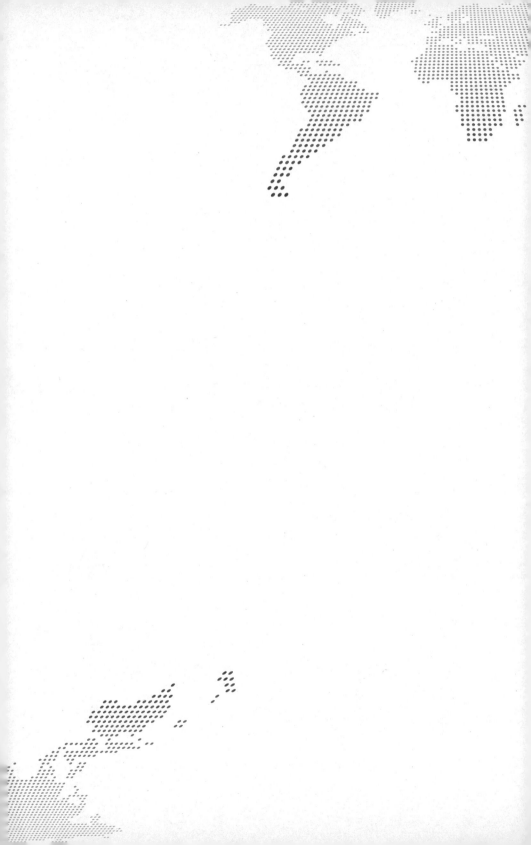

제3장

해협제도

신창훈

Ⅰ 해협제도 개관

1. 코르푸 해협 사건과 국제해협

국제해양법에서 해협제도는 주로 통항질서와 관련하여 발전해 왔다. 국제해양법에서 해협은 지형학적 용어를 그대로 사용하고 있지만, 해양법에서 사용되고 있는 다른 용어와 마찬가지로 지리적 의미나 일반인의 인식과 법적 의미가 반드시 일치하는 것은 아니다. 해협straits이란 일반적으로 2개의 커다란 수역을 연결하는 좁은 자연적 통로로 인식되고 있지만, 국제해양법상의 해협제도는 지리적 의미 외에 기능적 측면에서 국제항행에 이용되고 있다는 점이 추가되어 이러한 기능적 측면을 보장하고 활성화하기 위한 제도로 발전해 오고 있다(그림 3-1).

결국 해협과 관련한 국제해양법의 주된 내용은, 해협이 위치한 곳에서 해

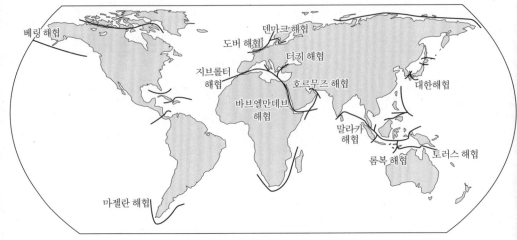

그림 3-1 국제항행에 이용되는 해협

협의 전체 혹은 일부를 자신의 주권 내지 관할권 아래 두고 있는 해협 연안
국과 해협통과의 자유를 향유하고자 하는 해협 이용국 간의 갈등과 타협의
산물로 이해할 수 있다. 이론적으로 해협이 충분히 넓어서 항행의 자유가
보장되는 배타적 경제수역이나 공해[1]를 포함하고 있을 경우에는 해협 연안
국과 해협 이용국 간에 해협의 이용을 놓고 분쟁이 발생할 가능성이 적다.
국제법상 통항의 자유가 보장되어 있는 배타적 경제수역이나 공해상의 항
행 가능한 수로를 이용하면 연안국과의 마찰을 피할 수 있기 때문이다. 문
제가 되는 것은 해협이 충분히 넓지만 해협 내에 존재하는 배타적 경제수역
이나 공해상에 항행 가능한 수로가 존재하지 않거나 해협이 협소하여 연안
국의 주권하에 있는 영해로만 구성되어 있는 해협의 경우이다. 이때는 해협
이용국의 선박은 연안국의 영해를 항행하는 것이므로 해협의 이용 측면과
연안국의 주권 측면이 충돌하여 상호 특별한 체제가 필요하게 된다.

---

1 해협에 공해가 존재하는 것에 대해 의아하게 생각할 수도 있을 것이다. 그러나 어떤 연안국이
 영해 이원에 접속수역이나 배타적 경제수역을 선포하지 않은 경우 영해 이원이 공해이기 때문
 에 해협에도 충분히 공해항로대가 존재할 수 있다.

이러한 특별한 체제와 관련해서는 우선 국제법의 다른 영역과 마찬가지로 국제관습법을 통해 발전해 왔다. 해협과 관련한 국제관습법은 국제사법재판소(International Court of Justice, 이하 ICJ)의 1949년 코르푸 해협 사건에서 확인할 수 있다. 이 사건은 영국과 알바니아 간의 분쟁으로, 1946년 영국 군함 4척이 알바니아의 영해로 구성된 코르푸 해협을 사전통고나 알바니아의 허가 없이 항행하다가 일부 군함이 해상에 설치된 기뢰에 충돌하여 피해가 발생한 사건이다. 당시 ICJ는 국제관습법에 따라 알바니아의 영해로 구성된 코르푸 해협에서 영국 군함이 평시에 '무해통항권right of innocent passage'을 보유하고 있다고 판시하였다. 그리고 이러한 판시는 코르푸 해협이 공해의 두 부분을 연결해 주고 있으며 비록 국제항행에 불가결하다고 판단할 수는 없지만 실제 국제항행에 이용되고 있다[2]는 기능적 요소에 기초한 것이라고 피력하였다. 이는 당시의 국제관습법상 국제항행에 실제로 이용되고 있는 해협에 적용되는 통항질서는 무해통항권이라는 것을 인정한 판결이다. 무해통항권은 당시 영해에서의 통항질서로, 따라서 이 판결은 국제해협에 독자적인 통항질서를 부여하지 않은 것으로 오인될 수 있다. 그러나 ICJ는 영해에서 보장된 무해통항권과 분명한 차이를 두어 국제해협에서의 통항질서를 확인하였는바, 국제항행이라는 기능적 요소에 중점을 두면서도 이러한 무해통항의 권리를 연안국이 중단할 수 없다는 점을 명확히 하여 새로운 체제의 탄생을 예고한 셈이다. 따라서 이 사건에서 국제해협의 통항질서와 관련한 ICJ 판결의 의의는 국제해협에서의 독자적 통항질서를 확립하기보다는 영해에 적용된 무해통항질서에 대해 국제항행에 이용되고 있다는 기능적 측면을 고려하여 국제해협에서도 이를 인정하되 연안국이 중단할 수 없다는 특별한 의무를 타협적으로 부가한 것으로 이해할 수 있다.

---

2 *The Corfu Channel Case (United Kingdom of Great Britain and Nothern Ireland v. Albania), Merits, Judgement, I.C.J. Reports 1949*, p. 28.

이 사건에서 통항질서와 관련된 가장 큰 쟁점은 코르푸 해협이 국제항행에 이용되는 해협인지 여부와 해협에서 군함의 무해통항이 보장되는지 여부였다. 코르푸 해협은 비록 알바니아의 영해로만 구성되어 있지만 공해의 두 부분을 연결한다는 지리적 특성과 기능적 측면이 강조되었다. 이에 기초하여 영국은 코르푸 해협이 국제항행에 이용되는 해협이고, 군함도 사전통고나 사전허가 없이 해협을 통과할 권리를 가진다고 주장하였다. 반면에 알바니아는 사실관계와 관련해 외국 선박이 코르푸 해협을 꼭 통과해야 하는지에 대해 의문을 제기하였다. 즉 알바니아는 이 해협이 공해의 두 부분을 연결하는 필수적인 통로가 아니라 국내교통에만 사용되고 있으며 타국 선박의 통항권은 아드리아 해와 에게 해 사이의 대체항로로 보장되고 있다는 타국의 이용관행을 입증하려고 노력하면서 코르푸 해협의 국제해협으로서의 성격을 부인하려고 하였다(그림 3-2).

이러한 양측 주장은 국제해협의 법적 정의를 발전시키는 데 기여한 셈이다. ICJ는 양 당사국의 주장에 기초하여 국제해협의 개념에 관해 다음과 같이 판시하였다. "국제항행에 사용되는 해협이 되기 위한 결정적인 기준은 공해의 두 부분을 연결하는 지리적인 조건과 그 해협이 국제적 항해에 사용되고 있다는 사실이다. 코르푸 해협이 아드리아 해와 에게 해 사이를 연결하는 필수적 항로가 아니라는 점은 결정적인 요건이 될 수 없다. 코르푸 해협은 국제해양 교통상 '유용한' 항로가 되어 왔던 것이다."[3]

ICJ는 이러한 판시를 통해 국제해협을 결정하는 기준을 제시한 것이라고 볼 수 있다. 즉 어떤 해협이 국제해협인지의 여부를 결정하는 데 있어서 사용 사실이 매우 중요하다는 점을 강조한 것이다. 당해 사건에서 Azevedo 임시재판관은 국제해협을 결정하는 기준으로 연안국의 권리, 즉 다른 나라의 주권과 동등하게 존중되어야 할 완전한 권리에 대한 제한을 합리화하기

---

3 *Ibid*.

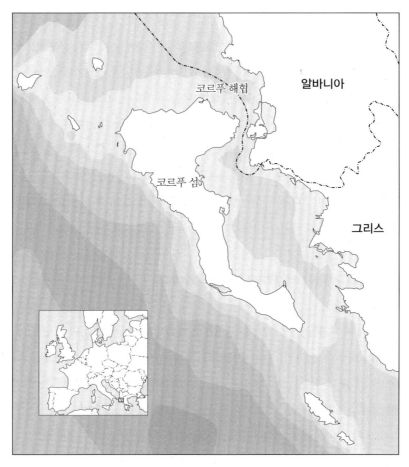

그림 3-2 코르푸 해협

에 족할 만큼의 최소한도의 특별한 용도가 언제나 관련되어야 한다고 강조하고 있는데, 이 역시 주문의 사용 사실이라는 기준을 잘 설명해 준다. 다만 ICJ에서 사용 사실을 입증할 자료와 관련해 일방, 즉 영국의 자료에 지나치게 높은 가중치를 부여하였다는 비판도 가능하다. 이 사건에서 영국은 해협을 통과하는 선박의 빈도수 및 이들이 소속되어 있는 기국의 숫자와 관련해 1936년 4월 1일부터 1937년 12월 31일까지의 기간, 즉 21개월 동안 영국 선박이 월평균 137척 통과했다는 자료를 제시하였다. 그런데 코르푸 해협에서 영국 구축함 Saumarez호가 기뢰에 맞아 격침된 사건은 1946년 10월 22일 발생하였고, 이 사건을 ICJ가 판결한 것은 1949년 4월 9일로, 영국 정부가 빈도수를 측정한 기간은 판결시점과는 동떨어진 자의적인 자료에 불과하다고 비판할 수 있다.[4] 따라서 국제해협에 해당하는지 여부를 판단함에 있어서 그 해협을 통과하는 선박의 수량이 국제해협을 결정하는 기준이라고 단정하기에는 곤란한 측면이 존재하기 때문에 신중하게 판단할 필요가 있다. 그런데 이를 완전히 무시할 경우 개념지표라고 할 수 있는 "국제항행에 이용되는"이 무엇을 의미하는지가 막연해진다.

2. 1958년 제네바 해양법협약상의 국제해협

유엔은 「유엔헌장」 제13조 제1항 제1호[5]에 따라 국제법의 점진적 발달 및 그 법전화를 장려하기 위해 국제법위원회(International Law Commission 이하 ILC)를 두고 있다. 1947년 12월 21일 자 유엔총회 결의 제174(II)호에 의해 국제법위원회 규정[6]이 채택됨으로써 ILC가 정식으로 출범하였다. 이후 ILC는 해양법에 관한 국제관습법의 성문화를 위한 초안을 마련하였고, 이 초안이 1958년 제네바 해양법협약으로 채택되었다. 따라서 코르푸 해협 사건에서 제시된 해협과 관련한 국제관습법 역시 결국 1958년 제네바 해양법협약 체제에서 성문화되었다고 평가할 수 있다.

1958년 「영해 및 접속수역에 관한 협약」(이하 「영해협약」) 제16조 제4항은

---

4 김영구, "새 해양법협약상 해협통항제도에 관한 일고찰", 『국제법학회논총』, 제53권(1983), 39쪽.
5 유엔헌장 제13조 제1항 제1호 "1. 총회는 다음의 목적을 위하여 연구를 발의하고 권고한다.
(1) 정치적 분야에 있어서 국제협력을 촉진하고, 국제법의 점진적 발달 및 그 법전화를 장려하는 것."
6 규정 원문은 http://legal.un.org/ilc/에서 다운로드 받을 수 있다.

"공해의 두 부분 사이에서 혹은 공해와 외국의 영해 사이에서 국제항행에 이용되는 해협을 통과하는 외국 선박의 무해통항의 정지suspension는 있을 수 없다."라고 규정함으로써 국제해협의 정의와 통항질서를 성문화하였다. 공해의 두 부분 사이를 연결해 주는 경우는 이미 코르푸 해협 사건에서 관습법을 재확인하였다. 문제는 공해와 외국의 영해 사이에 존재하는 해협은 어떤 연원에 기초하여 규율되었을까이다. 이는 결국 해협의 지리적 특성을 표시한 두 가지 경우에서 공해와 공해 사이의 해협은 관습법의 법전화 사례라 할 수 있고, 공해와 영해 사이의 해협은 국제법의 점진적 발달을 꾀한 사례라고 평가할 수 있다. 후자에 해당하는 대표적인 지리적 상황은 해협이 공해와 연안국의 만을 연결하는 상황이라 할 수 있다. 특히 이러한 만이 여러 국가에 의해 공유되고 있는 경우에는 보다 복잡한 문제를 야기한다. 만을 공유하고 있는 국가의 입장에서는 이러한 해협의 통과는 결국 자국으로 진입하는 선박을 아무런 제한 없이 허용할 것인가의 문제와 직결되어 있기 때문에 여러 국가관행이 존재하는데, 그 관행이 제각각이어서 합의도출이 쉽지 않으며 일관된 법적 확신을 확인하기에도 매우 곤란하다. 예를 들어 프랑스의 지델Gidel이란 학자는 1930년대 자신의 책에서[7] 이러한 해협의 경우 통과권right of passage이 관습법에 의해 오랫동안 인정되었다고 주장하였다. 그런데 이 역시 이용국의 관점을 강조할 뿐 연안국의 입장을 정확하게 확인할 수 없어 통항질서는 이용국과 연안국 간 타협의 산물이라는 점을 고려할 경우 통과권이 관습법이었다고 단정하기에는 곤란한 측면이 있다.

앞서 코르푸 해협 사건에서 빈도수에 대한 논의가 있었지만, 과연 빈도수가 해협질서를 결정하는 데 중요한 기준이 될 수 있느냐는 점과 관련해서도

---

7 G. Gidel, *Le droit international public de la mer* (Paris: Établissements Mellottée, 1932), p. 609.

논란이 계속 제기되고 있다. 국제적 규범질서에서는 법적 안전성이 매우 중요한데 가변적인 통항의 빈도수를 고려하는 것은 법적 안전성을 해할 우려가 있기 때문이다. 따라서 1958년 「영해협약」은 해협을 매우 정교하게 정의하는 것은 포기하고 통항질서의 확립에 중점을 두었다. 한편 이 협약 역시 해협의 통항질서와 관련하여 영해의 통항질서에서처럼 무해통항권이라는 용어를 사용하고 있지만 영해의 무해통항과는 다르다는 점을 명확히 하였다. 우선 영해의 경우 연안국이 무해통항권을 임시적으로 정지할 수 있지만, 해협의 경우에는 어떠한 상황에도 정지가 금지되어 있다는 점을 분명히 하였다. 영해의 경우 당시 관행을 고려할 때 무해통항권이 상선에만 적용되는지 군함도 포함되는지를 놓고 해석상의 다툼이 있었지만, 해협의 경우 코르푸 해협 사건의 판결에 기초하여 군함도 포함되는 것으로 이미 관습법상 확립되었다는 점을 그대로 반영하였다. 또 영해의 경우 무해통항권에서 무해성의 해석을 놓고 연안국의 주관적 측면도 고려해야 하는냐에 대한 다툼이 있지만, 해협의 경우에는 객관적 측면에서만 판단되어야 한다는 점을 분명히 하였다고 평가되고 있다.[8]

1958년 「영해협약」에서 국제해협의 통항질서는 당해 수역이 영해로만 구성되었는지 혹은 공해가 존재하는지에 따라 다른 모습을 가지게 되었다. 해당 해협에 공해가 존재하면 그곳을 통항하는 외국 선박들은 공해의 법적 성격에서 나오는 연안국의 관할권이나 통제에 구속되지 않는 항해의 자유를 누렸다. 이에 비해 해당 해협이 하나 또는 그 이상의 국가들의 영해로 구성되는 경우 해협 이용국 선박은 무해통항권을 향유하게 되었다.[9] 1958년 「영해협약」은 영해상의 무해통항질서와는 달리 국제해협에서 해협 이용국에

8 Ruth Lapidoth, "Straits, International", in *The Max Planck Encyclopedia of Public International Law*, Vol. IX (2012), p. 620.

9 이석용, "국제법상 해협 통항제도", 『STRATEGY 21』, 제11호(2003), 113쪽.

정지되지 않는 무해통항권을 인정함으로써 코르푸 해협의 판시사항을 따르고 있지만, 여전히 이 규정이 군함에도 적용되는지 여부에 대해 각국, 특히 해협 연안국과 학자들 간에 많은 논란이 있었다. 흥미로운 점은 해협 이용국, 특히 해양 강국은 1958년 「영해협약」에 군함의 무해통항권을 부정하는 어떠한 내용도 없으므로 군함의 무해통항권을 인정한 것으로 해석해야 한다고 보았지만 해협 연안국은 군함의 무해통항권을 부정하는 것으로 해석해야 한다고 보았다는 것이다.[10]

3. 유엔해양법협약상의 국제해협

1982년에 채택된 유엔해양법협약은 해협의 통항질서와 관련해 방해받지 않는 통과통항transit passage제도를 창출하였다(제38조). 1982년 유엔해양법협약은 국제해협을 완전히 독립된 장으로 하여 제34조에서 제45조까지 모두 12개의 조문을 배치하였다. 1958년 「영해협약」에서는 해협에 대해 규정한 조항이 제16조 하나였던 점을 고려하면 상당한 발전이 이루어진 것이다. 1982년 유엔해양법협약의 큰 특징 중 하나는 1958년 해양법협약 체제에서는 3해리에 불과하던 영해의 폭이 최대 12해리로 확대되었다는 점이다. 영해의 범위가 12해리로 확장됨으로써 당시까지 해협에 적용되던 질서에 수정을 가할 수밖에 없게 되었다. 예를 들어 영해의 폭이 3해리일 때에는 공해수로가 존재하던 많은 해협이 해협국의 영해에 포함됨으로써 종래 공해항로대에서 통항의 자유를 향유하던 해협 이용국의 선박 및 항공기의 통항에 해협 연안국이 제한을 가하려 할 것이므로 이를 완화하고자 하는 해협 이용국의 입장이 무시될 수 없었기 때문이다. 결국 1982년 유엔해양법

---

10 D. P. O'Connell, *The International Law the Sea* (Oxford : Clarendon Press, 1982), pp. 74-75.

협약상의 국제해협에서의 통항질서 역시 해협 연안국과 해협 이용국의 의사합치라는 타협의 산물인 것이다(그림 3-3).

　1982년 해양법협약에서 국제항해에 이용되는 국제해협은 명시적으로 다음과 같이 구분되고 있다. 우선 통과통항제도가 적용되는 공해나 배타적 경제수역의 일부와 공해나 배타적 경제수역의 다른 부분 간의 국제항행에 이용되는 해협[11]과 공해 또는 배타적 경제수역의 일부와 해협 연안국의 입항조건에 따라 내항을 연결하는 국제항행에 이용되는 해협[12]으로 구분하고 있다. 즉 통항질서로 통과통항이라는 새로운 질서를 창출하면서 통과통항이 적용되는 해협의 범주를 명확하게 규정하고 있다. 다음으로 무해통항권이 인정되는 국제항행용 해협도 규율하였다. 즉 해협이 해협 연안국의 섬과 본토에 의해 형성되어 있는 경우에 항행 또는 수로의 특성상 유사한 편의를 갖는 공해 통항로 또는 배타적 경제수역 통항로가 그 섬의 외양 측에 존재할 경우[13]와 해협이 공해 또는 배타적 경제수역의 일부분과 외국의 영해를 연결하는 경우[14]로 규정하였다. 그 외에 국제해협에서 선박이나 항공기의 자유통항이 인정되는 경우도 구분했는데, 항행상 또는 수로 특성상 유사한 편의를 갖는 공해통항로 및 배타적 경제수역 통항로가 해협 내에 존재하

---

11 유엔해양법협약 제37조 "이 절은 공해나 배타적경제수역의 일부와 공해나 배타적경제수역의 다른 부분간의 국제항행에 이용되는 해협에 적용한다."

12 유엔해양법협약 제38조 2항 후단 "다만, 계속적이고 신속한 통과의 요건은 해협연안국의 입국조건에 따라서 그 국가에 들어가거나 그 국가로부터 나오거나 되돌아가는 것을 목적으로 하는 해협통항을 배제하지 아니한다."

13 유엔해양법협약 제38조 1항 "제37조에 언급된 해협내에서, 모든 선박과 항공기는 방해받지 아니하는 통과통항권을 향유한다. 다만, 해협이 해협연안국의 섬과 본토에 의하여 형성되어 있는 경우, 항행상 및 수로상 특성에서 유사한 편의가 있는 공해 통과항로나 배타적경제수역 통과항로가 그 섬의 바다쪽에 있으면 통과통항을 적용하지 아니한다."

14 유엔해양법협약 제45조 1항 "1. 제2부 제3절에 규정된 무해통항제도는 국제항행에 이용되는 다음 해협에 적용된다.
(a) 제38조 제1항에 규정된 통과통항제도가 적용되지 아니하는 해협
(b) 공해 또는 배타적경제수역의 일부와 외국의 영해와의 사이에 있는 해협"

유엔해양법협약 발효 전

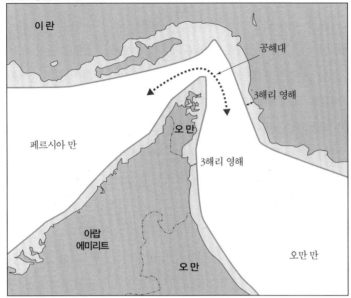

이란

공해대

3해리 영해

오만

페르시아 만

3해리 영해

아랍
에미리트

오만

오만 만

유엔해양법협약 발효 후

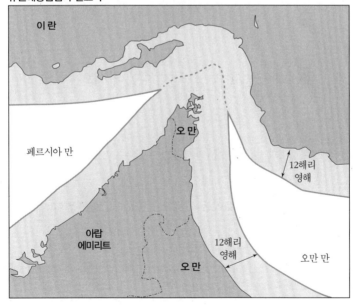

이란

오만

페르시아 만

12해리
영해

아랍
에미리트

12해리
영해

오만

오만 만

그림 3-3 호르무즈 해협에서 영해 폭의 확대와 공해대의 상실

는 경우[15]로 규정하였다. 물론 이 해협에서 공해통항로나 경제수역 통항로가 아니라 양쪽에 있는 어느 한 국가의 영해를 따라 항해할 경우에는 무해통항이 인정될 것이다. 따라서 국제해협에서 통과통항제도가 적용되기 위해서 해협 내에는 공해 또는 배타적 경제수역이 존재하지 않아야 하며, 영해나 새로운 직선기선의 설정으로 형성된 내수로 구성될 경우에 통과통항제도가 적용된다. 마지막으로 장기간에 걸쳐 유효한 국제협약에 의해 통항이 전체적으로나 부분적으로 규제되는 국제해협의 유형을 규정하면서 이 해협의 경우에는 이 협약에 의해 규율되는 통항제도가 성립된다고 하여 당사국 간의 합의에 의해 형성되는 특별제도를 인정하고 있다. 이를 종합해 보면 1982년 유엔해양법협약 체제에서 국제해협은 ① 새로운 통과통항질서가 적용되는 국제해협, ② 무해통항이 인정되는 국제해협, ③ 특정 통항로에서 항행의 자유가 인정되는 국제해협, ④ 당사국의 약정이 적용되는 국제해협으로 세분되고 있다.

Ⅱ 유엔해양법협약상 국제해협에서의 통항질서

지리적으로 2개의 큰 바다를 연결하는 좁은 수로로 선박의 통항에 이용되는 교통로 역할을 하는 국제해협은, 국제법에서는 국제항행에 이용된다는 기능적 측면이 추가된 것으로 이해되고 있지만, 그 개념이 법적으로 명확하게 정의되었다고 하기에는 곤란한 측면도 있다.

---

15 유엔해양법협약 제36조 "항행상 및 수로상 특성에서 유사한 편의가 있는 공해 통과항로나 배타적경제수역 통과항로가 국제항행에 이용되는 해협 안에 있는 경우, 이 부를 그 해협에 적용하지 아니한다. 이러한 항로에 있어서는 통항 및 상공비행의 자유에 관한 규정을 포함한 이 협약의 다른 관련 부를 적용한다."

국제법상 해협은 국제항행에 이용된다는 사실, 즉 국제교통로로 중요한 역할을 한다는 사실 때문에 오래전부터 통항의 자유를 보장받으려는 해협 이용국, 특히 해양 강국의 주요 관심대상 중 하나였다. 특히 1970년대부터 12해리 영해제도가 관행을 통해 확립되어 감에 따라, 종래의 3해리 영해에서 공해항로대가 존재하던 해협 중 그 폭이 24해리 이하인 해협이 모두 해협 연안국의 영해로 편입되었고, 이에 종전에 자유통항이 허용되던 해협 중 무려 116개의 해협이 무해통항권이라는 통항질서에 놓이게 되면서, 해협 이용국은 자국의 선박 및 항공기의 제한받지 않는 통항에 심각한 제약을 받게 되었다고 평가된 적도 있다. 사정이 이러하자 제3차 유엔 해양법회의에서 해양 강국은 처음에는 영해 폭의 확장에 격렬하게 반대하였지만 결국 영해 폭이 확장되는 것으로 결정되자 국제해협에 무해통항권보다 더 자유로운 통항권을 보장하는 새로운 제도를 만드는 데 협상력을 집중하게 되었다. 그 결과 통과통항제도라는 새로운 제도가 탄생하였다. 각도를 달리하면, 영해 폭의 확장이 자국의 이익에 심각한 위협을 준다는 인식하에 국제해협의 경우 영해상의 통항질서를 강요하는 인상을 주는 무해통항과는 명칭이 다른 질서를 창출하고 싶어 하는 연안국의 의사가 강력하게 반영되어 내용이나 실질상으로는 관습법상의 중단되지 않는 무해통항질서와는 큰 차이가 없지만 명칭만은 다른 제도가 창출되었다고 평가할 수 있다.

유엔해양법협약이 발효하면서 국제해협에 통과통항제도가 확립되었지만, 여전히 해협통항과 관련하여 해협 이용국과 해협 연안국 간에 많은 이해관계가 충돌할 수밖에 없다. 일부 해협 연안국은 자국의 안보 및 환경오염의 우려 등을 이유로 국제해협을 봉쇄하거나 선박의 통항을 규제 또는 제한하려는 경향도 보이고 있어 해협통항 문제를 이름만 바꾼 제도를 통해 전부 해결하기에는 역부족일 수 있다. 이하에서는 이러한 국제해협에서 해협 이용국이 보유하고 있는 권리이자 통항질서인 통과통항제도와 해협 이용국이 부담하는 의무를 먼저 살펴본 다음, 해협 연안국이 보유하고 있는 권리와 의무는 무엇인지에 대해 개괄해 봄으로써 이들 간의 충돌을 해결할 수 있는 타협점을 알아보고자 한다.

1. 해협 이용국의 권리와 의무

(1) 해협 이용국의 권리로서의 통과통항권

유엔해양법협약상 국제해협에서 모든 선박과 항공기는 방해받지 않는 통과통항권right of transit passage을 향유한다(제38조 제1항). 여기서 방해받지 않는다는 의미는 해양법협약 제45조 제2항에 규정된 '정지될 수 없다'와 같은 것이다. 국제해협에서 모든 선박과 항공기는 기국, 군함 또는 상선으로서의 지위, 민간 혹은 정부 소유라는 지위와는 무관하게 모두 통과통항권을 향유한다.

통과통항은 공해 또는 배타적 경제수역의 일부분과 공해 또는 배타적 경제수역의 다른 부분을 연결하는 해협을 계속적이고 신속하게 통과하기 위한 목적만으로 행하는 선박의 항행 및 항공기의 상공비행의 자유를 의미하는데, 계속적이고 신속한 통과라는 요건은 해협 연안국의 입항조건에 따른 출입항이나 회항을 목적으로 하는 해협통항에는 적용되지 않는다(제38조 제2항). 따라서 통과통항권은 영해에서의 무해통항권보다 선박의 통항 자유가 한층 강화된 권리인 셈이다.[16] 최근 들어 대부분의 해협 연안국은 주권보호, 안전보장 및 해양환경 보호라는 측면에서 국제해협의 통과통항제도를 부인하거나 일정한 제한을 가하려 하고 있다. 해협 연안국은 국제해협의 통과통항을 연안국의 주권에 대한 침해라는 관점에서 접근하고 있는데, 특히

---

16 이윤철·임채현, "국제해협에서의 통과통항권 및 해양환경보호", 『해사법연구』, 제20권 제3호 (2008), 435쪽.

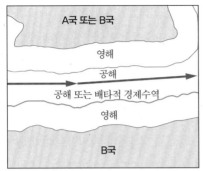

유사한 편의가 있는 공해/배타적 경제수역
통과항로(해양법협약 제36조)

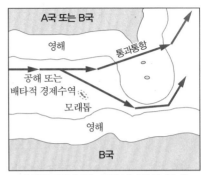

유사한 편의가 없는 공해/배타적 경제수역
통과항로(해양법협약 제36조)

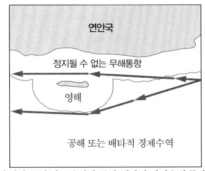

섬의 바다 쪽에 있는 유사한 공해/배타적 경제수역 통과항로
(해양법협약 제38조 제1항, 제45조 제1항(a))

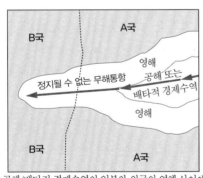

공해/배타적 경제수역의 일부와 외국의 영해 사이에
있는 통과항로(해양법협약 45조 제1항(b))

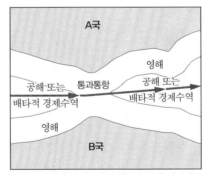

공해/배타적 경제수역의 일부와 공해/배타적
경제수역의 다른 일부를 연결하는 통과항로
(해양법협약 제37조, 제38조 제2항)

그림 3-4 국제해협에서의 통항제도

군함, 군용기의 자유통항으로 인해 초래될 안보상의 위협과 거대한 유조선의 통과로 인한 해양오염의 가능성을 심각하게 우려하고 있다.[17] 이에 해협 연안국과 해협 이용국 양측의 안전 및 이익을 보장하는 방법으로 해협 연안국은 자국 입법을 통해 해협 이용국으로 하여금 군함의 경우 반드시 연안국의 권한 있는 기관에 사전허가를 받거나 사전통고를 하도록 요구하거나 통항 시 무력시위 및 승무원의 조사활동을 일체 금지하거나 지정항로대의 통항을 요구하는 경우가 증대하고 있다. 특히 해협 연안국을 위협하거나 해당 수역을 오염시킬 우려가 있는 특수선박인 핵물질 또는 유독가스 수송선과 거대한 원유수송선 및 원자력선의 경우에는 연안국이 이를 규제하기 위해 특별한 통항규칙을 시행하기도 한다. 예를 들어 해양사고에 대한 대비책으로 선박보험증명을 요구하기도 하며, 해협수역이 영해로만 구성될 경우 국제해협이라 해도 영해의 특성상 무해통항권이 인정되어야 한다고 주장하면서 각종 규제를 강화하고 있다(그림 3-4).

(2) 해협 이용국 선박 및 항공기의 의무

국제해협에서 통과통항권을 행사하는 선박과 항공기에는 통과 중에 지켜야 할 의무가 있다. 유엔해양법협약 제39조는 선박과 항공기 모두가 지켜야 할 공통의 의무와 선박 또는 항공기가 각각 지켜야 할 의무를 구분하여 명시적으로 규정하고 있다. 이외에도 해협 연안국의 항로지정 및 통항분리제도 시행권(제41조), 보호적 입법권(제42조)의 행사 결과 그에 상응하는 의무도 존재한다. 해협 연안국은 해양법협약 제39조에 규정된 의무의 위반을 이유로 통과통항 자체를 일방적으로 금지할 수 없기 때문에 제39조의 의무는 결국 통항 선박 및 항공기의 기국이 부담하는 의무가 되고 있다.[18]

---

17 하재환, "국제해협의 통항제도연구(一)", 『법학연구』, 제29권(1987), 268쪽.
18 최종화, 『현대 국제해양법』, 제6전정판(서울: 두남출판사, 2008), 50쪽.

우선 국제해협에서 선박과 항공기가 통과통항권을 행사함에 있어 준수해야 할 공통의 의무에 대해 해양법협약 제39조 제1항에서 다음과 같이 규정하고 있다. 첫째, 선박과 항공기는 해협 또는 그 상공을 지체 없이 항진해야 한다. 둘째, 해협 연안국의 주권, 영토보전 또는 정치적 독립에 반하거나, 유엔헌장의 국제법 원칙에 위반되는 무력의 위협이나 무력의 행사를 자제한다. 셋째, 불가항력 또는 조난으로 인해 필요한 경우를 제외하고는 계속적이고 신속한 통과에 관한 통상적인 방식에 따르지 않는 활동은 자제해야 한다. 마지막으로, 통과통항 중인 선박과 항공기는 해양법협약 제3부에 규정된 그 밖의 관련 규정을 준수할 의무가 있다.

통과통항 중인 선박이 준수해야 할 의무는 해양법협약 제39조 제2항에서 다음과 같이 규정하고 있다. 먼저 선박은 해상충돌 방지를 위한 국제규칙을 포함하여 일반적으로 수락된 해상안전을 위한 국제 규칙, 절차, 관행을 준수해야 한다. 또 선박에 의한 오염의 방지, 경감, 통제를 위해 일반적으로 수락된 국제 규칙, 절차, 관행을 준수해야 한다. 이 조항에 규정된 해상안전 및 해양오염방지에 관한 국제규칙에는 국제해사기구(International Maritime Organization, 이하 IMO)에서 채택되고 발효한 「해상인명안전협약」과 「해양오염방지협약」이 포함되며, 해상안전 및 해양환경보호와 관련된 그 밖의 주요 국제해사협약이 해당된다. 이러한 국제해사협약은 선박의 기국이 그 협약의 당사국이 아닌 경우에도 국제해협을 통항할 경우 준수해야 한다. 한편 해양법협약 제40조는 해양과학조사선과 수로측량선을 포함한 외국 선박은 통과통항 중에 해협 연안국의 사전허가 없이는 어떠한 조사활동이나 측량활동을 수행할 수 없다고 규정하고 있다.

해양법협약 제39조 제3항에서는 통과통항 중인 항공기가 준수해야 할 의무를 다음과 같이 규정하고 있다. 먼저 국제민간항공기구(International Civil Aviation Organization, 이하 ICAO)가 제정한 민간 항공기에 적용되는 항공규칙을 준수하고, 국가 항공기도 통상적으로 이러한 안전조치를 준수하고 항상 비행의 안전을 적절히 고려하여 운항해야 한다. 또 국제적으로 규정된 권한 있는 항공교통관제기구가 배정한 무선주파수 또는 적절한 국제 조난 무선주파수에서 항상 청취당직을 유지해야 한다. 국유 항공기라 할지라도 통상적으로 이러한 안전조치를 준수하면서 항상 비행의 안전을 정당하게 고려해야 한다.

결국 선박과 항공기의 통과통항에 있어서 안전에 관한 사항은 이들과 관련해 권한 있는 국제기구라고 할 수 있는 IMO와 ICAO의 규칙, 절차 및 관행에 의해 보충되고 있으므로, 선박과 항공기가 부담하는 의무는 이들에 의해 보다 구체화, 명확화되고 있다고 하겠다. 특히 IMO에 의해 체결되고 발효된 협약은 선박의 기국이 그 협약의 당사국이 아닌 경우에도 통항 중인 선박에 적용된다고 주장[19]되고 있어서 유엔해양법협약이 규정하고 있는 일반적으로 수락된 국제규칙의 대표적 예로 인식된다.

2. 해협 연안국의 권리와 의무

(1) 해협 연안국의 권리

해협 연안국의 권리는 해양법협약 제41조상의 통항분리방식의 채택과 제42조상의 입법관할권의 행사를 통해 구체화된다. 우선 해협 연안국은 해양법협약 제41조에 기초하여 선박의 안전통항을 촉진하기 위해 필요한 경우 해협 내 항행을 위해 항로대를 지정하고 통항분리방식을 설정할 수 있다. 또 이미 지정되거나 설정되어 있는 항로대나 통항분리방식은 해협 연안국이 필요하다고 판단하는 경우에 적절히 공표한 후 이를 다른 항로대

---

19 R. R. Churchill and A. V. Lowe, *The Law of the Sea*, 3rd ed. (Manchester: Manchester University Press, 1999), p. 108.

나 통항분리방식으로 대체할 수 있다. 다만 해협 연안국은 항로대를 지정, 대체하거나 통항분리방식을 설정, 대체하기에 앞서 IMO와 같은 권한 있는 국제기구가 이를 채택하도록 제안해야 한다. 한편 국제기구는 해협 연안국과 합의된 항로대와 통항분리방식만을 채택할 수 있으며, 그 후 해협 연안국은 이를 지정, 설정 또는 대체할 수 있다. 해협 연안국은 자국이 지정하거나 설정한 모든 항로대와 통항분리방식을 해도에 명시하고 이 해도를 적절히 공표해야 하며, 통과통항 중인 선박은 이 조에 따라 설정되어 적용되는 항로대와 통항분리방식을 준수해야 할 의무가 있다. 이러한 준수 의무는 항로대와 통항분리방식이 선박통항의 안전을 증진할 목적으로 설정되는 것이기 때문에 외국 선박뿐만 아니라 해협 연안국의 선박에도 부과되는 의무이다.

해양법협약 제42조는 해협 연안국이 해협의 통과통항에 관한 법령을 제정할 때 포함할 수 있는 규율 대상을 열거하고 있으며 통과통항권을 행사하는 외국 선박, 즉 해협 이용국의 선박에는 이러한 법령 준수 의무를 명시하고 있다. 또 주권면제를 누리는 선박의 기국과 항공기의 등록국의 국가책임에 대해서도 규정하고 있다. 해협 연안국은 해양법협약 제42조 제1항에 따라 다음 사항의 일부 또는 전부에 대해 해협의 통과통항에 관한 법령을 제정할 수 있다. 먼저 해협 연안국은 해양법협약 제41조에 규정된 항행의 안전과 해상교통의 규제에 관한 법령을 제정할 수 있다. 이때 항로대와 통항분리방식에 관한 법령은 IMO의 지침에 따라 제정해야 한다. 또 해협 연안국은 해협에서의 유류, 유류폐기물 및 그 밖의 유독성 물질의 배출에 관해 적용하는 국제규칙을 시행함으로써 오염의 방지, 경감 및 통제에 관한 법령을 제정할 수 있다. 이러한 권한은 해협을 통과하는 선박으로부터 기인하는 오염을 우려하는 해협 연안국에는 매우 중요한 사안이라 할 수 있지만, 해협 이용국 입장에서는 해협 연안국의 불합리한 입법관할권 행사로 인해 통과통항권이 제약받을 가능성이 있다. 이에 대한 절충안으로 해양법협약에서는 "적용하는 국제규칙을 시행함으로써"라고 규정하고 있는데, 따라서 해협 연안국이 제정한 오염의 방지, 경감 및 통제에 관한 법령은 국제기준을 벗어날 수 없다.[20] 해협 연안국은 또한 어구의 적재에 관한 것을 포함하여 어선의 어로금지에 관한 법령도 제정할 수 있다. 마지막으로 해협 연안국은 관세, 재정, 출입국관리, 위생에 관한 법령에 위반되는 상품이나 화폐를 싣고 내리는 행위 또는 사람의 승선과 하선에 관한 법령을 제정할 수 있다(제42조 제1항).

이러한 입법관할권에 기초하여 해협 연안국이 제정한 법령은 외국 선박을 형식적 및 실질적으로 차별할 수 없으며, 이러한 법령을 적용하는 데 있어 통과통항권을 부정, 방해 또는 침해하는 실질적인 효과를 가져와서는 안된다(제42조 제2항). 이는 통과통항권을 행사하는 선박의 경우 통과통항권을 훼손할 우려가 있는 검색, 나포, 억류, 몰수 및 통과거부 등을 당하지 않는다는 것을 의미한다. 해협 연안국이 제정한 모든 법령은 적절히 공표되어야 하며(제42조 제3항), 통과통항권을 행사하는 모든 외국 선박은 이러한 법령을 준수해야 한다(제42조 제4항). 주권면제를 향유하는 선박의 기국 또는 항공기의 등록국은 그 선박이나 항공기가 해협 연안국의 법령이나 이 부의 다른 규정에 위배되는 방식으로 행동한 경우 그로 인해 해협 연안국이 입은 손실이나 손해에 대해 국제책임을 진다(제42조 제5항).

(2) 해협 연안국의 의무

통과통항권과 관련하여 해협 연안국이 부담하는 의무에 대해 우선 해양법협약 제44조에서 표제를 "해협 연안국의 의무"라 하여 명시적으로 규정하고 있다. 즉 "해협연안국은 통과통항권을 방해할 수 없으며 자국이 인지하

---

20 Churchill and Lowe, *supra* note 19, pp. 107-108.

고 있는 해협 내 또는 해협상공에 있어서의 항행이나 비행에 관한 위험을 적절히 공표한다. 통과통항은 정지될 수 없다."라고 규정하고 있다. 여기서 주목할 점은 어떠한 경우에도 해협 연안국은 통과통항을 방해해서는 안 되며 정지시킬 수 없다는 것이다. 방해의 금지와 정지의 금지에 서로 다른 의미가 존재한다고 볼 수 없다. 위험의 공표 의무는 앞서 설명한 코르푸 해협 사건에서 확인된 국제법상의 원칙으로, 영해의 무해통항과 관련하여 연안국이 부담하는 의무와 유사하다고 볼 수 있다.[21]

한편 법적 의무로 보기에는 다소 무리가 있지만 해양법협약 제43조는 해협 연안국과 해협 이용국에 국제항행에 필요한 통항안전 지원시설의 설치, 유지와 통항 선박에 의해 발생하는 해양오염의 방지, 경감, 통제에 관해 협력할 것을 요구하고 있다. 당해 조문은 "합의에 의하여 협력한다should by agreement cooperate"라고 하여 'shall'이 아니라 'should'를 사용하여 법적 의무의 성격을 배제하고 있다.

(3) 해협 연안국의 관할권

통과통항권이 인정되는 국제해협에서 해협 연안국은 권리에 기초하여 관할권을 행사하는데, 이 경우 외국 선박의 통과통항을 방해하거나 정지할 수 없다. 이러한 방해나 정지의 금지는 바로 해협 연안국의 관할권의 한계로 작용한다. 모든 해협에 해당되는 것은 아니지만 적어도 해협 연안국의 영해로만 구성되는 해협의 경우, 이러한 방해나 정지의 금지에 의해 형성되는 관할권의 한계는 영해에서의 연안국의 관할권 행사와 차이가 크다.

무해통항권이 인정되는 영해에서 외국 선박이 해양법협약 제19조에 규

---

21 유엔해양법협약 제24조 제2항 "연안국은 자국이 인지하고 있는 자국 영해에서의 통항에 관한 위험을 적절히 공표한다."

정된 특정 활동[22] 중 어느 것에 해당하는 활동을 하는 경우 그 통항은 연안
국의 평화, 질서 또는 안전을 해하는 것으로 간주된다. 이러한 경우 연안국
은 해양법협약 제25조에 근거하여 자국의 영해 내에서 일정한 보호조치를
취할 수 있다. 이에 반해 통과통항제도가 적용되는 국제해협의 경우, 해양
법협약 제38조 제3항에서는 해협 연안국은 국제해협에서 외국 선박의 통항
이 통과통항권의 행사가 아닌 활동에 대해 이 협약의 다른 적용 가능한 규
정에 의해 규율할 수 있다고 규정하고 있을 뿐이다. 이와 관련해서는 국제
항행에 이용되는 해협을 형성하는 수역의 법적 지위를 규정하고 있는 해양
법협약 제34조와 영해의 법적 지위를 규정하고 있는 해양법협약 제2조 등
이 적용 가능한 규정에 해당한다고 학자들은 주장하고 있으나[23] 해양법협약
제2조와 제34조는 각기 영해와 국제해협의 법적 지위만을 개괄적으로 서술
하고 있을 뿐 구체적으로 무엇이 통과통항의 행사가 아닌 활동인지, 또 그

---

22 유엔해양법협약 제19조 제2항
　　"2. 외국선박이 영해에서 다음의 어느 활동에 종사하는 경우, 외국선박의 통항은 연안국의 평
　　　화, 공공질서 또는 안전을 해치는 것으로 본다.
　　　(a) 연안국의 주권, 영토보전 또는 정치적 독립에 반하거나, 또는 국제연합헌장에 구현된 국
　　　　　제법의 원칙에 위반되는 그 밖의 방식에 의한 무력의 위협이나 무력의 행사
　　　(b) 무기를 사용하는 훈련이나 연습
　　　(c) 연안국의 국방이나 안전에 해가 되는 정보수집을 목적으로 하는 행위
　　　(d) 연안국의 국방이나 안전에 해로운 영향을 미칠 것을 목적으로 하는 선전행위
　　　(e) 항공기의 선상 발진·착륙 또는 탑재
　　　(f) 군사기기의 선상 발진·착륙 또는 탑재
　　　(g) 연안국의 관세·재정·출입국관리 또는 위생에 관한 법령에 위반되는 물품이나 통화를
　　　　　싣고 내리는 행위 또는 사람의 승선이나 하선
　　　(h) 이 협약에 위배되는 고의적이고도 중대한 오염행위
　　　(i) 어로활동
　　　(j) 조사활동이나 측량활동의 수행
　　　(k) 연안국의 통신체계 또는 그 밖의 설비·시설물에 대한 방해를 목적으로 하는 행위
　　　(l) 통항과 직접 관련이 없는 그 밖의 활동"
23 S. N. Nandan and D. H. Anderson, "Straits used for international navigation: A
　　commentary on Part III of the United Nations Convention on the Law of the Sea 1982",
　　British Yearbook of International Law, Vol.60, No.1 (1989), pp. 287-289.

러한 활동에 대해 어떠한 보호조치를 취할 수 있는지를 전혀 규정하고 있지 않다는 점에서 입법미비로 평가해도 무방하다.

앞서 살펴보았듯이 선박의 통과통항이 성립하기 위해서는 지체 없이 항진할 것, 해협 연안국의 주권, 영토보전 및 정치적 독립을 위협하는 행위나 무력을 사용하지 말 것, 통항의 통상적인 형태에 따르지 않는 행위를 금지할 것, 기타 통과통항 규정을 준수할 것 등에 부합해야 한다. 또 해상안전 및 해양오염방지를 위한 국제규칙도 준수해야 한다. 그러나 이를 위반하는 모든 통항이 외국 선박에 의한 통과통항에서 배제되는지 여부는 명확하지 않으며, 더구나 이런 경우 해협 연안국이 어떠한 보호조치를 취할 수 있는지도 명확하지 않다. 따라서 자연스럽게 이 문제에 대해 학자들의 해석이 다양하게 제시되고 있다. Molenaar는 해양법협약 제38조 제3항의 경우 제19조 제2항의 무해통항 시 금지되는 행위 목록처럼 특정한 행위 요건으로 규정하고 있기 때문에 제39조 제1항의 지체 없는 항진의 위반, 무력의 사용, 통항의 통상적인 형태에 따르지 않는 행위를 할 경우에만 통과통항에서 배제된다는 해석을 피력한 바 있다.[24] 외국 선박의 어떤 통항 행위에 통과통항이 적용되지 않는다면, 영해로만 구성된 국제해협을 통항하는 경우 해양법협약 제38조 제3항에 따라 영해제도의 규정이 적용되는 것으로 보아야 할 것이며, 위에서 제시한 행위유형은 모두 무해통항에 관한 제19조 제2항에 규정된 행위에도 포함되는 것이기 때문에, 제25조에 근거한 영해에서의 연안국의 보호권이 행사될 수 있다고 유추해석을 할 여지도 존재한다. 따라서 영해로만 구성된 국제해협에서 외국 선박의 항진이 통과통항의 항진에 해당하는 행위요건을 충족하지 못할 경우 해양법협약 제44조에 따른 통과통항의 방해 내지 정지 금지 의무는 적용되지 않고 제25조의 규정이 적용되

---

24 E. J. Molenaar, *Coastal State Jurisdiction over Vessel-source Pollution* (Hague: Kluwer Law International, 1998), pp. 287-289.

어 통항을 정지하는 등의 보호조치가 취해질 수도 있다고 해석하는 것이 바람직하다.

유엔해양법협약의 통과통항권 행사의 보장이 해협 연안국의 입법관할권에 중대한 제한을 형성하고 있으며, 이는 해협 연안국의 영해로만 구성된 국제해협일 경우 더욱더 그러하다. 또 이는 통과통항에 관한 유엔해양법협약의 규정에 따라 항행의 안전 및 해상교통의 관제, 오염의 방지·경감·통제, 어로행위 금지, 해협 연안국의 관세·재정·출입국관리·위생에 관한 법령에 위반되는 물품이나 통화의 적하 또는 사람의 승선 등에 관한 입법관할권의 행사에도 영향을 미칠 수 있다.

해협 연안국은 해양법협약 제41조에 규정된 국제해협에서의 항로대 지정 및 통항분리제도와 관련하여 항행안전 및 해상교통의 통제에 관한 법령을 제정할 수 있다. 다만 이러한 입법관할권은 해협 연안국이 자의적으로 행사할 수 있는 것은 아니며, 제41조에 규정된 바와 같이 일반적으로 수락된 국제규칙에 부합하여 IMO나 ICAO와 같은 권한 있는 국제기구와의 협력을 통해서만 행사될 수 있다. 해협 연안국은 자신의 항로대 및 통항분리제도에 관한 제안이 권한 있는 국제기구에 의해 채택된 이후에만 이를 지정 또는 설정할 수 있다. 이는 영해에서의 무해통항질서에서 연안국이 권한 있는 국제기구의 권고를 단지 고려할 것을 요구하는 해양법협약 제22조 제3항의 규정과 대조를 이룬다.

한편 해협 연안국의 해양오염방지에 관한 입법관할권은 해양법협약 제42조 제1항 (b)에 규정되어 있듯이 유류, 폐유, 기타 유해물질의 배출에 대해 적용 가능한 국제규칙의 시행을 위한 오염의 방지, 통제, 경감에 국한되어 있다는 점에 주목할 필요가 있다. 여기에서 제39조 제2항 (b)호에 규정된 해협 이용국의 "선박에 의한 오염의 방지, 경감 및 통제를 위하여 일반적으로 수락된 국제 규칙, 절차 및 관행의 준수" 의무와 조화를 이룰 수 있는 체계적 해석이 필요하다. 즉 제39조 제2항과의 체계적 관련성에 기초하여 해협 연안국의 입법관할권의 범위는 해양오염에 관한 일반적인 사항까지 포함하는 것으로 해석되어야 한다. 이러한 해석은 해협 연안국의 해상안전이나 오염방지를 위해 일반적으로 수락된 국제규칙의 범위를 벗어난 입법권을 행사하여 통과통항 중인 외국 선박에 불필요한 부담을 줄 필요가 없으며, 한편으로 통과통항에 관한 규정에 따르는 항해의 안전과 적용 가능한 국제규칙 기준의 시행을 위한 오염방지에 관한 연안국의 입법관할권은 국제적 기준을 벗어날 수 없다는 주장[25]과 일맥상통한다.

유엔해양법협약은 해협 연안국의 집행관할권 행사와 관련해서는 명시적으로 규정하고 있지 않다. 다만 해양법협약 제34조 제2항에서 국제해협의 법적 지위와 관련해 해협 연안국의 주권과 관할권의 행사는 이 협약과 기타 국제법 규칙에 따라 행사된다고 규정하고 있으므로 이를 집행관할권의 행사에 적용할 수 있을 것이다. 앞서 상술하였듯이, 문제가 되는 국제해협이 영해로만 구성되어 있는 경우 해협 연안국의 집행관할권은 영해에서의 집행관할권에 준해 행사될 가능성이 높다. 통과통항 중인 선박이 지체 없는 항진의 위반, 불법적 무력의 위협 및 사용, 그리고 계속적이고 신속한 통과의 통상적인 행위 태양에 수반되지 않는 행위를 할 경우에 해협 연안국은 일정한 보호조치를 취할 수 있다.

입법관할권에 대한 논의는 별개로, 해협 이용국과 해협 연안국 간의 협력을 요구하는 해양법협약 제44조의 정신에 비추어 볼 때 집행관할권의 행사는 상당히 제약적으로 운용될 수밖에 없다. 따라서 통과통항권이 인정되는 국제해협에서 통항 중인 외국 선박이 해협 연안국의 법령을 위반하였을 경우 해협 연안국이 취할 수 있는 집행관할권의 행사에 대해서 해양법협약에 아무런 언급이 없는 점은 바로 이러한 국제해협의 성질과 협력의 정신에서

---

25 Churchill and Lowe, *supra* note 22, pp. 107–108.

이해될 수 있다. 따라서 집행관할권의 경우 연안국의 일반적 법령보다는 국제규칙의 적용이 선호될 수밖에 없다. 그러나 비록 통과통항권이 안보나 기타의 이유로 정지될 수 없다고 하여 예외적인 상황에서 연안국이 행사하는 자위권이나 기타 국제법상 적법한 무력의 사용을 포함하는 기타 조치의 사용을 배제하는 것은 아닌데,[26] 이는 무력금지의 원칙과 국가의 고유의 권리로서 자위권이라는 또 다른 규범에 기초한 것이기 때문이다.

종합해 보면, 국제해협에서 통과통항 중인 선박이나 항공기가 연안국의 법규를 위반하였을 경우 통과통항이라는 행위 태양에 위배되는 경우를 제외하고는 일반적으로 일반국제법상의 여러 원칙에 따라 조치되어야 할 것이다. 해양법협약 제42조 제5항은 주권면제를 향유하는 선박의 선적국 또는 항공기의 등록국은 그 선박 또는 항공기가 해협 연안국의 법령을 위반함으로써 발생하는 연안국의 손실 및 손해에 대해 국제책임을 질 것을 규정하고 있다. 한편 해양법협약은 국제해협에서 외국 군함이 해협 연안국의 국내 법규를 위반할 경우 무해통항이 적용되는 영해에서 연안국에 인정되는 퇴거요구권이 인정되는지 여부에 관한 규정을 담고 있지 않다. 이에 대해 해협 연안국에도 퇴거요구권이 인정된다는 견해를 피력하는 학자도 있다.[27]

---

26 *Ibid.*, p. 107.
27 김영구, 『한국과 바다의 국제법』 (서울: 21세기북스, 2004), 253쪽.

Ⅲ 해협에 관한 대한민국의 실행

1. 해협을 규율하는 법제

(1) 영해 및 접속수역법[28]

「영해 및 접속수역법」은 국제해협과 관련해 어떠한 규정도 두고 있지 않다. 따라서 「영해 및 접속수역법」을 국제해협을 규율하는 한국의 법제로 소개하는 것은 바람직하지 못하다. 문제는 한국이 국제해협을 보유하고 있는 해협 연안국이면서도 해협에 대한 통항질서에 대해서는 입법을 하고 있지 않다는 점이다. 현재 한국에서 국제해협으로 볼 수 있는 해협은 크게 대한해협과 제주해협을 들 수 있다. 대한해협의 경우 일본과 해역을 공유하고 있다는 점에서 국제적 성격을 띠고 있지만 제주해협은 수역이 순전히 한국의 영해로만 구성되어 있다는 점에서 국제해협으로서의 지위를 의도적으로 회피하는 입법적 선택을 하고 있다고 추론해 볼 수도 있다. 그렇다고 해도 대한해협의 존재를 고려할 경우 국제해협의 법적 성격이나 통항질서에 관해 전혀 언급하고 있지 않다는 것은 이해하기 어렵다. 결국 제주해협의 경우에는 별도의 통항제도를 규정하지 않음으로써 일반 영해에서와 마찬가지로 무해통항제도[29]를 허용하고 있다고 보아야 한다. 이는 1958년 「영해협약」과 유사하다고 평가할 수 있지만, 문제는 1958년 협약에서는 국제해협에서 일시적인 정선이 허용되지 않는, 즉 중단되지 않는 무해통항질서가 적용되었다는 점이다. 한편 한국의 「영해 및 접속수역법」 제5조 제1항은 "외국의 군함 또는 비상업용 정부선박이 영해를 통항하려는 경우에는 대통령

---

28 법률 제10524호(2011. 4. 4. 일부개정).
29 영해 및 접속수역법 제5조 제1항.

령으로 정하는 바에 따라 관계 당국에 미리 알려야 한다."라고 규정하여 사전통고제를 요구하고 있다. 이에 따라 「영해 및 접속수역법 시행령」은 통항 3일 전까지 외교부 장관에게 선명·선종 및 선번, 통항목적, 통항항로 및 일정 등을 통고하도록 규정하고 있으며, 다만 통과수역이 국제항행에 이용되는 해협으로서 공해대가 없을 경우에는 그러하지 않다고 규정하고 있다.[30]

비록 「영해 및 접속수역법」에는 국제해협에 관한 규정이 전혀 없지만 이 법 시행령에는 국제해협에 관한 규정이 존재한다. 동법 시행령 제3조는 표제로 "대한해협에 있어서의 영해의 범위"라 하면서, "국제항행에 이용되는 대한해협을 구성하는 수역에 있어서의 영해는 법 제1조 단서의 규정에 따라 별표 2에 게기하는 선을 연결하는 선의 육지 측에 있는 수역으로 한다."라고 규정하고 있다. 이는 한국에서 대한해협을 국제해협으로 보고 있음을 보여 주는 자료라 할 수 있다. 대조적으로 제주해협에 관해서는 이 시행령에서 전혀 언급되고 있지 않은데, 이는 한국에서 제주해협의 경우 국제해협으로 보지 않는다는 반증으로 원용될 수 있는 자료라 하겠다.

(2) 해사안전법[31]

한국에서 선박항로 및 통항방법에 관한 구체적인 사항을 정해 놓은 법규는 「해사안전법」이다. 그러나 이 법은 우리가 국제해협으로 보고 있는 대한해협과 관련하여 국제해양법상 인정되고 있는 통과통항질서와 관련해 어떠한 규정도 두고 있지 않다. 즉 한국의 경우 통과통항이라는 질서에 기초하여 입법관할권을 행사하고 있지 않다고 볼 수 있다. 「영해 및 접속수역법」에서는 무해통항질서에 대해서만 입법관할권을 행사하고 있다는 점을 고려할 때 통과통항에 대한 규율이 없는 것은 납득하기 곤란하지만, 이러한

---

30 영해 및 접속수역법 시행령(대통령령 제15133호, 1996. 7. 31) 제4조.
31 법률 제13386호(2015. 6. 22. 일부개정).

입법불비를 단순한 입법불비로 볼 것인지 아니면 정책적 선택으로 볼 것인지는 충분한 관행이 존재하지 않아 판단이 곤란하다. 「해사안전법」 역시 대한해협과 같이 우리가 접하고 있는 국제해협에서 해사안전과 관련한 적극적인 입법관할권의 행사를 포기하고 있는 셈이다. 결국 「해사안전법」은 내용상 통과통항질서의 규율을 상정하고 제정된 입법으로 인식할 수 있지만 실질적으로는 해협을 전혀 특별하게 취급하고 있지 않기 때문에 해협을 규율하는 입법의 예로 들 수 없다.

2. 제주해협 문제

(1) 제주해협의 법적 성격에 대한 논란

제주해협의 폭은 최소 약 14해리(화도와 제주도)에서 최대 약 45해리(상백도와 우도)에 이르며, 제주도 북단의 북위 34도의 북제주군 추자면 대서리에서 전라남도 해남과 목포까지의 거리가 각각 47해리(87km)와 76.5해리(141.6km)이다. 제주도와 추자도 사이는 약 26해리(48km)이며 주변 해역에는 많은 섬이 산재해 있다. 제주해협의 평균 수심은 약 70m이며 가장 깊은 곳의 수심은 140m 정도이다. 이러한 지리적 상황을 고려할 때 일견 제주해협 수역 전부가 한국의 영해로 구성되어 있다고 볼 수는 없다. 그러나 「영해 및 접속수역법 시행령」에 기초하여 영해선을 그어 보면 제주해협의 모든 수역은 한국의 영해선 내에 존재하는 것으로 되어 있으며, 따라서 제주해협에는 공해대가 전혀 존재하지 않고 모든 수역이 한국의 영해로만 구성되어 있다(그림 3-5).

유엔해양법협약은 국제해협을 해협의 지리적 특성에 따라 세분하고 있는데, 통과통항이 인정되는 항행용 국제해협은 공해나 배타적 경제수역의 일부와 공해나 배타적 경제수역의 다른 부분 간의 국제항행에 이용되는 해협

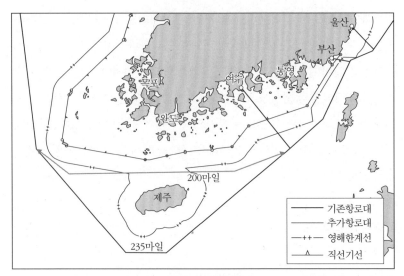

기존항로대
추가항로대
영해한계선
직선기선

그림 3-5 제주해협

을 말하는 것으로 규정하고 있다. 즉 공해 또는 배타적 경제수역의 양쪽 부분을 연결하는 수로일 것(제37조)과 공해 또는 배타적 경제수역의 한쪽 부분과 해협 연안국의 내항을 연결하는 경우 국제항행에 사용되는 해협(제38조 제2항)이 바로 국제해협의 지리적 특성이다.

제주해협이 유엔해양법협약상 어떠한 지리적 특성을 지닌 해협에 해당하고 어떠한 통항질서를 지니고 있느냐에 대해 국내 학자들 사이에서 견해가 대립하고 있다. 이를 요약해 보면 다음과 같다. 첫째, 제주해협이 오랫동안 주변국의 국제항행에 이용되어 왔다는 역사성에 기초하여 통과통항이 허용되는 국제해협으로 보는 견해이다.[32] 둘째, 지리적 형태 및 그 이용도로 보아 선박의 항행에 주요한 해협으로, 정지시킬 수 없는 무해통항이 적용되는 국제해협이라고 보는 견해이다.[33] 셋째, 때로는 제주해협에 통과통항이

---

32 박춘호, 『해양법』 (서울: 민음사, 1986), 125쪽.
33 김영구, "새 해양법협약상 해협통항제도에 관한 일고찰", 『국제법학회논총』, 제53권(1983), 39쪽; 이원갑, "국제해협에서의 통과통항에 관한 연구", 『해양정책연구』, 제2권 제4호(1987),

허용된다고도 보고, 동시에 정지시킬 수 없는 무해통항권이 인정된다고도 보는 등 모호한 태도를 보이는 경우이다.[34] 넷째, 제주해협을 무해통항이 허용되는 비항행용 국제해협이라고 보는 견해이다. 다만 이러한 용어가 적절한지는 의문이다. 제주해협은 지리적으로는 해협이지만 법적 관점에서 볼 경우 해협의 기능을 가질 수 없는 한국의 영해의 일부라고 표현하는 것이 더 정확하다고 생각한다. 어떠한 입장이든 이러한 견해는 한국 정부가 외견상 취하는 것으로 보이는 입장이다. 즉 「영해 및 접속수역법」 제2조 제2항 및 동법 시행령 제2조에 의해 제주해협에 직선기선을 설정하여 이 수역의 본토와 직선기선 사이는 내수가 되고 제주도와 직선기선 사이는 영해가 설정되었으므로 이 해협의 수역에는 무해통항권이 인정된다고 주장할 수 있기 때문이다.

앞서 살펴본 바와 같이 「영해 및 접속수역법」은 국제해협의 법적 성격과 지위에 대한 규정을 두고 있지 않으며 통항질서에 관해서도 별도로 규정하고 있지 않기 때문에 혹자들은 일반 영해에서와 마찬가지로 무해통항제도를 허용한 것이라고 주장하기도 한다. 그렇다면 한국의 「영해 및 접속수역법」은 외국 선박은 대한민국의 평화·공공질서 또는 안전보장을 해치지 않는 한 대한민국의 영해를 무해통항 할 수 있지만,[35] 외국의 군함 또는 비상업용 정부 선박의 경우 통항 시 관계당국에 사전통고 해야 하며, 통항 3일 전까지 외교부 장관에게 선명·선종 및 선번, 통항목적, 통항항로 및 일정 등을 통고하도록 규정하고 있으므로 이를 따라야 한다고 해석할 수도 있다. 그러나 이러한 해석론은 유엔해양법협약에 정면으로 배치된다.

과연 다수의 학자와 한국 정부의 입장으로 추정되는 것처럼 제주해협의

423-424쪽.

34 하재환, 전게논문 (주 17), 279-281쪽.

35 영해 및 접속수역법 제5조.

경우 국제해협이 아니며 제주해협의 모든 수역이 순전히 한국의 내수와 영해로서의 법적 지위만을 가지고 있다고 볼 수 있을까? 만약 그것이 한국 정부의 입법 의도였다면 「영해 및 접속수역법 시행령」 제4조에는 입법상의 실수가 있다.

「영해 및 접속수역법 시행령」 제4조는 "외국의 군함 또는 비상업용 정부 선박이 영해를 통항하고자 할 때에는 법 제5조제1항 후단의 규정에 따라 그 통항 3일 전까지(공휴일은 제외한다) 외교부장관에게 다음 각호의 사항을 통고하여야 한다. 다만, 전기 선박이 통과하는 수역이 국제항행에 이용되는 해협으로서 동 수역에 공해대가 없을 경우에는 그러하지 아니하다."라고 규정하고 있는데, 바로 단서 조항이 문제다. 한국의 해역에서 단서 조항이 적용될 수 있는 지리적 해협은 제주해협밖에 없기 때문에 이 단서 조항은 기존의 다수 학자의 논지와는 달리 분명 한국 정부도 제주해협을 국제항행에 이용되는 해협으로 보고 있다는 증거로 원용될 수 있다.

이 밖에도 제주해협과 관련하여 관련 국제법과 국내법에 비추어 생각해 볼 수 있는 문제는 기술적으로 크게 두 가지가 있는데, 그것은 바로 유사편의항로의 설정 문제와 분리통항로의 설정 문제이다.

(2) 유사편의항로의 설정 문제

1982년 유엔해양법협약은 국제해협으로 인정되었더라도 해협통항에 관해 유사편의항로제도를 둠으로써 국제해협에 관한 조문의 적용을 배제할 수 있도록 하고 있다.

유사편의항로를 설정하기 위해서는 우선 국제해협의 중앙에 공해 또는 배타적 경제수역 통과항로가 있어야 한다(제36조). 유사편의항로가 해협 중앙에 있는 경우 공해 또는 배타적 경제수역 통과항로 이외의 영해인 수역에는 당연히 무해통항제도가 적용된다. 영해의 폭이 12해리이므로 해협의 폭이 출구에서 입구까지 일관하여 24해리를 초과하면 해협 중앙에 공해수로가 생기게 된다. 그러나 이 경우에도 공해수로의 폭이 극히 협소하고 장애물이 많아서 해협 통과 선박이 도저히 그 공해항로대를 따라 항행하기 곤란하다면 영해를 포함한 해협 전체에 역시 통과통항제도를 적용할 수밖에 없을 것이다.

이와는 달리 해협이 해협 연안국의 섬과 본토 사이에 구성된 경우, 그 섬의 바다 쪽으로 공해항로(또는 배타적 경제수역)가 존재하고 그 항로가 항해상이나 수로적 특성으로 보아 일반적 공해항로와 유사한 편의를 갖는 경우이다(제38조 제1항). 제주해협이 바로 이러한 지리적 요건을 갖추고 있는 것으로 보인다. 다만 도서의 바다 쪽으로 항행의 수로특성상 유사한 편의항로가 존재하는지를 결정하는 문제는 해양법협약 제36조와 마찬가지로 명확하고 객관적인 기준을 찾기 어려운 문제가 있다. 유사편의항로 설정의 구체적인 조건은 인위적인 항로조건, 자연적인 항로조건, 항로의 우회도, 항해보조시설의 상태 등이 될 것이다.[36]

결국 이러한 유사편의항로의 설정을 통한 통과통항질서의 적용배제 역시 제주해협을 유엔해양법협약상의 국제해협으로 인정하지 않고서는 불가능하다. 따라서 「영해 및 접속수역법 시행령」 제4조 단서에서 제주해협을 국제해협으로 보고 있다는 여지를 두고 있는 상황에서 제주해협이 유엔해양법협약상의 국제해협이 아니라고 주장하기보다는 국제해협으로 보고 유사편의항로를 지정하는 기술적 문제를 적극 검토해 보는 것이 바람직해 보인다. 물론 기술적으로 유사편의항로의 설정이 불가능하다면 시행령 제4조 단서를 유지할 것인지에 대한 검토가 필요하다.

---

36 김영구, "새 해양법협약상 해협통항제도에 관한 일고찰", 『국제법학회논총』, 제53권(1983), 42쪽.

(3) 분리통항로의 설정 문제

선박의 충돌과 같은 안전사고를 방지하기 위해 만들어진 제도가 분리통항로이다. 통항로란 선박의 항행안전을 확보하기 위해 한쪽 방향으로만 항행할 수 있도록 되어 있는 일정한 범위의 수역을 말하는 것으로, 분리통항로제도란 통항로 설정 시 한쪽 방향만으로 항행할 수 있도록 적절한 방법으로 항로를 분리하는 제도를 말한다. 분리통항로는 해상에서의 인명의 안전, 항해의 안전과 효율성, 해양환경의 보호를 위해 국제기구가 개발한 지침과 기준에 따라 해협 연안국이 타국 선박에 대해 권고하거나 강제할 수 있는 제도로 용인되고 있다. 일반적으로 해협 연안국이 국제해협에 설정할 수 있는 선박의 통항로 지정방식에는 항로지정방식과 통항분리방식이 있다. 항로지정방식은 해상교통량이 폭주하는 해역 등 선박통항에 위험이 큰 해역에 대해 연안국이 채택하는 방식으로, 이를 IMO에 통보하고 IMO가 채택함으로써 해상안전의 확보 및 해양환경의 보호를 꾀하고자 하는 제도이다. 선박이 통항하는 항로, 속력 및 그 밖에 선박 운항에 관한 사항을 지정하는 제도를 말한다.[37] 이 제도에는 해난감소를 목적으로 1개 이상의 항로를 지정하는 항로지정방식과 SOLAS협약 제5장 제8규칙의 요구사항에 따라 IMO가 채택하는 강제항로지정방식이 있다. 한편 통항분리방식은 통항로를 설정하고 적절한 방법으로 반대방향의 통항흐름을 분리하는 방식이다.

한국 연안의 항로지정은 「해사안전법」에 근거하고 있으므로[38] 이를 통해 제주해협에 관한 정책적 선택을 극대화하기 위해 최선을 다해야 한다.

(4) 북한 화물선의 제주해협 통과 문제

2000년대 들어 남북화해의 분위기 속에서 북한 화물선의 제주해협 통과 문

---

37 해사안전법 제2조 제20호.
38 해사안전법 시행규칙 제7조 교통안전특정해역에서의 항로지정제도.

제가 정치적 문제로 부각되었다. 2001년 6월 2일과 3일, 우리 해군의 제지에도 불구하고 북한 상선인 령근봉호가 제주도 북방에서 흑산도 인근 공해로, 백마강호가 제주도 북서방에서 대마도 북서방으로, 청진2호가 대마도 서방에서 흑산도 서방공해로 항행하는 사건이 발생하였다. 북한 선박들은 우리 해군이 해상 초계기와 초계함, 경비함 등을 동원해 감시활동을 펴며 영해 밖으로 유도하자, 제주해협은 국제항로(국제항행에 이용되는 해협)라면서 제주해협의 통과를 정당화하려고 하였다. 이에 우리 정부는 2001년 6월 3일 국가안전보장회의NSC를 개최하여 북한 상선의 제주해협에서의 무해통항을 허용하고 북한 측이 사전통보나 허가요청을 할 경우 NLL 통과 등도 사안별로 허용키로 결정하였다. 이후 2001년 9월 제5차 장관급회담에서는 남북한 간 해운에 관한 공식의제를 채택하여 민간 선박의 영해통과 문제를 해운 실무협의에서 논의하였다. 네 차례의 실무접촉 끝에 남북한은 2004년 6월 「남북해운합의서」를 체결하였고, 이는 9월 대통령의 재가를 얻어 12월 국회 본회의의 의결을 거친 후 2005년 8월부터 정식으로 발효하기에 이른다(그림 3-6).[39]

총 15개 조문으로 구성된 2004년 「남북해운합의서」에는 제주해협의 통항에 관한 내용이 없다. 제주해협의 통항은 2005년 수정보충합의서에 추가되었다. 2004년 합의서에서는 인정하지 않았던 제주해협 통과에 관한 입장을 바꾸어 제주해협 통과노선을 추가하고 제주해협 통과 시 좌우 1마일씩 2마일의 외곽항로대 폭을 설정한 것이다. 그런데 수정보충합의서 시행 이후 제주해협과 관련해 몇 가지 돌발적인 변수가 발생하였다. 통과 선박 중 적재화물이 없는 빈 배로 신고한 선박의 비율이 20%를 상회했고, 화물 내역이 시멘트, 무연탄, 석탄, 원유 등으로 매번 동일하였다. 북한 측의 이러한 불성실한 신고로 인해 신뢰가 저하되었고, 핵실험 장소와 인접한 김책항 출입 선

---

39 안병민, "남북해운합의서상 통항 통제조치의 효과 및 전망", 『JPI 정책포럼』(2010), 4쪽.

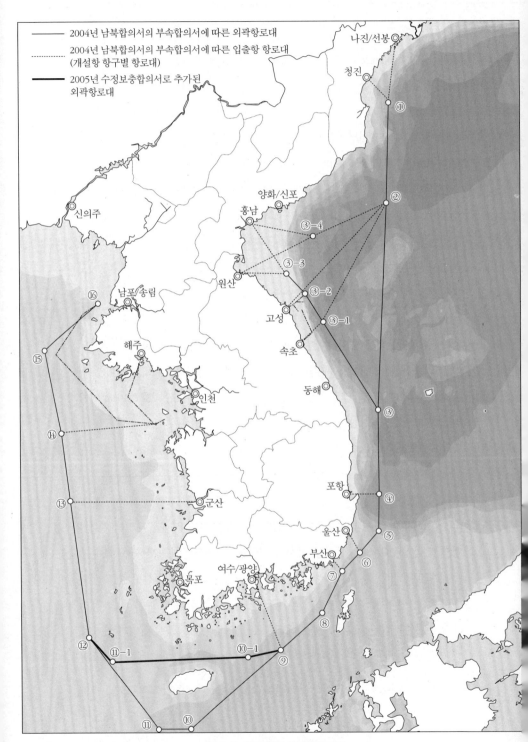

그림 3-6 제주해협 남북해상항로대

박이 제주해협을 통과한 사실도 있어 이에 대한 비판적 시각이 커져 갔다. 2006년 11월 국정원장 국회 답변에서 2005년 8월부터 2006년 10월까지 영해 통과 선박 144척 중 무기운송 경력을 가진 20척의 의심 선박에 대해 검색 필요성을 제기하였다고 발언하는 등으로 인해 여론마저 나빠졌다.[40]

2010년 3월 26일 북한은 천안함 폭침 사건을 일으켰다. 이에 대한 보복조치로 한국 정부는 5월 24일 "지금 이 순간부터 북한 선박은 남북해운합의서에 의해 허용된 우리 해역의 어떠한 해상교통로도 이용할 수 없다. 교류협력을 위한 뱃길이 더 이상 무력도발에 이용되도록 할 수는 없다. 북한 선박의 우리 해역 운항을 전면 불허한다."는 성명을 발표하였다. 통일부 장관은 천안함 사태 관련 대북조치를 발표하면서 제주해협을 포함해 우리 측 해역에 북한 선박의 운항과 입항을 금지하는 5·24조치를 시행하였다.

「남북해운합의서」 발효 이후 5·24조치가 시행되기 전인 2010년 4월 말까지 남북을 오간 북한 선박 운항 수는 편도기준으로 1,390회로, 이 중 제주해협을 통과한 통항이 177회였고, 제주해협을 거친 북-북 항구 간 통항은 676회에 달하였다. 북한 선박의 제주해협 이용빈도를 고려할 때 5·24조치는 북한에 심각한 경제적 손실을 입힌 것으로 추정된다.[41]

이러한 일련의 사태를 통해 흥미로운 점은 북한 측에서 제주해협을 국제항로라고 주장하였다는 점이다. 국제항로라는 의미가 국제항행에 이용되는 해협을 의미하는지 명확하지는 않지만 해협이든 아니든 국제항행에 사용되고 있다는 기능적 측면을 강조한 것이다. 물론 극단적인 예에 불과하지만 이를 통해서도 제주해협이 국제적으로 사용된다는 측면을 부인하기는 곤란해 보인다. 다만 한국은 북한을 국가로 인정하지 않기 때문에 북한의 사례를 국제적 이용으로 의제하기에는 다소 무리가 있지만, 문제는 어떤 국

---

40 안병민, 상계논문, 9쪽.
41 안병민, 상계논문, 10쪽.

가도 제주해협을 통과하려고 하는 순간 제주해협이 국제해협의 성격을 지니고 있음을 부인하기 곤란하다는 점에 주의할 필요가 있다. 더구나 「영해 및 접속수역법 시행령」 제4조를 원용하면서 제4조 단서가 적용되는 해협이 어디냐고 사실조회를 할 경우 제주해협의 국제해협으로서의 성격을 부인하기는 더욱 어려울 것이다. 따라서 제주해협의 국제해협으로서의 성격과 지위는 인정하되 안보를 포함한 기타의 목적으로 통과통항의 적용을 배제할 수 있는 방안을 모색하는 것이 가장 현실적이며 유엔해양법협약에 부합하는 방안이라 생각된다.

3. 대한해협

대한해협은 한국의 남동해안과 일본의 대마도 사이의 해협으로, 한국의 동해와 동중국해를 연결하고 있다. 대한해협은 일본 영토인 대마도를 사이에 두고 동수로와 서수로로 구분되는데, 한국 쪽에 있는 서수로는 가장 좁은 곳의 폭이 약 23해리이고 일본 쪽에 있는 동수로는 폭이 25.7해리 정도 된다. 대한해협의 길이는 151마일 정도 되고, 평균 수심은 101미터이며 가장 깊은 곳은 227미터에 이른다. 서수로는 북동지역의 폭이 동수로보다 더 좁지만 수심은 200미터까지 이르는 반면에, 동수로는 북동지역의 폭이 더 넓고 수심은 90에서 130미터에 이른다.[42] 이러한 사실관계를 토대로 할 때 한일 양국이 모두 12해리 영해를 선포하게 되면 서수로의 경우 공해통항로는 사라지게 된다. 현재는 양국 모두 3해리의 영해를 선포하고 있기 때문에 넓은 공해(배타적 경제수역)항로대가 대한해협에 존재한다(그림 3-7).

한국과 일본이 대한해협 서수로에서 각각 3해리 영해를 채택하고 있어 대한해협의 중간에는 양국의 배타적 경제수역이 존재하여 선박과 항공기

---

42 Chi Young Pak, *The Korean Straits* (Dordrecht: Martinus Nijhoff Publishers, 1988), p. 3.

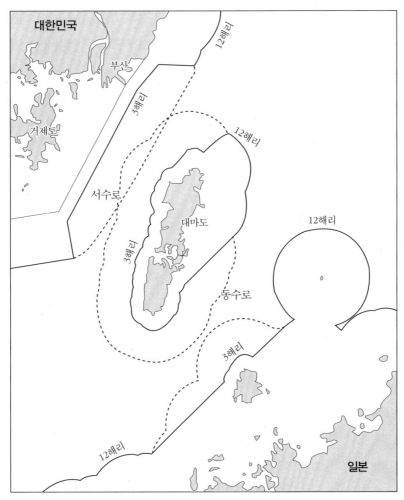

대한민국

부산

거제도

12해리

3해리

서수로

대마도

3해리

12해리

12해리

동수로

3해리

12해리

일본

그림 3-7 대한해협의 영해 범위

의 자유로운 통항이 보장되고 있는데, 이를 흔히 공해항로대로 일컫는다.
그런데 한국과 일본 양국이 대한해협에서 유엔해양법협약상 인정되고 있
는 영해의 최대 폭인 12해리를 적용하는 경우에는 기존에 해협 중간에 존재
하던 공해대가 없어지게 되어 대한해협은 양국의 영해로 구성되는 수역에

속하게 된다. 이 경우에는 대한해협에서의 외국 선박의 통항은 통항의 자유가 아니라 국제해협에서 국제법상 인정되고 있는 통항제도의 적용을 받게 되어 대한해협을 통항로로 이용하는 해협 이용국과 논란이 있을 것으로 예상된다.

한국이 대한해협에서 영해의 범위를 3해리로 설정한 이유를 명시적으로 밝힌 적은 없다. 그 이유와 관련해서는 1977년 「영해법」 제정 당시의 정부 측 자료에 의하면, 국제해협의 성격을 갖고 있는 대한해협에서 일방적으로 규제하기가 곤란하고 해상안보를 강화하고 강대국과의 마찰을 피하기 위함이었다고 한다.[43] 그 외에 수출입 물량의 대부분을 해운에 의존하고 있는 한국으로서는 국제해협에서의 자유로운 통항을 주장하기 위해 대한해협에서 영해의 폭을 최소화할 필요성이 있었다는 주장도 있다.[44] 또 대한해협에서 영해를 12해리로 하였을 경우 일본과의 경계선을 획정하는 문제가 있을 수 있기 때문에 이 역시 하나의 고려요소였다고 한다. 또 한국이 1977년 「영해법」을 제정할 당시에 일본은 이미 영해법을 제정하여 시행하고 있었는데, 대한해협 등 5개 해협에서 영해의 폭을 3해리로 하였다는 것이다. 따라서 대한해협에서 일본과 균형을 유지하기 위해 3해리를 채택하였다는 것이다. 그러나 가장 설득력이 있어 보이는 주장으로는 대한해협에서 12해리의 영해 선포로 공해항로대가 사라지는 경우에는 통과통항제도의 적용을 받게 되고, 이 경우 항공기와 잠수함을 비롯한 군함의 통항이 자유로워져 국가안보가 위태로워질 우려가 있다는 것이다. 특히 북한 소형 잠수함의 경우 간첩을 남파하는 데 많이 활용되고 있는데, 무해통항이 적용될 경우 부상하여 항행해야 하나 통과통항이 적용되면 대한해협 전체 수역에서 잠수한 채로 항행할 수 있어서 대간첩작전 수행이 용이하지 않다는 안보적 고려

43 외교부, 영해법(안), 심의참고자료, 아국의 영해선포문제 (1977), 10–11쪽.
44 김현수, "1995년 영해 및 접속수역에 관한 소고", 『서울국제법연구』, 제3권 제2호(1996), 100쪽.

가 있었다고 한다.

현행대로 한국과 일본 양국이 대한해협의 영해의 폭을 3해리로 유지하는 경우에는 17해리가량의 양국의 배타적 경제수역이 존재하여 선박의 자유로운 통항을 보장할 수 있다. 특히 해양법협약은 제36조에서 국제해협 안에 공해 통과항로나 배타적 경제수역 통과항로가 있는 경우에는 국제해협에 관한 협약 규정을 그 해협에 적용하지 않는다고 규정하고 있다. 그리하여 현재 대한해협에는 해양법협약상 해협의 통항질서인 통과통항에 관한 규정이 적용되지 않고 선박의 자유로운 통항이 보장되고 있는 셈이다.

분명한 것은 3해리를 선포한 이유는 명확히 알 수 없더라도 3해리 영해 선포를 통해 해양 강대국인 미국이나 러시아 등과 대한해협에서의 통항문제에 관한 외교적인 마찰을 피하면서 무역 강국으로 해상교통로에서의 자유로운 통항을 주장하는 데도 유리하며 안보적으로도 이익을 향유할 수 있었던 것으로 평가할 수 있다. 그러나 이러한 이점을 향유할 수 있음에도 불구하고 최근 국제법학계에서는 대한해협의 통항질서와 관련한 문제점을 지적하기도 한다.

우선 국제법적으로 영해를 최대한 12해리까지 설정할 수 있도록 되어 있는데 3해리 영해를 계속 유지하는 것은 주권의 포기가 아닌가라는 지적이 있다. 더구나 대한해협에서 3해리 영해를 유지하는 경우에 해협에서 해상사고가 발생하면 연안에 피해가 발생할 수 있으므로 해상안전사고를 방지하기 위해서도 통항을 규제할 필요가 있다는 지적도 나오고 있다.[45] 이러한 지적을 극복하기 위한 구체적 대안도 상세하게 논의된 바 있다.[46] 그러나 한일 양국 모두 3해리 영해선포를 통해 누려온 이익과 현상을 변경하고자 하

---

45 강영훈, "UN해양법협약의 비준문제와 관련된 한국영해법상의 제문제", 『국제법학회논총』, 제37권 제2호(1992), 15쪽.
46 박찬호, "대한해협의 통항제도에 관한 고찰", 『안암법학』, 제17호(2013).

는 의사를 아직까지 실무선에서 표명한 적은 없다.

4. 해협상공비행과 통과통항질서

선박의 항행과 관련하여 무해통항이 적용되는 국제해협의 경우 영해와 가장 큰 차이점은 국제해협에서는 무해통항이 정지되거나 방해받지 않는다는 것이다. 국제해협에서 중단되지 않는 무해통항질서는 코르푸 해협 사건과 1958년 「영해 및 접속수역에 관한 협약」에서는 확립된 관습법이었다. 1982년 해양법협약 체제에서는 이러한 중단되지 않는 무해통항질서를 도입하면서 새로운 통과통항질서를 탄생시켰다. 그런데 영해에서와 국제해협에서의 통항질서에서 가장 큰 차이를 보이는 점은 바로 상공비행에 있다는 사실을 심지어 많은 국제법학자조차 간과하고 있다. 실무적으로는 상공비행질서의 차이가 보다 중요하게 작동하고 있다.

영해에서는 무해통항이 적용되지만 영해의 상공은 영공이기 때문에 상공비행은 전적으로 연안국의 주권에 의해 통제된다. 그러나 통과통항제도의 경우 통과통항 할 경우 상공비행의 자유가 보장된다는 점에서 근본적인 차이가 있다. 그런데 국제해협이 온전히 해협 연안국의 영해로 구성될 경우 상공비행을 두고 심각한 대립으로 이어질 수 있다. 국제법상 국제해협과 배타적 경제수역, 그리고 공해의 상공에서 항공기는 통과통항권과 통항의 자유를 각기 보유하지만, 현실적으로는 각국이 국제법에 기초한 관행이라 할 수 없는 방공식별구역에 의해 이러한 권리와 자유를 제한할 가능성이 높다.

한국과 일본은 오래전부터 방공식별구역을 선포하여 해협이든 배타적 경제수역에서든 상공비행의 통과통항과 자유를 제한해 오고 있다. 한편 중국은 지난 2013년 11월 갑자기 일방적으로 방공식별구역을 선포하였는데, 문제는 중국의 방공식별구역이 한국과 일본의 방공식별구역과 중첩한다는 것

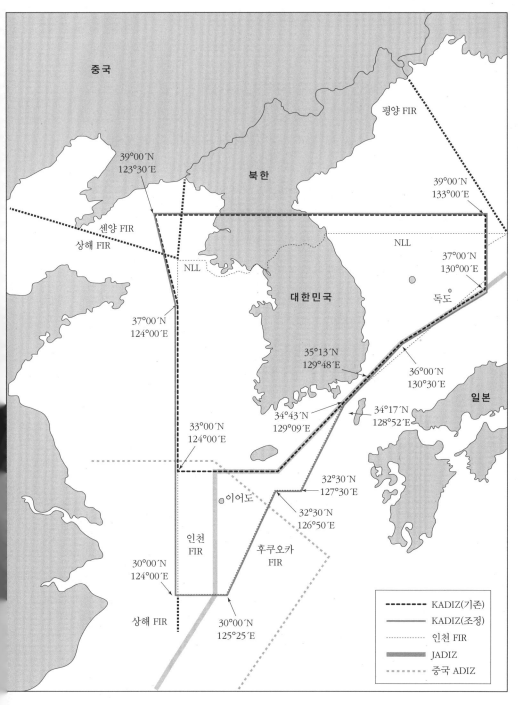

중국

평양 FIR

39°00′N
123°30′E

북한

39°00′N
133°00′E

센양 FIR

상해 FIR

NLL

NLL

37°00′N
130°00′E

대한민국

독도

37°00′N
124°00′E

35°13′N
129°48′E

36°00′N
130°30′E

일본

34°43′N
129°09′E

34°17′N
128°52′E

33°00′N
124°00′E

32°30′N
127°30′E

이어도

32°30′N
126°50′E

인천
FIR

후쿠오카
FIR

30°00′N
124°00′E

상해 FIR

30°00′N
125°25′E

-------	KADIZ(기존)
━━━	KADIZ(조정)
········	인천 FIR
▬▬▬	JADIZ
• • • •	중국 ADIZ

그림 3-8 방공식별구역 요도

이다(그림 3-8).

중국에서는 방공식별구역 설치 논의가 2008년 베이징 올림픽을 앞두고 언론과 학계에서 등장하기 시작하였다.[47] 이러한 논의 중 법적·정치적 측면에서 가장 관심을 끄는 문헌으로는 쉐 구이팡과 슝 슈위안이 2007년 발표한 「방공식별구역 설치의 법리적 분석」[48]을 들 수 있다. 이 논문에서는 네 가지 동기에 기초해 동중국해는 물론 대만 인근에 방공식별구역을 설치해야 한다고 주장하고 있다. 가장 흥미로운 점은 방공식별구역 설치는 중국 국방 건설을 강화하기 위함이라고 주장하고 있다는 것이다. 중국은 2004년 국방 백서에서 "중국의 국방정책은 국가의 근본이익을 출발점으로 두며 국가의 발전전략과 안보전략에 따르며 이를 위해 힘쓴다."라고 밝히고 있다. 나아가 중국의 국가안보수호의 기본 목표와 임무는 분열을 제지하고 통일을 촉진하며 침략을 방비하며 저항하고 "국가주권과 영토의 완전성과 해양권익"을 보위하는 것이라고 명시하였다. 이에 기초하여 저자들은 방공식별구역을 설치하는 것이 중국의 근본이익을 그 출발점으로 하여 국가의 발전전략과 안보전략을 따르는 것이며, 그 근본적인 목적이 침략에 대비하며 저항하고 국가주권과 영토의 완전성과 해양권익을 보호하는 데에 있다고 주장하고 있다.[49] 즉 설치 동기는 중국 국가이익에 기초하고 있음이 명백한데, 특히 영토의 완전성과 해양권익을 언급하고 있는 것에서 왜 중국의 방공식별구역이 댜오위다오/센카쿠열도와 한국의 이어도 부분까지 포함하고 있는지를 잘 알 수 있다. 이는 동북아시아에서 각종 해양질서는 지역 개별국가의 국익과 안보와 밀접한 관련성이 있다는 것을 의미하며 특히 안보적 요소

---

47 Peter Dutton, "Caelum Liberum: Air Defense Identification Zones outside Sovereign Airspace", *American Journal of International Law*, Vol. 103 (2009), p. 691 각주 2 참조.

48 Xue Guifang & Xiong Xuyuan, "A Legal Analysis of the Establishment of Air Defense Identification Zones", 『중국해양대학학보 사회과학판』 (2007), pp. 36-39.

49 *Ibid.*, p. 38 참조.

의 중요성이 증대하고 있다는 것을 뜻한다.

중국의 방공식별구역이 제주해협까지 중첩되지는 않는다. 그러나 이어
도 수역 상공과 중첩함으로써 우리에게는 심각한 안보위협으로 인식되었
다. 이러한 사례는 해협의 상공비행 문제와 직접적 관련성은 없지만, 제주
해협의 경우 상공비행의 문제가 심각한 안보적 위협을 초래할 수 있다는 점
을 간접적으로 부각시켜 주기에 충분하다고 하겠다.

Ⅳ 대한민국의 실행에 대한 평가와 정책제언

국제해협은 단순한 지리적 인식에 의해 정의된 것이 아니고 국제항행에 이
용된다는 기능적 측면이 부가된 개념이지만, 1982년 유엔해양법협약에서
정의 규정을 두고 있지 않기 때문에 명확한 개념표지를 지니고 있지는 못
하다.

국제해협제도는 해협 연안국과 해협 이용국 간 타협의 산물로 형성된 제
도이므로 통항질서가 국제해협제도의 본질적 내용을 이루고 있다. 더구나
1982년 유엔해양법협약 체제에서 국제해협제도는 영해의 폭이 12해리로
확장됨으로써 수많은 국제해협에서 통항의 자유가 보장되는 공해항로대가
사라지고 일국의 영해로만 구성된 해협이 증대함으로써 해상교통로의 확
보를 위한 해협 이용국과 해양 강국의 이해관계가 매우 민감하게 작용하였
던 교섭대상 중 대표적 예라 할 수 있다. 즉 제3차 유엔해양법회의를 전후
로 해양 강국은 연안국이 영해를 12해리로 확장하는 것을 용인해 주는 대신
국제해협에서 자유로운 통항을 보장하는 새로운 통항제도를 수립할 것을
요구하였던 것이다. 해협 연안국과 해협 이용국 간 타협의 결과를 반영한

유엔해양법협약은, 국제해협에서 선박이 계속적이고 신속하게 통항할 경우 영해에서의 무해통항권보다 한층 통항의 자유가 강화된 기국의 권리인 통과통항권을 인정하게 되었다. 따라서 통과통항권의 핵심적인 내용은 해협 연안국은 선박의 통과통항을 정지하거나 방해할 수 없다는 것이다.

한국의 경우 안보나 기타 목적으로 인해 한국의 해협에서 통과통항권을 전면적으로 허용하지 않고 해양법협약을 위반하지 않는 한도 내에서 다소 변형해서 적용하고 있다. 그 결과 제주해협의 수역은 직선기선을 통해 내수와 영해로만 구성되도록 조절하고 있고 대한해협에서는 3해리의 영해를 유지해 오고 있다. 수출 지향국으로 해로의 중요성을 인식할 경우 전면적인 통과통항의 적용도 고려해 볼 시점이 되었지만 엄중한 안보위기가 상존하고 있기 때문에 한국의 국익에 부합하는 통항질서제도를 확립하고 유지하는 데 보다 신중한 접근이 요구된다. 특히 제주해협의 경우 상공비행과 관련한 질서 때문에 보다 신중한 정책적 고려가 요청된다.

¤ 참고문헌

1. 김영구, "새 해양법협약상 해협통항제도에 관한 일고찰", 『국제법학회논총』, 제53권 (1983).
2. 김현수, "1995년 영해 및 접속수역에 관한 소고", 『서울국제법연구』, 제3권 제2호 (1996).
3. 박성호, 이윤철, "국제해협의 통과통항제도와 호르무즈해협의 법적 쟁점에 관한 연구", 『해사법연구』, 제25권 제1호 (2013).
4. 박찬호, "대한해협의 통항제도에 관한 고찰", 『안암법학』, 제17호 (2013).
5. 박춘호, "무해통항과 통과통항의 차이", 『고시계』 (1986).
6. 이석용, "국제법상 해협통항제도", 『STRATEGY 21』, 제6권 제1호 (2003).
7. 이원갑, "국제해협에서의 통과통항에 관한 연구", 『해양정책연구』, 제2권 제4호 (1987).
8. 이윤철 · 임채현, "국제해협에서의 통과통항권 및 해양환경보호", 『해사법연구』, 제20권 제3호 (2008).
9. 정갑용, "제주해협의 통항문제와 정책방안", 『월간 해양수산』, 통권 제220호 (2003).

제4장

배타적 경제수역 제도

박배근

Ⅰ 배타적 경제수역 제도 개관

1. 연혁과 의의

배타적 경제수역(exclusive economic zone, 이하 EEZ)은 영해에 접속된 수역
으로, 영해기선으로부터 200해리까지에 이르는 해저, 상부수역, 해저의 하
층토 등에서 연안국이 천연자원과 그 밖의 경제적 개발, 탐사에 관한 주권
적 권리, 인공섬, 시설 및 구조물의 설치와 사용, 해양과학조사, 해양환경의
보호와 보전에 관한 관할권 등을 행사하는 수역을 말한다.

　전통적인 해양법 질서에서는 바다를 좁은 영해와 넓은 공해로 구분하였
다. 이런 질서는 1945년 미국이 자국 영해에 인접한 공해자원에 대한 관할
권을 선언하는 트루먼선언을 발표하면서 변화를 맞기 시작하였다. 트루먼
선언 이후 칠레를 비롯한 많은 라틴아메리카 국가와 아프리카 국가가 자국

영해에 인접한 공해에 200해리에 걸친 영해를 선언하거나 그곳 생물자원에 대한 권리를 선언하였다. 1952년 한국이 「인접해양에 대한 주권에 관한 선언(평화선선언)」을 한 것도 국제사회의 이러한 움직임에 영향을 받은 것이었다. 1958년 제1차 유엔 해양법회의와 1960년 제2차 유엔 해양법회의에서 영해 바깥에 어업수역을 설정하는 문제가 논의되기 시작했으며, 1960년대부터 많은 국가에서 국내법과 조약으로 12해리의 어업수역을 설정하였다. 1970년대 말에는 12해리 어업수역에서 연안국이 배타적 어업관할권을 가지는 것이 국제관습법이 되었다.[1]

한편 1971년에는 아시아·아프리카 법률자문회의에서 케냐가 처음으로 200해리의 배타적 경제수역 설정을 제안하였다. 케냐는 1972년 유엔의 심해저위원회에서도 배타적 경제수역 설정을 제안하여 아시아와 아프리카 국가들로부터 적극적인 지지를 받았다. 1973년 아프리카단결기구(Organization of African Unity, 이하 OAU) 제2차 연례회의에서는 케냐의 배타적 경제수역 안이 채택되었다. 비슷한 시기에 라틴아메리카 국가들은 배타적 경제수역과 유사한 개념인 세습수역patrimonial sea을 주장하였다. 1973년 시작된 제3차 유엔 해양법회의에서는 케냐의 제안과 라틴아메리카 국가들의 주장을 수렴하여 200해리 배타적 경제수역을 의제로 채택했고, 제3차 유엔 해양법회의가 진행 중이던 1977년에 미국, 소련(당시), 영국, 일본 등 해양 강국들이 200해리의 어업수역을 선포하였다. 이에 1982년 유엔해양법협약에서 국제사회의 추세를 반영하여 배타적 경제수역을 제도화하였다. 해양법협약은 1994년에 발효하였지만, 배타적 경제수역 제도는 그 이전에 국제관습법으로 성립한 것으로 인정되고 있다.[2]

---

1 山本草二, 『海洋法』(東京 : 三省堂, 1995), p. 169.

2 *Case Concerning the Continental Shelf (Libyan Arab Jamahiriya / Malta), Merits, Judgment, I.C.J. Reports 1985*, p. 33.

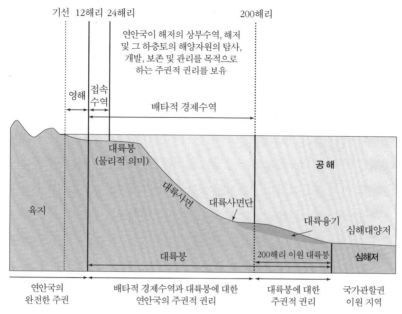

기선 12해리 24해리   200해리

연안국이 해저의 상부수역, 해저
및 그 하층토의 해양자원의 탐사,
개발, 보존 및 관리를 목적으로
하는 주권적 권리를 보유

영해   접속
      수역
                    배타적 경제수역

대륙붕
(물리적 의미)   공 해

대륙사면   대륙사면단

                          대륙융기   심해대양저
육지   심해저
                    대륙붕   200해리 이원 대륙붕

연안국의   배타적 경제수역과 대륙붕에 대한   대륙붕에 대한   국가관할권
완전한 주권   연안국의 주권적 권리   주권적 권리   이원 지역

그림 4-1 유엔해양법협약에 따른 해역도

배타적 경제수역 제도는 배타적 어업수역 제도와 대륙붕제도를 접목시
킨 것으로, 제3차 유엔 해양법회의에서 처음으로 제도화되었다. 이 제도는
경제개발에 대한 개발도상국들의 열망과 당시까지 해양 선진국들이 원양
어업을 통해 어획하고 있던 어업자원을 비롯하여 영해에 인접한 수역의 자
원에 대해 더 많은 경제적 이용권을 확보하고자 하는 후진국들의 요구가 반
영된 제도로, 200해리까지 영해를 주장하는 국가들과 공해에 대한 연안국
의 관할권 확대에 반대하는 선진국 간 타협의 산물로 만들어진 것이다(그림
4-1).

2. 법적 지위

제3차 유엔 해양법회의에서 배타적 경제수역의 법적 지위는 많은 논란을 일으켰다. 해양 선진국들에서는 배타적 경제수역의 가장 기본적인 법적 성격은 공해라고 주장하였다. 연안국의 관할권이 공해로 확대되는 것에 반대한 해양 선진국들은 배타적 경제수역을 자원, 환경보호, 과학조사와 관련하여 연안국에 우선적 권리 또는 특별한 권리가 부여되는 수역으로 정의함으로써 그 밖의 부분에서는 전통적인 공해사용의 자유를 배타적 경제수역에서도 확보하고자 하였다. 반면에 이미 200해리 영해를 주장한 바 있는 라틴아메리카의 일부 국가들에서는 배타적 경제수역이 영해라고 주장하였다. 이러한 입장에 의하면, 해양법협약에서 제3국의 권리로 규정하지 않은 배타적 경제수역 내의 모든 활동은 연안국의 관할에 속한다. 마지막으로 일부 국가들은 배타적 경제수역을 공해에도 영해에도 해당하지 않는 특별한 수역이라고 보았다.

1982년 유엔해양법협약에 대한 해석론의 관점에서도 배타적 경제수역의 법적 지위에 관해서는 위와 같은 세 가지 주장이 가능하다. 그러나 해양법협약은 배타적 경제수역을 "영해 밖에 인접한 수역"으로 규정하여 영해와 배타적 경제수역을 구분하고 있다(제55조). 또 연안국이 배타적 경제수역에서 가지는 권리와 관할권은 영해에 대해 가지는 주권과는 다르며, 제3국은 타국의 배타적 경제수역에서 타국 영해에서는 향유할 수 없는 여러 권리를 갖는다. 이런 이유 때문에 배타적 경제수역을 영해로 보기는 어렵다.

배타적 경제수역에서 제3국은 공해의 자유를 규정한 해양법협약 제87조의 규정에 따라 "항행·상공비행의 자유, 해저전선·관선부설의 자유"를 포함한 적법한 해양이용의 자유를 향유하고(제58조 제1항), 공해에 관한 해양법협약 제88조부터 제115조까지의 규정이 적용되는 것(제58조 제2항) 등을 이유로 배타적 경제수역을 공해로 보는 견해도 있다. 그러나 공해의 법질서를 규정하고 있는 해양법협약 제7부가 배타적 경제수역에는 적용되지 않는다고 규정되어 있는 점(제86조), 공해에서는 연안국에 인정되지 않는 권리들이 배타적 경제수역에서는 인정되는 점 등을 고려할 때 배타적 경제수역을 공해로 보기도 어렵다.

해양법협약은 배타적 경제수역이 이 협약이 수립한 '특별한 법제도 specific legal regime'에 따르는 수역이라고 규정하고 있다(제55조). 이는 200해리 영해를 주장하는 입장과 연안국의 공해에 대한 관할권 확대를 저지하려는 해양 선진국의 입장을 절충하여 영해와 공해의 중간적 성질을 가지는 특별한 수역으로 배타적 경제수역 제도를 설정한 것으로 보인다. 배타적 경제수역에서 권리와 관할권 귀속에 관한 마찰이 발생하면 "당사자의 이익과 국제사회 전체의 이익의 중요성을 각각 고려하면서 형평에 입각하여 모든 관련상황에 비추어 해결"하도록 한 해양법협약의 규정(제59조)도 배타적 경제수역이 영해도 공해도 아닌 특별한 수역으로서의 지위를 지니고 있음을 보여 주는 규정이다. 만약 배타적 경제수역이 기본적으로 공해로서의 지위를 가진다면 배타적 경제수역에서의 권리와 관할권 귀속에 관한 마찰은 공해자유의 원칙에 따라 해결하면 되기 때문이다. 요컨대 배타적 경제수역은 연안국의 경제적 이익과 국제사회의 공동이익이 기능적으로 결합된 특별수역이다. 배타적 경제수역이 등장하면서 해양의 전통적인 영해–공해 이원론은 영해–배타적 경제수역–공해의 3원론으로 대체되었다.

대륙붕에 대한 연안국의 권리는 실효적이거나 관념적인 점유 또는 명시적 선언에 의존하지 않는 고유한 권리이다(제77조 제3항). 이에 비해 배타적 경제수역에 대한 연안국의 권리는 연안국이 배타적 경제수역을 설정하지 않으면 발생하지 않는다. 이때 연안국은 배타적 경제수역을 설정할 권리는 있지만 의무는 없다.

3. 범위와 경계획정

연안국은 영해기선으로부터 200해리까지 배타적 경제수역을 설정할 수 있다(제57조). 이때 반드시 200해리까지 배타적 경제수역을 설정해야 하는 것은 아니므로 그보다 좁게 배타적 경제수역을 설정할 수도 있다. 배타적 경제수역은 "영해 밖에 인접한 수역"이므로(제55조) 연안국이 영해 밖에 접속수역을 설정한 경우에는 배타적 경제수역의 폭이 접속수역의 폭보다 넓은 한 접속수역과 배타적 경제수역은 서로 겹친다.

대향국 또는 인접국 간의 배타적 경제수역 경계획정은 합의에 의한다(제74조 제1항). 그러한 합의는 "공평한 해결"에 이르는 것이 목표이며 국제사법재판소 규정 제38조에 언급된 국제법을 기초로 이루어져야 한다(제74조 제1항). 상당한 기간 내에 배타적 경제수역의 경계가 합의되지 못할 경우 분쟁의 해결에 관한 해양법협약 제15부의 절차에 회부된다(제74조 제2항). 그런데 배타적 경제수역의 경계를 획정하는 것은 쉽지 않으며 많은 시간이 걸릴 것으로 예상된다. 이 점을 고려하여 해양법협약은 배타적 경제수역의 경계 합의가 이루어지기 이전에 관련국들이 "실질적인 잠정약정"을 체결하기 위해 모든 노력을 다할 의무를 부과하고 있다(제74조 제3항). 잠정약정이 '실질적'이라는 것은 협정이 실제 문제actual problems를 실무적으로 해결 practical solution하기 위한 것이어야 하며 경계획정 문제 자체나 관련된 영토문제를 다루는 것이어서는 안 된다는 의미로 이해된다.[3] 한편 배타적 경제수역의 경계 획정 관련국들은 과도기간 동안 최종 경계획정을 저해하는 행위를 해서는 안 된다(제74조 제3항). 또 경계획정 전의 잠정약정은 최종 경계획정에 영향을 미치지 않는다(제74조 제3항).

---

3 Rainer Lagoni, "Interim Measures Pending Maritime Delimitation Agreements", *American Journal of International Law*, Vol. 78, No. 2 (1984), p. 358.

배타적 경제수역의 범위와 경계는 적합한 축척의 해도에 표시해야 하며, 지리적 좌표목록의 형식으로 표시될 수도 있다(제75조 제1항). 연안국은 배타적 경제수역의 범위와 경계를 표시하는 해도와 좌표목록을 공표할 의무가 있으며 그 사본을 유엔 사무총장에게 기탁해야 한다(제75조 제2항).

4. 연안국의 권리와 의무

(1) 연안국의 권리
1) 주권적 권리

유엔해양법협약 제56조에서는 연안국은 배타적 경제수역에서 주권적 권리, 관할권, 그 밖의 권리와 의무를 갖는다고 규정하고 있다. 주권적 권리의 대상은 배타적 경제수역의 해저 상부수역, 해저, 그리고 그 하층토에 있는 생물자원과 무생물자원 등 천연자원이다.

생물자원의 탐사, 개발, 보존, 관리를 목적으로 하는 주권적 권리의 구체적 내용은 해양법협약 제61조에서 제73조까지에 규정되어 있다. 배타적 경제수역 내 생물자원에 대한 연안국의 주권적 권리는 예컨대 허용어획량의 잉여량에 관해 다른 국가의 입어를 허용할 의무(제62조 제2항) 등과 같은 의무에 의해 제약된다는 점에서 배타적인 권리로서의 성격이 약하다. 한편 배타적 경제수역 내 생물자원 중에서도 정착성 어종, 즉 수확 가능 단계에서 해저표면 또는 그 아래에서 움직이지 않거나 해저나 하층토에 항상 밀착하지 않고는 움직일 수 없는 생물체(제77조 제4항)는 대륙붕 자원으로 취급되어 배타적 경제수역에 관한 규정이 적용되지 않는다(제68조).

연안국은 배타적 경제수역 내의 무생물자원에 대해서도 탐사, 개발, 보존, 관리를 목적으로 하는 주권적 권리를 가진다. 무생물자원은 석유, 천연가스 등을 의미하며, 무생물자원에 미치는 연안국의 주권적 권리는 생물자원과 같은 제약이 없다는 점에서 더욱 배타적이다. 다만 배타적 경제수역의 해저와 하층토에 있는 무생물자원에 대한 권리는 대륙붕에 관한 규정에 따라 행사된다(제56조 제3항). 그러므로 배타적 경제수역에 관한 규정이 적용되는 무생물자원은 배타적 경제수역의 바닷물water column에 부존하는 자원에 한정된다.

연안국은 생물자원과 무생물자원의 탐사, 개발, 보존, 관리를 목적으로 하는 주권적 권리 외에 배타적 경제수역의 경제적 개발과 탐사를 위한 그 밖의 활동에 관해서도 주권적 권리를 가진다. 해양법협약은 그러한 활동의 예로 "해수·해류 및 해풍을 이용한 에너지생산"을 들고 있다(제56조 제1항 (a)).

2) 관할권

연안국은 배타적 경제수역에서 ① 인공섬, 시설 및 구조물의 설치와 사용, ② 해양과학조사, ③ 해양환경의 보호와 보전에 관해 협약의 관련 규정에 규정된 바에 따라 관할권을 갖는다(제56조 제1항).[4] 배타적 경제수역에서 연안국이 가지는 관할권과 주권적 권리의 차이는 명확하지 않지만 관할권은 주권적 권리보다 더 제한된 권리로 이해되고 있다.[5]

인공섬, 시설 및 구조물의 설치와 사용에 관한 규정은 해양법협약 제60조

---

4 해양법협약 제56조 제1항 b의 공식 번역은 "이 협약의 관련 규정에 규정된 다음 사항에 관한 관할권"이라고 되어 있다. 이 규정을 문리해석 하면 "이 협약의 관련 규정에 규정된"이라는 한정어는 "다음 사항"을 한정하고 있는 것으로 이해된다. 즉, 연안국은 "다음 사항"에 관해 관할권을 가지는데, "다음 사항"은 "이 협약의 관련 규정에 규정되어 있다"는 논리가 되는 것이다. 그러나 해양법협약 제320조의 규정상 정본인 영어본(jurisdiction as provided for in the relevant provisions of this Convention with regard to:)이나 프랑스어본(juridiction, conformément aux dispositions pertinentes de la Convention, en ce qui concerne:)을 보면 "이 협약의 관련 규정에 규정된"이라는 말은 "다음 사항"을 한정하는 것이 아니라 "관할권을 가진다"("has jurisdiction", "a juridiction")는 동사를 수식하는 부사구로 "이 협약의 관련 규정에 규정된 바에 따라"의 의미로 번역하는 것이 옳은 것으로 보인다.

5 R. R. Churchill and A. V. Lowe, *The Law of the Sea*, 3rd ed. (Manchester: Manchester University Press, 1999), p. 167.

이다. 해양법협약 제60조에 따르면 배타적 경제수역에서 연안국이 배타적 권리를 가지는 대상은 "(a) 인공섬, (b) 제56조에 규정된 목적과 그 밖의 경제적 목적을 위한 시설과 구조물, (c) 배타적 경제수역에서 연안국의 권리행사를 방해할 수 있는 시설과 구조물" 세 가지이다. 이 중 (c)는 그 성질상 연안국이 건설하는 배타적 권리의 대상이 아니라 건설·운용·사용을 허가하고 규제하는 배타적 권리이다. 제60조는 "시설과 구조물"을 묶어서 인공섬과 구별하여 규정하고 있다. 그러나 "시설과 구조물"과 인공섬의 구별은 명확하지 않으며 국내 입법에서도 잘 구별되지 않는다.[6]

연안국이 배타적 경제수역 내 인공섬과 시설, 구조물에 대해 가지는 배타적 관할권에는 관세, 재정, 위생, 안전 및 출입국관리 법령에 관한 관할권이 포함된다(제60조 제2항). 또 연안국은 배타적 경제수역 내 인공섬과 시설, 구조물 주변에 500미터 범위 내의 안전수역을 설치할 수 있다(제60조 제4항, 제5항). 이때 안전수역의 범위는 적절히 공시되어야 하고(제60조 제5항), 인공섬, 시설, 구조물과 주위의 안전수역은 승인된 국제항행에 필수적인 항로대 이용을 방해할 수 있는 곳에는 설치할 수 없다(제60조 제7항). 인공섬, 시설, 구조물은 섬이 아니며 영해를 가질 수 없고 영해, 배타적 경제수역 또는 대륙붕의 경계획정에 영향을 미치지 않는다(제60조 제8항).

연안국은 배타적 경제수역에서 해양과학조사에 관해서도 해양법협약의 관련 규정에 따라 관할권을 가진다. 해양과학조사에 관한 관련 규정은 제13부의 제238조부터 제265조까지이다. 연안국은 배타적 경제수역에서 해양과학조사를 규제, 허가, 수행할 권리를 가진다(제246조 제1항). 배타적 경제수역에서의 해양과학조사는 연안국의 동의를 얻어 수행할 수 있는데(제246조 제2항), 연안국은 평화적 목적의 순수한 해양과학조사에 관해서는 동의를 부여할 의무가 있다(제246조 제3항). 그러나 자원의 탐사나 개발과 관련된 이

---

6 *Ibid.*, p. 168.

른바 '응용된' 해양과학조사의 경우에는 연안국이 동의를 거부할 수 있다(제 246조 제5항).

연안국은 배타적 경제수역에서 해양환경의 보호와 보전에 관해서도 해양법협약의 관련 규정에 따라 관할권을 가진다. 해양환경의 보호와 보전에 관한 관련 규정은 제12부의 제192조부터 제237조까지로 비교적 자세하다. 이러한 관련 규정에 따라 연안국은 배타적 경제수역에서 이루어지는 투기에 대해 명시적인 사전승인권, 허용·규제·통제권을 가진다(제210조 제5항). 선박에서 기인하는 오염이나 해저활동으로부터 생기는 오염에 관해서도 연안국은 배타적 경제수역에서 입법관할권과 집행관할권을 행사한다(제211조 제5항, 제6항, 제220조, 제208조, 제214조 등). 해양법협약이 체결되기 전에도 해저활동으로 생기는 오염에 대해서는 대륙붕제도 내에서 연안국이 관할권을 행사하였다. 그런데 배타적 경제수역에서 오염을 통제하기 위해 연안국이 행사하는 그 밖의 관할권은 해양법협약에 의해 신설되고 강화된 것들이다.[7]

3) 그 밖의 권리

해양법협약은 연안국이 배타적 경제수역에서 주권적 권리와 관할권 외에도 "이 협약에 규정된 그 밖의 권리와 의무"를 갖는다고 규정하고 있다(제56조 제1항 (c)). 그러나 위에서 언급한 주권적 권리와 관할권 외에 배타적 경제수역에서 연안국이 가지는 권리를 규정하고 있는 해양법협약 조문은 많지 않다. 접속수역과 배타적 경제수역이 겹치는 경우 접속수역에서 가지는 연안국의 권리, 즉 연안국의 영토나 영해에서의 관세, 재정, 출입국관리 또는 위생에 관한 법령의 입법과 집행(제33조), 배타적 경제수역과 배타적 경제수역 내 안전수역에 적용될 수 있는 연안국의 법령을 위반한 외국 선박에 대

---

7 *Ibid.*, p. 169.

해 연안국이 배타적 경제수역에서 추적권을 행사할 수 있는 것(제111조 제2항) 등이 여기서 말하는 '그 밖의 권리'에 해당한다.

(2) 연안국의 의무

유엔해양법협약상 연안국이 아닌 타국은 배타적 경제수역에서 공해상의 항행·상공비행의 자유, 해저 전선·관선 부설의 자유 및 선박, 항공기, 해저 전선·관선의 운용 등과 같은 자유를 향유하며, 이 협약의 다른 규정과 양립하는 그 밖의 국제적으로 적법한 해양이용의 자유를 향유한다(제58조). 타국의 이러한 권리에 대응하여 연안국은 이들 권리를 저해하지 않을 의무를 진다.

배타적 경제수역에서 연안국이 부담하는 가장 일반적인 의무는 권리행사와 의무이행에서, "다른 국가의 권리와 의무를 적절히 고려하고, 이 협약의 규정에 따르는 방식으로 행동"할 의무이다(제56조 제2항). 구체적으로는 배타적 경제수역에 인공섬, 시설, 구조물을 건설할 때는 이러한 건설을 적절히 공시해야 하며, 설치된 인공섬, 시설, 구조물에 관해서는 이러한 것이 있다는 사실을 경고하기 위한 영구적인 수단을 유지해야 한다. 폐기되었거나 사용되지 않는 시설이나 구조물은 항행의 안전을 위해 제거해야 하며 완전히 제거되지 않은 시설이나 구조물의 깊이, 위치, 규모를 공표할 의무도 있다(제60조 제3항).

배타적 경제수역의 생물자원에 관해 연안국은 허용어획량과 자국의 어획능력을 결정해야 하고 잉여어획량이 있는 경우에는 배타적 경제수역에 다른 국가가 입어하도록 허용할 의무가 있다(제61조 제1항, 제62조 제2항). 또 연안국은 배타적 경제수역 내 생물자원의 보존과 관리에 관한 법령을 적절히 공시할 의무를 진다(제62조 제5항). 경계 왕래 어족, 고도 회유성 어종, 해양 포유동물의 보존과 관리에 관해서는 연안국은 필요한 조치에 관해 소지역기구, 지역기구 또는 적절한 국제기구와 협력할 의무 및 적절한 조치에 관한 합의와 보존, 관리, 연구를 위해 노력할 의무를 진다(제63조, 제64조 제1항, 제65조).

연안국이 배타적 경제수역의 생물자원에 대한 주권적 권리를 행사하는 과정에서 타국 선박을 나포한 경우, 적절한 보석금이나 보증금이 예치되면 연안국은 선박과 승무원을 즉시 석방해야 한다(제73조 제2항). 또 배타적 경제수역에서 어업 법령을 위반한 사람에 대해서는 원칙적으로 구금형[8]이나 "다른 형태의 체형"으로 처벌하지 않을 의무를 진다(제73조 제3항). 외국 선박을 나포하거나 억류한 경우, 연안국은 적절한 경로를 통해 취해진 조치와 그 후에 부과된 처벌에 관해 기국에 신속히 통고할 의무를 진다(제73조 제4항).

5. 제3국의 권리와 의무

(1) 제3국의 권리

앞서 설명한 바와 같이 배타적 경제수역은 법적으로 영해와 공해의 중간적 성질을 가지는 특별한 수역으로 인정되고 있다. 그러므로 배타적 경제수역의 연안국이 아닌 제3국은 해양법협약 체제하에서 전통적인 공해 자유의 원칙에 따른 일정한 권리를 타국의 배타적 경제수역 내에서 향유한다. 해양법협약 제58조는 제3국이 타국의 배타적 경제수역에서 향유하는 권리로 항행·상공비행의 자유, 해저 전선·관선 부설의 자유를 열거하고 있다. 이러한 자유는 공해의 자유에 관해 해양법협약 제87조가 열거하고 있는 자유 중에서 인공섬과 그 밖의 시설 건설의 자유, 어로의 자유, 과학조사의 자유를 제외한 것이다. 1958년 「공해협약」에 비추어 보면, 이 협약 제2조에서 규정

---

8 한국어 공식 번역은 '금고'라고 되어 있다. 영어 원문은 'imprisonment'로 '징역'을 포함한 '신체의 구금'을 의미하는 것으로 보아야 한다.

한 네 가지 주요한 공해 자유 중 어업의 자유를 제외한 세 가지 자유를 제3
국에 인정하고 있다.

해양법협약 제58조 제1항은 전통적인 공해 자유 중 세 가지 자유, 즉 항
행의 자유, 상공비행의 자유, 해저 전선·관선 부설의 자유를 배타적 경제수
역 내 제3국의 권리로 인정하면서, 이러한 자유의 향유와 관련된 그 밖의 해
양의 국제적 적법 이용으로서 해양법협약의 다른 규정과 양립되는 것도 제
3국의 권리로 인정하고 있다. 해양법협약은 그런 권리의 예로 선박, 항공
기, 해저전선과 해저관선의 운용과 관련된 해양의 국제적 적법 이용을 들고
있다(제58조 제1항).

해양법협약 제58조에서 인정하고 있는 배타적 경제수역 내 제3국 권리는
해양법협약의 관련 규정을 따를 것을 조건으로 향유할 수 있다. 예컨대 해
양법협약 제87조 제1항은 공해 자유의 하나로 해저전선과 해저관선 부설의
자유를 규정하고 있다. 해양법협약 제86조에 의하면 원칙적으로 공해에 관
한 규정은 배타적 경제수역에 적용되지 않지만, 제58조에 따라 배타적 경제
수역에서 모든 국가가 향유하는 자유에는 제약이 없으므로 제3국은 해양법
협약 제87조 제1항의 해저전선과 해저관선 부설의 자유를 타국 배타적 경
제수역에서 향유한다. 다만 유엔해양법협약 제87조에서는 공해에서 향유
하는 해저전선과 해저관선 부설의 자유가 제6부에 따라야 한다고 규정하고
있으므로, 제58조에 의해 제3국이 타국의 배타적 경제수역에서 향유하는
해저전선과 해저관선 부설의 자유도 대륙붕에 관한 해양법협약 규정에 따
라 그 내용이 제약된다.

해양법협약 제58조가 인정하고 있는 배타적 경제수역 내 제3국의 권리는
전통적인 공해 자유 중 어업 자유를 제외한 나머지 자유를 내용으로 한다.
이런 점을 감안하여 해양법협약은 공해 자유를 규정하고 있는 해양법협약
제7부 규정 중에서 제1절 총칙의 2개 조문(제86조와 제87조)과 공해 생물자

원의 관리와 보존에 관한 제2절 조문(제116조부터 제120조까지)을 제외한 나머지 조문들, 즉 제88조부터 제115조까지의 규정과 그 밖의 국제법의 적절한 규칙이 배타적 경제수역에 적용되도록 규정하고 있다(제58조 제2항). 제88조부터 제115조까지의 규정을 살펴보면, 공해에 대한 주권주장의 무효를 내용으로 하는 제89조, 선박의 국적이나 지위에 관한 제91조에서 제94조까지의 규정과 같이 배타적 경제수역과는 무관한 규정도 있다.

제3국은 공해의 자유로부터 유래하는 권리 외에도 배타적 경제수역에 관한 연안국의 의무에 대응하여 권리를 가진다. 특히 배타적 경제수역의 생물자원에 관해 연안국에 잉여어획량이 있는 경우 제3국은 입어의 권리가 있다. 특히 내륙국과 지리적 불리국은 형평에 입각하여 동일한 소지역이나 지역 내 연안국의 배타적 경제수역의 생물자원 잉여량 중 적절한 양의 개발에 참여할 권리를 가진다(제69조 제1항, 제70조 제1항).

해양법협약은 배타적 경제수역에 관해 해양법협약에 명시적으로 규정되지 않은 권리가 연안국 또는 제3국에 귀속될 수 있는 가능성을 예견하고 있다. 그런 권리에 관해 분쟁이 발생한 경우에는 "당사자의 이익과 국제사회 전체의 이익의 중요성을 각각 고려하면서 형평에 입각하여 모든 관련 상황에 비추어 해결"하도록 규정하고 있다(제59조). 이런 성질의 분쟁은 결국 분쟁의 해결에 관한 해양법협약 제15부 규정에 의해 해결될 수밖에 없다.

(2) 제3국의 의무

배타적 경제수역에 관해 연안국이 가지는 권리에 대응하여 제3국이 의무를 부담하는 것은 당연하다. 그 밖에 해양법협약은 배타적 경제수역에서의 제3국의 의무를 규정하면서, 특히 제3국에 "연안국의 권리와 의무를 적절히 고려"할 의무와 연안국의 법령을 준수할 의무를 부과하고 있다(제58조 제3항).

146

6. 이용에 관한 법적 쟁점

(1) 생물자원의 보존과 이용

이미 설명한 바와 같이 연안국은 배타적 경제수역에서 생물자원의 탐사, 개발, 보존, 관리에 관한 주권적 권리를 가진다(제56조 제1항 (a)). 이러한 권리에 근거하여 연안국은 배타적 경제수역에서 생물자원을 보존하기 위해 허용어획량을 결정한다(제61조 제1항). 연안국은 총허용어획량 결정권과 더불어 남획으로 인해 배타적 경제수역에서 생물자원 유지가 위태롭게 되지 않도록 적절한 보존, 관리 조치를 취할 의무를 지며(제61조 제2항), 최대 지속 생산량을 가져올 수 있는 수준으로 어종의 자원량이 유지, 회복되도록 계획을 수립할 의무도 진다(제63조 제3항). 문제는 생물자원의 보존, 관리와 최대 지속 생산량이 실현될 수 있도록 어종 자원량을 유지, 회복하는 것과 관련해 연안국의 의무가 무엇인지 구체적 내용이 매우 모호하다는 점이다. 해양법협약 규정의 이러한 모호성 때문에 배타적 경제수역 내 총허용어획량 결정에 관해 연안국은 사실상 매우 넓은 재량권을 가진다. 남획 우려가 없는 범위에서 총허용어획량을 얼마든지 결정할 수 있고, 그것을 근거로 다른 국가의 배타적 경제수역 내 입어 등을 합법적으로 제한할 수 있다.[9]

배타적 경제수역에서 연안국의 어획능력을 결정하는 것과 관련해서도 해양법협약 규정이 모호한 것은 마찬가지다. 그러므로 이 문제에 관해서도 연안국은 광범위한 재량권을 가지게 된다. 또 자본과 기술이 부족한 연안국이 어업 선진국으로부터 자본과 기술을 도입하거나 어업 선진국에 양허를 부여함으로써 총허용어획량 전부를 자국의 어획능력으로 만드는 것도 논리적으로 불가능한 것은 아니다.[10] 만약 그렇게 되면 총허용어획량의 잉여량

---

9 Churchill and Lowe, *supra* note 5, p. 289.

10 Shigeru Oda, *Fifty Years of the Law of the Sea* (The Hague / London / New York: Kluwer

이 없어지게 되어 다른 국가가 배타적 경제수역에 입어하는 것이 불가능하게 된다.

배타적 경제수역에서의 잉여어획량 산정에 관한 연안국의 넓은 재량 때문에 배타적 경제수역 내에서의 제3국 어업은 심각한 제약을 받을 수 있다. 그러나 실제로는 연안국이 잉여어획량 산정과 관계없이 또는 잉여어획량이 없는 경우에도 타국 어선이 자국 내 배타적 경제수역에 입어하는 것을 허용하는 사례도 적지 않다. 배타적 경제수역 제도의 도입으로 어업의 양상이 급격하게 변경되는 것을 완화할 목적으로, 또는 입어에 따른 재정적인 보상이 지불되는 경우나 연안국과 제3국이 공동 사업체를 설립하여 어업하거나 다른 형태의 경제협력에 기초하여 외국 어선이 입어하는 경우 등에서 그러한 현상을 볼 수 있다.[11]

2개국 이상의 배타적 경제수역의 경계를 왕래하는 어족과 관련해서 해양법협약은 어족의 보존과 개발을 조정하고 보장하는 데 필요한 조치에 합의하도록 노력할 의무를 관련 배타적 경제수역의 연안국에 부과하고 있다(제63조 제1항). 또 배타적 경제수역과 공해를 왕래하는 경계 왕래 어족의 경우에는 배타적 경제수역 연안국과 배타적 경제수역 바깥의 인접수역에서 조업하는 국가가 어족보존에 필요한 조치에 합의하도록 노력할 의무를 규정하고 있다(제63조 제2항).[12] 그런데 이러한 의무는 "합의하도록 노력할 의무"에 그치며, 이들 어족의 보존과 개발에 관한 조치에 반드시 합의할 의무가

Law International, 2003), p. 627.

11 Churchill and Lowe, *supra* note 5, p. 291.

12 해양법협약 제63조 제1항의 어족은 공유어족 또는 공동어족share stocks or joint stocks으로 불리며 경계 간 어족transboundary fish stocks으로도 불린다. 해양법협약 제63조 제2항의 어족은 경계 왕래 어족straddling fish stocks으로 불린다. 해양법협약 제63조 제2항의 어족을 '경계 왕래 어족'이라고 부는 것은 대한민국 외교부가 1995년 「유엔공해어업협정」에서 채택한 공식 번역이기도 하다. 최종화 교수는 해양법협약 제63조 제1항의 어족을 '경계왕래자원'으로, 제2항의 어족을 '경계내외분포자원'으로 지칭한다. 최종화, 『현대 국제해양법』, 제7전정판(서울: 도서출판 두남, 2013), 99쪽.

있는 것은 아니다. 그러므로 관련국들 사이에 어족의 보존과 개발에 관한 합의가 이루어지지 않으면 어족의 보존과 관리가 원활하게 이루어지지 않을 가능성이 있으며, 더 적극적인 보존·관리 조치를 취하는 국가가 불리한 위치에 놓일 가능성도 크다.[13] 해양법협약 규정의 이러한 문제점에도 불구하고 실제로는 관련국들이 해양법협력체제에 합의하여 공유어족이나 경계 왕래 어족에 관한 유효한 관리를 실시하고 있는 사례가 많다.[14]

경계 왕래 어족과 유사하게 참치류, 새치류와 같은 고도 회유성 어종에 관해서도 해양법협약은 그런 어족이 회유하는 배타적 경제수역의 연안국과 조업국이 "어종의 보존을 보장하고 최적이용목표를 달성하기 위하여 직접 또는 적절한 국제기구를 통하여 협력"할 의무를 규정하고 있다. 적절한 국제기구가 없는 경우에는 관련국이 기구를 설립하고 그 사업에 참여하도록 노력할 의무를 부과하고 있다(제64조 제1항).

경계 왕래 어족과 고도 회유성 어종은 배타적 경제수역과 공해에서 모두 어획될 수 있기 때문에 해양법협약은 관련국들의 합의노력 의무와 협력 의무를 규정하고 있다. 해양법협약이 규정하는 이러한 의무를 더 효과적으로 실시하게 함으로써 이들 어족의 장기적 보존과 지속가능한 이용을 보장하기 위해 1995년 「유엔공해어업협정」이 체결되었다.

해양법협약은 연안국의 허용어획량, 자국의 어획능력, 다른 국가에 대한 잉여량 할당 및 자국의 보존관리법에서 정하는 조건을 결정할 재량권을 포함하여 배타적 경제수역의 생물자원에 대해 연안국이 가지는 주권적 권리와 그 행사와 관련된 분쟁에 관해서는 해양법협약 제15부 제2절의 "구속력 있는 결정을 수반하는 강제절차"에 회부할 것을 수락할 의무를 지지 않도록 허용하고 있다(제297조 제3항 (a)). 이 역시 배타적 경제수역 내 생물자원에 대

---

13 *Ibid*., p. 294.
14 *Ibid*., pp. 294–296.

한 제3국의 접근에 영향을 미칠 수 있으므로,[15] 배타적 경제수역 내 생물자원의 이용에 관한 해양법협약 규정의 문제점으로 지적할 수 있을 것이다.

(2) 수역 내 군사활동

앞서 설명한 바와 같이 배타적 경제수역은 '특별한 법제도specific legal regime'에 따르는 수역(제55조)으로, 전통적인 공해 자유 중에서 어업 자유를 제외한 세 가지 자유, 즉 항행 자유, 상공비행 자유, 해저 전선·관선 부설 자유는 배타적 경제수역 내에서도 인정된다(제58조 제1항). 그리고 공해에 관한 해양법협약 제88조부터 제115조까지의 규정은 배타적 경제수역에 관한 해양법협약 규정에 배치되지 않는 한 배타적 경제수역에도 적용된다(제58조 제2항). 문제는 배타적 경제수역 내에서의 여러 가지 군사적 활동이 타국의 배타적 경제수역에서 인정되는 전통적인 공해 자유 속에 포함되는지 여부이다. 이 점에 관해 해양법협약은 명확한 규정을 두고 있지 않다. 일부 국가에서는 해양법협약에 서명하거나 해양법협약을 비준할 때 배타적 경제수역에서의 군사훈련이나 군사기동 또는 군사장비 설치에는 연안국의 허가가 필요하다는 선언을 하였고, 그것을 국내법으로 법제화하기도 하였다. 이에 대해 해군력이 강한 국가들은 당연히 반발하였다.[16]

이 문제에 관해 명확한 해양법협약 규정이 존재하지 않으므로 다음을 고려하여 문제를 해결할 수밖에 없을 것으로 보인다. 즉 해양법협약의 정신과 전체 문맥, 해양의 평화적 이용이라고 하는 해양법협약의 대원칙(제301조), 평화적 목적을 위한 공해 보전(제88조), 타국 배타적 경제수역에서 권리를 행사하는 국가는 연안국의 권리와 의무를 적절하게 고려하고 연안국이 채택한 법령을 준수할 의무(제58조 제3항) 등을 고려하여 판단해야 할 것이다.

---

15 *Ibid.*, p. 289.
16 *Ibid.*, p. 427.

일정한 공해 자유 내용이 배타적 경제수역에서도 인정된다고 한 해양법협약 제58조 제1항과 제2항 규정에 비추어 타국의 배타적 경제수역에서의 군사활동은 원칙적으로 허용되지만, 연안국의 평화와 안전을 위협하거나 배타적 경제수역에서의 연안국의 권리와 관할권을 침해하는 활동은 허용되지 않는다고 보는 것이 합리적이라고 생각한다.[17]

군사활동의 유형과 성질에 따라 문제를 개별적으로 고찰하면 다음과 같다. 우선 배타적 경제수역에서의 군함의 단순한 항행은 자유이다.[18] 무기 사용이나 대륙붕 굴착, 폭발물 사용 또는 유해물질 방출 등을 포함하지 않는 해군의 정보수집활동도 배타적 경제수역 내에서의 항해 자유에 포함되는 것으로 볼 수 있다.[19] 연안국의 권리를 침해하지 않는 단순한 군사기동훈련은 타국 배타적 경제수역에서도 허용되는 것으로 보아야 하지만, 무기시험, 기뢰부설과 같은 재래식 무기의 설치, 폭발물을 사용하는 군사연습 등은 연안국에 대한 잠재적 또는 직접적인 무력위협이 되며 연안국의 천연자원과 해양환경에 손상을 줄 가능성이 크므로 통상적으로는 연안국의 허가나 동의가 필요한 활동으로 보아야 할 것이다.[20] 한편 수중 음향탐지장치와 같은 감시장치를 타국 배타적 경제수역의 해저에 설치하는 것은, 장치의 크기가 작아 해양법협약 제56조와 제60조에서 말하는 시설과 구조물에 해당하지 않으며 해저전선 부설의 자유에 해당하고, 해양법협약 제58조 제1항에서 말하는 "선박의 운용"과 관련되는 것이므로, 연안국의 동의가 필요하지 않다는 견해가 있다. 이에 대해서는 군사활동이나 군사물체 설치는 해저전선과 해저관선 부설의 자유에 해당하지 않으며, 군사기기에서 중요한 것은 특

---

17 이민효,『해양에서의 군사활동과 국제해양법』, 개정증보판(서울: 연경문화사, 2013), 139쪽.
18 상게서, 138쪽.
19 김현수, "海洋法上 배타적 경제수역에서의 軍事活動 問題",『해사법연구』, 제15권 제2호 (2003), 237쪽.
20 상게논문, 231쪽.

성과 기능이므로 크기 여하에 따라 연안국의 동의 대상에서 배제할 수 없다는 반대 주장도 있다. 또 해양법협약 제87조는 공해 자유를 넓게 인정하지만 배타적 경제수역에 대한 연안국의 권리를 규정하고 있는 해양법협약 제58조에 비추어 볼 때, 타국 배타적 경제수역 내에서의 항해 자유나 해저 전선과 관선 부설 자유는 좁게 해석되어야 하기 때문에, 연안국의 동의 없이 타국 배타적 경제수역 내에 군사적인 정보수집장치나 감시장치를 설치할 수 없다는 주장도 있다.[21]

배타적 경제수역에서 어떤 군사활동은 자유롭게 허용되며 어떤 군사활동은 연안국의 동의나 허가가 필요한지에 관해 학설이나 연안국의 주장이 어떠하든, 군사 강대국은 계속해서 배타적 경제수역을 군사연습을 위해 이용할 것이고 배타적 경제수역에 군사적 감시장치를 설치할 것으로 보인다.[22]

(3) 수역 내 과학조사

배타적 경제수역에서의 해양과학조사에 대해서는 연안국이 관할권을 가진다(제56조 1항 (b)). 이때 다른 국가의 권리를 고려해야 하는 것은 물론이다(제56조 제2항). 해양과학조사와 관련하여 해양법협약은 다른 국가가 연안국의 동의를 얻어 배타적 경제수역에서 해양과학조사를 수행할 권리가 있음을 규정하고 있다(제246조 제2항). 특히 이른바 순수한 해양과학조사, 즉 "오로지 평화적인 목적을 위하여, 또한 모든 인류에 유익한 해양환경에 대한 과학 지식을 증진시키기 위하여" 다른 국가의 배타적 경제수역에서 수행되는 해양과학조사에 대해서는 연안국이 동의할 의무가 있다(제246조 제3항). 반면에 천연자원의 탐사와 개발에 직접적인 영향을 미치는 경우, 배타적 경제수

---

21 김동욱, "해양에서의 군사기기 설치에 관한 법적 문제", 『해사법연구』, 제26권 제1호(2014), 39-42쪽.
22 Churchill and Lowe, *supra* note 5, p. 428.

역 해저의 굴착이나 폭발물의 사용 또는 해양환경에 해로운 물질의 반입을 수반하는 경우, 인공섬, 시설과 구조물의 건조, 운용, 사용을 수반하는 경우, 조사사업의 성질과 목적에 관해 전달된 정보가 부정확하거나 이전에 실시된 조사사업과 관련하여 조사국이 연안국에 대한 의무를 이행하지 않은 경우 등에는 연안국이 동의를 거부할 수 있는 재량권을 가진다(제246조 제5항).

배타적 경제수역에서의 해양과학조사와 수로측량의 관계에 관해 해양법협약에는 명확한 규정이 없다. 해양 강국은 수로측량, 군사조사와 해양과학조사를 엄격하게 구분하는 해석론적 입장을 취한다. 수로측량은 배타적 경제수역의 연안국에 관할권이 인정되는 해양과학조사에 해당하지 않는 것으로, 해양법협약 제58조 제1항에서 규정하는 전통적인 공해의 자유로 모든 국가에 남겨진 권리(잔존권residual rights)에 속한다는 것이 주된 논거이다. 군사조사는 군사적인 목적으로 해양에서 수행되는 정보수집을 포함한 활동을 말한다.[23] 군사적 목적을 위해 음향측심기, 해저표층탐사기, 유속계 등을 사용하여 해양학, 해양지질학, 물리학, 화학, 생물학의 데이터와 음향데이터를 수집한다.[24] 이는 배타적 경제수역에서의 군사활동에 속하는 문제이기도 하다. 해양 강국은 수로측량이 해양법협약상 해양과학조사에 해당하지 않는다는 것과 동일한 논거로 군사조사 역시 해양과학조사에 해당하지 않는 것으로 본다. 2001년 미 해군 보조함 바우디치Bowditch호가 한국 황해에서 사전허가 없이 군사조사 활동을 벌여 한국 정부의 항의를 받았을 때, 미국은 배타적 경제수역에서의 해양군사활동은 모든 국가에 인정되는 공해 자유에 포함된다는 견해를 제시하였다.[25] 그러나 측량기술의 발달로 수로측량선이

---

23 EEZ Group 21, "Guidelines for Navigation and Overflight in the Exclusive Economic Zone" (16 September 2005, Tokyo, Japan), Ocean Policy Research Foundation, I, a, 7. https://www.sof.or.jp/en/report/index.php#0509 (2016. 10. 31. 최종방문).

24 이창위, "배타적경제수역에서의 군사활동에 대한 해양강대국과 연안국의 대립", 『국제법학회논총』, 제59권 제1호(2014), 127쪽.

25 이석용, "해양법협약상 해양과학조사제도와 쟁점", 『과학기술법연구』, 제16집 제2호(2010), 24쪽.

해양과학조사도 할 수 있기 때문에 수로측량, 군사조사와 해양과학조사는 사실상 엄격하게 구별하는 것이 불가능하다는 강력한 반론도 있다.[26]

수로측량이나 군사조사가 해양법협약상 공해 자유의 일부로 모든 국가의 권리로 남겨진 것(잔존권)이라면 연안국의 동의 없이 타국 배타적 경제수역에서 수행될 수 있겠지만, 해양법협약이 연안국이나 다른 국가에 귀속시키지 않은 권리(제59조, 미귀속권unattributed rights)에 해당한다면 수로측량이나 군사조사와 관련된 분쟁은 "당사자의 이익과 국제사회 전체의 이익의 중요성을 각각 고려하면서 형평에 입각하여 모든 관련 상황에 비추어 해결한다."라는 원칙이 적용될 것이다. 군사활동에 관한 분쟁은 해양법협약상 구속력 있는 결정을 수반하는 강제적인 분쟁해결절차로부터 제외될 수 있기 때문에 (제298조 제1항 (b)), 배타적 경제수역에서의 군사조사와 관련된 분쟁은 강제적 분쟁해결절차에 관한 해양법협약 제15부 제2절의 적용 대상에서 제외될 수 있다.

II 배타적 경제수역에 관한 대한민국 국내법

1. 배타적 경제수역의 설정

한국은 1996년 1월 유엔해양법협약 비준에 맞추어 국내법을 정비했고 그 일환으로「배타적 경제수역법」을 제정·공포하였다.[27] 해양법협약상 배타적

---

26 신창훈, "배타적경제수역(EEZ)에서의 수로측량과 해양과학조사의 법적 의의에 대한 재조명",
『서울국제법연구』, 제12권 제2호(2005), 55–64쪽.

27 1996년 8월 8일 제정, 법률 제5151호.「배타적 경제수역법」은 2011년 4월 4일에 한 차례 개정
되었는데, "알기 쉬운 법령 만들기 사업"에 따라 조문을 한글로 하고 용어와 표현을 정비한 것

경제수역 설정은 연안국의 의무가 아니며 해양법협약상의 권리를 행사한 국가만 배타적 경제수역을 갖는다. 그러므로 한국도 배타적 경제수역을 갖기 위해서는 배타적 경제수역을 설정하는 조치를 취해야 하기 때문에,「배타적 경제수역법」제1조에서 해양법협약상의 배타적 경제수역을 설정함을 규정하였다.

영해기선으로부터 200해리까지 배타적 경제수역을 설정할 수 있도록 한 해양법협약 규정(제57조)에 맞추어,「배타적 경제수역법」은 배타적 경제수역의 범위를 "기선으로부터 그 바깥쪽 200해리의 선까지에 이르는 수역 중 대한민국의 영해를 제외한 수역"으로 정하고 있다(배타적 경제수역법 제2조 제1항).

2. 배타적 경제수역의 경계획정

한국의 주변 수역은 마주 보고 있는 국가[28]와의 사이에 400해리 이상의 폭을 가진 곳이 없다. 따라서 마주 보는 국가, 즉 일본이나 중국이 배타적 경제수역을 설정하면 필연적으로 배타적 경제수역 경계획정 문제가 발생한다. 또 한반도 전체를 놓고 보면 중국과 러시아는 대한민국 영토의 인접국으로, 이 두 국가와도 배타적 경제수역 경계 문제가 발생할 수 있다. 이러한 점을 고려하여「배타적 경제수역법」에서는 경계획정 원칙으로 "국제법을 기초로" 한 관계국(대향국과 인접국)과의 합의에 따라 배타적 경제수역의 경계를 획정하도록 규정하고 있다(배타적 경제수역법 제2조 제2항). 이는 대향국 간 또는 인접국 간의 배타적 경제수역 경계획정에 관한 해양법협약 규정(제

으로 실질적인 내용의 변경은 없었다.

28 외교부의 해양법협약 공식 번역에는 '대향국'으로 되어 있으나,「배타적 경제수역법」에서는 법령 용어 순화 방침에 따라 '마주 보고 있는 국가'로 표현하고 있다.

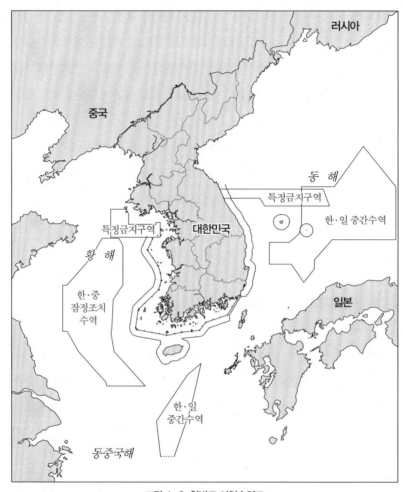

그림 4-2 한반도 어업수역도

74조 제1항)을 충실히 반영한 입법이다. 이 점에서 배타적 경제수역의 경계로 중간선을 원칙으로 하고 합의에 의해 중간선을 대체하는 경계선을 획정할 수 있도록 한 일본의 「배타적 경제수역 및 대륙붕에 관한 법률」 제1조 제2항 규정과는 대조적이다(그림 4-2).

「배타적 경제수역법」은 관계국과의 배타적 경제수역 경계획정이 쉽게 이루어지지 않을 것을 예상하여 원칙적으로 "대한민국과 관계국의 중간선 바깥쪽 수역"에서는 배타적 경제수역에 관한 한국의 권리를 행사하지 않는다고 규정하고 있다(배타적 경제수역법 제5조 제2항). 이는 "경계획정이 되기 전에는 중간선을 잠정적인 법집행의 범위로 활용하되, 중간선에 배타적 경제수역의 경계선이라는 법적 지위를 부여하지는 않는다."라는 취지로 이해된다.[29] 이 규정에 대해서는 "정책이나 관행으로 법집행을 자제하면 되지 군이 명문화할 필요"는 없었다는 비판이 있다.[30]

3. 배타적 경제수역에 대한 권리와 관할권

(1) 생물자원

한국은 이미 1952년 1월 18일 「인접해양에 대한 주권에 관한 선언」[31](이하 「평화선선언」)에서 한반도 주변의 특정 수역에 대한 한국의 주권을 선언하였다. 한국이 「평화선선언」으로 주권을 선언한 수역은 현재의 배타적 경제수역과 상당 부분 중첩된다. 이때 한국의 주권행사 대상에는 자연자원 광물과 수산물이 포함되어 있으므로(「평화선선언」 제1항, 제2항), 「평화선선언」에 의해 배타적 경제수역 내 생물자원에 대한 한국의 주권은 이미 선포된 것이다. 그러나 한국은 해양법협약 발효에 맞추어 해양법협약 내용을 충실히 반영한 「배타적 경제수역법」을 제정했고, 그 속에서 배타적 경제수역 내 생물자원에 대해 한국이 주권적 권리를 가진다고 규정하였다(배타적 경제수역법 제3조 제1호).

한국에서 배타적 경제수역 내 생물자원의 탐사, 개발, 보존, 관리에 관

---

29 정해웅, "EEZ체제와 한일어업협정", 『서울국제법연구』, 제6권 제1호(1996), 3쪽.

30 신창훈, "일본의 동해 측량/조사계획 사건에 대한 국제법적 평가", 『서울국제법연구』, 제13권 제1호(2006), 152쪽.

31 국무원 고시 제14호.

한 주권적 권리 행사와 생물자원의 보존, 관리와 관련된 가장 오래된 입법은 「수산업법」[32]이다. 이 법은 배타적 경제수역 제도가 확립되기 전에 만들어진 것으로 애초에 '공공수면'을 적용 대상으로 하였다(구 수산업법 제3조). 현행 「수산업법」은 '바다'를 적용범위로 규정하고 있는데(수산업법 제3조 제1호), 배타적 경제수역이 이 법의 적용범위에 속하는 것은 물론이다. 배타적 경제수역에서의 내외국인의 어업 면허, 어업 허가와 신고, 조업수역 조정 등은 모두 「수산업법」의 규정을 따른다. 또 「수산업법」은 「수산자원관리법」과 함께 어선의 장비와 규모, 어구의 규모, 형태, 사용량, 사용방법에 대한 제한을 규정하고 있다.

「수산업법」의 제정 직후에 제정된 「어업자원보호법」[33]도 배타적 경제수역에 적용된다. 이 법의 적용 대상 수역은 "어업자원을 보호하기 위한 관할수역"인데(어업자원보호법 제1조), 그 범위는 「평화선선언」에서 규정한 "대한민국의 주권과 보호하에 있는 수역"의 범위와 정확하게 일치한다.[34] 4개 조문으로 된 간단한 법률로, 법률 적용 대상 수역에서 어업을 하려는 사람은 해양수산부 장관의 허가를 받아야 한다(어업자원보호법 제2조)는 것과 위반자 처벌(어업자원보호법 제3조) 등을 규정하고 있다.

배타적 경제수역에서의 생물자원관리 등과 관련하여 가장 중요한 국내입법은 2009년에 제정된 「수산자원관리법」[35]이다. 이 법은 제정 시기에서 알수 있듯이 한국에 대해 해양법협약이 발효한 이후에 입법되었다. 법률의 적용범위는 「수산업법」과 동일하며 적용범위에 포함되어 있는 '바다'(수산자원관리법 제3조 제1호)에 한국의 배타적 경제수역이 포함되는 것은 물론이다.

---

32 1953년 9월 9일 제정, 법률 제295호.
33 1953년 12월 12일 제정, 법률 제298호.
34 박영길, "한국 국내법상의 유엔해양법협약 이행에 대한 검토", 『동서연구』, 제26권 제4호 (2014), 106쪽.
35 2009년 4월 22일 제정, 법률 제9627호.

수산자원의 번식과 보호를 위해 수산자원의 포획, 채취를 금지하거나 제한할 수 있도록 하고 있으며, 조업 척수나 어선 선복량의 제한도 가능하고(수산자원관리법 제14조, 제22조), 조업금지구역이나 휴어기를 설정할 수도 있다(수산자원관리법 제15조, 제19조). 「수산자원관리법」에서 배타적 경제수역 제도와 관련하여 중요한 규정 중 하나는 총허용어획량 설정에 관한 제36조이다. 「수산자원관리법」은 해양수산부 장관이 수산자원의 회복과 보존을 위해 특히 필요하다고 인정할 때에는 대상 어종과 해역을 정해 총허용어획량을 설정할 수 있다고 규정한다(수산자원관리법 제36조 제1항). 이는 연안국이 자국 배타적 경제수역 내 생물자원의 허용어획량을 결정하도록 하고 있는 유엔해양법협약 제61조 제1항 규정을 반영한 것으로 생각된다.

「배타적 경제수역에서의 외국인어업 등에 대한 주권적 권리의 행사에 관한 법률」(이하 「경제수역어업주권법」)[36]은 해양법협약이 한국에 대해 발효함에 따라 외국인이 한국 배타적 경제수역에 입어할 수 있는 상황을 상정하여 제정된 것이다. 그런 의미에서는 배타적 경제수역에 관한 한 「수산업법」, 「수산자원관리법」의 특별법이라고 할 수 있으며, 이 법에서도 "외국인이 배타적 경제수역에서 어업활동을 하는 경우"에는 「수산업법」이나 「수산자원관리법」이 아니라 이 법을 적용한다고 규정하고 있다(경제수역어업주권법 제3조 제1항). 법의 주요 내용은, 배타적 경제수역 중 어업자원 보호나 어업조정을 위해 지정된 "특정금지구역"에서의 외국인 어업의 금지(경제수역어업주권법 제4조), 한국 배타적 경제수역에 외국인이 입어하기 위해서는 해양수산부 장관 허가를 받고 입어료를 지불해야 하는 것(경제수역어업주권법 제5조, 제7조) 등이다. 대통령령으로 지정하는 특정금지구역은 동해와 황해의 북한 접경 수역과 대한해협의 한국 배타적 경제수역 부분으로, 어업자원 보호나 어

---

36 1996년 8월 8일 제정, 법률 제5153호.

업조정의 목적보다는 안보상 이유로 지정된 것으로 보인다.[37]

　배타적 경제수역 간 공유어족이나 경계 왕래 어족, 고도 회유성 어종, 소하성 어족, 강하성 어종 등에 관해「수산자원관리법」에는 해양법협약 규정을 반영한 내용이 없다.[38] 다만 소하성 어족에 관해서는「경제수역어업주권법」제15조에서 한국이 "하천회귀성 어족자원의 보호·관리를 위하여 배타적 경제수역의 외측 수역에서「해양법에 관한 국제연합협약」제66조 제1항에 따라 해당 어족자원에 대한 우선적인 이익과 책임을 가진다."라고 규정하고 있다. 그런데 이 규정은 해양법협약 제66조 제1항에 따른 조항임을 밝히고 있으나 해양법협약과 부합하는 내용은 아니다.[39] 해양법협약 제66조 제1항에서는 소하성 어족 기원국에 소하성 어족에 대한 "일차적 이익과 책임"을 인정할 뿐이며 "우선적인 이익과 책임"을 인정하고 있지는 않다. 더욱이 그런 이익과 책임을 "배타적 경제수역의 외측 수역"에서도 인정하는 규정은 해양법협약에는 없다.

　배타적 경제수역 내 '해양생명자원'[40]에 관한 사항을 규율하는 법으로는「해양생명자원의 확보·관리 및 이용 등에 관한 법률」(이하「해양생명자원법」)[41]이 있다. 이 법에 의하면 한국 배타적 경제수역에서 해양생명자원을 획득하려는 외국인과 국제기구는 미리 해양수산부 장관에게서 허가를 받아야 하며(해양생명자원법 제11조), 외국인과 국제기구는 해양생명자원의 과학적 조사 자료를 근거로 한국 배타적 경제수역에서 해양환경 또는 천연자

37　박영길, 전게논문 (주 34), 107–108쪽.
38　상게논문, 107쪽.
39　상게논문, 108쪽.
40　생명공학 연구 또는 산업을 위해 실제적이거나 잠재적인 가치가 있는 자원으로, ① 해양동식물, 해양미생물 등 해양생물체의 실물實物, ② 해양생명유전자원, ③ ①과 ②로부터 유래된 정보로 대통령령으로 정하는 것을 말한다(해양생명자원의 확보·관리 및 이용 등에 관한 법률 제2조 제1호).
41　2012년 6월 1일 제정, 법률 제11478호.

원 등의 탐사, 개발에 대한 권리를 주장할 수 없도록 하고 있다(해양생명자원법 제13조).

(2) 무생물자원

앞서 설명하였듯이 「평화선선언」은 한국의 배타적 경제수역 내 무생물자원에 대한 주권선언으로서의 성격도 갖는다. 한국은 「배타적 경제수역법」에서 다시 배타적 경제수역 내 무생물자원에 대해서도 한국이 주권적 권리를 가진다고 규정하고 있다(배타적 경제수역법 제3조 제1호). 단, 배타적 경제수역의 해저와 하층토는 대륙붕으로서의 성질을 가지고 있으며, 해양법협약에서도 배타적 경제수역의 해저와 하층토에 관한 권리는 대륙붕에 관한 해양법협약 제6부에 따라 행사되어야 한다고 규정하고 있다(제56조 제3항).

배타적 경제수역 내 무생물자원에 관한 한국의 기본법은 「해저광물자원개발법」[42]이다. 이 법의 적용범위는 "한반도와 그 부속도서의 해안에 인접한 해역海域이나 대한민국이 행사할 수 있는 모든 권리가 미치는 대륙붕"이다(해저광물자원 개발법 제1조). 구체적으로는 대통령령으로 해저광구의 위치와 형태를 정하도록 하고 있는데(해저광물자원 개발법 제3조 제2항), 육지의 자연연장에 따라 설정한 것으로 이해되는 제7광구를 제외하고 나머지 광구들은 대향국과의 중간선을 기준으로 설정된 것으로 볼 수 있다. 「해저광물자원 개발법」에서는 해저광구를 기본적으로 대륙붕으로 보고 있는 것으로 생각되지만, 배타적 경제수역 범위 내에서 대륙붕과 배타적 경제수역은 중첩되므로, 한국이 설정한 해저광구 역시 많은 부분이 한국의 배타적 경제수역의 해저에 해당한다.[43]

---

42 1970년 1월 1일 제정, 법률 제2184호.
43 대륙붕에 적용되는 「해저광물자원 개발법」 내용에 관해서는 '제5장 IV-1. 한국의 대륙붕선언과 해저광물자원 개발법 제정' 참조.

「해저광물자원 개발법」은 해저광물을 석유와 천연가스로 한정하고 있다 (해저광물자원 개발법 제2조 제1호). 그러므로 석유와 천연가스 외에 배타적 경제수역 내에 있는 다른 무생물자원(예컨대 다금속단괴) 개발에는 이 법이 적용되지 않으며, 그런 자원의 개발에 관한 특별 법령은 없다. 단, 배타적 경제수역에서의 골재채취에는 「골재채취법」[44]이 적용된다. 배타적 경제수역에서의 골재채취단지 지정과 골재채취 허가는 국토교통부 장관 권한으로 하고 있다(골재채취법 제34조 제1항, 제22조 제1항).

(3) 수역의 경제적 이용

「배타적 경제수역법」은 배타적 경제수역에서 "해수海水, 해류 및 해풍海風을 이용한 에너지 생산 등 경제적 개발 및 탐사를 위한 그 밖의 활동"에 관해서도 한국이 주권적 권리를 가진다고 규정하고 있다(배타적 경제수역법 제3조 제1호).

「신에너지 및 재생에너지 개발·이용·보급 촉진법」(이하 「신재생에너지법」)[45]은 해양에너지를 재생에너지의 하나로 포함시켜(신재생에너지법 제2조 제2호 라목), 정부로 하여금 기술 개발 및 이용, 보급의 촉진에 관한 기본계획을 수립하도록 하고(신재생에너지법 제5조), 기술을 사업화하는 데 따른 지원 등을 할 수 있도록 하고 있다(신재생에너지법 제28조). 재생에너지로서의 해양에너지가 영해 외에 배타적 경제수역에서 생산될 수 있음은 물론이다.

(4) 인공섬, 시설, 구조물

한국은 배타적 경제수역 내에서 인공섬, 시설 및 구조물의 설치, 사용에 관

---

44 1991년 12월 14일 제정, 법률 제4428호.
45 1987년 12월 4일 법률 제3990호로 '대체에너지개발촉진법'으로 제정되었다. 1997년 12월 13일 '대체에너지개발 및 이용·보급촉진법'으로 전부 개정되었으며, 2004년 12월 31일 현재의 법률 명으로 다시 전부 개정되었다(법률 제7284호).

해 해양법협약에 규정된 관할권을 가진다(배타적 경제수역법 제3조 제2호). 한국이 자국 배타적 경제수역에 설치한 대표적인 구조물이 이어도 종합해양과학기지이다. 이 기지는 한국 마라도로부터 서남방 149km, 중국 서산다오(余山島)로부터 북동쪽 287km, 일본 도리시마(鳥島)로부터 서쪽 276km에 위치하는 이어도 위에 건설된 과학기지로 2003년 6월 11일에 준공되었다.[46]

해양법협약은 배타적 경제수역 내 인공섬, 시설 및 구조물 주위에 500미터 범위 내에서 합리적인 안전수역을 설정할 수 있도록 하고 있다(제60조 제4항, 제5항). 한국은 「해사안전법」[47]에서 해양법협약 규정에 맞추어 해양수산부 장관이 해양시설 부근 해역에 선박의 안전항행과 해양시설 보호를 위한 수역('보호수역')을 설정할 수 있도록 하고 있으며(해사안전법 제8조 제1항), 보호수역에 입역하기 위해서는 해양수산부 장관의 허가를 얻도록 하고 있다(해사안전법 제8조 제2항). 「해사안전법」상 보호수역의 범위는 과거 "해양시설 끝단의 각 점으로부터 500미터 이내"였으나(해사안전법 구 시행령 제5조 제2항), 현재는 "해양시설 부근 해역의 선박교통량 및 「해양법에 관한 국제연합 협약」에 따른 국제적인 기준을 고려하여 정"하는 것으로 개정되었다(해사안전법 시행령 제5조 제2항).[48] 해양법협약에 의하면 배타적 경제수역 내 안전수역의 범위는 적절히 공시하도록 되어 있는데(제60조 제5항), 「해사안전법 시행령」에서도 해양수산부 장관이 보호수역의 위치와 범위를 고시하고 해도海圖에 표시하도록 하고 있으며, 보호수역을 변경하거나 폐지하는 경우에도 동일한 조치를 취하도록 하고 있다(해사안전법 시행령 제5조 제1항). 해양법협약은 배타적 경제수역 내 인공섬, 시설 또는 구조물의 건설도 적절히 공시하도록 규정하고 있는데(제60조 제3항), 이러한 공시의무를 반영한 한국

---

46 국립해양조사원 홈페이지(http://www.khoa.go.kr/)의 소개 내용(2016. 10. 31. 최종방문).
47 1986년 12월 31일 '해상교통안전법'(법률 제3909호)로 제정되었으며, 2011년 6월 15일 현재의 법률명으로 전부 개정되었다(법률 제10801호).
48 현행 「해사안전법 시행령」 제5조 제2항은 2014년 11월 14일 개정되었다.

법령은 없는 것으로 보인다. 현재 이어도 종합해양과학기지 주변에는 아직 안전수역이 설정되지 않았다고 지적하는 견해가 있다.[49] 그러나 이어도 종합해양과학기지 준공 직후에 500미터 '안전수역'에 관한 해도상의 표시와 공시는 이미 이루어졌으므로, 엄밀히 말하면 해양법협약상의 안전수역 제도는 시행되고 있지만 「해사안전법」상의 '보호수역'이 설정되지 않았을 뿐이라는 설명도 있다.[50]

(5) 해양과학조사

해양법협약 비준에 맞춘 법령정비의 일환으로 한국은 「해양과학조사법」[51]을 제정하였다. 「해양과학조사법」 적용 대상 수역은 '관할해역'으로 지칭되고 있는데, 배타적 경제수역은 내수, 영해, 대륙붕과 함께 관할해역의 일부를 구성한다(해양과학조사법 제2조 제4호). 이 법은 외국인이나 국제기구가 실시하는 해양과학조사의 절차를 정하고, 해양과학조사 결과물인 조사자료를 효율적으로 관리하고 공개하여 해양과학기술 진흥에 이바지하는 것을 목적으로 한다(해양과학조사법 제1조). 이 법에서 '해양과학조사'를 명확하게 정의하지 않음으로써 수로측량이나 군사조사와 해양과학조사의 구분을 어렵게 한 것은 문제점으로 지적되고 있다.[52]

---

49 박영길, 전게논문(주 34), 110쪽.
50 김민철, 『중첩수역에서의 연안국의 권리행사』, 석사학위논문, 서울대학교 대학원, 2015, 145쪽 주 362. 이 글에서는 이어도 종합해양과학기지 주변에 '보호수역'이 설정되지 않은 것은, 이어도 종합해양과학기지 주변수역이 한·중어업협정상의 잠정조치수역으로 한·중 어민의 자유로운 조업을 위해 개방되어야 하며, '보호수역'을 설정하면 우리 어민도 허가제의 적용을 받게 된다는 점을 이유로 설정이 유보되었을 것으로 추측하고 있다.
51 1995년 1월 5일 제정, 법률 제4941호.
52 배타적 경제수역 내 해양과학조사에 관한 한국의 국내법에 관해서는 '제11장 Ⅱ 해양과학조사에 관한 대한민국의 실행' 참조.

(6) 환경보호

한국은 1977년 「해양오염방지법」[53]을 제정하여 선박과 해양시설 등에서 배출되는 기름 또는 폐기물을 규제하고 해양 오염물질을 제거하는 내용의 입법을 한 바 있다. 국회에서는 「해양오염방지법」 개정 제안에 즈음하여 그 대안으로 새로 「해양환경관리법」 제정을 제안하였다. 이는 「해양오염방지법」이 기름과 폐기물의 규제를 주된 내용으로 하는 것에 비해 "해양 분야에서의 환경정책을 종합적·체계적으로 추진할 수 있는 법적 근거"가 필요하다는 인식에서 비롯된 것이다.[54] 이런 과정을 통해 제정된 「해양환경관리법」[55]은 배타적 경제수역을 적용범위로 명시하고 있다(해양환경관리법 제3조 제1항 제2호).[56]

(7) 법령의 제정과 집행

연안국이 자국 배타적 경제수역에 대해 가지는 주권적 권리, 관할권, 기타 권리에 근거하여 배타적 경제수역에 적용되고 실시될 법령을 제정하고 집행할 수 있음은 말할 것도 없다. 「배타적 경제수역법」을 비롯하여 앞에서 소개한 여러 가지 한국 법령은 그 구체적인 사례이다.

　해양법협약은 특히 생물자원에 대한 주권적 권리의 행사와 관련하여 연안국에 "승선, 검색, 나포 및 사법절차를 포함하여 필요한 조치"를 취할 수 있도록 허용하고 있다(제73조 제1항). 단, 나포된 선박과 승무원은 보석금이나 보증금을 예치하면 즉시 석방하도록 하고 있다(제73조 제2항). 또 배타적 경제수역에서의 어업법령 위반에 대해서는 원칙적으로 구금형이나 다른

53　1977년 12월 31일 제정, 법률 제3079호.
54　국회 의안번호 제5777호(2006년 12월 21일 농림해양수산위원장 제안), 해양환경관리법안(대안) 참조.
55　2007년 1월 19일 제정, 법률 제8260호.
56　배타적 경제수역 내 해양환경보호에 관한 한국의 국내법에 관해서는 '제10장 III 해양환경보호 제도에 관한 대한민국의 실행' 참조.

형태의 체형을 가할 수 없도록 하고 있다(제73조 제3항). 한편 배타적 경제수역 연안국이 외국 선박을 나포하거나 억류한 경우에는 취한 조치와 처벌에 관해 기국에 신속히 통고할 의무를 진다(제73조 제4항). 한국의 법령은 배타적 경제수역에서의 법령집행에 관한 해양법협약의 이러한 제한과 의무를 충실히 반영하여 법을 제정하고 있는 것으로 보인다.

우선 「경제수역어업주권법」에서는 이 법이나 이 법에 따른 명령, 제한, 조건 등을 위반한 선박, 선장과 그 밖의 위반자에 대해 정선, 승선, 검색, 나포 등 필요한 조치를 할 수 있도록 허용한다(경제수역어업주권법 제23조 제1항). 「경제수역어업주권법 시행령」은 「경제수역어업주권법」을 위반한 선박이나 선장, 그 밖의 위반자를 나포하거나 억류한 경우에는 검사가 위반선박의 선적국에 "1. 위반선박의 명칭 및 총톤수, 2. 위반선박 소유자의 성명 및 주소, 3. 선장의 성명 및 주소, 4. 승무원의 수, 5. 위반선박 또는 그 선박의 선장이나 그 밖의 위반자에 대한 조치사항"을 지체 없이 통보하도록 하고 있다(경제수역어업주권법 시행령 제8조). 이는 해양법협약 규정을 충실히 따른 규정이다. 또 「경제수역어업주권법」은 담보금이나 담보금 제공을 보증하는 서류를 받은 검사는 지체 없이 선장이나 그 밖의 위반자를 석방하고 선박을 반환하도록 규정하고 있는데(경제수역어업주권법 제23조 제4항), 이 역시 해양법협약 규정을 충실히 반영한 규정이다. 한국 측 배타적 경제수역에서 불법어업을 하는 중국 어선 때문에 고심하고 있는 한국 정부는 2012년 5월 「경제수역어업주권법」을 개정하여 위반 내용에 따라 각각 5천만 원과 1억 원으로 되어 있던 벌금 액수를 각각 1억 원과 2억 원으로 증액하였으며(경제수역어업주권법 제17조, 제17조의2), 담보금 액수를 결정하는 데도 위반사항의 내용 외에도 위반 횟수를 고려하도록 함으로써(경제수역어업주권법 제23조 제5항) 누진범을 중과하도록 하였다.[57]

---

57 박영길, 전게논문 (주 34), 108쪽.

「경제수역어업주권법」은 배타적 경제수역 내에서 허가 없이 어업하거나 그 밖에 「경제수역어업주권법」을 위반한 사람에 대해 법 제16조의2 이하에서 각종의 벌칙을 부과하도록 규정하고 있다. 벌칙은 오로지 벌금을 내용으로 하며 구금형이나 체형을 포함하지 않는다. 이 역시 해양법협약의 내용을 충실히 따른 입법이다. 「경제수역어업주권법」 시행과 관련하여 특히 위반선박에 대한 사법절차와 담보금에 관해 필요한 사항은 「배타적 경제수역에서의 외국인어업제한 위반선박 등에 대한 사법절차에 관한 규칙」[58]이 정한다.

해양법협약은 배타적 경제수역에 적용될 수 있는 연안국 법령을 위반한 경우 추적권을 인정하고 있다(제111조 제2항). 추적권을 규정하는 한국의 입법으로는 「해양경비법」[59]이 있다. 「해양경비법」의 적용 대상 수역인 '원해수역'에는 배타적 경제수역이 포함된다(해양경비법 제2조 제5호). 「해양경비법」은 "외국선박에 대한 추적권의 행사는 「해양법에 관한 국제연합 협약」 제111조"에 따르는 것으로 규정하고 있다(해양경비법 제13조). 따라서 배타적 경제수역에 관한 한국 법령을 위반한 선박에 대해서도 해양법협약 제111조에 따라 한국은 추적권을 행사한다.

---

58 1997년 8월 7일 제정, 법무부령 제450호.
59 2012년 2월 22일 제정, 법률 제11372호.

Ⅲ 대한민국의 실행에 대한 평가와 정책제언

1. 평가

배타적 경제수역에 관한 한국 법제와 실행은 대체로 1982년 유엔해양법협약 내용과 일치하는 것으로 생각된다. 「배타적 경제수역법」은 배타적 경제수역의 범위를 "기선으로부터 그 바깥쪽 200해리의 선까지에 이르는 수역 중 대한민국의 영해를 제외한 수역"으로 설정하여(배타적 경제수역법 제2조) 해양법협약 규정(제57조)을 충실히 반영하고 있다.

배타적 경제수역 내 생물자원의 관리와 이용과 관련하여 「수산자원관리법」은 해양수산부 장관이 총허용어획량을 설정할 수 있도록 하고 있는데(수산자원관리법 제36조 제1항), 이 역시 해양법협약 제61조 제1항을 반영하고 있는 규정이다. 또 외국인의 한국 배타적 경제수역 입어에 대비하여 입법된 「경제수역어업주권법」 내용도 대체로 해양법협약 내용에 맞게 제정되었는데, 소하성 어족에 관한 규정은 해양법협약 제66조 제1항과 일치하지 않는 내용으로 되어 있다. 한편 배타적 경제수역에서의 생물자원의 이용과 관련하여 한국의 입법에 공유어족이나 경계 왕래 어족, 고도 회유성 어종, 강하성 어종 등에 관해 해양법협약 규정을 반영한 내용이 없다는 점은 문제이다.

배타적 경제수역의 무생물자원에 관련되는 한국 법령은 「해저광물자원 개발법」과 「골재채취법」만이 보인다. 「해저광물자원 개발법」은 대륙붕의 석유와 천연가스 개발을 주된 취지로 하여 만들어진 법령으로, 배타적 경제수역의 무생물자원에 관한 입법으로는 그 내용이 지나치게 간략한 것으로 보인다.

배타적 경제수역의 경제적 이용에 관해서도 한국은 포괄적인 입법이 없다. 「배타적 경제수역법」에 규정된 배타적 경제수역 내에서의 "에너지 생산 등 경제적 개발 및 탐사를 위한 그 밖의 활동"에 관해 한국이 주권적 권리를 가진다는 원칙 규정 외 「신재생에너지법」에 부분적으로 배타적 경제수역의 경제적 이용에 관한 규정이 보일 뿐이다.

한국은 이어도 종합해양과학기지를 설치하여 해양법협약이 인정하는 배타적 경제수역 내 인공섬, 시설 및 구조물의 설치, 사용에 관한 관할권을 적극적으로 행사하고 있다. 또 「해사안전법」을 제정하여 배타적 경제수역 내 해양시설 부근 해역에 보호수역을 설정하도록 하고 있는 것도 인공섬, 시설 및 구조물 주위에 500미터 범위 내에서 합리적인 안전수역을 설정할 수 있도록 한 해양법협약 규정(제60조 제4항, 제5항)에 적합한 입법조치이다.

배타적 경제수역 내 해양과학조사나 배타적 경제수역의 환경보호와 관련한 한국 입법은 해양과학조사와 해양환경보호에 관한 법령으로 제정되어 적용 대상에 배타적 경제수역을 포함시키는 형식을 취하고 있다. 대체로 해양법협약의 내용에 맞게 제정된 것으로 보이지만 해양법협약의 규정을 자세하게 반영한 상세한 내용의 입법은 아니다.

2. 제언

배타적 경제수역에 관한 한국의 실행은 대체로 1982년 유엔해양법협약과 조화를 이루고 있지만, 정책적인 재고가 필요하거나 법령 정비가 필요한 부분도 있다.

우선 "대한민국과 관계국의 중간선 바깥쪽 수역"에서는 배타적 경제수역에 관한 한국의 권리를 행사하지 않는다고 규정한 「배타적 경제수역법」 제5조 제2항은 "정책이나 관행으로 법집행을 자제하면 되지 굳이 명문화할 필요"는 없었다는 비판을 감안하여 개정을 고려할 필요가 있다.

배타적 경제수역 내에서의 생물자원의 탐사, 개발, 보존, 관리와 관련해서는 배타적 경제수역 간 공유어족이나 경계 왕래 어족, 고도 회유성 어종, 강하성 어종 등에 관한 해양법협약 내용을 반영한 국내 입법이 없다. 나아가 소하성 어족에 관한 「경제수역어업주권법」 제15조 내용도 해양법협약 제66조 제1항과 부합하지 않는다. 이런 문제들을 시정하는 국내 입법의 개정이 필요하다. 또 배타적 경제수역 내 생물자원에 관한 주권적 권리 행사와 관련해서는 규정들이 「수산업법」, 「어업자원보호법」, 「수산자원관리법」, 「경제수역어업주권법」, 「해양생명자원법」 등에 산재되어 있다. 해양법협약의 내용에 맞추어 이들을 통합한 법률을 제정하는 것이 배타적 경제수역 내 생물자원을 더 효율적으로 이용할 수 있는 것은 아닌지 생각해 봐야 한다.

배타적 경제수역 내 무생물자원에 관한 기본법은 「해저광물자원 개발법」이며, 그 밖에는 「골재채취법」이 배타적 경제수역에서의 골재채취를 규정하고 있을 뿐이다. 「해저광물자원 개발법」은 대륙붕을 주된 적용 대상으로 하고 있을 뿐만 아니라 해저광물을 석유와 천연가스로 한정하고 있다는 점에서도 배타적 경제수역 내 무생물자원에 관한 기본법으로는 문제가 있다. 해양법협약 내용을 충분히 반영하여 배타적 경제수역 내 무생물자원에 관한 사항들을 규율하기 위한 새로운 입법을 고려해야 한다. 이 점은 배타적 경제수역의 경제적 이용에 관한 입법의 경우도 마찬가지이다.

한국은 중국의 반대를 무릅쓰고 이어도 종합해양과학기지를 건설하여 운용하고 있다. 이는 배타적 경제수역 내에서 인공섬, 시설, 구조물을 건설하고 그에 대한 관할권을 행사할 수 있도록 한 해양법협약 규정을 적극적으로 실현한 조치로 높게 평가할 수 있다. 그러나 해양법협약을 근거로 이어도 종합해양과학기지를 과감하게 건설하였음에도 불구하고 해양법협약이 인정한 안전수역의 설정에 소극적인 점은 아쉽다. 해양법협약과 「해사안전법」에 따라 적절한 시기에 이어도 종합해양과학기지 주변에 안전수역을 설치할 필요가 있다.

배타적 경제수역 내에서의 해양과학조사와 관련해서는 해양법협약 해석상 수로조사 또는 군사조사와 해양과학조사의 관계가 항상 문제가 되고 있다. 이런 문제점을 고려하여 「해양과학조사법」에서 '해양과학조사'가 수로조사나 군사조사와 명확히 구별될 수 있도록 '해양과학조사'의 개념을 더 정확하고 자세하게 정의하는 것을 고려해야 한다.

배타적 경제수역에 관한 해양법협약 내용과 비교할 때 한국의 국내 법령은 포괄적, 체계적이지 못하고 내용이 소략하며 여러 법령에 규정이 분산되어 있다. 이는 「대한민국 헌법」 제6조 제1항에 의해 한국이 당사국인 조약도 국내법의 지위를 가지므로, 별도의 국내 입법이 없다고 하더라도 해양법협약 내용이 한국의 국내법으로 수용되기 때문에 큰 문제가 없다고 생각한 결과일 수도 있다. 그러나 국내적으로 해양법협약을 적용하는 데에는 이른바 조약의 직접 적용성 문제가 발생할 수 있으므로, 해양법협약의 내용을 더 구체화하는 국내 법령의 정비가 필요하다.

¤ 참고문헌

1. 김동욱, "해양에서의 군사기기 설치에 관한 법적 문제", 『해사법연구』, 제26권 제1호 (2014).
2. 김현정, "유엔 해양법협약 채택 이후 배타적 경제수역 제도의 변화-해양 생물자원 보존, 관리를 중심으로-", 『홍익법학』, 제15권 제4호 (2014).
3. 박영길, "한국 국내법상의 유엔해양법협약 이행에 대한 검토", 『동서연구』, 제26권 제4호 (2014).
4. 신창훈, "배타적경제수역(EEZ)에서의 수로측량과 해양과학조사의 법적 의의에 대한 재조명", 『서울국제법연구』, 제12권 제2호 (2005).
5. 이용희·김형국, "배타적 경제수역에서 외국인 생물탐사의 법적 지위와 우리나라의 대응방안", 『해사법연구』, 제22권 제3호 (2010).
6. 이창위, "배타적경제수역의 법적 지위와 국내적 수용", 『해사법연구』, 제21권 제3호 (2009).
7. 이창위, "배타적경제수역에서의 군사활동에 대한 해양강대국과 연안국의 대립", 『국제법학회논총』, 제59권 제1호 (2014).
8. 정해웅, "EEZ체제와 한일어업협정", 『서울국제법연구』, 제6권 제1호 (1996).
9. 최종화, 『현대국제해양법』, 제7전정판 (서울: 도서출판 두남, 2013).

제5장

대륙붕제도

김원희

I 대륙붕제도 개관

1. 대륙붕 개념의 기원과 발전

일반적으로 대륙붕이란 연안 수심 200m 정도까지의 완만한 경사의 해저지
형을 의미한다. 대륙붕이라는 용어는 19세기 후반부터 사용되기 시작했는
데, 지질학과 지형학적 관점에서 연안으로부터 심해저로 이어지는 급격한
경사가 있는 지점까지의 해저지형을 의미하였다. 제2차 세계대전 이전에는
해저나 하층토에 있는 천연자원의 개발에 대한 관심이 높지 않았는데, 그
후 과학기술이 발전함에 따라 대륙붕의 석유자원 개발이 가능해지고 석유
에 대한 수요가 증가하면서 대륙붕 자원에 대한 국가들의 관심이 높아졌다.
　미국이 1945년 9월 28일 트루먼선언, 즉 「대륙붕의 하층토 및 해저의 천
연자원에 관한 미합중국 정책」을 통해 대륙붕 자원에 대한 관할권 확대 조

치를 취함으로써 대륙붕이라는 용어가 국제법적으로 중요성을 가지게 되었다.[1] 트루먼선언에 대륙붕의 개념이 정의되어 있지는 않고, 선언에 첨부된 보도자료에서 대륙붕이란 일반적으로 미국 연안에 인접한 해저지역의 해저와 하층토를 의미하고 수심 100패덤(약 182.9미터)에 이르는 구역을 의미하는 것으로 정의하였다.[2] 트루먼선언과 그에 따른 조치 이후 여러 국가에서 자국의 관할권을 공해로 확대하는 조치를 취하였다. 특히 라틴아메리카 국가들은 사실상 지질학적 의미의 대륙붕이 없음에도 불구하고 자국 연안 200해리에 이르는 해저와 인근 해역에 대한 주권을 주장하였다. 1950년대 초반까지 대륙붕에 관해 일관된 국가관행이 성립된 것은 아니었지만, 대다수의 국가에서 대륙붕 자원의 개발을 위해 영해와 공해 이외의 새로운 수역을 창설할 필요성을 공감하게 되었다.

이에 따라 대륙붕 제도를 규율하는 최초의 조약이 1958년 제네바에서 채택되었다. 1958년 「대륙붕에 관한 협약」(이하 「대륙붕협약」) 제1조에서는 대륙붕의 개념을 "연안에 인접한 해저지역의 해저 및 하층토로서 영해 이원에 있으며, 수심 200미터 또는 그보다 수심이 깊은 경우 천연자원의 개발이 가능한 상부수역의 수심까지"라고 정의하였다. 1958년 「대륙붕협약」은 대륙붕의 개념을 정의하기 위해 200미터 수심과 개발가능성이라는 두 가지 기준을 사용하였다. 첫째, 200미터 수심 기준은 대륙붕이 통상적으로 150미터 내지 400미터에서 끝난다는 사실에 착안하여 대륙붕 개념의 통일성과 확실성을 보장하기 위해 채택된 것이다. 둘째, 개발가능성 기준은 앞으로 과학기술이 발전하여 수심 200미터 아래의 해저자원을 개발할 수 있게 되는 경우 대륙붕 이용에 관한 연안국들의 권리를 보장하기 위해 채택

---

1 Presidential Proclamation No. 2667, "Policy of the United States with Respect to the Natural Resources of the Subsoil and Sea Bed of the Continental Shelf", September 28, 1945.

2 *Department of State Bulletin*(Washington, D.C.), Vol. 13 (1945), p. 484.

된 개념이다.[3]

1969년 북해대륙붕 사건에서 독일, 네덜란드, 덴마크는 대륙붕 경계를 획정할 때 어떠한 경계획정원칙을 적용해야 하는지 결정해 달라고 국제사법재판소(이하 ICJ)에 청구하였다. 이 사건에서 ICJ는 대륙붕의 개념을 규정하고 있는 1958년 「대륙붕협약」 제1조에서 제3조까지의 규정이 국제관습법을 반영하고 구체화한 것이라고 판시하였다.[4] ICJ는 대륙붕의 개념이 연안국 육지영토의 자연적 연장이라는 점을 강조하였는데, '육지영토의 자연적 연장' 개념은 1973년부터 1982년까지 열린 제3차 유엔 해양법회의에서 이루어진 대륙붕 관련 논의에 많은 영향을 주었다.

한편 연안국들은 급속한 기술의 발전으로 이용이 가능해진 대륙붕에 대한 자국의 주권을 확대하기 위해 계속 노력하였다. 그런데 1958년 「대륙붕협약」에 규정된 수심 200미터 기준은 육지영토의 자연적 연장이라는 대륙붕 개념과 직접적인 관련성이 없고 지나치게 일반화된 개념이라는 비판을 받았다. 개발가능성이라는 기준 역시 모호하고 불명확하다는 의견이 많았다. 더욱이 1970년 열린 유엔 총회에서는 국가관할권 이원의 심해저가 인류의 공동유산임을 선언하는 결의를 채택하였다.[5] 이로 인해 대륙붕의 외측 한계가 200해리 밖으로 확대될 경우 심해저에 대한 국제 공동체의 공동이익이 침해되지 않도록 대륙붕 외측 한계의 개념을 보다 정확하고 명확하게 규정할 필요성이 대두되었다.

제3차 유엔 해양법회의에 참석한 대표단은 1958년 「대륙붕협약」에 규정된 대륙붕 개념이 충분하지 않기 때문에 새로운 대륙붕 개념을 규정해야 하고 이는 새로 도입될 200해리 배타적 경제수역 개념과 양립할 수 있어야 한

---

3 J. Gutteridge, "The 1958 Geneva Continental Shelf Convention", *British Yearbook of International Law*, Vol. 35 (1959), p. 102.

4 *North Sea Continental Shelf, Judgment, ICJ Reports 1969*, p. 39.

5 UNGA Resolution 2749 (XXV), 17 December 1970.

다는 인식을 공유하였다.[6] 이렇듯 새로운 대륙붕 개념을 정의하는 데 ICJ가 1969년 북해대륙붕 사건에서 제시한 연안국 육지영토의 자연적 연장이라는 개념은 결정적인 역할을 하였다. 다만 대륙붕의 외측 한계를 어떻게 설정할 것인가에 대해서는 많은 논란이 이어지면서 쉽게 합의에 도달하지 못하였다.

제3차 유엔 해양법회의에서 대륙붕의 외측 한계를 설정하는 방법과 관련하여 크게 두 가지 입장이 대립하였다. 먼저 200해리 밖으로 확장되지 않는 대륙붕을 가진 연안국들은 대륙붕 외측 한계가 200해리 배타적 경제수역의 범위와 동일하게 설정되어야 한다고 주장하였다. 반면 육지영토가 바다 측으로 광범위하게 확장되는 대륙붕을 가진 국가들은 일정한 조건하에 200해리 밖으로 대륙붕 외측 한계가 확대되어야 한다는 입장을 고수하였다. 대륙붕 외측 한계를 설정하는 방식에 관해 다양한 타협안이 제시되었고, 장기간 복잡한 협상 과정을 거쳐 두 입장 사이에 절충안이 도출되었다. 즉 연안국들이 유엔해양법협약 제76조의 한계에 따라 200해리 밖에 대륙붕 외측 한계를 설정할 수 있도록 하면서, 200해리 밖에 있는 대륙붕의 무생물자원을 개발하는 국가에 생산 개시 5년 후부터 점진적으로 개발이익을 공유해야 할 의무를 부과하였다.[7]

2. 대륙붕의 범위와 외측 한계

(1) 대륙붕의 개념 정의

유엔해양법협약은 대륙붕의 개념을 "영해 밖으로 영토의 자연적 연장에 따

---

6 Second Committee, 2 UNCLOS III, Official Record 142–169, 171 (1974).

7 Myron H. Nordquist et al., *United Nations Convention on the Law of the Sea 1982 – A Commentary*, Vol. II (Leiden: Martinus Nijhoff Publishers, 1993), pp. 841–890.

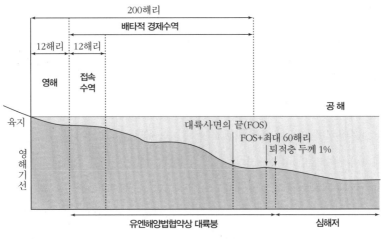

그림 5-1 유엔해양법협약상 해역도

라 대륙변계의 바깥 끝까지 또는 대륙변계의 바깥 끝이 200해리에 미치지 아니하는 경우 영해기선으로부터 200해리까지의 해저지역의 해저와 하층 토"라고 규정하였다(제76조 제1항). 연안국은 해양법협약 제76조에 규정된 두 가지 기준, 즉 대륙변계의 바깥 끝(지질학적 기준)과 200해리 거리(거리 기준)에 따라 대륙붕의 외측 한계를 설정할 수 있다. 이는 1969년 북해대륙붕 사건에서 ICJ가 판시한 자연적 연장의 기준이 제76조의 내용으로 반영된 것이다(그림 5-1).

'연장prolongation'의 의미상 대륙붕은 해안선으로부터 대륙변계의 바깥 끝까지 끊어지지 않고 계속 이어져야 한다. 대륙변계가 200해리 바깥으로 연장되지 않는 연안국은 200해리까지 대륙붕에 대한 권원을 갖지만, 200해리 바깥으로 연장되는 대륙변계를 가진 연안국은 해양법협약 제76조에 규정된 대륙변계의 한계까지 대륙붕에 대한 권원을 가진다.

해양법협약 제76조 제4항 (a)호는 소위 '부종성 기준test of appurtenance'에 따라 연안국이 200해리 바깥으로 대륙붕의 외측 한계를 확장할 수 있도록 권원을 부여하고 있다. 이때 연안국은 육지영토의 자연적 연장이 200해리 밖 대륙변계의 바깥 끝까지 확장된다는 것을 입증하는 정보를 대륙붕한계위원회에 제출해야 하고 위원회가 이를 심사하여 그에 대한 권고를 내리면 연안국이 설정한 200해리 이원의 대륙붕 외측 한계는 최종적인 구속력을 가지게 된다(제76조 제8항).

대륙변계란 육지의 해면 아래쪽 연장으로, 대륙붕, 대륙사면, 대륙융기의 해저와 하층토로 이루어진다. 그러나 해양산맥을 포함한 심해대양저나 그 하층토는 대륙변계에 포함되지 않는다(제76조 제3항). 대륙변계의 개념은 지각의 유형과는 무관하게 지형학과 수중 지형에 따라 정의된다. 제3차 유엔해양법회의 협상과정에서 지각의 유형과 관련한 많은 제안이 있었지만, 해양법협약 제76조는 지각의 유형에 대해 아무런 언급을 하지 않고 있다. 따라서 연안국 육지의 해저 연장은 지각의 특성과 관계없이 지형학적 정의에 따라 대륙변계를 구성하고 대륙붕에 대한 연안국의 권원을 생성하는 것으로 이해할 수 있다.

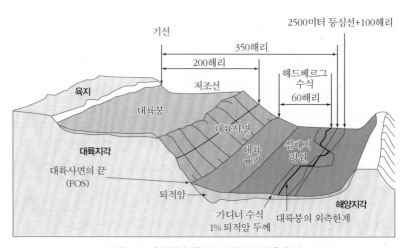

그림 5-2 유엔해양법협약상 대륙붕의 외측 한계

한편 연안국의 본토가 아닌 섬도 대륙붕에 대한 권원을 가진다. 이때 섬의 대륙붕은 다른 영토에 적용 가능한 해양법협약의 규정에 따라 결정된다 (제121조 제2항). 따라서 대륙붕이 본토에서 생성되든 섬에서 생성되든 아무런 차이가 없으며, 연안국은 해양법협약의 관련 규정에 따라 본토 또는 섬으로부터 대륙붕의 외측 한계를 설정할 수 있다(그림 5-2).

(2) 대륙사면의 끝의 결정

연안국의 대륙변계가 영해기선으로부터 200해리 밖까지 확장되는 경우에 그 대륙붕의 외측 한계는 대륙사면의 끝foot of the continental slope; FOS이라는 지질학적 기준에 따라 설정된다(제76조 제4항).[8] 대륙사면의 끝은 200해리 바깥으로 연장된 대륙붕의 한계를 설정하기 위해 만들어진 중요한 기준이다. 해양법협약 제76조 제4항 (b)호는 대륙사면의 끝을 결정하기 위한 이원적 체제를 규정하고 있다. 일반적으로 대륙사면의 끝은 가능한 경우 항상 형태학적 증거와 등심선 증거를 이용하여 그 기저에서 경사도의 최대변경점으로 결정된다.[9] 그러나 경사도의 최대변경점에 따른 증거를 이용해도 그 기저에서 신뢰할 만한 대륙사면의 끝을 지정하지 못하거나 지정할 수 없는 경우에 연안국은 이용 가능한 최선의 지질학적 및 지구물리학적 증거를 반대의 증거로 제시하여 대륙사면의 끝을 지정해야 한다.[10]

그림 5-3과 같이 등심선 증거에 따를 때 최대변경점의 위치가 두 군데 이상 나타날 수 있는데, 이러한 경우에는 지질학적 및 지구물리학적 반대 증거를 이용하여 최대변경점의 위치를 결정해야 한다.

---

8 *Scientific and Technical Guidelines of the Commission on the Limits of the Continental Shelf*, United Nations Doc. CLCS/11, adopted on 13 May 1999, pp. 12-13.

9 *Ibid.*, pp. 37-42.

10 *Ibid.*, pp. 43-49.

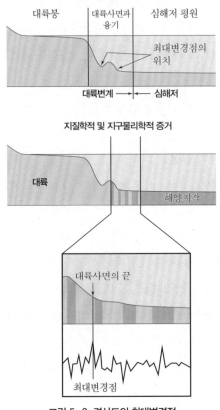

지질학적 및 지구물리학적 증거

대륙

해양지각

대륙붕   대륙사면과   심해저 평원
         융기

최대변경점의
위치

대륙변계 →   ← 심해저

대륙사면의 끝

최대변경점

그림 5-3 경사도의 최대변경점

(3) 대륙변계의 바깥 끝의 결정

해양법협약 제76조 제4항 (a)호는 대륙사면의 끝을 기준점으로 하여 대륙붕
외측 한계를 설정하기 위해 '가디너Gardiner 수식'과 '헤드베르그Hedberg
수식'을 적용하도록 규정하고 있다. 연안국은 가디너 수식과 헤드베르그 수
식이라는 두 가지 지질학적 제약을 적용하여 200해리 바깥으로 연장되는
대륙변계의 바깥 끝을 설정할 수 있다.

먼저 가디너 수식에 따르면 대륙변계의 끝은 퇴적암의 두께가 최외측 고

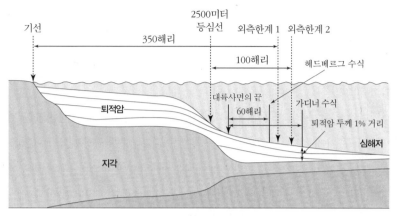

그림 5-4 대륙변계의 바깥끝

정점으로부터 대륙사면의 끝까지를 연결한 가장 가까운 거리의 최소 1퍼센트에 위치한 최외측 고정점을 연결한 선이 된다(제76조 제4항 (a) (i)). 만약 대륙사면의 끝에서 100해리의 거리에 가디너 수식이 적용되면 퇴적암의 두께가 1해리는 되어야 한다. 가디너 수식은 석유자원이 매장되어 있을 것으로 기대되는 대륙융기의 주요 부분까지 연안국의 주권적 권리가 확대될 수 있도록 보장하는 것을 목적으로 한다.

다음으로 헤드베르그 수식은 대륙사면의 끝으로부터 60해리를 넘지 않는 고정점을 연결한 선을 대륙변계의 바깥 끝으로 규정하고 있다(제76조 4항 (a) (ii)). 이때 대륙사면의 끝은 반대의 증거가 없는 한 그 기저에서 경사도의 최대변경점으로 결정된다(그림 5-4).

(4) 대륙붕의 외측 한계의 결정

대륙붕의 외측 한계를 결정하는 마지막 단계는 최대한계를 결정하는 것이다. 연안국이 가디너 수식과 헤드베르그 수식(제76조 제4항 (a)호)에 따라 그은 해저에 있는 대륙붕의 바깥한계선을 이루는 고정점은 영해기선으로부터 350해리 또는 2,500미터 등심선으로부터 100해리를 넘을 수 없다(제76조 제5항). 영해기선으로부터 350해리 한계는 순수하게 거리 기준에 따른 것이지만, 2,500미터 등심선으로부터 100해리 한계는 수심과 거리 기준을 혼합한 것이다.

일반적으로 두 가지 한계가 선택적으로 사용될 수 있으며, 각 대륙붕 지역에서 두 가지 한계 중 하나는 준수되어야 한다. 다만 해양법협약 제76조 제5항의 한계가 그 자체로 200해리 밖 대륙붕 권원의 근거가 되는 것은 아니다. 두 가지 한계는 대륙붕의 외측 한계를 설정할 때 가디너 수식과 헤드베르그 수식에 의해 산출된 선을 제약할 뿐이다(그림 5-5).

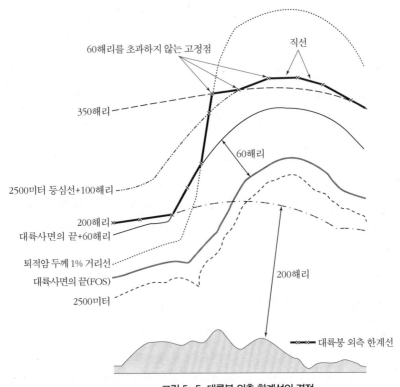

그림 5-5 대륙붕 외측 한계선의 결정

해양법협약 제76조 제6항은 해저산맥에서 대륙붕의 외측 한계에는 2,500미터 등심선으로부터 100해리 기준이 적용될 수 없고 영해기선으로부터 350해리 외측한계만 적용된다고 규정하고 있다. 이러한 예외 규정은 해양고원, 융기, 캡, 해퇴, 해저돌출부와 같은 대륙변계의 자연적 구성요소인 해저고지에는 적용되지 않는다. 따라서 해저산맥에서는 대륙붕 외측한계가 영해기선으로부터 350해리로 제한되지만, 해저고지에서는 2,500미터 등심선으로부터 100해리 기준과 영해기선으로부터 350해리 기준이 모두 적용될 수 있다(제76조 제6항).

Ⅱ 유엔해양법협약상 대륙붕에 관한 연안국의 권리와 의무

1. 대륙붕의 이용 및 개발

연안국은 대륙붕에 대해 주권적 권리를 가지며 대륙붕 천연자원의 개발 및 이용에 관한 권리를 행사할 수 있다. 대륙붕에 대한 연안국의 권리는 실질적인 탐사, 개발 또는 권리 주장 여부와는 무관하게 처음부터ab initio 연안국에 부여되어 있다. 따라서 연안국이 자국의 대륙붕에 관한 권리를 행사하지 않는 경우에도 다른 국가는 연안국의 명시적 동의 없이 대륙붕을 탐사하거나 이용할 수 없기 때문에 대륙붕에 대한 주권적 권리는 배타적 성격을 갖는다(제77조, 제81조).

연안국은 대륙붕 천연자원의 탐사 및 개발이 목적일 경우에만 대륙붕에 대한 주권적 권리를 행사할 수 있다. 이때 천연자원이란 해저와 하층토의 광물, 그 밖의 무생물자원 및 정착성 어종에 속하는 생물체를 의미한다. 정착성 어종이란 수확가능 단계에서 해저표면 또는 그 아래에서 움직이지 않거나 해저 또는 하층토에 항상 밀착하지 않고는 움직일 수 없는 생물체를 의미한다(제77조 제4항).

그런데 대륙붕에 대한 연안국의 권리는 상부수역과 상공의 법적 지위에는 영향을 주지 않는다. 연안국은 대륙붕에 대한 권리를 행사할 때 다른 국가의 항행, 상공비행, 어업, 해저 전선과 관선의 부설, 해양과학조사와 같은 공해의 자유를 침해하거나 부당하게 방해해서는 안 된다(제78조). 이는 대륙붕에 대한 연안국의 주권적 권리와 원래 공해였다가 연안국의 대륙붕으로 편입된 상부수역에서의 다른 국가의 항행의 자유 및 기타 권리 간의 균형을 맞추기 위한 것이다. 다만 연안국은 관선으로부터의 오염을 방지하고 통제하기 위한 합리적 조치를 취할 수 있으며, 각국이 관선을 부설할 때 그 경로의 설정은 연안국의 동의를 얻어야 한다(제79조 제2항, 제3항). 또 대륙붕 천연자원의 이용이나 개발을 위해 부설되었거나 대륙붕이나 배타적 경제수역의 인공섬, 시설 및 구조물에서 사용하기 위해 부설된 전선이나 관선은, 연안국의 영해에 들어간 전선이나 관선과 같이 연안국의 관할권에 따라야 한다. 각국은 해저 전선이나 관선을 부설할 때 이미 설치된 전선이나 관선을 적절히 고려해야 하고, 특히 기존 전선이나 관선이 수리될 가능성을 방해해서는 안 된다(제79조).

연안국은 자국의 대륙붕에서 모든 목적의 시추를 허가하고 규제할 배타적 권리를 갖기 때문에, 다른 국가들은 연안국의 동의 없이 대륙붕에서 시추할 수 없다(제81조). 또 배타적 경제수역에서의 인공섬, 시설 및 구조물을 규율하는 해양법협약 제60조는 대륙붕상의 인공섬, 시설 및 구조물에도 준용된다(제80조).

연안국이 영해기선으로부터 200해리 밖의 해저와 하층토까지 자국의 대륙붕 자원으로 개발하고 이용하면, 개발도상국들과 이익을 공평하게 분배하도록 한 심해저의 해저 광물자원은 상대적으로 줄어들게 된다.[11] 이를 고려하여 해양법협약은 200해리 밖 대륙붕을 개발하는 국가에 일정한 의무를 부과하고 있다. 연안국은 영해기선으로부터 200해리 밖에 있는 대륙붕의 무생물자원을 개발할 경우 금전을 지급하거나 현물을 공여해야 한다(제82조 제1항). 일부 개발도상국을 제외한 연안국은 200해리 밖 대륙붕에서의 생산개시 5년 후부터 그 광구에서 생산되는 모든 생산물에 대해 매년 금전을 지급하거나 현물을 공여해야 한다. 생산개시 6년째 연안국이 지급해야 하는 현금지급이나 현물공여의 비율은 생산물의 가격이나 물량의 1퍼센트로 하고, 그 후 매년 1퍼센트씩 증가시키다가 생산개시 13년째부터는 7퍼센트로 유지한다. 이때 개발과 관련하여 사용된 자원은 생산에 포함되지 않는다(제82조 제2항). 이와 같이 현금지급 및 현물공여 비율을 점진적으로 증가시키는 이유는 연안국이 의무를 이행하기 전에 초기 비용을 회수할 수 있도록 보장하기 위해서이다.

해양법협약 제82조에 규정된 연안국의 현금지급 및 현물공여는 심해저 채광을 규율하기 위해 설립된 국제해저기구International Seabed Authority를 통해 이루어져야 한다(제82조 제4항). 국제해저기구는 해양법협약 제82조에 따라 이루어진 현금지급이나 현물공여를 공평분배의 기준에 입각하여 협약 당사국들에 분배해야 하는데, 이때 개발도상국 중 최저개발국 및 내륙국의 이익과 필요를 고려해야 한다(제82조 제4항). 이러한 해양법협약 제82조의 내용은 200해리 밖까지 연장되는 대륙붕을 가진 국가와 그렇지 않은 국가들 간에 도출된 타협의 산물이다.

---

11 Michael W. Lodge, "The International Seabed Authority and Article 82 of the UN Convention on the Law of the Sea", *International Journal of Marine and Coastal Law*, Vol. 21 (2006), p. 323.

2. 대륙붕에서의 생물자원

연안국은 대륙붕을 탐사하고 그 천연자원을 개발할 수 있는 대륙붕에 대한 주권적 권리를 행사한다(제77조 제1항). 해양법협약 제77조 제4항은 그러한 대륙붕의 천연자원으로 광물, 무생물자원 및 정착성 어종을 규정하고 있다. 정착성 어종이란 수확가능단계에서 해저표면 또는 그 아래에서 움직이지 않거나 해저나 하층토에 항상 밀착하지 않고는 움직일 수 없는 생물체를 의미한다(제77조 제4항). 이러한 정착성 어종의 개념은 1958년 「대륙붕협약」 제2조 제4항에서 처음 규정되었고, 그 내용이 그대로 해양법협약 제77조 제4항에 규정된 것이다.

정착성 어종은 경계 왕래 어족이나 고도 회유성 어종과 같이 자유롭게 이동하는 생물종과 대비되는 개념으로, 조개, 굴, 홍합, 가리비, 해면, 산호 및 갑각류가 정착성 어종에 속하는 것으로 이해되었다. 그러나 1958년 「대륙붕협약」이 채택된 당시에는 아직 200해리 배타적 경제수역이 도입되기 전이고, 3해리 영해를 선포한 국가가 다수였기 때문에 영해 밖의 대륙붕 생물자원이 정착성 어종에 속하는지 여부에 따라 공해어업 자원이 될 수도 있었다. 즉 해당 생물자원이 정착성 어종에 해당되면 대륙붕의 연안국이 관할권을 행사하게 되고, 정착성 어종이 아니라면 공해 어업자원으로서 모든 국가의 자유로운 어업활동의 대상이 되었다. 1958년 「대륙붕협약」 채택 이후에도 미국, 일본 및 프랑스는 새우, 바닷가재, 게와 같은 갑각류는 헤엄쳐서 이동할 수 있기 때문에 갑각류를 정착성 어종에 포함시킨 것에 반대하는 입장을 표명하기도 하였다.[12]

---

12 미국 국무부는 1960년 "조개, 굴, 전복 등은 정착성 어종의 개념에 속하지만, 새우, 바닷가재 및 어류finny fish는 정착성 어종이 아니다."라는 입장을 밝힌 바 있다. 일본은 베링 해의 알래스카 왕게가 공해 어족자원이므로 대륙붕의 정착성 어종의 개념에 포함되어서는 안 된다고 주장하였다. 프랑스도 바닷가재가 헤엄을 칠 수 있기 때문에 공해 자원에 속한다고 주장하

1982년 채택된 해양법협약은 배타적 경제수역 제도를 도입하여 200해리 이내의 상부수역, 해저 및 그 하층토의 생물 또는 무생물 천연자원에 대한 주권적 권리를 연안국에 부여하였기 때문에(제56조 제1항), 200해리 이내의 생물자원이 정착성 어종인지 여부는 더 이상 큰 문제가 되지 않는다. 하지만 200해리 밖의 대륙붕에 생물자원이 존재하는 경우에는 해당 생물자원이 정착성 어종에 해당되는지 여부에 따라 연안국의 주권적 권리가 미치는 생물자원인지 공해 어업자원인지 여부가 결정되므로 여전히 분쟁의 가능성은 남아 있다.[13]

최근에는 해양과학기술의 발전으로 인해 해양에서의 생물다양성과 해양유전자자원의 보호 필요성이 대두되면서 정착성 어종의 개념에 대한 재검토가 요구되고 있다. 2007년 해양 및 해양법에 관한 유엔사무총장 보고서에서는 해양법협약 제77조 제4항에 따른 정착성 어종의 개념이 해저 생태계의 복잡하고 공생적인 생물망web of life을 어느 정도로 규율하고 있는 것인가에 대한 문제가 제기된 바 있다. 해양법협약은 다양한 종류의 수역을 규정하고 있기 때문에 해양유전자자원의 보호의무와 관련하여 해양 생태계 또는 유기물이 대륙붕에 속하는지 아니면 그 상부수역에 속하는지에 따라 법적 규율이 달라진다. 즉 대륙붕의 정착성 어종에 대해서는 연안국에 보전의무가 없고, 정착성 어종의 해양유전자자원은 연안국의 주권적 권리의 행사 대상이 된다. 그러나 정착성 어종이 아닌 배타적 경제수역 내의 다

면서 대서양에서 바닷가재 어획에 대한 브라질의 관할권 행사에 항의한 바 있다. Marjorie M. Whiteman, *Digest of International Law*, Vol. 41 (1965), pp. 864–865.

13 1994년에 미국의 어민들이 캐나다의 200해리 밖의 대륙붕(Grand Banks)에서 어업활동을 하고 있었기 때문에, 가리비scallop가 정착성 어종인지 여부를 둘러싸고 미국과 캐나다 간에 분쟁이 발생하기도 하였다. J. M. Van Dyke, "Modifying the 1982 Law of the Sea Convention: New Initiatives on Governance of High Seas Fisheries Resources: The Straddling Stocks Negotiations", *International Journal of Marine and Coastal Law*, Vol. 10(2) (1995), pp. 221–222.

른 생물자원은 연안국에 보전의무가 있으며, 연안국의 배타적 경제수역 선포 여부에 따라 연안국이 주권적 권리와 관할권을 행사하는 배타적 경제수역에 속하거나 공해가 될 수 있기 때문에 해양유전자원의 보호의무 적용이 달라지는 결과를 가져올 것이다. 이에 관한 문제는 정착성 어종의 보전 필요성과 결부되어 여러 양자조약과 다자조약의 형태로 다루어지고 있으며, FAO의 1995년 책임 있는 어업을 위한 행동규칙Code of Conduct과 같은 국제기구의 구속력 있는 문서들에 의해 규율되고 있다.[14] 한편, 유엔 총회는 2015년 6월 19일 자 결의를 통해 국가관할권 밖 수역의 해양생물다양성의 보전 및 지속가능한 사용에 관해 법적 구속력 있는 문서를 채택할 것을 결정하였고, 이 결의에 따라 준비위원회가 법적 구속력 있는 문서의 초안을 작성하기 위해 회의를 진행하고 있다.[15]

3. 대륙붕에서의 해양과학조사

배타적 경제수역에서의 해양과학조사를 규율하는 해양법협약 규정들은 대륙붕에서의 해양과학조사에도 적용된다(제246조~제255조). 연안국은 자국의 대륙붕에서 다른 국가 또는 권한 있는 국제기구에 의한 해양과학조사 실시사업이 천연자원의 탐사와 개발에 직접적인 영향을 미치거나 해양환경에 해로운 물질을 반입하는 등의 사유가 있으면 동의를 거부할 수 있다(제246조 제5항). 다만 타국이 신청한 해양과학조사가 200해리 밖의 대륙붕 중 연안국이 개발이나 세부적인 탐사작업을 수행하고 있거나 상당한 기간 내

---

14 Chie Kojima, "Fisheries, Sedentary", in R. Wolfrum (ed.), *The Max Planck Encyclopedia of Public International Law* (Oxford: Oxford University Press, 2012), pp. 86-87.

15 국가관할권 밖 수역의 해양생물다양성의 보전 및 지속가능한 사용에 관하여 법적 구속력 있는 문서의 준비 작업과 경과에 관해서는 다음을 참조. http://www.un.org/depts/los/biodiversity/prepcom.htm (2016. 10. 31. 최종방문)

에 그러한 작업을 수행할 특정 지역을 제외한 곳에서 실시되면, 연안국은 그 해양과학조사가 생물 또는 무생물 천연자원의 탐사와 개발에 직접적인 영향을 미친다는 것을 근거로 하여 동의를 유보할 수 있는 재량권을 행사할 수 없다(제246조 제6항).

III 대륙붕한계위원회와
대륙붕 외측 한계에 관한 문서 제출

1. 대륙붕한계위원회의 구성과 기능

대륙붕한계위원회(이하 '위원회')는 국제해저기구, 국제해양법재판소와 함께 해양법협약에 의해 설립된 기관 중 하나이다. 위원회는 21명의 위원으로 구성되는데, 이들은 지질학, 지구물리학, 수로학hydrography 전문가이다. 해양법협약 당사국들은 지리적 대표성을 적절히 고려하여 위원을 선출하고 선출된 위원들은 개인의 자격으로 직무를 수행한다(제2부속서 제2조 제1항).

위원회 위원은 협약 당사국 회의에서 투표를 통해 선출된다. 유엔 사무총장은 선거일 최소 3개월 이전에 협약 당사국들에 후보자 지명을 요청하고, 협약 당사국 중 후보자를 지명하고자 하는 국가는 유엔 사무국에 후보자를 등록한다. 유엔 사무총장은 지명된 후보자 목록을 모든 협약 당사국에 회람시키고, 3분의 2 이상의 국가가 출석한 협약 당사국 총회에서 투표한 당사국의 3분의 2 이상의 다수표를 얻은 후보자가 당선된다(제2부속서 제2조 제2항, 제3항).

이렇게 선출된 위원의 임기는 5년이고 재선될 수 있다. 위원회 위원 후보자를 지명한 당사국은 자국 위원이 위원회의 직무를 수행하는 동안 비용을 부담하며, 위원회의 사무국 역할은 유엔 사무총장의 지시에 따라 유엔 해양법국이 수행한다(제2부속서 제2조 제4항, 제5항).

위원회의 주요 임무는 대륙붕의 외측 한계가 200해리 밖으로 확장되는 지역에 대해 연안국이 제출한 대륙붕 외측 한계에 관한 자료를 검토하고 그에 대해 권고를 행하는 것이다(제76조 제8항). 위원회는 해양법협약 제76조와 벵골 만의 예외적 상황을 인정한 1980년 양해성명Statement of Understanding[16]에 따라 권고를 행해야 한다(제2부속서 제3조 제1항 (a)). 위원회가 대륙붕 외측 한계에 관한 권고를 채택하기 위해서는 해양법협약 제76조를 해석해야 함에도 불구하고, 해양법협약에서는 국제법 전문가의 위원회 참여에 대해 규정하지 않고 있다. 국제해저기구 역시 위원회의 권고에 직접적인 영향을 받지만 국제해저기구 구성원의 위원회 참여도 규정되어 있지 않다. 다만 위원회는 유엔 해양법국의 법률적 지원을 받으며, 국제해양법재판소와 국제해저기구를 비롯한 관련 기구들의 판결과 결정을 존중하여 임무를 수행하고 있다.

위원회는 연안국에 대륙붕 외측 한계에 관한 권고를 행하는 기능 이외에도, 연안국이 관련 정보를 준비하면서 위원회에 요청하면 과학적 및 기술적 조언을 제공하는 업무를 수행한다(제2부속서 제3조 제1항 (b)). 개발도상국들의 문서 제출을 재정적으로 지원하기 위해 자발적인 신탁기금이 마련되었고,[17] 위원회는 문서 제출에 관한 조언을 위해 교육 프로그램과 세미나를 개

---

16 *Statement of Understanding concerning a specific method to be used in establishing the outer edge of the continental margin*, Annex II of the Final Act of the Third United Nations Conference on the Law of the Sea, XVII Official Records Thrid United Nations Conference on the Law of the Sea, 148–9, UN Doc.A/CONF.62/121 (1982).

17 GA Res. 55/7, Annex II, UN Doc. A/RES/55/7 (2000); GA Res. 58/240, Annex, UN Doc. A/RES/58/240 (2003).

최하기도 한다.[18]

위원회는 200해리 밖 대륙붕 외측 한계 관련 정보를 제출하기 위해 준비하는 국가들에 과학적 및 기술적 조언을 제공함에 있어 해양법협약 제76조를 해석하는 업무를 수행하기도 한다. 위원회는 해양법협약에 규정된 과학, 기술 및 법률 용어들을 명확하게 해석하기 위해 과학기술 지침을 채택하였다. 과학기술 지침에서는 해양법협약이 통상적인 과학 개념과 용어 사용례에서 심각하게 벗어나 법률적 맥락에서 과학적 용어를 사용하고 있으며, 여러 가지 의미로 해석이 가능한 용어들이 있기 때문에 명확한 해석이 요청된다고 지적하고 있다.[19] 위원회가 채택한 과학기술 지침은 법적 구속력이 없지만, 해양법협약 제76조에서 사용하고 있는 용어들의 명확한 해석을 위해 대륙붕에 대한 권원, 측지방법론, 2,500미터 등심선, 대륙사면의 끝, 해양산맥, 퇴적암에 근거한 대륙붕의 외측 한계 등의 용어에 관한 해석기준을 제시하고 있다.

2. 대륙붕 외측 한계에 관한 문서 제출과 위원회의 권고

앞서 살펴보았듯이 연안국은 200해리를 넘는 대륙붕의 한계에 관한 정보를 해양법협약 제2부속서에 따라 설립된 위원회에 제출해야 한다. 위원회는 연안국이 제출한 정보를 검토한 후에 대륙붕의 외측 한계 설정에 관련된 사항에 대해 연안국에 권고를 행한다. 이러한 권고를 기초로 연안국이 확정한 대륙붕의 한계는 최종적이며 구속력을 가진다(제76조 제8항).

해양법협약 제76조에 따라 200해리 밖으로 대륙붕의 외측 한계를 설정

---

18 http://www.un.org/Depts/los/clcs_new/training_issues_opportunities.htm (2016. 10. 31. 최종방문).

19 *Scientific and Technical Guidelines of the Commission on the Limits of the Continental Shelf*, CLCS/11, 13 May 1999, para. 1.3.

하려면 연안국은 외측 한계의 상세사항과 그것을 뒷받침하는 과학기술 정보를 제출해야 한다. 정보는 가능한 한 빨리 제출해야 하고, 어떠한 경우에도 그 당사국에 대해 협약이 발효한 후 10년 안에 제출해야 한다(제2부속서 제4조). 해양법협약이 1994년 11월 16일 발효함으로써 협약의 발효 이전에 가입한 국가들의 제출기한은 2004년 11월 16일에 종료될 예정이었다. 그러나 많은 개발도상국은 정해진 기한 내에 문서를 제출하는 데 필요한 재정적 및 기술적 자원을 갖추고 있지 못하였다. 해양법협약 당사국회의는 이러한 사정을 고려하여 2001년 제11차 회기에서 대륙붕 외측 한계 관련 문서 제출 기한은 위원회가 과학기술 지침을 채택한 1999년 5월 13일부터 기산된다고 결정함으로써 제출기한을 2009년 5월 13일까지로 연장하였다.[20]

그럼에도 불구하고 대부분의 개발도상국이 재원 및 기술력의 부족으로 연장된 기한 내에 문서를 제출하는 데 어려움을 호소했고, 제출기한이 가까워지면서 많은 국가에서 정보를 제출함에 따라 위원회의 업무량이 지나치게 많아지는 사태가 발생하였다. 이를 고려하여 해양법협약 당사국회의는 2008년 제18차 회기에서 당사국들이 2009년 5월 13일까지 정식정보가 아니라 예비정보preliminary information만 제출하더라도 기한 내에 문서가 제출된 것으로 간주한다는 결정을 내렸다.[21] 이러한 예비정보에는 대략적인 대륙붕 외측 한계, 문서 제출 준비 현황, 향후 정식정보 제출 계획 등이 포함되어야 한다.[22]

최초로 대륙붕 외측 한계 정보를 제출한 국가는 러시아였다. 러시아는 2001년에 대륙붕 외측 한계에 관한 문서를 위원회에 제출했고, 그 뒤를 이

---

20 CLCS 의사규칙 제46조.

21 SPLOS/183 (2008).

22 김현수, "2008년도 대륙붕한계위원회 문서제출 사례분석 및 평가", 『해사법연구』, 제21권 제1호(2009. 3), 57쪽.

어 브라질, 오스트레일리아, 아일랜드, 뉴질랜드, 노르웨이 등이 문서를 제출하였다.[23] 새롭게 설정된 10년의 제출기한이 지난 직후인 2009년 6월 1일 기준으로 정식정보 51건과 예비정보 42건이 위원회에 제출되었으며, 2016년 10월 현재까지 위원회가 수령한 정보는 총 77건에 이른다.[24]

위원회가 제출된 정보를 검토하여 권고를 채택하였는데 연안국이 그 권고에 동의하지 않으면, 그 연안국은 합리적인 시간 내에 수정 정보 또는 새로운 정보를 위원회에 제출해야 한다(제2부속서 제8조). 예를 들면 2001년 러시아가 제출한 북극해의 대륙붕 한계 정보에 대해 위원회는 러시아의 정보대로 권고를 채택하지 않고 위원회가 지적한 사항을 반영한 수정정보를 제출하라고 권고하였다.[25] 이에 러시아는 제2부속서 제8조에 따라 2015년 8월 3일 북극해에 관한 수정 정보를 제출하였다.[26] 한편 연안국과 다른 국가 간에 대륙붕의 외측 한계에 관한 분쟁이 발생하면, 양국 간 분쟁은 해양법협약 제15부의 분쟁해결 절차에 회부함으로써 해결할 수 있다.

위원회의 권고에 따라 연안국이 대륙붕의 외측 한계를 설정한 경우에 다른 국가들은 그러한 외측 한계 설정의 근거가 된 어떤 정보에도 접근하는 것이 불가능하다. 위원회는 제출된 정보의 기밀 유지에 민감한 입장으로, 많은 업무를 비공개로 수행한다. 일곱 명으로 구성된 소위원회는 연안국이 제출한 정보를 평가하는데, 소위원회의 심의deliberation는 정보 제출국의 대표단 이외에는 비공개로 이루어진다. 그러나 연안국은 제출한 정보의 요약 보고서를 출간해야 하고, 위원회 또한 채택한 권고의 요약 보고서를 출

---

23 http://www.un.org/Depts/los/clcs_new/commission_submissions.htm (2016. 10. 31. 최종 방문).

24 Ibid.

25 UN Doc. A/57/57/Add.1, paras. 38-41 (2002).

26 http://www.un.org/Depts/los/clcs_new/submissions_files/submission_rus_rev1.htm (2016. 10. 31. 최종방문).

간한다.[27]

연안국은 위원회의 권고에 따라 자국 대륙붕의 외측 한계를 설정한 후에, 측지자료를 비롯하여 항구적으로 자국 대륙붕의 외측 한계를 표시하는 해도와 관련 정보를 유엔 사무총장에게 기탁해야 한다. 그러면 유엔 사무총장은 이 정보를 적절히 공표해야 한다(제76조 제9항).

해양법협약에 따라 대륙붕이 영해기선으로부터 200해리 바깥으로 확장되는 사례 중 4분의 3 이상은 대향국 또는 인접국 간에 대륙붕이 중첩되어 경계획정이 필요한 경우이다. 그러나 위원회의 활동은 대향국 또는 인접국 간의 대륙붕 경계획정과 관련된 사항을 침해하지 않는다(제2부속서 제9조). 위원회는 육지 또는 해양 분쟁이 존재하는 경우에 분쟁 중인 국가가 제출한 정보를 검토해서는 안 되지만, 모든 분쟁 당사국의 사전 동의가 있는 경우에는 분쟁지역에 관한 정보를 심사할 수 있다.[28] 위원회의 권고 없이는 최종적으로 대륙붕의 외측 한계를 설정할 수 없기 때문에, 분쟁이 있더라도 분쟁 당사국들이 합의하면 공동으로 또는 각각 정보를 제출할 권리가 있다.[29] 위원회에 제출된 정보와 그에 따라 위원회가 승인한 권고는 육지 또는 해양 분쟁 당사국들의 입장을 해하지 않는다.[30]

2016년 10월까지 위원회가 수령한 정보는 총 77건이고, 그중에서 7건이 공동으로 제출된 정보이다.[31] 공동으로 정보를 제출한 국가들은 위원회가 공동정보를 검토하는 동안 또는 외측 한계에 관한 권고를 내린 이후에도 합의를 통해 경계획정 문제를 해결할 수 있다. 그렇지 않으면 해양경계 분쟁

---

27 *Rules of Procedure of the Commission on the Limits of the Continental Shelf*, CLCS/40/Rev.1, Annex III, para. 11(3) (2008).

28 CLCS 절차규칙 제1부속서 제5조(a).

29 CLCS 절차규칙 제1부속서 제4조.

30 CLCS 절차규칙 제1부속서 제5조(b).

31 http://www.un.org/Depts/los/clcs_new/commission_submissions.htm (2016. 10. 31. 최종 방문).

이 있는 지역에 대한 정보 제출을 미루기 위해 부분적인 정보만 제출할 수도 있다.

위원회는 연안국이 제출한 방대한 분량의 복잡한 과학기술 데이터를 독립적으로 검토해야 한다. 또 위원회는 '해양산맥oceanic ridge'이나 '해저산맥submarine ridge'과 같이 법적으로 중요하지만 해양법협약에 그 개념이 규정되어 있지 않은 용어들을 해석하는 업무를 수행해야 한다. 위원회의 과학기술 지침에 따르면 해양산맥은 대륙변계의 일부가 아니며, 해저산맥에서 대륙붕의 최대 외측 한계는 350해리이다. 위원회는 산맥의 경우에 육지 영토와 대륙의 자연적 연장, 산맥의 형태, 대륙변계와의 관계, 산맥의 연속성과 같은 과학적이고 법률적인 사정들을 고려한다.[32] 다만 여러 조건에 관한 구체적인 사항을 정의하기 어렵기 때문에 위원회는 다양한 지질학적 과정에서 발생하는 산맥에 관한 문제를 '사안별 접근방식'에 의해 검토하는 것이 적절하다는 입장을 취하고 있다.[33]

3. 한국의 대륙붕 외측 한계 정보 제출

200해리 밖으로 대륙붕 외측 한계를 설정하려는 국가는 해양법협약 제76조에 따라 대륙붕 외측 한계 관련 정보를 제출해야 한다. 한국은 1983년 3월 해양법협약에 서명하고, 1996년 1월에 비준하였다. 동중국해 대륙붕의 구조는 동해 및 황해와 달리 연안으로부터 완만하게 유지되다가 오키나와 해구에서 수심이 깊어지는 구조를 가지고 있다. 한국 정부는 본토로부터 동중국해로 확장되는 대륙붕 외측 한계를 설정하기 위해 2009년 5월 11일 한

---

32 *Scientific and Technical Guidelines of the Commission on the Limits of the Continental Shelf*, CLCS/11, para. 7.2.10.

33 *Ibid.*, para. 7.2.11.

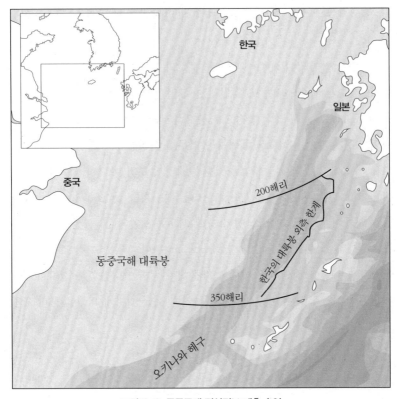

한국

일본

중국

200해리

한국의 대륙붕 외측 한계

동중국해 대륙붕

350해리

오키나와 해구

그림 5-6 동중국해 정식정보 제출 수역

일 공동개발구역 남측 한계선을 외측 한계로 설정한 예비정보를 위원회에 제출하였다(그림 5-6).[34]

한국은 예비정보에서 해양법협약 제76조 제1항 내지 제7항에 따라 동중국해 동쪽 지역에서 영해의 폭이 측정된 기선으로부터 350해리까지 대륙붕 외측 한계가 존재한다는 입장을 취하였다. 또 동중국해 200해리 대륙붕 외측 한계가 오키나와 해구까지 연장되고 이곳에서의 동중국해 해저 및 하층

---

34 http://www.un.org/Depts/los/clcs_new/commission_preliminary.htm (2016. 10. 31. 최종 방문).

토는 한국 연안에서 대륙붕 외측 한계까지 확장되는 지속적인 대륙지각을 포함한다고 밝혔다. 한국은 예비정보에서 대륙붕 외측 한계를 1974년 체결된 「대한민국과 일본국 간의 양국에 인접한 대륙붕 남부구역 공동개발에 관한 협정」(이하 한·일 공동개발협정)상의 공동개발구역 내 동중국해 대륙붕 외측 한계까지로 한정하였다.

한국은 예비정보 제출 이후 추가적인 과학 조사와 평가를 거쳐 해양법협약의 관련 규정들에 따라 2012년 12월 26일 정식정보를 제출하였다. 정식정보 제출을 통해 한국은 동중국해에서 권원이 미치는 대륙붕 외측 한계가 육지영토의 자연적 연장에 따라 오키나와 해구까지 뻗어 나간다는 입장을 밝혔다.[35] 한국은 해양법협약 제76조에 따라 대륙붕 권원 주장이 가능한 최대 범위인 영해기선으로부터 350해리 내에서 '대륙사면의 끝FOS+60해리' 공식을 적용하여 대륙붕 한계를 설정하고 고정점 85개를 제출하였다. 다만 이 정보는 동중국해에 국한된 부분 제출partial submission이기 때문에 한국은 향후에 다른 대륙붕 지역의 외측 한계에 대해 추가적인 정보 제출 권리를 보유한다.

한국 정부는 2012년 위원회에 제출한 정식정보가 다음과 같은 이유로 관련 국제법에 부합한다는 입장을 표명하였다. 첫째, 해양법협약상의 대륙붕 개념에 따라 해당 수역에서 한국 측이 대륙붕 권원을 보유하며, 둘째, 해양법협약 어느 규정에도 400해리 미만 수역에서 대륙붕 한계 정보 제출을 금지하는 명문의 규정이 없으며, 셋째, 대륙붕 한계 정보 제출은 제출국 권원의 범위를 설정하는 문제로 관련국 간 협의를 통해 정해지는 경계획정 문제와는 별개라는 것이다.

한편 한국 정부는 동중국해에서의 해양경계획정과 관련하여 200해리 밖

---

35 http://www.un.org/Depts/los/clcs_new/commission_submissions.htm (2016. 10. 31. 최종 방문).

대륙붕은 한국과 관련 국가들 간에 획정되어야 한다는 점을 위원회에 통지하였다. 한국은 정식정보 제출이 동중국해에서 대향국 및 인접국들 간의 대륙붕 경계획정 문제를 해하지 않는다는 점을 확인하고, 이에 대해 중국과 협의를 하고 있으며 일본 정부와도 협의하기 위해 노력하고 있다는 점을 밝혔다.

한국 정부가 대륙붕 외측 한계에 관한 정식정보를 제출한 것은 다음과 같은 의의를 갖는다. 첫째, 한국은 대륙붕 자원의 개발과 확보를 위해 해양법협약 제76조에 보장된 200해리 밖의 대륙붕 외측 한계 설정에 관한 권리를 충분히 행사하였다. 둘째, 한국은 본토 육지영토의 자연적 연장이 해저지형상 200해리 밖으로 뻗어 있다는 사실을 대외적으로 선언하였다. 셋째, 1978년 발효 이후 답보상태에 있는 한·일 공동개발협정의 유지와 활용을 위한 초석을 마련하였다.

Ⅳ 대륙붕의 개발 및 이용에 관한 국가실행

1. 한국의 대륙붕선언과 해저광물자원 개발법 제정

(1) 인접해양에 대한 주권에 관한 대통령선언

대륙붕에 대한 한국의 권리 주장은 1952년 1월 18일 선포한 「인접해양에 대한 주권에 관한 선언」(이하 「평화선선언」)[36]에서 그 기원을 찾을 수 있다. 1945년 9월 미국 트루먼 대통령이 「대륙붕의 지하 및 해저의 천연자원에 관한 미합중국 정책」을 선포하자, 라틴아메리카 국가들을 포함한 다수의 국

---

36 국무원고시 제14호(1952. 1. 18).

가가 광범위한 해역과 해양자원에 대한 주권 및 관할권을 선포하기 시작하였다. 대한민국 정부는 이러한 국제적 추세와 관행에 착안하여 평화선을 선포했고, 평화선 내의 어업자원과 광물자원에 대한 주권을 주장하였다.

한국 정부는 평화선선언에서 "국가의 영토인 한반도 및 도서의 해안에 인접한 해붕海崩의 상하에 기지既知되고 또는 장래에 발견될 모든 자연자원, 광물 및 수산물을 국가에 가장 이롭게 보호, 보존 및 이용하기 위하여 그 심도 여하를 불문하고 인접 해붕에 대한 국가의 주권을 보존하며 또 행사한다."라고 공표하였다. 1952년 당시 대륙붕의 개념과 범위가 정립되어 있지 않던 상황에서 '해붕'이라는 용어를 사용하였지만, 평화선선언은 현재 대륙붕에 대한 주권적 권리에 상응하는 대한민국의 주권sovereignty을 선포한 것이다. 평화선선언에 따른 주권을 행사하기 위해 한국 정부는 1953년 12월 「어업자원보호법」을 제정하였다. 「어업자원보호법」은 평화선의 대상수역을 어업자원 보호를 위한 관할수역으로 규정하고, 어업허가를 받은 자만이 관할수역에서 어업에 종사할 수 있으며 이를 위반하는 경우 3년 이하의 징역형 또는 50만 환 이하의 벌금형에 처하도록 규정하였다.

다만 한국은 평화선 내의 수역을 영해라고 주장하지는 않았다. 평화선선언 제4항에서 "인접해양에 대한 본 주권의 선언은 공해상의 자유 통항권을 방해하지 않는다."라고 규정하여 평화선 내의 수역에서 공해에서와 같은 항행의 자유가 보장됨을 인정하였다. 또 미국과 중국 등이 한국의 평화선선언에 대해 항의하자, 한국은 평화선이 영해의 확장을 의미하는 것은 아니라고 답변하였다. 1940~50년대에 각 국가에서 선포한 대륙붕 관련 선언 중 미국의 트루먼선언은 대륙붕 자원의 보호, 보존 및 이용을 위한 관할권jurisdiction과 통제권control을 선포한 것이고, 칠레, 에콰도르, 페루 등 3개국이 채택한 산티아고선언은 배타적 주권과 관할권을 선포한 것이다. 한국의 평화선선언은 배타적 주권과 관할권을 선포한 산티아고선언에 가까운 법리를 채용한 것으로 평가할 수 있다.

원래 평화선선언은 대륙붕 자원과 어업자원의 보호뿐만 아니라 안보와 국방에 관한 해양주권을 선언하는 것이 목적이었지만, 실제로는 일본의 어선들로부터 어업자원을 보존하는 기능을 수행하였다. 한국은 평화선선언 제1항에서 대륙붕의 자원에 대한 주권을 선도적으로 주장했지만, 대륙붕 자원을 개발할 기술과 자금이 부족하였기 때문에 대륙붕 자원의 개발보다는 어업자원의 보호에 관심을 쏟았다.[37] 한국은 평화선선언 직후 이를 집행하기 위해 「어업자원보호법」을 제정하였는데, 평화선선언과 이 법에 따라 일본의 어선이 한국 측 수역에 무분별하게 진입하는 것을 효과적으로 막을 수 있었다. 1970년이 되어서야 대륙붕 개발을 위한 「해저광물자원 개발법」이 제정되었다. 이 법은 평화선선언을 이행하기 위한 것이라기보다는, 1958년 「대륙붕협약」과 1969년 북해대륙붕 사건에 대한 ICJ의 판결을 통해 발전하고 있는 대륙붕 개념을 발 빠르게 수용하여 평화선선언의 대륙붕 관련 내용을 수정 및 보완하기 위한 것이었다.

(2) 해저광물자원 개발법

1966년 유엔의 아시아·극동경제위원회Economic Commission of Asia and Far East(이하 ECAFE)는 동아시아의 잠재적 광물자원을 탐사할 목적으로 황해와 동중국해에서의 광범위한 지질탐사 작업을 후원하였다. 탐사 후 작성된 1969년 ECAFE 보고서[38]에는 타이완, 일본, 중국, 한국의 주변 수역에 비옥한 석유매장지대가 존재할 가능성이 높다는 내용이 담겨 있다. 1969년 ECAFE 보고서가 공개됨에 따라 동북아시아의 해당 국가들은 대륙붕 자원

---

37 정인섭, "1952년 평화선 선언과 해양법의 발전", 『서울국제법연구』, 제13권 제2호(2006), 7-9쪽.
38 ECAFE (Economic Commission of Asia and Far East), *Technical Bulletin*, Vol. 2, pp. 3-43; 김동조, "한·일 대륙붕협정 체결의 의의와 전망", 『국민회의보』(1974. 3.), 113-114쪽.

의 탐사와 개발에 적극적으로 참여하게 된다.

　한국 정부는 경제개발계획을 시작한 1960년대 중반부터 주변 수역에서의 석유탐사에 관심을 표명하고 ECAFE 탐사단의 조사에 주목하고 있었다. 한국 정부는 이미 대륙붕 자원의 개발을 위한 국내법 정비를 준비하고 있었는데, 때마침 1969년 2월 20일 육지영토의 자연적 연장 개념을 제시한 ICJ의 북해대륙붕 사건 판결이 내려지자 그 판결 내용을 즉각적으로 반영하여 국내법을 제정하였다.[39] 한국은 한반도와 그 부속도서의 해안에 인접한 대륙붕에 존재하는 석유 및 천연가스 등 천연자원을 합리적으로 개발함으로써 산업발전에 기여할 목적으로 「해저광물자원 개발법」을 제정했고, 이 법은 1970년 1월 1일 발효하였다.

　「해저광물자원 개발법」 제1조는 "대한민국의 영토인 한반도와 그 부속도서의 해안에 인접한 해역海域이나 대한민국이 행사할 수 있는 모든 권리가 미치는 대륙붕에 부존賦存하는 해저광물을 합리적으로 개발함으로써 산업발전에 이바지"하는 것을 법의 목적으로 규정하고 대륙붕 해저광물을 법의 적용대상으로 하고 있다. 이 법 제2조의2는 산업통상자원부 장관이 해저광물자원개발 기본계획을 수립, 시행하도록 규정하고 있으며, 제2조의3은 해저광물자원개발과 관련된 사항을 심의하기 위하여 산업통상자원부 장관 소속으로 해저광물자원개발심의위원회를 두도록 규정하고 있다.

　이 법 제3조는 한국의 대륙붕 해저광구의 위치 및 형태의 결정을 대통령령에 위임하였으며, 1970년 5월 30일 공포된 이 법 시행령에 따라 면적 약 30만 평방킬로미터에 달하는 7개의 해저광구가 설정되었다. 대한민국은 1969년부터 1970년까지 7개 광구의 개발을 위해 걸프Gulf사, 칼텍스Caltex사, 로열 더치 셸Royal Dutch Shell사, 웬델 필립스Wendell Phillips사와 채광

---

39 "특별좌담: 한국의 대륙붕 선언 40주년", 『서울국제법연구』, 제17권 제1호(2010), 193-211쪽.

계약을 체결하였다.[40]

해저광물개발구역에 등록한 일정한 해저광구에서 해저광물을 탐사·채취 및 취득하는 권리인 해저광업권은 국가만 가질 수 있다(해저광물자원 개발법 제2조, 제3조). 설정행위에 의해 국가 소유인 해저광구에서 해저광물을 탐사·채취 및 취득하는 권리인 해저조광권은 탐사권과 채취권 두 종류로 규정되어 있다(해저광물자원 개발법 제2조, 제4조). 탐사권의 존속기간은 탐사권의 설정일부터 10년을 초과할 수 없으나, 산업통상부 장관은 대통령령으로 정하는 기준에 따라 세 차례 탐사권 존속기간 연장을 허가할 수 있다(해저광물자원 개발법 제9조). 채취권의 존속기간은 설정일로부터 30년을 초과할 수 없으나, 산업통상부 장관은 대통령령으로 정하는 바에 따라 5년씩 두 차례만 연장을 허가할 수 있다.

「해저광물자원 개발법」 제11조는 해저조광권을 법인만 향유할 수 있도록 제한하고 있다. 또 탐사권과 채취권을 설정하려는 자는 이 법 제12조 내지 제16조에 규정된 기준에 따라 산업통상자원부 장관에게 출원하여 탐사권과 채취권의 설정허가를 받아야 한다. 해저조광권자는 해저조광구에서 해저광물을 채취하였을 때에는 대통령령으로 정하는 조광료를 산업통상자원부 장관에게 내야 한다(해저광물자원 개발법 제18조). 한편 해저조광권자는 해저조광권의 효력이 소멸되었을 때에는 해저조광구에 설치한 인공구조물, 시설물, 그 밖의 장비를 수거하여 해저조광구를 원상으로 회복해야 한다. 다만 새로운 해저조광권자에게 해당 인공구조물 등을 이전하는 경우 또는 설치한 인공구조물 등을 계속 사용할 필요가 있는 경우로서 대통령령으로

---

40 대한민국은 1969년 4월 15일 제2, 4광구에 대한 채광계약을 미국의 Gulf사와, 1970년 1월 28일 제3, 6광구에 대한 탐사계약을 Royal Dutch Shell사와, 1970년 2월 27일 제1, 5광구에 대한 채광계약을 Caltex사와, 1970년 9월 24일 제7광구에 대한 계약을 Wendell Phillips사(그 후 Koam사로 이양)와 체결하여 동해저 광구의 탐사와 개발에 대한 구체적 조치를 취하였다. 강수천 외, 『공개재분류 중요기록 해설 III』, 기획재정부·지식경제부(2010), 12–32쪽.

정하는 바에 따라 해당 인공구조물 등을 국가에 귀속시키기로 하는 경우에는 원상회복 의무가 없다(해저광물자원 개발법 제19조의2 제1항). 산업통상자원부 장관은 해저조광권자가 원상회복을 하지 않을 때에는 1년 이내의 기간을 정해 원상회복을 명할 수 있고, 원상회복 명령을 받은 자가 그 명령을 이행하지 아니할 때에는 「행정대집행법」에 따라 원상회복에 필요한 조치를 할 수 있다(해저광물자원 개발법 제19조의2 제2항, 제3항).

「해저광물자원 개발법」과 시행령에 의해 설정된 7개 해저광구를 보면 황해와 동남 해안에서는 중간선을 기준으로 한국의 대륙붕 광구가 설정되었다. 그러나 제주도 남측의 해역에서는 본토의 자연적 연장이 오키나와 해구까지 확대된다는 것을 근거로 한국의 대륙붕 광구는 중간선 기준보다 훨씬 더 아래쪽으로 설정되었다. 중간선 원칙을 적용하면 일본 측 대륙붕에 속하였을 제7광구가 육지영토의 자연적 연장의 개념에 따라 한국의 대륙붕 광구에 포함된 것이다(그림 5-7). 일본은 한국이 설정한 제7광구가 대륙붕 경계 획정을 위해 중간선 원칙을 규정한 1958년 「대륙붕협약」을 위반한 것이라고 주장했지만, 한국은 7개 해저광구가 1969년 북해대륙붕 사건에서 확립된 "육지영토의 자연적 연장 원칙"에 부합하고 황해안에서는 "등거리선 원칙"에 부합하는 외측 한계를 설정했다고 주장하였다.[41] 결국 일본은 한국 측에 협상을 지속적으로 하자고 요구하였고, 1971년부터 대륙붕 공동개발에 관한 협상이 시작되어 1974년 1월 30일 「한·일 공동개발협정」이 체결되었다.

「해저광물자원 개발법」은 개발 대상 자원을 대륙붕에 부존하는 천연자원 중 석유 및 천연가스 등 광물자원에 한정하여 또 다른 대륙붕 천연자원인 정착성 어종 등은 포함하지 않았다. 이렇듯 해저광구의 설정이 연안국의 온

---

41 노명준, "한일간의 대륙붕 공동개발에 관련된 법적 문제", 『외교·안보』, 제1권(1978), 170쪽; 백진현, "우리의 해양관할권과 그 관리방안", 『해양21세기』(나남, 1998), 4쪽; 오윤경 외 20인, 『현대국제법-외교실무자들이 본 이론과 실제-』(서울: 박영사, 2000), 308-309쪽 등 참조.

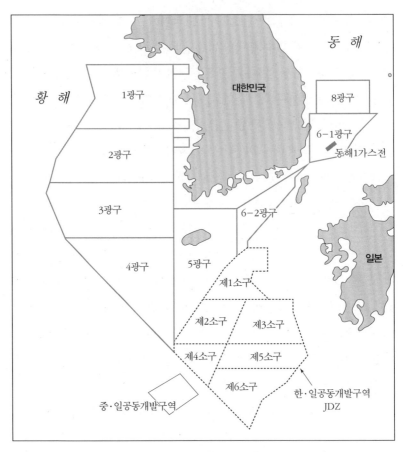

그림 5-7 대륙붕 광구 현황

전한 주권적 권리를 모두 포함하는 대륙붕선언이라고 보기 어려운 점도 있지만, 해저광물자원의 개발, 보존 및 탐사 등에 관한 주권적 권리를 명백히 함으로써 특정 자원과 관련한 대륙붕을 선포했다는 기능적 측면을 가지고 있다고 볼 수 있다.

「해저광물자원 개발법」의 제정 등을 통한 국내법의 정비와 7개 해저광구의 설정 등 한국 정부의 1969년 ECAFE 보고서에 대한 민첩한 대응은 「한·

일 공동개발협정」의 협상과정에서 일본보다 우위에 서서 협상을 주도하는 외교적 성과를 달성하는 밑거름이 되었다.

2. 한일 대륙붕 공동개발협정의 체결[42]

한국과 일본은 1972년 10월부터 1973년 7월까지 불과 9개월간의 협상을 통해 1974년 1월 30일 「대한민국과 일본국 간의 양국에 인접한 대륙붕 북부구역 경계획정에 관한 협정」(이하 「북부대륙붕 경계협정」)과 「대한민국과 일본국 간의 양국에 인접한 대륙붕 남부구역 공동개발에 관한 협정」을 체결하였다. 「북부대륙붕 경계협정」에서는 한일 양국에 인접한 대륙붕의 북부구역에서 한국에 속하는 대륙붕 부분과 일본에 속하는 대륙붕 부분 간의 경계선을 35개의 좌표로 설정하였다(북부대륙붕 경계협정 제1조).

전문과 31개 조문으로 구성된 「한·일 공동개발협정」은 한국과 일본의 대륙붕 주장이 중복되는 약 82,000km²에 이르는 동중국해 해저와 하층토의 공동개발에 관해 규정하였다.[43] 「한·일 공동개발협정」과 함께 '의사합의록', '굴착의무에 관한 교환각서', '해상충돌 예방에 관한 교환각서', '해상오염 제거 및 방지에 관한 교환각서'가 부속문서로 체결되었다.

한국과 일본은 양국 간 중첩되는 대륙붕의 경계획정과는 별도로 한국이 설정한 제5광구의 일부 지역과 제7광구를 공동 개발하기로 합의하였다. 이 협정은 양국의 최종적인 대륙붕 경계획정에는 영향을 주지 않으며, 양국이 비용을 공동으로 부담하여 자원을 공동 개발하고 개발이익도 공유하기로

---

42 한일 대륙붕 공동개발협정 체결의 배경에 대한 상세한 논의는 다음을 참조. 신창훈, "대한민국의 대륙붕선언의 기원과 1974년 한일대륙붕공동개발협정의 의의", 『서울국제법연구』, 제13권 제2호(2006); 정인섭, 『생활 속의 국제법 읽기』(서울: 일조각, 2012), 194–213쪽.

43 김은수, "한국과 일본간 남부대륙붕 경계획정에 관한 법적 문제점 소고", 『국제법학회논총』, 제44권 제2호(1999), 35–36쪽.

합의하였다.

「한·일 공동개발협정」의 내용을 개관하면 다음과 같다. 먼저 「한·일 공동개발협정」의 서문에서는 대륙붕 남부구역에서의 석유자원 탐사와 채취를 공동으로 수행하는 것이 양국의 공통된 이익임을 밝히고 있다. 한일 양국은 21개 지점을 직선으로 연결하여 획정되는 대륙붕 공동개발 구역에 관해 규정하고, 공동개발 구역을 다시 9개의 소구역으로 구분하였다(남부 공동개발협정 제2조). 또 양국은 효력발생 후 3개월 이내에 각 소구역에 관해 1인 또는 2인 이상에게 조광권을 부여하며, 양국의 조광권자는 구역 내 천연자원의 탐사와 채취를 공동으로 수행하기 위해 운영계약을 체결하기로 하였다(한·일 공동개발협정 제4조, 제5조).

양국의 조광권자는 공동개발 구역에서 산출된 천연자원을 동등하게 분배받으며, 천연자원의 탐사와 채취에 사용되는 비용은 양국의 조광권자가 동등한 비율로 분담한다(한·일 공동개발협정 제9조 제1항, 제2항). 조광권자의 탐사권은 8년간, 채취권은 30년간 유효하며, 탐사권 또는 채취권 설정일로부터 6개월 이내에 작업에 착수해야 하고 6개월 이상 작업을 중지해서는 안 된다(한·일 공동개발협정 제10조, 제12조).

「한·일 공동개발협정」은 협정의 이행 문제를 협의하기 위해 한일공동위원회를 설치하도록 규정하였다. 위원회는 양국이 임명하는 두 명의 위원으로 구성되는 두 개의 국별위원부로 구성되며, 위원회의 모든 결의, 권고, 결정은 국별위원부 간의 합의에 의해서만 이루어진다. 위원회는 매년 1회 이상, 그리고 한쪽 국별위원부의 요청이 있으면 언제든지 회합을 갖는다(한·일 공동개발협정 제24조). 위원회는 협정의 운영과 이행에 관해 권고할 수 있는 권한을 가지며, 당사국은 위원회의 권고를 가능한 한 존중한다(한·일 공동개발협정 제25조). 「한·일 공동개발협정」의 해석과 이행에 관한 분쟁이 발생하면 우선 외교경로를 통해 해결해야 한다. 외교경로를 통해 해결되지 않은 분쟁은 세 명의 중재위원으로 구성된 중재위원회에 회부되어야 한다(한·일 공동개발협정 제26조). 「한·일 공동개발협정」의 유효기간은 50년이며 그 후에도 일방 당사국의 서면통고를 통해 종료시키기 전까지 계속 유효하다. 50년 기간이 경과하면 한쪽 당사국은 다른 당사국에 3년 전에 서면통고를 함으로써 언제든지 협정을 종료시킬 수 있다(한·일 공동개발협정 제31조).

「한·일 공동개발협정」은 1969년 북해대륙붕 사건에서 ICJ가 제시한 육지영토의 자연적 연장, 형평의 원칙, 중첩지역의 공동개발 권고 등의 판시사항을 적절히 반영하였을 뿐만 아니라 권리 주장이 중첩되는 지역의 공동개발을 위한 선도적인 협정 모델로 주목을 받았다.[44] 그러나 협정을 체결할 당시에 공동개발의 원동력이 되었던 ECAFE 보고서와 석유개발사들의 전망과는 달리 한국을 포함한 동아시아 지역의 해저에서는 아직까지 상업적으로 개발 가능한 석유매장량이 발견되지 않고 있다.

3. 한반도 주변 대륙붕 자원 탐사와 해저광물자원개발 계획

한국은 1970년 「해저광물자원 개발법」 제정 이후 주변 수역에서의 대륙붕 탐사를 시작하였다. 「해저광물자원 개발법」 제정으로 7개 광구가 설정됨에 따라 국내의 대륙붕 탐사가 본격적으로 개시되었다. 걸프사, 로열 더치 셸사, 텍사코Texaco사 등 외국 석유회사들이 대륙붕 탐사에 참여하였으나, 당시 중국, 일본과의 해양경계문제와 기술적·재정적 한계로 인해 제한된 지역에서만 탐사가 실시되었다. 총 9.1만L-km 물리탐사, 19공 시추 등이 추진되었으나 석유를 발견하는 데 실패했고, 결국 1993년 커클랜드Kirkland사를 끝으로 모두 철수하였다.

---

44 Hazel Fox et als (ed.), *Joint Development of Offshore Oil and Gas* (British Institute of International and Comparative Law, 1989), pp. 57-59.

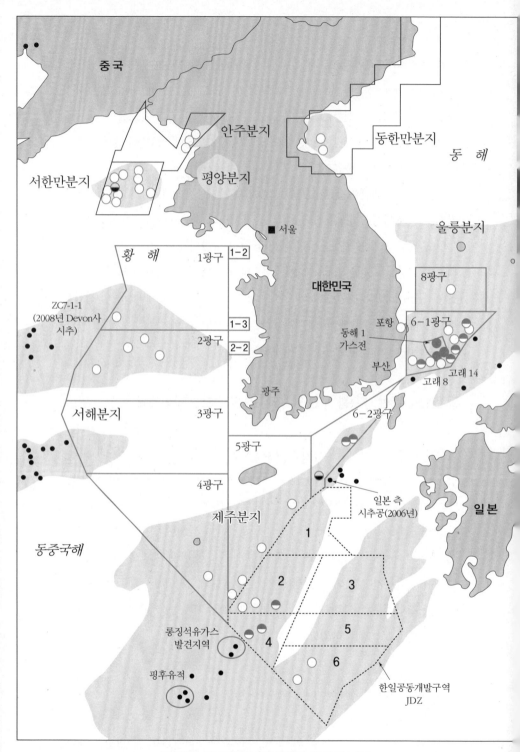

그림 5-8 국내 대륙붕 광구 현황 및 탐사(시추) 실적

표 5-1 분지·광구별 대륙붕 개발 현황(2016년 11월 23일 현재)

분지	광구	광구 면적 (km²)	물리 탐사 L-km	물리 탐사 km²	시추 (공)	투자비 (천 달러)
동해	제6-1광구 남부, 동부, 중부	6,540	15,897	3,471	24	266,831
동해	6-1북부 및 8광구	3,140	5,107	504	2	244,740
황해	제1광구/1-2, 1-3	35,306	8,520	–	1	11,809
황해	제2광구/2-2	39,869	19,114	298	4/1	42,393
황해	제3광구	41,620	8,193	–	–	5,157
동중국해	제4광구	43,195	12,781	–	1	11,376
동중국해	제5광구	44,529	11,995	–	4	26,793
동중국해	제6-2광구	11,939	12,786	–	3	45,227
JDZ	한일공동	69,662	19,571	563	7	87,126
기타	기타(동·황해)	–	2,585	–	–	1,421
합계		295,800	116,549	4,836	47	742,873

(출처: 한국석유공사)

한국은 1979년 3월 한국석유공사를 설립하여 외국 회사와 공동으로 대륙붕 탐사를 실시하면서 기술을 이전받았다. 1990년대부터 한국석유공사는 독자적으로 대륙붕 탐사에 착수할 수 있었고, 2004년에는 매장량 약 530만 톤에 달하는 동해-1 가스전 개발에 성공하였다. 2007년에는 오스트레일리아 회사인 우드사이드Woodside사가 울릉분지 개발에 참여하여 심해저 탐사를 시작함으로써 세계에서 다섯 번째로 가스하이드레이트 부존을 확인하고 실물을 채취하였다.[45]

2016년 11월까지 동해, 황해, 동중국해, 한·일 공동개발구역 등에서 47공 시추와 116,549L-km에 이르는 물리탐사가 이루어졌고, 한국 전체 광구면적의 약 30%(31만km²)에 이르는 지역이 탐사되었다(그림 5-8, 표 5-1). 동해-1 가스전 개발·생산을 포함하여 총 1,383백만 달러가 투자되었는데, 구체적으로 탐사를 위해 653백만 달러(외국사 218백만 달러 포함), 개발·생산

---

45 산업통상자원부, "제2차 해저광물자원개발기본계획"(2014. 9).

(동해가스전)을 위해 730백만 달러가 투자되었다. 2014년 9월 현재 동해−2 가스전(한국석유공사) 개발, 제6−1광구 남부(대우인터내셔널) 및 제8광구(오스트레일리아 우드사이드) 등의 탐사가 추진되고 있다.

한국과 일본은 1980년부터 1986년까지 공동개발구역에서 7개 공구를 탐사했으나 성과가 미비했고 그 후 제7광구를 적극적으로 탐사하였으나 별다른 진전이 없자 1988년 이후에는 탐사가 사실상 중단되었다. 2001년 한국과 일본의 산업부 장관 간 회담에서 공동 물리탐사 추진에 관한 공동성명서를 채택하고 공동개발구역에서의 공동탐사를 허가하였다. 그러나 2004년 일본은 경제성이 없다는 이유로 공동탐사를 일방적으로 거부하였다.[46] 일본이 지속적으로 공동탐사를 거부함에 따라 양국은 공동탐사가 아닌 공동연구로 수준을 낮추어 기존 탐사결과를 토대로 2006년부터 2010년까지 공동연구를 진행하였다. 일본은 공동연구의 진행 주체 또한 정부가 아닌 민간으로 격하시켰다. 결국 2010년 3월 일본은 석유자원 부존 가능성이 낮다는 이유로 공동연구도 종료하겠다는 의사를 표명하였고, 추가 탐사작업에 대해 부정적인 입장을 보임으로써 공동개발구역에서의 공동탐사가 중단된 상황이다.

한일 공동개발협정이 발효한 지 40여 년이 지났지만 일본의 비협조적 태도로 인해 공동탐사나 공동개발이 제대로 이루어지지 못하였다. 일본은 이 협정을 체결할 당시 유효하였던 육지영토의 자연적 연장 개념에 따른 해양경계획정에 관한 국제법이 협정이 종료되는 2028년에는 폐기되거나 약화될 것으로 전망하고 공동탐사나 공동개발에 부정적인 입장을 유지하고 있는 것으로 보인다. 이러한 일본의 태도는 「한 · 일 공동개발협정」의 이행을 거부하는 것이라고 할 수 있지만, 이 협정에는 일본의 이행을 강제할 수 있

---

46 강창일 국회의원 보도자료, "제7광구(JDZ: 한일공동개발구역), 일본의 회피로 탐사활동 6년 째 중단 중"(2010. 10. 8).

는 규정을 두고 있지 않다. 따라서 한국의 입장에서는 일본이 협력할 가능성이 없는 상황에서도 「한·일 공동개발협정」과 유엔해양법협약에 근거하여 해저자원의 탐사와 개발을 추진할 수 있는 방안을 모색할 필요가 있다.

V 대한민국의 실행에 대한 평가와 정책제언

대륙붕의 개발과 탐사에 관한 한국의 입법과 국가실행은 유엔해양법협약에 충실히 따르고 있는 것으로 평가할 수 있다. 앞에서 살펴본 바와 같이 한국은 미국의 트루먼선언을 필두로 대륙붕 자원을 확보하기 위해 노력하는 국제적 추세에 발맞추어 1952년에 평화선선언을 공표하고, 1960년대 ECAFE의 대륙붕 자원 탐사와 1969년 ICJ의 북해대륙붕 사건에 대한 국제판결을 반영하여 재빠르게 「해저광물자원 개발법」을 제정하였다. 또 실제 석유가 생산되지는 않았지만 국제사회에서 모범적인 사례로 인정받고 있는 공동개발협정을 일본과 체결하여 양국 간에 대륙붕 개발과 이용을 둘러싸고 발생할 수 있는 분쟁을 40여 년간 방지하는 데 기여하였다고 볼 수 있다.

최근 한국은 유엔 대륙붕한계위원회에 200해리 밖 대륙붕 외측 한계 설정을 위한 정보를 제출함으로써 해양법협약 제76조에 보장된 연안국의 200해리 밖 대륙붕에 대한 권리를 확보하기 위한 조치를 취하였다. 그런데 대륙붕의 해저자원개발은 어느 한 부처의 역량만으로는 제대로 실현되기 어렵기 때문에 외교부와 산업통상자원부를 비롯한 유관 부처들 간의 긴밀한 협력과 장단기 전략의 수립이 요구된다. 이하에서는 탐사기술의 급속한 발전과 대륙붕 자원 개발에 대한 경쟁 심화 등 국제환경 변화에 어떻게 대처해야 하는지 정책적 제언을 하고자 한다.

첫째, 대륙붕 개발에 관한 단행 법률이 없는 상황에서 탐사기술의 발전에 따라 심해지역에 대한 자원탐사가 활발하게 진행되고 있음을 고려하여 해저자원 개발에 관한 법령을 전반적으로 정비하고 보완할 필요가 있다. 우선 현행 「배타적 경제수역법」은 배타적 경제수역에 대해서만 규정하고 있어 대륙붕의 생물, 무생물 자원의 개발에 관한 국내법적 근거가 분산되어 있다는 문제가 있다. 물론 「해저광물자원 개발법」이 대륙붕 광물자원 개발의 국내법적 근거임은 명확하지만 해양법협약에서 보장하고 있는 대륙붕의 생물 및 무생물 자원 개발에 관한 내용은 규율하지 못하고 있다. 해양법협약에 따르면 배타적 경제수역이 해저 생물과 무생물 자원의 개발권을 다루는 데 비해 대륙붕은 해저와 하층토의 무생물자원 개발에 대한 주권적 권리를 대상으로 하므로 양자의 제도에서 도출되는 대한민국의 권리와 의무를 명확히 구별하여 규율할 필요가 있다. 2016년 10월 현재 「배타적 경제수역법」을 배타적 경제수역 및 대륙붕에 관한 법률로 바꾸고 대륙붕에 관한 사항을 추가하려는 개정안이 국회에 계류 중이다.[47]

이 밖에 법령정비를 통해 반영할 필요가 있는 내용으로는 ① 국제법규를 고려한 심해지역 설치 시설물의 원상회복 면제 기준, ② 대륙붕 탐사개발에 대한 성공불 융자 등 정부의 지원 관련 사항, ③ 국내 대륙붕 생산물 판매 관련 사항 등이 있다. 법령정비를 위해서는 우선 해외의 입법례에 대한 면밀한 검토가 필요하고, 그러한 검토를 바탕으로 한국의 대륙붕 자원 개발 실정에 맞는 법제화가 추진되어야 할 것이다.

둘째, 해저광구를 보다 효율적으로 설정하고 운영할 필요가 있다. 동해 제8광구 상위지역 등 광구 미설정 지역에 대해 해저광구를 설정할 필요가 있다. 대륙붕 개발이 요구될 때 해저조광권이 적시에 허가될 수 있는 허가 제도의 도입 역시 필요하다. 또 광구를 세분화하고 유망광구를 지정할 필요

---

47 배타적 경제수역법 일부개정법률안 (박지원 대표발의)(2016.7. 11) 참조.

가 있다. 국내 해저광구는 면적(3~4만km²)이 넓어 광구별 유망성 평가가 어려운 실정이기 때문에 석유부존 유망성이 큰 지역을 유망광구로 지정하여 성공불 융자 등 우선지원 정책을 실시한 필요가 있다.

셋째, 서해분지와 제주분지를 탐사하기 위해 중국 및 일본과 협력을 강화하고 소극적인 국가들을 공동탐사로 유인할 수 있는 방안을 마련해야 한다. 황해에는 한중 간에 해양경계가 획정되어 있지 않고 중국이 한국의 일방적인 탐사에 반대하고 있기 때문에 서해분지에서의 탐사활동에 많은 제약이 가해지고 있다. 2005년 중국 측의 항의로 서해분지의 제2광구 시추계획이 철회된 적도 있다. 이후 서해분지 탐사실적은 거의 미미한 수준에 머무르고 있다.

다만 한국석유공사와 중국 해양석유총공사CNOOC, 지질자원연구원 등 민간기관들 간의 공동연구는 지속적으로 진행되고 있다. 2002년부터 한국석유공사와 중국 해양석유총공사 간의 공동연구 및 연례기술회의가 실시되어 왔다. 2013년 한국석유공사와 중국 해양석유총공사는 서해분지 공동탐사를 위한 협의를 진행하였고 도출된 합의안의 수락을 중국 정부에 요청한 상태이다. 중국과의 공동탐사를 촉진하기 위해서는 양국의 국영석유사와 지질연구원 간 서해분지에 대한 공동연구를 지속적으로 추진하고 연구결과를 적절한 방식으로 활용할 수 있는 방안을 마련해야 한다. 또 한·중 황해 공동탐사구역을 설정하고 측선 탐사 등 공동탐사 관련 회의를 정례적으로 개최해야 할 것이다.

한편 일본은 대륙붕 경계획정 원칙에 관한 국제판결례의 동향이 육지의 자연적 연장의 개념보다는 중간선 원칙을 선호하는 방향으로 전환됨에 따라 한일 공동개발구역에서의 탐사에 소극적인 입장을 견지하고 있다. 일본과의 공동개발을 위해서는 단기적인 방안과 장기적 방안으로 나누어 대응할 필요가 있다. 당장 실행이 가능한 대응방안으로는 한국석유공사, 지질자원연구원 등과 일본 민간기관 간 공동연구 협력을 강화함으로써 자료와 정보를 축적하고 상업화할 가능성이 있는 석유매장량의 위치를 파악할 필요가 있다. 유효기간이 50년인 대륙붕공동개발협정이 종료된다고 하더라도 대륙붕경계획정 협상에서 자원 매장량의 위치를 파악하고 있다면 유리한 협상 결과를 얻는 데 도움이 될 것이다. 또 2002년 실시한 공동 물리탐사 결과 도출된 공동개발구역 1개 유망구조에 대한 추가 탐사를 실시하기 위해 일본 정부를 지속적으로 압박하고 설득할 필요가 있다.

장기적으로는 2028년 「한·일 공동개발협정」 종료에 대응하기 위해 시나리오별 대응방안을 마련할 필요가 있다. 현재 소극적인 일본의 태도로 보아 일본은 기존의 공동개발협정을 종료시키고 중간선 원칙을 고집할 것으로 전망된다. 다른 한편으로는 「한·일 공동개발협정」을 존치시키면서 일본 측에 유리한 방향으로 개정을 제의하는 방안도 검토할 필요가 있다. 일본에서 상정할 수 있는 가능성을 시나리오별로 정리하여 한국의 입장에서 제시할 수 있는 대안과 타협안을 마련해야 할 것이다.

¤ 참고문헌

1. 김석우, "특별좌담: 한국의 대륙붕 선언 40주년", 『서울국제법연구』, 제17권 제1호 (2010).
2. 김은수, "한국과 일본간 남부대륙붕 경계획정에 관한 법적 문제점 소고", 『국제법학회논총』, 제44권 제2호 (1999).
3. 김자영, "관할권 중첩수역 해양공동개발에 관한 국제법 체제와 한일 대륙붕 공동개발협정의 재조명", 『국제법학회논총』, 제60권 제2호 (2015).
4. 성조환, "대륙붕 해저광물자원 개발정책의 문제점과 개선방안: 해저광물자원개발법을 중심으로", 한독사회과학논총, 제12권 제1호 (2002).
5. 신창훈, "대한민국의 대륙붕선언의 기원과 1974년 한일대륙붕공동개발협정의 의의", 『서울국제법연구』, 제13권 제2호 (2006).
6. 이기범, "200해리 이원에 존재하는 대륙붕에 대한 중첩된 권원과 대륙붕한계위원회 역할의 한계", 『국제법학회논총』, 제57권 제3호 (2012).
7. 이석용, "국제법상 대륙붕의 정의와 한계설정 연구", 『과학기술법연구』, 제14권 제2호 (2009).
8. 이창열, "유엔해양법협약 및 관련 규칙의 해석을 통해 본 대륙붕한계위원회의 역할과 한계", 『국제법학회논총』, 제57권 제4호 (2012).
9. 정인섭, "1952년 평화선 선언과 해양법의 발전", 『서울국제법연구』, 제13권 제2호 (2006).
10. 최지현, "일본에 대한 대륙붕한계위원회 권고의 비판적 검토: 오키노도리시마에 대한 판단을 중심으로", 『해사법연구』, 제27권 제1호 (2015).
11. Nandan, Satya N., Shabtai Rosenne, and Neal R. Grandy, *United Nations Convention on the Law of the Sea 1982 - A Commentary,* vol. II (Leiden: Martinus Nijhoff Publisher, 1993).
12. Nordquist, M. H., Moore, J. N. and Heidar, T. H.(eds.), *Legal and Scientific Aspects of Continental Shelf Limits* (Leiden: Martinus Nijhoff Publishers, 2003).
13. Peter J. Cook and Chris M. Carleston (eds.), *Continental Shelf Limits: The Scientific and Legal Interface* (Oxford: Oxford University Press, 2000).

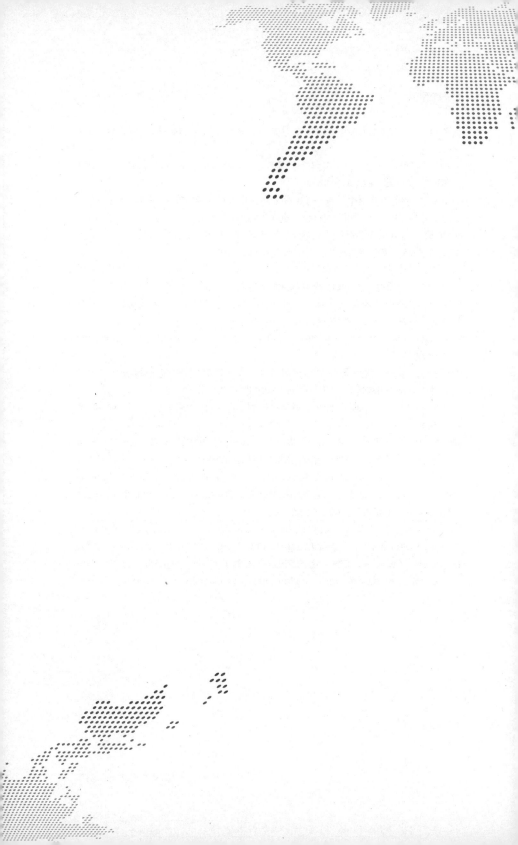

제6장

해양경계획정

이기범

I 해양경계획정 개관

'해양경계획정'이란 영해, 배타적 경제수역, 대륙붕 등 어떤 해양영역에 대해 둘 이상의 연안국의 권원entitlement이 중첩될 때 경계선을 설정하는 것을 말한다. 해양이 법적인 의미에서 영해와 공해로만 나누어져 있던 때에도 영해의 경계획정 문제는 존재하였으나, 그 시절 연안국들의 주된 관심사는 영해의 폭을 어느 정도로 할 것인가라는 영해의 한계설정 문제였다. 그런데 미국 정부가 1945년 9월 28일 대륙붕에 관한 미국의 정책을 담은 '트루먼선언'[1]을 공포한 이후 대륙붕제도가 국제해양법상의 제도로 확립되면서 해양경계획정 문제는 중요한 과제 중 하나로 부상하였다.

---

1 Truman Proclamation (Proclamation 2667 of 28 September 1945 — Policy of the United States with Respect to the Natural Resources of the Subsoil and Sea Bed of the Continental Shelf —). See United Nations (ed.), *Laws and Regulations on the Regime of the High Seas* (New York: United Nations Publications, 1951), Vol. I, pp. 38–40.

1958년 제네바에서 채택된「대륙붕협약」제6조에서는 대륙붕의 경계획정을 위한 규범으로 '등거리-특별사정 규칙Equidistance-Special Circumstances Rule'을 성문화하였다. 그러나 이 규칙은 1969년 국제사법재판소(이하 ICJ)의 북해대륙붕 사건[2]에서 국제관습법으로 인정받지 못하였고, 이는 1973년 시작된 제3차 유엔 해양법회의에서 대륙붕의 경계획정을 규율하는 규칙에 관한 합의 도출을 어렵게 하는 결과로 이어졌다. 더구나 제3차 유엔 해양법회의에서는 배타적 경제수역 제도의 도입과 함께 배타적 경제수역의 경계획정을 위한 규칙의 성문화도 논의대상이었는데, 이 또한 합의에 도달하기에는 난관이 많았다. 결국 1982년에 채택된 해양법협약에서 "공평한 해결에 이르는 것to achieve an equitable solution"을 배타적 경제수역 및 대륙붕의 경계획정에 관한 규칙으로 규정함으로써 오로지 경계획정의 목적만을 성문화할 수 있었다(제74조 제1항 및 제83조 제1항).

해양경계획정을 위한 국제법의 성문화 과정이 쉽지 않았던 것과 비교하여, ICJ, 국제해양법재판소, 중재재판소 등 국제재판소는 1969년 ICJ의 북해대륙붕 사건을 시작으로 2014년 방글라데시-인도 중재 사건[3]까지 19개의 해양경계획정 사건에 대해 판결을 내렸다. 이는 적지 않은 수로 해양경계획정 문제가 오늘날 국제재판소가 다루고 있는 분쟁 중 대표적인 주제 가운데 하나임을 보여 준다. 이에 해양경계획정을 규율하는 규칙, 해양경계획정과 관련한 쟁점들, 그리고 대한민국의 해양경계획정 문제 등을 살펴보고자 한다.

---

2 *North Sea Continental Shelf, Judgment, I.C.J. Reports 1969*, p. 3.

3 *The Bay of Bengal Maritime Boundary Arbitration between Bangladesh and India* (The Hague, 7 July 2014), http://www.pcacases.com/web/view/18 (2016. 10. 31. 최종방문).

II 해양경계획정에 적용되는 국제법상의 규칙

1. 영해

유엔해양법협약 제15조에서는 영해의 경계획정을 규율하고 있다. ICJ는 2001년 카타르-바레인 사건[4]에서 제15조가 국제관습법을 반영하고 있다고 판시하였다.[5] 특히 ICJ는 해양법협약 제15조를 '등거리-특별사정 규칙'이라고 지칭하면서, 이 규칙을 적용하는 방법은 첫째, 잠정적으로 등거리선을 설정하고, 둘째, 특별사정에 비추어 잠정적으로 그려진 등거리선을 이동시키는 것이라 하였다.[6] 그러나 2007년 니카라과-온두라스 사건[7]에서 ICJ는 제15조를 적용하는 데 있어 잠정적으로 등거리선을 그리지 않는다 하더라도 이것이 제15조를 잘못 적용하는 것은 아니라고 하면서 잠정적 등거리선 설정이 의무적인 것은 아니라는 점을 분명히 하였다.[8] 다시 말해, 영해의 경계획정 시 잠정적 등거리선이 아닌 각의 이등분선bisector line이 설정될 수도 있다(그림 6-1).

참고로 해양법협약 제15조는 두 가지 면에서 주목할 만한 특이점이 있다. 첫째, 일반적인 해양경계획정 정의와 달리 관련 연안국들이 합의하지 않는 한 연안국의 영해에 대한 권원이 등거리선을 넘을 수 없다고 규정하고 있다. 즉, 둘 이상의 연안국의 영해에 대한 권원이 중첩하기에 경계획정을 해

---

4 *Maritime Delimitation and Territorial Questions between Qatar and Bahrain, Merits, Judgment, I.C.J. Reports 2001*, p. 40.

5 *Ibid.*, pp. 93-94, paras. 175-176.

6 *Ibid.*, p. 94, para. 176.

7 *Territorial and Maritime Dispute between Nicaragua and Honduras in the Caribbean Sea (Nicaragua v. Honduras), Judgment, I.C.J. Reports 2007*, p. 659.

8 *Ibid.*, pp. 743-745, para. 280.

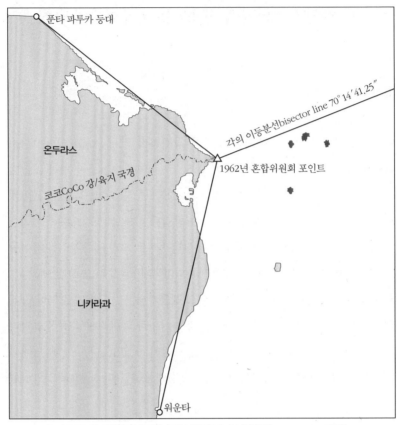

푼타 파투카 등대

온두라스

코코CoCo 강/육지 국경

각의 이등분선bisector line 70° 14′ 41.25″

1962년 혼합위원회 포인트

니카라과

워운타

그림 6-1 영해의 경계획정 시 사용된 각의 이등분선bisector Line의 예

야 한다는 설명은 제15조의 규정에 관한 한 올바른 설명이 아니다. 둘째, '역사적 권원historic title'을 특별사정의 하나로 예시하고 있는데, 이는 영해의 경계획정에 관해서는 역사적 권원이 중요하게 취급될 수 있다는 것을 암시한다.

2. 배타적 경제수역

해양법협약 제74조 제1항은 배타적 경제수역의 경계획정에 관한 규칙을 성문화하였다. 이 규칙은 "공평한 해결에 이르는 것"이다. 따라서 제74조 제1항의 "국제사법재판소 규정 제38조에 언급된 국제법을 기초로on the basis of international law, as referred to in Article 38 of the Statute of the International Court of Justice"라는 문구를 향후 배타적 경제수역의 경계획정에 관한 국제관습법이 형성될 여지가 있다고 해석하여 '등거리방법equidistance method'의 의무적인 사용을 국제법상의 규칙으로 간주하려는 시도를 하면 안 될 것이다. 그 이유는 해양법협약이 채택된 후 1984년 ICJ 특별재판부special chamber가 판결한 메인 만 사건[9]에서도 제74조 제1항은 "공평한 해결에 이르는 것"을 규범화하고 있는 것이라고 해석되었고, 제74조 제1항의 성문화 배경을 살펴보면 향후 등거리방법이 국제관습법이 될 여지가 있어서 이러한 문구를 삽입한 것은 아니라는 점을 명확히 알 수 있기 때문이다.

2012년 니카라과-콜롬비아 사건[10]에서 ICJ는 결국 해양법협약 제74조 제1항이 국제관습법을 반영하고 있다는 것을 인정하였고,[11] 이는 해양법협약의 당사국이 아닌 국가도 "공평한 해결에 이르는 것"을 배타적 경제수역의 경계획정을 위한 규칙으로 준수해야 한다는 것을 의미한다.

---

9 *Delimitation of the Maritime Boundary in the Gulf of Maine Area, Judgment, I.C.J. Reports 1984*, p. 246.

10 *Territorial and Maritime Dispute (Nicaragua v. Colombia), Judgment, I.C.J. Reports 2012*, p. 624.

11 *Ibid.*, p. 674, para. 139.

3. 대륙붕

해양법협약 제83조 제1항은 대륙붕의 경계획정에 관한 규칙을 성문화하고 있는데, 이 규칙은 1958년 「대륙붕협약」 제6조를 통해 성문화된 '등거리-특별사정 규칙'과는 전혀 다른 "공평한 해결에 이르는 것"이다. 대륙붕의 경계획정에 관한 규칙으로는 1958년 「대륙붕협약」이 규정한 '등거리-특별사정 규칙', 1982년 해양법협약이 규정하고 있는 "공평한 해결에 이르는 것"이라는 규칙, 그리고 1969년 ICJ의 북해대륙붕 사건에서 국제관습법으로 인정되었던 '형평한 원칙-관련사정 규칙Equitable Principles-Relevant Circumstances Rule'[12] 등 세 가지가 있다.

세 가지 규칙 중 해양법협약 당사국들 간에는 해양법협약 제83조 제1항이 규정하고 있는 "공평한 해결에 이르는 것"이라는 규칙이 적용되며, 2012년 니카라과-콜롬비아 사건에서 ICJ가 해양법협약 제83조 제1항이 국제관습법을 반영하고 있다는 것을 인정하였기 때문에,[13] 해양법협약 비당사국들 간의 대륙붕 경계획정과 같이 국제관습법이 적용되는 경우에도 "공평한 해결에 이르는 것"이라는 규칙이 적용될 것이다. 즉, 1958년 「대륙붕협약」이 규정한 '등거리-특별사정 규칙' 및 1969년 ICJ의 북해대륙붕 사건이 언급한 대륙붕의 경계획정에 관한 '구'국제관습법인 '형평한 원칙-관련사정 규칙'이 적용될 여지는 더 이상 존재하지 않는다고 할 수 있다.

4. 배타적 어업수역 등 기타 해양영역

해양법협약은 배타적 경제수역과 유사하지만 배타적 경제수역이 아닌 '배

---

12 *Supra* note 2, pp. 46-47, para. 85.
13 *Supra* note 10, p. 674, para. 139.

타적 어업수역'과 같은 해양영역에 관한 조문을 두고 있지 않다. 그렇다고 하여 배타적 어업수역 제도가 해양법협약과 부합하지 않는다고 단정할 수는 없기 때문에, 이러한 해양영역에 대해서는 어떤 경계획정에 관한 규칙을 적용해야 하는지가 논의되어야 할 것이다.

1984년 ICJ 특별재판부의 메인 만 사건은 캐나다와 미국 간 배타적 어업수역과 대륙붕이라는 법적으로 다른 두 해양영역을 하나의 선을 이용하여 경계를 획정하는 '단일해양경계single maritime boundary' 설정에 관한 사건이다. 이 사건에서 단일해양경계 설정을 규율하는 규칙, 즉 국제법이 무엇인지가 결정되어야 하였다. 단일해양경계 설정에 관한 '최초의' 사건인 메인 만 사건에서 ICJ 특별재판부는 '모든' 해양경계획정에서 적용될 수 있는 '근본규범fundamental norm'을 정의하였는데, 근본규범의 핵심적인 구성요소는 '관련 국가들 간 합의'와 '공평한 결과의 달성'이었다.[14]

더구나 2012년 니카라과-콜롬비아 사건에서 ICJ는 "해양법협약 제74조 및 제83조에 나타난 해양경계획정의 원칙이 국제관습법을 반영하고 있다."고 언급하였다.[15] 배타적 경제수역 또는 대륙붕의 경계만 획정하는 것이 아니라 단일해양경계를 설정하고 있는 이 사건에서 ICJ가 '적용법규applicable law'로 해양법협약 제74조 및 제83조에 규정되어 있는 원칙을 제시하고 있다는 것은 '모든' 해양경계획정에서 "공평한 해결에 이르는 것"이 국제관습법으로 적용될 수 있음을 의미한다.

따라서 "공평한 해결에 이르는 것"은 배타적 경제수역 또는 대륙붕의 경계획정은 물론 배타적 어업수역의 경계획정 또는 단일해양경계의 설정까지도 규율하는 국제관습법이 되었다고 할 수 있다. 이는 앞으로 국제해양법에 새로운 해양영역 개념이 도입되고 이와 관련된 경계획정이 문제가 되더

---

14 *Supra* note 9, pp. 299-300, para. 112.
15 *Supra* note 10, p. 674, para. 139.

라도 "공평한 해결에 이르는 것"이 국제관습법으로 적용될 수 있음을 의미
한다.

Ⅲ 해양경계획정의 실제적인 수행

1. 단일해양경계의 설정 관행

해양법협약이 발효된 1994년 이후 해양법협약을 '적용법규applicable law'
로 하여 대륙붕의 경계획정만을 다루거나 배타적 경제수역의 경계획정만
을 다룬 국제재판소의 판결 또는 결정은 존재하지 않는다. 그 이유는 해양
법협약이 배타적 경제수역에 대한 권원의 기초로 200해리를 한계로 '거리
distance' 개념을 받아들였고, 대륙붕에 대한 권원의 기초 또한 200해리까지
는 '거리'라고 해석할 수 있기에, 영해의 한계선으로부터 200해리까지는 하
나의 선을 이용하여 법적으로 다른 두 해양영역인 배타적 경제수역과 대륙
붕의 경계를 획정하는 '단일해양경계' 설정이 국제재판소의 주요 과제가 되
었기 때문이다. 즉, 최초로 단일해양경계를 설정한 1984년 ICJ 특별재판부
의 메인 만 사건 이후 대륙붕 경계획정 문제를 다룬 1985년 ICJ의 리비아-
몰타 사건[16]을 제외한 모든 해양경계획정에 관한 국제재판소의 판결 또는
중재판정은 단일해양경계 설정과 관련되어 있다.

　국제법상 단일해양경계 설정이 가능한지에 대해, 1984년 메인 만 사건을
다룬 ICJ 특별재판부는 단일해양경계 설정을 금지하고 있는 국제법은 존재
하지 않으며 단일해양경계를 설정하는 데 있어 실질적인 어려움이 없다는

---

16 *Continental Shelf (Libyan Arab Jarnahiriya/Malta), Judgment, I.C.J. Reports 1985*, p. 13.

이유를 들면서 단일해양경계의 설정이 가능하다고 하였다.[17] 이 사건 이후 해양법협약상 배타적 경제수역과 대륙붕이 법적으로 구별되는 별도의 해양 영역이고 해양법협약에 단일해양경계 설정에 관한 어떤 규정도 존재하지 않음에도 불구하고 해양경계획정 문제의 해결을 원하는 연안국들은 국제재 판소에 단일해양경계 설정을 요구해 왔다. 이는 단일해양경계 설정이 연안 국의 해양영역을 명확하게 하여 연안국이 관련 해양영역에서 주권적 권리 및 관할권을 행사하는 데 어려움을 겪지 않도록 할 수 있기 때문이다. 더구 나 1993년 ICJ의 그린란드-얀마엔 사건[18]에서는 단일해양경계 설정이 아닌 '분리되었지만 일치하는 2개의 선two separate but coincident lines'을 그렸는 데, 이 사건에서 ICJ는 배타적 어업수역의 경계선과 대륙붕의 경계선이 일치 하고 있는 이유에 대해 아무런 설명도 하지 않았다.[19] 따라서 이 사건을 고려 해 보면 배타적 경제수역 또는 배타적 어업수역의 경계선과 대륙붕의 경계 선은 법적으로는 별도의 경계선이지만 국제재판소의 판결에서 2개의 경계 선이 분리될 가능성은 크지 않다고 할 수 있다.

해양법협약 기초자들이 단일해양경계 설정에 관한 규칙을 성문화하지 않 았음에도 불구하고 2001년 ICJ의 카타르-바레인 사건에서 언급하고 있는 바와 같이 단일해양경계 설정은 국가관행State practice으로부터 유래하였 는데,[20] 이러한 관행은 지금까지 해양법협약 체제와 별다른 불협화음을 일 으키지 않고 있다고 할 수 있다. 다만 단일해양경계가 기본적으로는 해저와 그 상부수역의 경계를 하나의 선으로 획정하는 '수직적' 개념이지만, 2001 년 카타르-바레인 사건에서 영해의 경계선도 단일해양경계 설정의 구성요

---

17 *Supra* note 9, p. 267, para. 27.
18 *Maritime Delimitation in the Area between Greenland and Jan Mayen, Judgment, I.C.J. Reports 1993*, p. 38.
19 *Ibid.*, p. 79, para. 90.
20 *Supra* note 4, p. 93, para. 173.

소에 포함되었다는 점에서 단일해양경계의 정의가 '수평적' 개념으로 해석될 여지도 있다는 점을 염두에 두어야 할 것이다.[21]

2. 해양경계획정을 위한 3단계 방법론

(1) 3단계 방법론 일반

2009년 ICJ의 루마니아와 우크라이나 간 흑해 사건[22]은 해양경계획정을 위한 '3단계 방법론'[23]을 제시한 판결로 유명하다. 3단계 방법론은 다음과 같이 적용된다. 첫째, 잠정적으로 등거리선을 설정하고, 둘째, 잠정적으로 설정된 등거리선을 움직이게 할 수 있는 '관련사정relevant circumstances'을 고려하여 필요시 그 등거리선을 이동시킨 후, 셋째, 관련 해안들의 길이 간의 비율과 관련 영역들의 면적 간의 비율을 비교하는 '불균형성 점검 disproportionality test'을 수행한다.

ICJ는 해양법협약 제74조 제1항 및 제83조 제1항에서 규정하고 있는 "공평한 해결에 이르는 것"이라는 다소 모호한 규칙을 적용하기 위해 이러한 3단계 방법론을 확립한 것이다. 하지만 ICJ는 3단계 방법론을 확립하면서도 잠정적으로 등거리방법을 사용할 수 없는 예외를 언급하였으며,[24] 2014년 ICJ의 페루−칠레 사건[25]에서 알 수 있는 바와 같이 3단계 방법론이 사용되지 않을 수도 있다는 것을 염두에 두어야 할 것이다.[26] 다시 말해, 3단계

---

21 Ibid., p. 91, para. 169.
22 Maritime Delimitation in the Black Sea (Romania v. Ukraine), Judgment, I.C.J. Reports 2009, p. 61.
23 Ibid., pp. 101−103, paras. 115−122.
24 Ibid., p. 101, para. 116.
25 Maritime Dispute (Peru v. Chile), Judgment (27 January 2014), http://www.icj−cij.org/docket/files/137/17930.pdf (2016. 10. 31. 최종방문).
26 Ibid., p. 65, paras. 193−194.

방법론은 배타적 경제수역 및 대륙붕의 경계획정 시 반드시 적용해야 하는 규칙, 즉 국제법이 아니라 해양경계획정을 위해 적용할 수 있는 여러 '방법 method' 중 하나에 불과하다.

그럼에도 불구하고 ICJ가 국제관습법이 아닌 해양법협약 제74조 제1항 및 제83조 제1항 자체를 적용법규로 원용한 최초의 사건인 2002년 카메룬-나이지리아 사건[27] 이후 단시간 내에 자신만의 방법론을 체계화하였고, 2009년 이후 국제해양법재판소ITLOS 또는 해양법협약 제7부속서 중재재판소가 3단계 방법론을 사용해 왔다는 것은, 법 적용의 예측가능성 차원에서 올바른 방향이라 평가할 수 있을 것이다.

(2) 첫 번째 단계에서 사용되는 등거리방법

3단계 방법론 적용 시 첫 번째 단계에서는 위에서 언급한 바와 같이 잠정적으로 등거리선이 그려진다. 즉, 등거리방법이 사용된다. 이러한 등거리방법은 1958년 「대륙붕협약」 제6조에서 대륙붕의 경계획정을 위한 규범으로 성문화한 '등거리-특별 사정 규칙'하에서는 법적 구속력을 가지는 하나의 규범적 요소였다.

하지만 9년여에 걸쳐 열린 제3차 유엔 해양법회의를 통해 등거리방법을 구속력 있는 규범으로 해양법협약에 삽입하려는 시도가 실패한 이후 등거리방법은 국제법이 아닌 국제법 적용 시 선택할 수 있는 하나의 '방법'에 불과하다. 더구나 2007년 니카라과-온두라스 사건에서 ICJ는 이러한 등거리방법이 다른 방법에 비해 당연히 우선적인 것은 아니라고 언급하였다.[28] 그럼에도 불구하고 등거리방법은 기하학적으로 객관적인 방법이며 사용하

---

27 *Land and Maritime Boundary between Cameroon and Nigeria (Cameroon v. Nigeria: Equatorial Guinea intervening), Judgment, I.C.J. Reports 2002*, p. 303.

28 *Supra* note 7, p. 741, para. 272.

는 데 있어 상대적으로 어렵지 않기 때문에, 이 방법을 3단계 방법론의 첫 번째 단계에서 '잠정적으로' 사용하는 것이 "공평한 해결에 이르는 것"이라는 국제법을 적용함에 있어 큰 논란을 일으키지는 않고 있다. 다만 2007년 니카라과-온두라스 사건에서 등거리방법이 아닌 각의 이등분방법bisector method이 사용되었다는 것을 고려하면 등거리방법이 아직까지 '강제적인 (의무적인)' 사용을 의미하는 등거리 '원칙'으로 전환된 것은 아니라고 보아야 할 것이다.

(3) 두 번째 단계에서 고려되는 관련사정

1) '관련사정'의 개념

3단계 방법론 적용 시 첫 번째 단계에서 잠정적으로 설정된 등거리선을 움직이게 할 수 있는 '관련사정relevant circumstances' 개념에 대해서는 상당한 논의를 필요로 한다.

　'관련사정'이라는 용어는 1969년 ICJ의 북해대륙붕 사건에서 등장하였다. 이러한 이유로 이 사건에서 당시의 국제관습법으로 인정된 대륙붕의 경계획정에 관한 규칙을 '형평한 원칙-관련사정 규칙'이라 부르고 있다. 그런데 관련사정 개념과 관련해서는 세 가지 정도가 문제가 된다. 첫째, '특별사정special circumstances'과 '관련사정relevant circumstances'은 어떤 관계인지, 둘째 관련사정을 어떤 기준에 따라 분류할 수 있는지, 셋째 관련사정의 실제적인 예는 무엇인지 등이다.

2) '특별'사정과 '관련'사정의 관계

특별사정과 관련사정은 기본적으로 등거리선을 움직이게 한다는 점에서는 같은 개념이라 할 수 있다. 따라서 두 용어는 서로 대체 가능한 용어로 인식될 가능성이 높다. 하지만 영해의 경계획정을 규율하는 해양법협약 제15조에 특별사정이라는 용어가 나와 있을 뿐 그 외에는 해양법협약에서 특별사정이라는 용어를 찾을 수 없다는 점에 주의할 필요가 있다.

1993년 그린란드-얀마옌 사건에서 ICJ는 관련사정을 "경계획정 과정에서 고려될 필요가 있는 사실fact necessary to be taken into account in the delimitation process"이라고 정의하며,[29] 특별사정과 관련사정이라는 두 용어가 동화되고 있다는 점을 지적하였다.[30] 하지만 이 사건에서 ICJ는 두 용어의 기원이 다르다는 것을 인지하였는데, 이러한 기원의 차이를 연구하면 오늘날 특별사정이라는 용어가 2002년 ICJ의 카메룬-나이지리아 사건을 마지막으로 국제재판소의 판결 또는 결정에서 더 이상 사용되지 않고 있는 이유를 알 수 있을 것이다.

특별사정이라는 용어의 기원은 1958년 「대륙붕협약」 제6조, 즉 조약상의 규정이다. 이에 반해 관련사정이라는 용어의 기원은 1969년 ICJ의 북해대륙붕 사건에서 언급된 '형평한 원칙-관련사정 규칙'이다. 이러한 기원의 차이를 고려하면 두 용어가 가리키고 있는 개념이 경계획정 과정에서 각각 어떠한 위치인지 생각해 볼 수 있다. 특별사정은 잠정적으로 등거리선을 설정한 '이후', 즉 등거리선의 설정을 전제로 고려되는 개념이다. 반면 관련사정은 특별사정과 달리 잠정적 등거리선 설정 '이전'에도 고려될 수 있는 개념으로, 이는 관련사정을 고려하여 등거리선이 아닌 각의 이등분선이 잠정적으로 설정될 수 있다고 판시한 2007년 ICJ의 니카라과-온두라스 사건에서 확인할 수 있다.[31]

이어서 1977년 영국과 프랑스 간 대륙붕 중재 사건[32]에서 1958년 「대륙붕

---

29 *Supra* note 18, p. 62, para. 55.

30 *Ibid.*, pp. 62-63, para. 56.

31 *Supra* note 7, p. 742, para. 277; *ibid.*, pp. 745-749, paras. 283-298.

32 *The Delimitation of the Continental Shelf between the United Kingdom of Great Britain and Northern Ireland, and the French Republic* (Geneva, 30 June 1977), *UNRIAA*, Vol. XVIII, p. 3.

협약」 제6조의 '등거리'와 '특별사정' 두 가지를 결합되어 있는 규범적 요소로 해석한 것[33]이 해양법협약에 반영되지 못하였을 뿐만 아니라 국제관습법이 되지도 못한 점을 생각해 볼 필요가 있다. 즉, 1958년 「대륙붕협약」 제6조 해석 시에는 특별사정 개념은 규범적 요소인 등거리와 결합되어 있는 또 하나의 규범적 요소였지만, 2002년 ICJ의 카메룬-나이지리아 사건이 "등거리/특별사정 '방법'Equidistance/Special Circumstances method"이라는 표현을 사용하며[34] 등거리를 경계획정을 위한 '방법'을 구성하는 하나의 요소로 간주한 이후, 특별사정 개념 또한 경계획정을 위한 '방법' 중 하나로 평가 절하 되었다.

이에 반해, 관련사정 개념은 규범성이 강화되는 모습을 보여 주고 있다. 그 이유는 비록 관련사정의 예들이 한정적인 것은 아니지만, 2012년 ICJ의 니카라과-콜롬비아 사건[35]에서 알 수 있는 것과 같이 과거의 판례에서 관련사정 중 하나로 인정된 어떤 관련사정이 이후의 판례에서 사정의 '관련성'을 판단하는 기준으로 사용된다는 점에서 국제재판소에서 한 번 인정된 관련사정의 예는 단순한 사실이 아닌 국제재판소가 행사할 수 있는 재량의 '한계'로 인식될 수 있기 때문이다. 예를 들어 어떤 해양경계획정 사건에서 '해안선 길이 간의 격차'라는 사실이 존재하는 경우, 이 사건을 다루고 있는 국제재판소가 과거 판례에 비추어 해안선 길이 간의 격차라는 사실을 무시하기는 어렵다는 점에서 관련사정 개념은 규범성을 획득해 가고 있다고 보아야 한다.

---

33 *Ibid.*, pp. 45-46, para. 70.
34 *Supra* note 27, p. 441, para. 288.
35 *Supra* note 10, p. 702, para. 211.

3) 관련사정 개념의 구분

관련사정의 예가 처음 언급된 것은 1969년 ICJ의 북해대륙붕 사건이었다. 이 사건에서 ICJ는 해안의 일반적인 모양 또는 특별한 지리적 요소의 존재, 대륙붕의 지질 구조 및 천연자원, 비례성 등을 분쟁 당사국들이 대륙붕의 경계획정을 위해 교섭할 때 고려할 요소로 예시하였다.[36] 이 사건 이후 해양 경계획정에 관한 국제재판소의 판결 또는 결정마다 어떤 사실을 관련사정으로 간주해야 하는지에 관한 분쟁 당사국들 간의 논란이 있어 왔다.

그런데 1984년 ICJ 특별재판부의 메인 만 사건에서 배타적 어업수역과 대륙붕의 경계획정에 공통되는 관련사정을 고려하여 단일해양경계가 설정되어야 한다는 점을 언급하며, '중립적인 사정neutral circumstances'이라는 개념을 도출한 것에 주의할 필요가 있다.[37] 단일해양경계 설정에서 배타적 경제수역과 대륙붕에 공통으로 관련이 있는 중립적인 사정이 고려되어야 하는 이유는 단일해양경계 설정이라는 개념이 해저와 그 상부수역의 경계를 '하나의' 선으로 획정하는 것을 의미하기 때문이다. 이러한 중립적인 사정의 대표적인 예는 '해안지리coastal geography'인데,[38] 배타적 경제수역 및 대륙붕에 대해 연안국이 권원을 주장할 수 있는 이유는 바로 그 연안국이 해안을 가지고 있기 때문이다. 따라서 관련사정 개념은 크게 중립적인 사정의 대표적인 예인 '지리적 요소geographical factors'와 배타적 어업수역과 대륙붕 중 오로지 하나의 해양영역에만 관련이 있는 '비지리적 요소non-geographical factors'로 구분할 수 있다.

---

36 *Supra* note 2, pp. 53-54, para. 101.

37 *Supra* note 9, p. 327, para. 194.

38 *Ibid.*, p. 327, para. 195.

4) 지리적 요소의 예시

관련사정 중 지리적 요소란 이미 언급한 것처럼 바로 '해안지리'를 가리키는 것이다. 이러한 해안지리의 대표적인 예로는 해안의 일반적인 모양, 섬의 존재, 해안선 길이 간의 격차 등을 들 수 있다.

'해안의 일반적인 모양'과 관련해서는 1969년 ICJ의 북해대륙붕 사건에서 독일 해안의 '오목한concave' 모양이 문제가 된 이후 2012년 ITLOS의 벵골 만 사건[39]과 2014년 방글라데시-인도 중재 사건에서 방글라데시 해안의 오목한 모양이 관련사정 중 하나로 인정되었다. 이처럼 연안국 해안의 일반적인 모양이 오목한 경우가 문제가 되는 것은, 이 경우 잠정적으로 설정된 등거리선이 공평한 해결을 반영하지 못하기 때문이다. 따라서 해안의 오목한 모양은 잠정적으로 그려진 등거리선을 움직이게 하는 대표적인 관련사정으로 간주되고 있다(그림 6-2).

'섬의 존재'라는 관련사정의 여러 구체적인 예는 특별히 섬에 부여되는 효과와 관련하여 국제재판소의 판결에 나타나 있다. 예를 들어, 어떤 특정 섬은 '완전한 효과full-effect'가 아닌 '절반의 효과half-effect'[40]만을 인정받아 잠정적으로 설정된 등거리선을 움직이게 한다. 이러한 절반의 효과를 인정한 대표적인 국제재판소 판례는 1977년 영국과 프랑스 간 대륙붕 중재 사건, 1982년 ICJ의 튀니지-리비아 사건,[41] 1984년 ICJ 특별재판부의 메인 만 사건 등이다. 1977년 영국과 프랑스 간 대륙붕 중재 사건에서 중재재판소

---

39 *Dispute Concerning Delimitation of the Maritime Boundary between Bangladesh and Myanmar in the Bay of Bengal* (14 March 2012), http://www.itlos.org/fileadmin/itlos/documents/cases/case_no_16/C16_Judgment_14_03_2012_rev.pdf (2016. 10. 31. 최종방문).

40 '반분효과'라는 일반적인 번역 대신 '절반의 효과'라는 번역을 택한 이유는 반분효과라는 용어는 오로지 각도 또는 방향을 이등분으로 나누는 것만을 가리키는 데 반해 본문에서 서술하고 있는 것처럼 1984년 메인 만 사건에서 ICJ 특별재판부는 특정 섬의 위치에 대해 절반의 효과를 부여하기도 하였기 때문이다.

41 *Continental Shelf (Tunisia/Libyan Arab Jamahiriya), Judgment, I. C. J. Reports 1982*, p. 18.

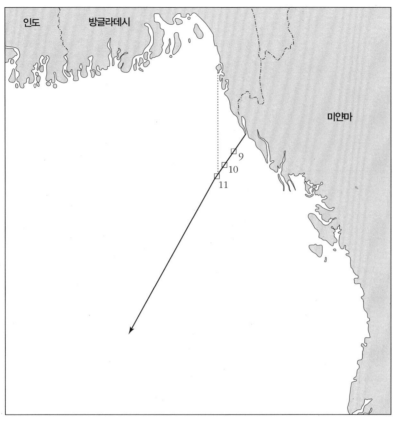

그림 6-2 해안선의 오목한 모양으로 인한 잠정적 등거리선의 이동 사례

는 영국의 '실리 제도Scilly Isles'와 본토 사이의 거리가 프랑스의 '우에상 섬 Ushant Island'과 본토 사이의 거리에 약 두 배라는 것을 지적하면서 실리 제 도의 존재가 야기할 수 있는 불균형을 해결하고자 하였다.[42] 즉, 중재재판소 는 실리 제도를 기점으로 사용한 등거리선과 실리 제도를 기점으로 사용하 지 않은 등거리선을 각각 설정한 후 이 두 등거리선 사이의 중간선을 경계 선으로 채택하는 것이 바로 실리 제도에 절반의 효과를 주는 방법이라고 판

---

42 *Supra* note 32, pp. 115-116, para. 248.

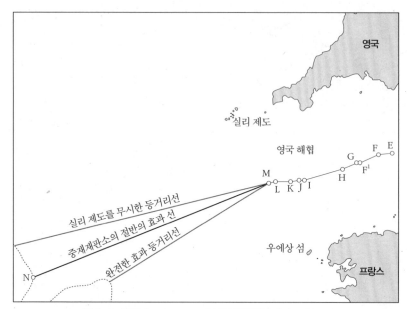

그림 6-3 실리 제도Scilly Isles에 부여된 절반의 효과half-effect

단하였다(그림 6-3).[43]

　다시 말해, 이는 '각도angle' 또는 '방향direction'에 대해 절반의 효과를 준
것이다. 이에 반해, 1984년 ICJ 특별재판부의 메인 만 사건에서는 섬의 실
제 '위치location'에 대해 절반의 효과가 주어졌다(그림 6-4).

　이 사건에서 캐나다의 '실 섬Seal Island'은 노바스코샤Nova Scotia의 지리
적 상태를 왜곡하지 않기 위해 실제 위치와 캐나다 본토 간의 중간에 존재
하는 것으로 '가정'되었다.[44] 그런데 여기서 한 가지 주의해야 할 점은 형평
한 해결에 도달하기 위해 섬에 절반의 효과를 부여하는 것과 어떤 섬이 최
소 12해리의 영해를 가져야 한다는 문제는 차원이 다르다는 것이다. 전자
는 관련사정을 고려하는 방법 중 하나이지만, 후자는 공평한 해결 도달 여

---

43 *Ibid.*, p. 117, para. 251.
44 *Supra* note 9, pp. 336-337, para. 222.

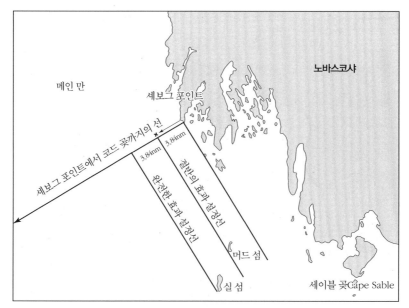

그림 6-4 실Seal 섬에 부여된 절반의 효과half-effect

부를 판단하는 기준이 된다. 2012년 니카라과-콜롬비아 사건에서 ICJ는 어떤 섬에 최소 12해리에 이르는 영해를 보장하는 것은 공평한 해결의 한 예라 언급하였는데,[45] 이는 해양법협약 제121조 제3항의 '암석 또는 바위섬 rock'에 해당하는 경우에도 해양경계획정 시 (일부 예외는 있을 수 있지만) 최소 12해리에 이르는 영해를 보장해야 한다는 것을 의미한다.

'해안선 길이 간의 격차' 또한 관련사정 중 하나이나, 이는 그 격차가 오로지 '실질적인' 경우에만 고려된다. 그리고 격차는 수학적인 비례로 고려되지 않는다. 따라서 해안선 길이 간의 격차는 잠정적으로 설정된 등거리선을 국제재판소 재량하의 일정 범위 정도로만 움직이게 하는 요소에 불과하다. 더구나 2009년 ICJ의 루마니아와 우크라이나 간 흑해 사건에서 알 수 있는 바와 같이 1:2.8 정도의 격차는 등거리선을 움직이게 하는 격차는 아니

---

45 *Supra* note 10, pp. 691-692, para. 180.

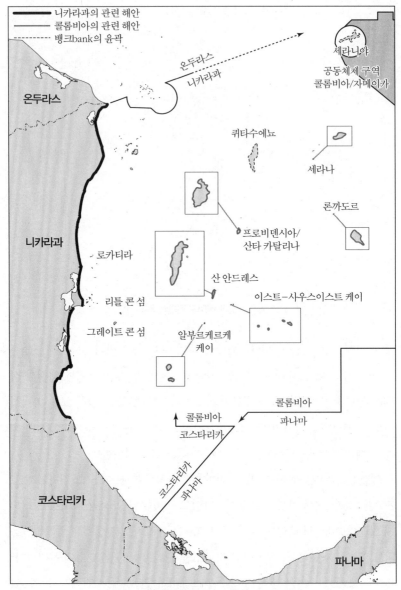

그림 6-5 실질적인 해안선 길이 간의 격차의 사례

며, 1985년 ICJ의 리비아-몰타 사건, 1993년 ICJ의 그린란드-얀마엔 사건, 2012년 ICJ의 니카라과-콜롬비아 사건 등에서 알 수 있듯이 1:8 이상의 격차는 되어야 잠정적으로 설정된 등거리선을 움직이게 하는 관련사정 중 하나로 인정된다(그림 6-5).

5) 비지리적 요소의 예시

비지리적 요소의 대표적인 예로는 '관련 국가들의 행위conducts of the States concerned'와 '경제적 요소economic factors' 등이 있다. 기본적으로 비지리적 요소는 단일해양경계 설정 시 고려되는 중립적인 사정에 해당하지 않기 때문에 엄밀히 말하면 단일해양경계를 설정하는 경우에는 고려되어서는 안 된다. 하지만 최초로 단일해양경계를 설정한 사건인 1984년 ICJ 특별재판부의 메인 만 사건에서도 경제적 요소가 고려될 가능성이 있다는 것 자체는 인정되었다. 다만 아래에서 살펴보는 바와 같이 경제적 요소를 고려할 때 그 기준이 상당히 엄격하다는 것을 기억해야 할 것이다.

'관련 국가들의 행위'가 인정된 대표적인 사건은 바로 1982년 ICJ의 튀니지-리비아 사건이다. 이 사건에서 ICJ는 양국이 석유개발허가에 관한 입법을 채택하고 석유개발양허를 부여하는 과정에서 만들어진 튀니지와 리비아 간의 사실상de facto의 경계에 주목하였는데,[46] 이는 관련 국가들의 행위에 초점을 맞춘 것이다. 그리고 2014년 페루-칠레 사건에서 ICJ는 페루와 칠레 간에 해양경계와 관련하여 묵시적 합의가 존재한다는 전제에서 그 범위를 결정하기 위해 1950년대 양국의 '어업 능력 및 활동fishing potential and activity'을 고려하였다. 1950년대 페루와 칠레의 주요한 어업자원이었던 멸치, 다랑어 등은 페루와 칠레 양국의 주요 항구로부터 60해리 이내에

---

46 *Supra* note 41, pp. 83-84, paras. 117-118.

서 발견되었고,[47] 이를 어획하기 위해 페루와 칠레의 선단이 자국의 주요 항구에서 출발하였을 때 해양경계선의 시작점으로부터 약 57해리까지는 상대방 국가의 선단과 경쟁하지 않았다는 점이 중시된 것이다.[48]

'경제적 요소'와 관련해서는 다음의 세 가지 사건을 살펴보아야 할 것이다. 첫째, 1984년 ICJ 특별재판부의 메인 만 사건은 '조지스뱅크Georges Bank'의 존재가 캐나다와 미국 간 분쟁의 실제 주제임을 상기시켰다.[49] 물론 이 사건은 단일해양경계를 설정하는 사건이었기 때문에 ICJ 특별재판부는 '지리적 요소'가 경제적 요소보다 중요하다는 것을 강조하였다.[50] 다만 ICJ 특별재판부는 해양경계획정이 어업에 의존하고 있는 어민들의 생계와 경제적 발전에 '재앙적인 영향catastrophic repercussions'을 가져와서는 안 된다고 함으로써 경제적 요소가 해양경계획정 시 고려될 여지가 있음을 암시하였다.[51] 둘째, 1993년 ICJ의 그린란드-얀마옌 사건은 경제적 요소가 해양경계선 설정에 영향을 준 대표적인 사건인데, 이 사건에서 덴마크는 'Zone 1'이라 설정된 영역에서 그린란드와 얀마옌의 중간선과 그린란드로부터 200해리에 이르는 선, 즉 2개의 선 간의 등거리선까지 얀마옌 방향으로 배타적 어업수역 및 대륙붕을 확장할 수 있었다.[52] 이는 덴마크에 '열빙어 capelin'라는 '특정' 어류를 잡을 수 있는 '형평한 접근equitable access'을 보장하기 위함이었는데,[53] 어류를 특정할 수 없는 경우에도 과연 경제적 요소가 고려될 수 있었을지는 의문이다.[54] 셋째, 2006년 바베이도스-트리니다

47 *Supra* note 25, pp. 41-42, para. 108.
48 *Ibid.*
49 *Supra* note 9, p. 340, para. 232.
50 *Ibid.*
51 *Ibid.*, p. 342, para. 237.
52 *Supra* note 18, pp. 79-81, para. 92.
53 *Ibid.*, pp. 71-72, paras. 75-76.
54 Ki Beom Lee, *The Demise of Equitable Principles and the Rise of Relevant Circumstances in Maritime Boundary Delimitation*, Ph.D. Thesis, The University of Edinburgh, 2012, pp.

드토바고 중재 사건[55]은 침해injury가 존재한다는 것 자체가 1984년 메인 만 사건에서 제시된 '재앙catastrophe'을 의미하지는 않는다고 하였는데,[56] 이는 '재앙적인 영향'이라는 기준이 인정되기 매우 어렵다는 점을 시사한 것이라 할 수 있다.

(4) 세 번째 단계에서 이루어지는 불균형성 점검

3단계 방법론 적용 시 세 번째 단계에서 이루어지는 '불균형성 점검 disproportionality test'이란, 첫 번째 단계에서 잠정적으로 설정된 등거리선 이 두 번째 단계에서 관련사정을 고려하여 움직였을 때 그 (잠정적인) 결과가 공평한 해결에 도달하였는지를 점검하는 것이다. 이러한 불균형성 점검은 관련 해안들의 길이 간의 비율과 관련 영역들의 면적 간의 비율을 비교하는 것을 통해 이루어지고 있다.

2009년 ICJ의 루마니아와 우크라이나 간 흑해 사건 이전까지 불균형성 점검은 '비례성proportionality'이라는 개념하에 논의되어 왔다. 하지만 2009 년 루마니아와 우크라이나 간 흑해 사건부터 더 이상 비례성이라는 용어는 사용되지 않고 있다. 그 이유는 관련사정 중 하나인 '해안선 길이 간의 격차' 와 세 번째 단계에서 이루어지는 불균형성 점검은 명백히 다른 것이라는 점 이 확립되었기 때문이다. 예를 들어, 1985년 ICJ의 리비아-몰타 사건은 비 례성이라는 하나의 용어에 해안선 길이 간의 격차라는 관련사정,[57] 그리고 해양경계획정이 형평하게 이루어졌는지를 사후적으로 점검하는 수단[58]이 라는 두 가지 개념을 동시에 담았다. 즉, 이 사건에서 비례성은 관련사정 중

187-190.

55 *Award of the Arbitral Tribunal* (The Hague, 11 April 2006), http://www.pca-cpa.org/showpage.asp?pag_id=1152.

56 *Ibid.*, p. 83, para. 267.

57 *Supra* note 16, pp. 44-45, para. 57.

58 *Ibid.*, pp. 48-49, para. 66.

하나이자 경계획정이 공평한 결과에 도달하였는지를 확인하는 사후적 점검수단이었다. 이러한 불명확한 비례성이라는 개념의 사용은 ICJ가 3단계 방법론을 확립하면서 해소되었는데, 관련사정 중 하나인 해안선 길이 간의 격차는 관련사정을 고려하는 두 번째 단계에, 공평한 결과에 도달하였는지를 최종적으로 점검하는 불균형성 점검은 세 번째 단계에 각각 위치하게 된 것이다.

그런데 불균형성 점검과 관련해서는 두 가지 추가적인 논의가 필요하다. 첫째, 불균형성 점검을 통해 경계획정의 잠정적인 결과가 수정된 국제재판소의 판례가 존재하지 않는다는 것을 고려할 때 과연 세 번째 단계인 불균형성 점검이 필요한지의 문제이다. 둘째, 불균형성 점검이 (숫자로 표현되는) 어떤 특정 비율 또는 범위만을 공평한 해결이라고 간주하느냐는 것이다.

첫 번째 문제와 관련하여 비록 불균형성 점검을 통해 잠정적인 결과가 수정된 판례가 존재하지 않을지라도 이는 각 사건에서 관련사정이 적절하게 고려된 결과라고 이해해야 할 것이다. 만약 두 번째 단계인 관련사정의 고려를 통해 도출된 결과가 불균형성 점검을 통해 수정된다면 이는 관련사정이 적절하게 고려되지 않았다는 것을 의미하게 된다. 따라서 해양경계획정에 관한 국제법 적용의 객관성 또는 예측가능성을 담보하기 위해서도 불균형성 점검 과정은 필요하다. 두 번째 문제에 대해서는 '불균형성'이라는 용어 자체가 어떤 특정 비율 또는 범위를 가리키는 것은 아니라는 답을 할 수 있다. 불균형하지 않으면 공평한 해결에 도달하였다고 평가할 수 있다는 의미는, 특정 사건에서 도출된 결과가 어떤 특정 비율 또는 범위에 해당하지 않을지라도 이것이 반드시 형평하지 않은 것으로 간주되지는 않는다는 것이다. 즉, 공평한 해결은 특정된 것이 아니기 때문에 '불균형성의 불특정성'은 형평한 해결과 모순되는 개념이 아닌 것이다.

3. 해양경계획정과 대륙붕의 한계설정 간의 관계: 해양법협약 제76조 제10항

해양법협약 제76조 제10항에서는 "이 조의 규정은 서로 마주보고 있거나 이웃한 연안국의 대륙붕 경계획정 문제에 영향을 미치지 아니한다."[59] 라고 규정하고 있다. 이 규정을 문언적으로 해석하면 대륙붕의 '경계획정delimitation'과 '한계설정delineation'은 서로 영향을 미치지 않는 다른 개념 또는 절차가 된다. 이러한 문언적 해석에 여러 학자도 동의하고 있는 것으로 보인다.[60] 하지만 대륙붕의 한계설정을 원하는 연안국이 해양법협약 제76조 제8항에 따라 제출한 정보를 심사한 후 이에 대한 '권고Recommendations'를 부여하는 기관인 대륙붕한계위원회CLCS는, 경계획정이 완료되지 않은 대륙붕 영역에 대해 권고를 발하는 것을 '보류deferral'하는 관행을 확립해 왔다. 이에 대해서는 비록 경계획정과 한계설정이 별도의 개념이라 할지라도 대륙붕한계위원회가 의도적으로 권고를 발하지 않는 것은 해양법협약의 올바른 해석 및 적용이 아니라고 평가할 수 있는데, 그 이유는 다음과 같다.

첫째, 연안국이 대륙붕한계위원회의 권고에 기초하여 대륙붕의 한계를 설정하는 것은 연안국의 대륙붕에 대한 '권원entitlement의 범위'를 결정하는 것인데, 이러한 권원의 범위가 확정된 후에야 관련 국가들 간의 중첩된 권원에 대해 경계획정이 가능하므로 오히려 대륙붕한계위원회는 연안국이 한계설정을 할 수 있도록 권고를 부여해야 할 것이다.

---

59 "The provisions of this article are without prejudice to the question of delimitation of the continental shelf between States with opposite or adjacent coasts."

60 Bjarni Már Magnússon, "Is There a Temporal Relationship between the Delineation and the Delimitation of the Continental Shelf beyond 200 Nautical Miles?", *The International Journal of Marine and Coastal Law*, Vol. 28 (2013), p. 483.

둘째, 대륙붕한계위원회가 연안국이 제출한 정보를 심사하지 말아야 하는 경우를 다루고 있는 '대륙붕한계위원회 절차규칙Rules of Procedure 제1부속서 제5문 (a)'에 규정되어 있는 '해양분쟁maritime dispute'에 단순한 경계의 미획정 상태 또한 포함되어야 하느냐는 것이다. 포함되지 않는다면 대륙붕한계위원회가 제출된 정보의 심사를 보류하는 것은 법적 근거가 없다고 할 수 있을 것이다.

셋째, '제3국'의 대륙붕한계위원회 절차규칙 제1부속서 제5문 (a)의 원용에 따라 대륙붕한계위원회의 행동이 제한되는 것은, 권고를 부여하는 절차가 연안국과 대륙붕한계위원회 간에 이루어지는 것임을 고려한다면 해양법협약 및 대륙붕한계위원회 절차규칙에 부합하기 어렵다는 것이다. 예를 들어, 대한민국 정부가 2012년 제출한 정보에 대해 대륙붕한계위원회는 일본이 대륙붕한계위원회 절차규칙 제1부속서 제5문 (a)를 원용했다는 이유만으로 정보를 심사할 '소위원회Subcommission'의 구성을 보류하였는데,[61] 이는 대륙붕한계위원회의 소극적 태도 및 해양법협약에 대한 부정확한 이해를 보여 주는 것이라 할 수 있다.

4. 해양경계획정과 잠정약정의 문제: 해양법협약 제74조 제3항 및 제83조 제3항

배타적 경제수역 및 대륙붕의 경계획정과 관련하여 해양법협약 제74조 제3항 및 제83조 제3항은 "관련 국가는 이해와 상호협력의 정신으로 실질적인 '잠정약정provisional arrangements'을 체결할 수 있도록 모든 노력을 다하며, 과도적인 기간 동안 최종적인 합의에 이르는 것을 위태롭게 하거나 방해하

---

61 CLCS/80 (24 September 2013), pp. 14–15, paras. 65–68.

지 아니한다."[62]라고 규정하고 있다. 그리고 "이러한 약정은 최종적인 경계
획정에 영향을 미치지 아니한다."[63]라고도 규정하고 있다.

이러한 잠정약정의 대표적인 예로는 대한민국과 일본 간 1998년에 체결
한 「대한민국과 일본국 간의 어업에 관한 협정」(이하 「신한일어업협정」)을 들
수 있다. 「신한일어업협정」은 '배타적 경제수역'의 경계획정과 관련하여 해
양법협약 제74조 제3항이 언급하고 있는 잠정약정의 한 예라 할 수 있다.[64]

해양법협약 제74조 제3항 및 제83조 제3항을 다룬 대표적인 국제재판소
판례는 2007년 가이아나-수리남 중재 사건[65]이다. 이 사건에서 중재재판
소는 제74조 제3항 및 제83조 제3항이 관련 국가들에 두 가지 의무를 부여
하고 있다고 언급하였다.[66] 하나는 "실질적인 잠정약정을 체결할 수 있도록
모든 노력을 다해야 한다."는 것이며, 다른 하나는 "최종적인 합의에 이르
는 것을 위태롭게 하거나 방해하지 아니한다."는 것이다.[67] 이 사건에서 가
이아나와 수리남 양국 모두 제74조 제3항 및 제83조 제3항의 두 가지 의무
를 위반하였다.[68]

2007년 가이아나-수리남 중재 사건은 다음과 같은 점에서 해양법협약
제74조 제3항 및 제83조 제3항을 해석하고 적용하는 데 있어 좋은 선례가

---

62 "… the States concerned, in a spirit of understanding and cooperation, shall make
   every effort to enter into provisional arrangements of a practical nature and, during this
   transitional period, not to jeopardize or hamper the reaching of the final agreement."

63 "Such arrangements shall be without prejudice to the final delimitation."

64 제성호, "'동해 중간수역'의 법적 성격과 독도 영유권의 훼손", 『중앙법학』, 제9집 제3호 (2007),
   575-576쪽. 그런데 「신한일어업협정」은 해양법협약 제74조 제3항이 의미하고 있는 '잠정약정'
   이 아니라는 견해 또한 있다. 김찬규·노명준·이창위, "한일어업협정 및 한중어업협정 체결 이
   후 동북아의 어업질서 운영방안", 『국제법학회논총』, 제44권 제1호(1999), 81-84쪽 참조.

65 *Award of the Arbitral Tribunal* (The Hague, 17 September 2007), http://www.pca-cpa.
   org/showpage.asp?pag_id=1147 (2016. 10. 31. 최종방문).

66 *Ibid.*, pp. 152-153, para. 459.

67 *Ibid.*

68 *Ibid.*, p. 163, para. 486.

될 수 있다. 첫째, 중재재판소는 '모든 노력'이라는 용어는 관련 국가들이 '선의로in good faith' '교섭'에 임해야 할 의무를 부여받고 있다는 것을 의미한다고 언급하였다.[69] 둘째, 중재재판소는 최종적인 합의에 이르는 것을 위태롭게 하거나 방해하지 않아야 한다는 것과 관련하여 모든 행위가 금지되는 것은 아니라는 입장을 취하였다. 즉, 중재재판소는 일방적으로 한 국가에 의해 수행되는 '물리적인 변화physical change'를 동반하는 '탐사시추exploratory drilling'는 제74조 제3항 또는 제83조 제3항에 위반되지만, '탄성파 시험seismic testing' 같은 행위는 최종적인 합의에 이르는 것을 위태롭게 하거나 방해하지 않도록 모든 노력을 다해야 할 의무를 위반하는 행위로 볼 수 없다는 결론을 취하였다.[70]

Ⅳ 대한민국과 해양경계획정

1. 한국과 중국 간 해양경계획정

(1) 한중어업협정과 해양경계획정

외교관계를 맺고 있지 않던 대한민국과 중국은 1992년 수교 이후에야 양국 간 어업에 관한 문제를 본격적으로 논의하였고, 그 결과 「대한민국 정부와 중화인민공화국 정부 간의 어업에 관한 협정」(이하 「한중어업협정」)이 2001년 6월 30일 발효하게 되었다. 이처럼 대한민국이 중국과 어업협정을 체결하고자 하였던 이유는 중국 어선들이 대한민국 영해 근처까지 진출하여 조

---

69 *Ibid.*, p. 153, para. 461.
70 *Ibid.*, pp. 161–162, paras. 479–482.

업을 함으로써 어족자원 고갈 및 해상사고 등의 문제가 상존하고 있었기 때문이다.[71]

1993년 12월부터 어업협정을 체결하기 위한 대한민국과 중국 간 교섭이 시작되었는데, 1998년 11월까지 19번에 이르는 공식회담을 가졌을 정도로 상당한 외교적 노력을 기울였다.[72] 이러한 노력에도 불구하고 1999년 중국이 양쯔 강 수역에서의 조업을 제한하는 문제를 다시 교섭의 주제로 들고 나온 후, 2000년 8월 3일 어업협정에 대한 서명이 정식으로 이루어지기까지 여덟 번의 회담이 더 열렸다.[73]

「한중어업협정」을 고려하면 대한민국과 중국 사이에 존재하는 해양영역은 '어업에 관한 한' '배타적 경제수역'[74]과 '잠정조치수역',[75] 그리고 '이 협정이 규율하고 있지 않은 영역'[76]으로 구성되어 있다. 「한중어업협정」 제8조에 의하면 발효일로부터 4년을 기한으로 점진적으로 대한민국과 중국 각각의 배타적 경제수역이 되는 '과도수역'이 존재하였는데, 발효일로부터 4년이 된 2005년 6월 30일부터 양국의 과도수역은 배타적 경제수역이 되었다. 즉, 2016년 현재 과도수역이라는 개념은 더 이상 존재하지 않는 개념이다 (그림 6-6).

하지만 「한중어업협정」은 기본적으로 '어업협정'에 불과하기 때문에 이 협정 제14조를 고려하면 배타적 경제수역 문제와 관련하여 대한민국과 중국이 더 이상의 교섭이 필요하지 않은 '확정된' 일부의 배타적 경제수역을 가지고 있다고 단언하기 어렵다. 더구나 대한민국과 중국이 양국 간의 배타

---

71 박용현, "한중어업협정상 새로운 어업수역체제에 관한 연구",『법학연구』(한국법학회), 제22집 (2006), 376-378쪽.
72 외교통상부·해양수산부,『한중어업협정 해설』(1999), 5쪽.
73 박용현, 전게논문 (주 71), 378쪽.
74 한중어업협정 제2조, 제5조.
75 한중어업협정 제7조.
76 한중어업협정 제9조.

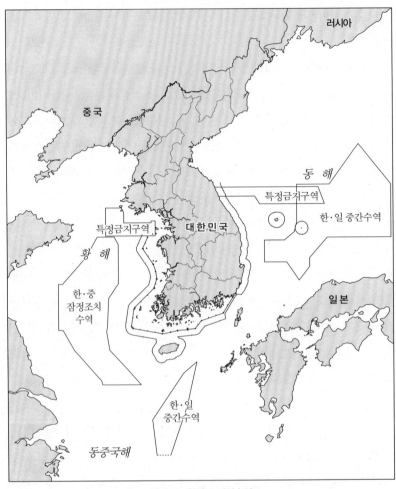

그림 6-6 한반도 어업수역도

적 경제수역과 대륙붕의 단일해양경계 설정을 목표로 한다면 「한중어업협정」이 정의하고 있는 해양영역을 무시하고 새롭게 단일해양경계를 설정하는 것 또한 무방하다.

(2) 양국 간 해양경계획정 시 문제가 될 수 있는 것

대한민국과 중국 간 해양경계획정 시 문제가 될 수 있는 것으로는 관련 해안 길이 간의 격차, 지질학적 요소, 기점과 기선의 사용을 들 수 있다.

1) 양국 간 '관련 해안relevant coasts' 길이 간의 격차

중국이 대한민국에 대해 강력히 주장할 수 있는 관련사정 중 하나가 바로 양국 간 관련 해안 길이 간의 격차이다. 이러한 주장은 중국이 대한민국보다 긴 관련 해안을 가지고 있다는 전제에서 제기되는 것인데, 실제로 중국이 대한민국보다 긴 관련 해안을 가지고 있는지를 검토해야 한다.

또 단순히 중국의 해안선의 길이가 긴 것과 대한민국과의 경계획정 시 '관련이 있는' 해안의 길이가 긴 것은 다른 문제인데, 이와 관련해서는 2009년 ICJ의 루마니아와 우크라이나 간 흑해 사건이 정의한 관련 해안 개념을 참고할 필요가 있다. 이 사건에서 ICJ는 배타적 경제수역 또는 내측 대륙붕 inner continental shelf의 한계인 200해리까지 타국과 중첩되는 해양영역을 생성할 수 없는 해안은 관련 해안에 포함될 수 없다고 하였다.[77] 따라서 대한민국과 중국 간 해양경계획정 시 200해리에 이르는 권원을 가질 수 있는 '전' 서해안은 물론 남해안의 상당수도 관련 해안에 포함될 수 있기에 반드시 대한민국의 관련 해안의 길이가 중국보다 짧다고 단언할 수는 없다.

더구나 관련 해안 길이 간의 격차가 존재한다 할지라도 국제재판소는 격차를 무조건 고려하지 않는다. 예를 들어, 2012년 ICJ의 니카라과−콜롬비아 사건에서 살펴볼 수 있는 것처럼 그 격차가 '실질적인substantial' 경우에만 경계획정에 영향을 미칠 수 있다. 이 사건에서 ICJ는 '관련 해안 길이 간의 실질적인 격차'를 관련사정 중 하나로 인정하였는데,[78] 콜롬비아와 니카

---

77 *Supra* note 22, pp. 96−97, para. 99.
78 *Supra* note 10, p. 702, paras. 209−211.

라과의 관련 해안 길이 간의 비율은 약 1:8.2이었다.[79] 하지만 대한민국과 중국의 관련 해안 길이 간의 비율이 이 정도에 이르지는 않을 것이다.

2) 지질학적 요소

중국은 '지질학적geological' 요소 또한 대한민국과의 해양경계획정 시 관련 사정 중 하나로 제시할 것으로 전망된다. 하지만 1982년 튀니지-리비아 사건에서 ICJ는 "법적인 목적을 위해서는 전적으로 혹은 주로 지질학적 고려에 의존하여 튀니지와 리비아에 속하는 대륙붕의 영역을 정의하는 것은 가능하지 않다. 재판소의 역할은 국제법의 적용을 위해서 요구되는 한에서만 지질학을 사용하는 것이다."[80]라고 언급하며 지질학적 요소를 최대한 배제하고자 하였다. 더구나 ICJ는 지질학적 요소를 고려한다 하더라도 '현재 present' 상태만 고려해야 한다고 하면서 과거의(역사적인) 지질학적 요소를 배제하고자 하였다.[81] 따라서 이와 같은 국제재판소의 판례를 활용하면 중국이 '이어도'까지 지질학적 연속이 존재한다고 주장하는 것에 대해 충분히 반박할 수 있을 것이라 생각된다.

3) 기점의 결정 및 기선의 사용에 대한 양국의 입장 차이

대한민국과 중국은 해양경계획정에 관해 교섭하면서 기점의 결정 및 기선의 사용과 관련하여 대립각을 세울 가능성이 높다. 양국이 기점으로 사용하고자 하는 어떤 곳이 만약 간조노출지라면 잠정적인 등거리선의 설정을 위한 기점으로 간주되기 어려울 것이며, 해안선의 일반적인 방향으로부터 현저히 이탈하였다고 보이는 직선기선을 관련 해안에 포함시키기도 어려울

---

79 *Ibid.*, p .680, para. 153.
80 *Supra* note 41, pp. 53–54, para. 61.
81 *Ibid.*

것이다. 그러나 이에 대해서는 기계적인 답을 도출하기 어렵다는 것이 문제다. 따라서 기점의 결정 및 기선의 사용 문제가 대한민국과 중국이 교섭을 통해 양국이 만족할 수 있는 방안을 도출해야 하는 가장 시급한 과제가 될 것으로 보인다.

2. 한국과 일본 간 해양경계획정

(1) 한일어업협정과 해양경계획정

대한민국은 1952년 1월 18일 국무원고시 제14호 「인접해양에 대한 주권에 관한 선언」을 통해 소위 '평화선'(또는 '이승만 라인')을 설정하고 평화선 안에 있는 광물 및 수산물에 대한 주권을 선언하였다. 평화선 설정 이후 평화선 안에서 조업하던 많은 일본 어선이 나포되었고, 이는 대한민국과 일본 간 관계를 극도로 악화시켰다.

1965년 대한민국과 일본 간 국교 정상화를 계기로 어업협정이 체결되었는데, 가장 기본적인 내용은 양국이 각각 12해리의 '배타적 어업수역'을 설정하는 것이었다. 그리고 배타적 어업수역 이외의 수역 중 일부는 '공동규제수역'으로 설정되었고, 이 수역에서의 어업의 규제와 관련하여 자국의 어선에 대해서만 규제가 가능한 기국주의가 적용되었다.

하지만 '12해리' 배타적 어업수역은 1982년 채택된 해양법협약이 새로 도입한 '200해리' 배타적 경제수역에 비해 매우 좁은 영역에 불과하고, 1970년대에 이미 대한민국과 일본이 12해리 영해를 채택함으로써 사실상 무의미한 개념이 되었다.[82] 그리고 1965년 「한일어업협정」 체결 당시와 달리 대한민국 어선들의 장비와 기술이 급속도로 발전하였고, 이 어선들이 「한일어업협정」과 무관한 일본 홋카이도 근처까지 진출하게 되면서, 대한민국과 일

---

82 김영구, 『한국과 바다의 국제법』, 신판(서울: 21세기북스, 2004), 419–420쪽.

본 간에 새로운 어업질서의 확립이 필요해졌다.[83] 더구나 1996년 대한민국과 일본 모두 200해리에 이를 수 있는 배타적 경제수역 개념을 규범화한 해양법협약의 당사국이 되었기 때문에, 대한민국과 일본 간의 거리가 400해리에 이르지 못하는 현실에서 배타적 경제수역의 경계획정 문제 또한 주요한 과제로 부상하였다.

이런 상황에서 1998년 1월 23일 일본이 1965년 「한일어업협정」의 종료를 통보하였고, 새로운 어업협정이 체결되지 않으면 양국 간 어업은 관련 협정이 존재하지 않는 상태에 빠질 위기에 놓였다. 이러한 이유로 「신한일어업협정」이 체결되었고, 이 협정은 1999년 1월 22일 발효하였다. 그런데 위에서 언급한 것처럼 「신한일어업협정」은 해양법협약 제74조 제3항이 규정하고 있는 잠정약정의 한 예이다. 따라서 대한민국과 일본 간에는 여전히 배타적 경제수역의 경계획정이 이루어지지 않은 상태이다.

이외에 배타적 경제수역이 아닌 대륙붕과 관련하여 대한민국과 일본은 지난 1974년 체결된 「대한민국과 일본국 간의 양국에 인접한 대륙붕 북부구역 경계획정에 관한 협정」과 「대한민국과 일본국 간의 양국에 인접한 대륙붕 남부구역 공동개발에 관한 협정」 등 2개의 관련 조약을 가지고 있다. 이 조약들과 관련한 해양경계획정 문제에 대해 아래에서 간략히 살펴보기로 한다.

(2) 기존의 북부구역에 대한 대륙붕 경계선의 의미

「대한민국과 일본국 간의 양국에 인접한 대륙붕 북부구역 경계획정에 관한 협정」이 설정한 북부구역에 대한 대륙붕의 경계선이 그대로 상부수역의 경계선으로 사용될 수 있는지의 문제를 생각해 보아야 할 것이다. 만약 양국이 기존의 경계선을 상부수역의 경계선으로 간주하기로 합의한다면, 의외

---

83 상게서, 420–425쪽.

로 이 지역에 관한 한 해양경계획정을 위한 문제가 더 이상 남지 않을 수도 있다. 그러나 합의가 이루어지지 않고 새롭게 단일해양경계를 설정하기로 한다면 이 지역에 대한 경계획정은 처음부터 다시 시작해야 할 것이다.

(3) 남부구역에 대한 공동개발협정 종료

「대한민국과 일본국 간의 양국에 인접한 대륙붕 남부구역 공동개발에 관한 협정」은 유효기간이 50년이므로 별다른 조치가 취해지지 않는 한 2028년에 종료될 것이다. 따라서 2028년 이후 이 지역에서 잠정적인 등거리선의 설정을 전제로 한 양국 간 단일해양경계 설정 시 대한민국이 주장할 수 있는 관련사정이 무엇인지 살펴볼 필요가 있다.

2012년 ICJ의 니카라과-콜롬비아 사건에서 니카라과는 '내측 대륙붕 inner continental shelf 대 외측 대륙붕outer continental shelf'이라는 문제를 제기하면서 내측 대륙붕과 외측 대륙붕에 대한 권원 간의 우열은 존재하지 않는다고 주장[84]했으나 이후 니카라과는 이 논점을 인정받지 못하였고,[85] 따라서 ICJ는 이 문제에 대한 답을 주지 않았다. 하지만 이때 해결되지 못한 문제에 대해 니카라과는 2013년 콜롬비아를 상대로 다시 한 번 200해리 이원의 대륙붕 경계획정을 청구하는 소송을 ICJ에 제기하였다.[86]

'내측 대륙붕 대 외측 대륙붕'이라는 주제는 2012년 대한민국이 대륙붕 한계위원회에 제출한 정보가 함축하고 있는 내용과도 관련이 있다. 더구나 「대한민국과 일본국 간의 양국에 인접한 대륙붕 남부구역 공동개발에 관한 협정」이 2028년 종료하게 되면 대한민국과 일본 간 대륙붕의 경계획정

---

84 *Supra* note 10, p. 667, para. 121.

85 *Ibid.*, p. 669, para. 129.

86 *Question of the Delimitation of the Continental Shelf between Nicaragua and Colombia beyond 200 Nautical Miles from the Nicaraguan Coast.* http://www.icj-cij.org/docket/files/154/17530.pdf (2016. 10. 31. 최종방문).

에 있어 주요 쟁점은 바로 '내측 대륙붕 대 외측 대륙붕' 문제가 될 것이다. 대한민국의 입장에서는 내측 대륙붕과 외측 대륙붕에 대한 권원 간의 우열이 존재하지 않아야, 일본에 대해 관련사정의 하나로 대한민국의 대륙붕이 200해리 이원까지 연장되고 있다는 것을 주장할 수 있다.

'내측 대륙붕 대 외측 대륙붕' 문제는 해양법협약이 내측 대륙붕과 외측 대륙붕을 구분하지 않는 '단일대륙붕single continental shelf' 개념하에서 거리에 의한 권원과 자연적 연장으로 대표되는 지형학적 기준에 의한 권원의 차이를 상정하지 않고 있다고 보는 것이 과연 올바른 해석인가에 대한 문제의 다른 표현이다. 따라서 2013년 니카라과가 제기한 소에 대한 ICJ의 결론은 '내측 대륙붕 대 외측 대륙붕' 문제에 대한 방향을 제시할 것이라 예상된다.

V 대한민국의 실행에 대한 평가와 정책제언

해양경계획정은 어떤 해양영역에 대해 둘 이상의 연안국의 권원이 중첩될 때 경계선을 설정하는 것이기 때문에 특정 연안국 홀로 해양경계획정을 수행할 수는 없다. 이런 이유로 대한민국은 배타적 경제수역 및 대륙붕의 경계획정과 관련하여 중국 및 일본과 교섭을 통해 해양경계획정 관련 조약을 체결하거나 국제재판소를 통해 해양경계획정에 관한 판결 또는 결정을 얻을 필요가 있다.

특히 2015년부터 본격적으로 시작된 대한민국과 중국 간 해양경계획정에 관한 교섭은, 「대한민국과 일본국 간의 양국에 인접한 대륙붕 북부구역 경계획정에 관한 협정」을 제외하면 해양법협약 체제하에서 대한민국이 주변국과 첫 번째로 해양경계획정에 관한 조약을 체결하기 위한 중요한 시도이다.

해양경계획정이 해양법의 많은 분야 중 특별히 어렵게 느껴지는 이유는 배타적 경제수역 및 대륙붕의 경계획정에 관해 해양법협약이 쉽게 적용하기 어려운 "공평한 해결에 이르는 것"을 규칙으로 도입하였기 때문이다. 그리고 이 규칙을 적용하는 데 핵심이 되는 관련사정의 종류가 각 사건마다 다르고 같은 관련사정이라 할지라도 고려되는 정도가 각 사건마다 다른 것이 어려움을 더욱 가중시키고 있다. 하지만 대한민국이 가깝게는 중국과, 멀게는 일본과 해양경계획정에 관한 조약을 체결하거나 국제재판소를 통해 해양경계획정에 관한 판결 또는 결정을 얻는 데 있어 대한민국에 유리한 관련사정을 잘 도출하고 이러한 사정이 받아들여질 수 있도록 국제재판소의 판례에 기초하여 논리적인 주장을 지속적으로 펼쳐야 할 것이다.

¤ 참고문헌

1. 이기범, "해양경계획정의 과정에서 섬의 정의, 권원 및 효과에 관한 고찰", 『국제법평론』, 제37호 (2013).
2. 이기범, "해양경계획정에서 비례성(Proportionality)이라는 용어는 소멸되어 가고 있는가?", 『국제법학회논총』, 제58권 제2호 (2013).
3. 이창위, "중국의 도서와 해양경계 문제", 『국제법학회논총』, 제54권 제1호 (2009).
4. 정인섭, "한일 간 동해 EEZ 경계획정분쟁에 관한 보도의 국제법적 분석", 『저스티스』, 제126호 (2011).
5. N. M. Antunes, *Towards the Conceptualisation of Maritime Delimitation* (Leiden: Martinus Nijhoff Publishers, 2003).
6. R. R. Churchill, and A. V. Lowe, *The Law of the Sea*, 3rd ed. (Manchester: Manchester University Press, 1999).
7. M. D. Evans, "Maritime Boundary Delimitation: Where Do We Go from Here?", in D. Freestone, R. Barnes, and D. M. Ong (eds.), *The Law of the Sea: Progress and Prospects* (Oxford: Oxford University Press, 2006).
8. M. D. Evans, *Relevant Circumstances and Maritime Delimitation* (Oxford: Oxford University Press, 1989).
9. K. B. Lee, *The Demise of Equitable Principles and the Rise of Relevant Circumstances in Maritime Boundary Delimitation*, Ph.D. Thesis, The University of Edinburgh, 2012.
10. L. H. Legault, and B. Hankey, "From Sea to Seabed: The Single Maritime Boundary in the Gulf of Maine Case", *The American Journal of International Law*, Vol. 79 (1985).
11. Y. Tanaka, *Predictability and Flexibility in the Law of Maritime Delimitation* (Portland: Hart Publishing, 2006).
12. United Nations (ed.), Laws and Regulations on the Regime of the High Seas (New York: United Nations Publications, 1951), Vol. I.
13. P. Weil, The *Law of Maritime Delimitation—Reflections* (Cambridge: Grotius Publications Limited, 1989).

제7장

공해제도

이창위

Ⅰ 공해제도 개관

1. 공해의 의의

1958년 「공해협약」 제1조에서는 어떤 국가의 영해나 내수에 포함되지 않는 모든 해양을 공해라고 정의하였다. 전통적으로 해양은 공해와 영해라는 이 분법적 구분에 의해 나누어졌기 때문에 「공해협약」의 정의는 당연하고 자 연스러운 것이었다. 그러한 구분에 의해 공해의 법적 성격이 규정되고 각국 의 관할권이 조정되었다.

그런데 1982년 유엔해양법협약에서 해역 구분이 다양해지면서 공해의 범위는 축소되었다. 즉, 공해는 한 국가의 내수, 영해, 배타적 경제수역 또 는 군도국가의 군도수역에 포함되지 않는 해양의 모든 부분을 가리키게 되 었다(제86조). 다만 공해의 해저, 해상海床 및 그 하층토는 대륙붕제도 또는 심해저제도에 의해 규율되어 공해제도와 분리된다. 해양법협약이 직접적으로 공해의 정의를 내리지 않고 공해의 적용 범위를 언급하면서 이렇게 간접적인 정의를 내린 것은 다음과 같은 점을 고려하였기 때문이다. 첫째, 협약 체결 당시 모든 연안국이 배타적 경제수역을 선포하지는 않았고, 둘째, 배타적 경제수역에서 전통적인 공해의 자유가 대부분 유지됨으로써 배타적 경제수역의 법적 지위가 분명하지 않게 되었기 때문이다. 결론적으로 공해는 어떤 국가의 주권이나 관할권의 행사도 인정되지 않는, 국제사회의 공동해역common area이라고 정의할 수 있다.

2. 공해의 법적 지위

공해는 모든 국가에 개방되어 있는 만민 공유물res communis의 성격을 갖는다. 따라서 누구라도 자유롭게 이용할 수 있지만, 어떤 국가도 배타적으로 지배할 수는 없다. 즉, 공해는 귀속으로부터의 자유와 이용의 자유가 동시에 인정되는 해역이다. 공해의 이러한 특징은 1958년 「공해협약」과 1982년 유엔해양법협약을 거쳐서 국제관습법으로 인정된 규칙이라고 할 수 있다.

공해 해역에 대한 국가의 취득 금지는 중세를 거치면서 19세기 전반에 확립되었다. 우선 15세기에는 여러 국가가 공해를 무주물res nullius로 간주하여 넓은 해역에 대해 주권을 주장하였다. 예컨대 스웨덴과 덴마크는 발트해 및 노르웨이해에 대해, 베네치아는 아드리아해에 대해, 제노바와 피사는 리구리아해에 대해, 영국은 자국 연안의 영국해에 대해 주권을 가진다고 주장하였다. 다만 1494년 「토르데시야스조약」에 따라 스페인과 포르투갈이 대서양을 분할한 것은 아메리카대륙의 분할이 목적이었기 때문에 해양에 대한 영유의 의도가 명백한 것은 아니었다.[2]

그러나 16세기에 대양 항해와 탐험이 본격화되면서 해양 영유에 대한 논쟁이 시작되었다. 특히 17세기 초반 그로티우스Grotius의 자유해론Mare Liberum과 셀던Selden의 폐쇄해론Mare clausum 간의 논쟁을 거치면서 공해의 자유 개념이 발전하였다. 해양 강국들이 식민지 개척과 관리를 위해 항해의 자유를 중시하게 됨에 따라 각국의 명목적인 해양의 영유 주장은 18세기를 지나면서 사라졌으며, 19세기 초반에는 공해의 자유 원칙이 국제적으로 인정되었다.[2]

공해는 이러한 역사적 과정을 거치면서 모든 국가가 자유롭게 이용할 수 있는 해역으로 인정되었다. 그렇다고 공해의 자유가 무제한적으로 인정되는 것은 아니다. 무분별한 불법조업과 남획, 대규모 해양오염, 해양안보 등의 이유로 공해의 자유는 심각한 도전에 직면하게 되었다. 21세기에 들어와 공해는 생물다양성, 특정 어족의 보호, 공해어업, 항해의 안전, 해양안보 등 특정 분야의 국제조약에 의해 국가의 이용이 규율되는 해역으로 변경되었다.[3] 이렇듯 공해는 전통적인 공해의 자유가 완전하게 행사되는 곳이 아닌, 이용이 엄격하게 관리되고 규제되는 국제사회의 공동해역으로 변화되어 왔다.[4] 현재 공해는 제한적인 공해 자유가 인정되는 해역으로서의 법적 성격을 갖는다.

---

1 R. R. Churchill and A. V. Lowe, *The Law of the Sea*, 3rd ed. (Manchester : Manchester University Press, 1999), p. 204.

2 *Ibid.*, p. 205.

3 1992년 생물다양성협약, 1995년 유엔공해어업협정, 1946년 국제포경규제협약, 1974년 SOLAS 협약, 2005년 SUA협약 등이 그러한 조약의 실례이다.

4 Donald Rothwell and Tim Stephens, *The International Law of the Sea* (Oxford: Hart Publishing, 2010), pp. 145-146.

3. 공해 자유의 원칙

공해의 자유와 공해 영유의 금지는 유엔해양법협약에 명시적으로 규정되어 있다. 공해의 자유에는 항행의 자유, 상공비행의 자유, 해저 전선 및 관선 부설의 자유, 인공섬 및 기타 시설 설치의 자유, 어업의 자유, 과학조사의 자유 등이 있다(제87조). 1958년 「공해협약」에는 이러한 여섯 가지 자유 중 인공섬 설치와 과학조사의 자유를 제외한 네 가지 공해의 자유가 규정되었는데, 이러한 차이는 과학기술의 발전에 따른 공해 자유의 세분화가 고려된 것이다. 1982년 유엔해양법협약은 공해에 대한 주권 주장의 무효와 관련하여 어떠한 국가도 유효하게 공해의 어느 부분을 자국의 주권 아래 둘 수 없다고 밝히고 있다(제89조).

선박의 항행의 자유는 오래전부터 폭넓게 인정되어 온 것으로, 현재도 공해의 자유 중 가장 중요한 위치를 차지한다. 기국주의에 따라 모든 국가는 자국기를 게양한 선박에 행정적·기술적·사회적 사항에 관해 유효하게 자국의 관할권을 행사하고 통제하며, 선박은 그러한 기국의 관할권과 통제 아래 공해를 자유롭게 항행할 수 있다. 어업의 자유도 공해에서 전통적으로 인정되어 왔는데, 오늘날에는 배타적 경제수역 제도에 의한 공해 범위의 축소, 대량어획에 의한 어업자원의 감소 등으로 인해 실질적으로 제한을 받고 있는 실정이다. 특히 1995년 채택된 「1982년 12월 10일 해양법에 관한 국제연합협약의 경계왕래어족 및 고도회유성어족 보존과 관리에 관한 조항의 이행을 위한 협정」(이하 「유엔공해어업협정」)과 지역수산기구 내지 기타 국제조약에 의해 공해어업의 자유는 엄격하게 규제되고 있다. 해저전선과 관련하여 19세기 말에 체결된 「해저전신선보호만국연합조약」은 해저전선의 절단이나 파손 행위에 대해 위반선의 기국이 이를 처벌하도록 규정하였다. 인공섬 및 기타 시설의 설치는 해양법협약 제6부 대륙붕의 관련 규정에 따라,

해양과학조사는 제6부 및 제13부에 따라 규율된다(제87조). 그 밖에도 국제법상 일반원칙에 의해 승인된 자유의 경우 목적에 상관없이 공해 이용의 자유가 인정된다. 따라서 조약에 의해 특별히 규제되지 않으면 공해에서의 조사활동이나 군사훈련 또는 무기실험이 당연히 금지되는 것은 아니다.

모든 국가는 이러한 공해의 자유를 행사하는 데 있어서 타국의 이익 및 심해저 활동에 관한 해양법협약상 타국의 권리를 적절히 고려해야 한다(제87조 제2항). 타국의 권리에 대한 적절한 고려 없이 타국의 공해사용 이익을 침해하면 권리남용으로 국제위법행위를 구성할 수 있다. 따라서 공해 이용에 대한 사전 통보나 협의, 합리적 기간 및 범위를 정해 위험수역을 설정하는 등의 방지조치가 취해지면 타국의 이익이 어느 정도 침해되더라도 적절한 공해의 이용으로 간주될 수 있다.

4. 공해 자유의 제한과 관할권

(1) 평화적 이용

공해는 평화적 목적을 위해 보존된다(제88조). 이는 1958년 「공해협약」에는 없던 내용이 유엔해양법협약에 새롭게 규정된 것으로, 중요한 의미를 갖는다. 유엔해양법협약은 해양의 평화적 이용과 관련하여 제141조 및 제301조에도 동일한 취지의 내용을 규정하였다. 해양법협약의 이러한 규정은 1959년 「남극조약」과 1966년 「우주조약」에서 해당 영역의 평화적 이용을 규정한 것과 동일한 취지를 갖는다고 해석할 수 있다. 그런데 해양법협약에서는 해양의 평화적 이용과 관련하여 무엇이 평화적 이용인지에 대해서는 구체적으로 설명하고 있지 않다. 이는 평화적 이용 원칙을 명시한 다른 분야의 조약과 현저하게 비교되는 점이다. 예컨대 「남극조약」과 「우주조약」에서는 해당 지역 내지 공간이 평화적 목적을 위해 이용된다는 점을 규정하고 이어

서 그런 평화적 목적이 구체적으로 어떻게 실현되어야 하는지를 명시하고 있다.[5]

이는 해양 강국을 포함한 모든 국가가 공해에서 하고 있는 군사활동이나 무기실험을 완전히 규제할 수 없다는 측면을 고려한 것이다. 현실적으로 군함의 교전이나 기타 군사행동의 경우처럼 공해는 군사적으로 이용되어 왔고 지금도 그런 사정은 변함이 없다. 즉, 타국을 적절히 고려한다면 공해에서 군사훈련이 금지되지는 않는다. 따라서 유엔해양법협약상 평화적 목적은 해양의 군사적 이용이 완전히 금지되는 것은 아닌 것으로 해석된다. 공해에서의 핵무기 실험도 관련 조약의 규제를 받지 않는 한 타국에 대한 적절한 고려를 조건으로 적법한 것으로 간주될 수 있다(제301조).

(2) 선박의 지위와 기국주의

공해에서 각국의 관할권은 통상 자국의 선박을 통해 타국의 선박에 대해 행사되기 때문에 해양법협약은 선박의 국적이나 법적 지위에 대한 기본적인 규정을 두고 있다. 우선 모든 국가는 선박에 대해 자국 국적의 부여, 선박의 등록 및 자국 국기 게양에 대한 권리를 갖는다(제91조). 즉, 공해에서 선박은 한 국가의 국기만 게양하고 항행해야 하며 그 국가의 배타적인 관할권에 따른다. 이를 기국주의라 하는데, 이때 선박과 기국 사이에는 진정한 관련 genuine link이 있어야 한다. 다만 비용과 세금의 절감을 위해 특정 선박이 타국에 등록할 수도 있는데, 이를 편의치적제도라 한다. 한편 2개국 이상의 국기를 게양하고 항행하는 선박은 다른 국가에 그 어느 국적도 주장할 수

---

5 남극조약은 특히 군사기지와 방비시설의 설치, 모든 형태의 무기실험과 군사훈련의 실시와 같은 군사적 성격의 조치가 금지된다는 것을 규정하고 있으며(남극조약 제1조 제1항), 우주조약도 당사국들이 지구궤도에 핵무기나 대량살상무기를 설치하지 않으며, 천체와 외기권에 그런 무기를 장치하거나 배치해서는 안 된다는 것을 명시한 뒤, 달과 천체에 대한 평화적 이용을 명시하고 있다(우주조약 제4조).

없으며 그 선박은 무국적선으로 취급될 수 있다(제92조).

모든 국가는 자국기를 게양한 선박에 대해 자국의 관할권을 행사하고 통제해야 하며, 이를 위해 선박등록대장의 유지, 선장 및 선원에 대한 관할권 행사, 해상안전의 확보를 위한 조치 등을 이행해야 한다(제94조).

공해에서의 선박충돌이나 기타 항행사고로 선장이나 다른 근무자에게 형사책임이 발생할 경우, 그에 대한 형사절차나 사법절차는 선박의 기국이나 해당자의 국적국의 당국에서만 제기할 수 있다(제97조). 공해상 선박충돌이나 사고에 관한 기국의 전속적인 형사관할권은 1927년 상설국제사법재판소(Permanent Court of International Justice, 이하 PCIJ)의 로투스호 사건 판결에 대한 국제사회의 비난을 고려하여 규정된 것이다.

(3) 해적행위

기국 이외의 국가가 공해에서 타국 선박에 대해 관할권을 행사할 수 있는 대표적인 경우는 해적에 대한 단속이다. 즉, 해적행위는 공해의 자유에 대한 예외로서 가장 중요하고 역사적으로도 오래된 제약이라고 할 수 있다. 역사적으로 제국주의 열강과 식민지 간에 또는 교역국 간에 선박의 항행을 보호하는 것은 중요한 일이었기 때문에 해적행위의 규제에 대한 국제사회의 이해는 일치되었다. 오늘날 해적행위는 동남아시아, 라틴아메리카, 아프리카의 각 해역 및 지중해, 인도양 등 세계 도처에서 일어나고 있다.[6] 특히 소말리아에 본거지를 둔 해적의 활동은 21세기에 들어서서 인근 해역의 항행의 안전에 큰 위협이 되고 있다. 유엔은 소말리아 해적의 퇴치와 관련하여 결의안을 채택했고 국제해사기구에서도 지속적으로 관련 조치를 취하고 있다. 특히 한국은 2009년 3월부터 2016년 10월 현재까지 이 해역에 해

---

6 박영길, "유엔해양법협약 상 해적의 개념과 보편적 관할권", 『서울국제법연구』, 제18권 제1호 (2011), 47-80쪽.

군 함정을 파견하고 있고, 2011년 1월 삼호 주얼리호가 소말리아 해적들에게 피랍되자 해적들을 진압하고 한국으로 구인하여 형사재판을 실시하여 해적행위에 대해 형사관할권을 행사하였다.[7]

해적행위의 정의는 오랫동안 논란이 되었는데, 해양법협약에서는 국제관습법상 인정되어 온 해적행위의 개념을 다음과 같이 정의하였다. 해적행위라 함은 민간선박 또는 민간항공기의 승무원이나 승객이 사적 목적을 위하여, ① 공해상의 다른 선박이나 항공기 또는 그 선박이나 항공기 내의 사람이나 재산, 또는 ② 국가 관할권에 속하지 아니하는 곳에 있는 선박, 항공기, 사람 또는 재산에 대하여 저지르는 모든 불법적 폭력, 억류 또는 약탈행위를 말한다(제101조(a)). 그리고 당해 선박 또는 항공기가 해적선박 또는 해적항공기라는 사실을 알고 그 선박 또는 항공기의 활동에 자발적으로 참가하는 모든 행위와 그러한 행위를 교사하거나 고의적으로 방조하는 모든 행위도 포함된다(제101조(b), (c)). 여기서 말하는 "국가 관할권에 속하지 아니하는 곳"이란 주로 무주지인 섬이나 어느 국가에도 선점되지 않은 해안을 가리키는데, 남극과 같은 곳을 제외하면 현재 그러한 지역은 존재하지 않는다.

해적행위는 사적 목적을 위해 행해지는 경우에 한정된다는 점이 중요하다. 따라서 군함이나 정부선박 또는 정부항공기가 행하는 유사한 행위는 국가책임을 수반하는 국가의 행위가 된다. 다만 승무원이 반란을 일으켜 통제하는 군함, 정부선박 또는 정부항공기에 의한 해적행위는 사유의 선박 또는 항공기에 의한 행위로 간주된다(제102조). 한편 선내의 승무원이 해당 선박, 승객 또는 재산에 대해 저지르는 유사한 행위들은 이 정의에 포함되지 않는다.

---

7 김세진, "소말리아해적 문제와 군의 역할에 관한 국제법적 고찰", 『서울국제법연구』, 제18권 제1호(2011), 1–45쪽; 최민영/최석윤, "소말리아 해적사건에 대한 형사재판의 쟁점", 『비교형사법연구』, 제14권 제1호(2012), 193–213쪽.

그리고 선박이나 항공기를 실효적으로 통제하고 있는 자가 해적행위를 할 목적으로 그 선박이나 항공기를 사용하려고 하는 경우, 그러한 선박이나 항공기는 해적선 또는 해적항공기로 간주된다. 해적행위에 사용된 선박이나 항공기가 그러한 자들의 통제 아래 있는 한 해적선 또는 해적항공기로 간주된다(제103조).

모든 국가는 해적선, 해적항공기 또는 해적행위에 의해 탈취되고 그 통제 아래 있는 선박이나 항공기를 나포할 수 있고, 그 선박이나 항공기 내의 사람 및 재산을 체포하거나 압수할 수 있다. 나포를 한 국가의 법원은 부과할 형벌을 결정하고, 또한 선의의 제3자의 권리를 존중할 것을 조건으로 당해 선박, 항공기 또는 재산에 대해 취할 조치를 결정할 수 있다(제105조). 이러한 나포는 군함, 군용항공기 또는 정당한 정부 선박이나 항공기에 의해서만 이루어진다. 나포가 근거 없는 것으로 밝혀지면 나포한 국가는 그로 인한 손해나 손실에 대해 책임을 진다(제106조).

(4) 접근권과 임검권

군함은 공해에서 수상한 선박에 대해 접근권right of approach을 행사할 수 있다. 이는 공해에서의 기본적인 해상질서를 유지하기 위해 군함이 수상한 선박을 우선 식별하고 그 국적을 확인할 수 있도록 인정된 것이다. 군함은 전통적으로 국제관습법에 의해 공해상에서 이러한 권리를 인정받아 왔는데, 이를 접근권이라 한다. 구체적으로 군함은 공해에서 외국 선박이 범죄의 혐의가 있는지 또는 해당 국기를 게양할 권리가 있는지 확인하고 나아가서 국적의 진위 여부를 조사할 수 있다. 이러한 목적을 위해 군함은 장교의 지휘 아래 보조선을 파견하여 대상 선박에 관계 서류의 제시를 요구할 수 있다(제110조 제2항).

이러한 접근권은 대상 선박에 접근하여 외부로부터의 표시확인이나 선박

간 교신에 의해 국가나 국적의 동일성을 확인하는 것인데, 결국 혐의가 있는 외국선박에 대한 임검권right of visit과 연계되어 행사될 수 있다. 1958년 「공해협약」 제22조 및 해양법협약 제110조는 접근권을 포함하여 군함이 갖는 임검권에 대해 규정하고 있다.

공해의 자유에 대한 예외나 제한은 전술한 해적행위 외에 노예거래나 무허가방송 등 여러 가지에도 적용된다. 공해상에는 원칙적으로 일반적인 경찰권이 존재하지 않는다. 따라서 각국은 기국주의의 예외로 한정된 범위 내에서 그러한 행위들에 대해 군함이나 해당 정부 선박에 의한 임검, 수색, 나포 등 강제조치를 취할 수 있다.

해양법협약은 군함, 군용항공기 또는 정당한 권한을 갖는 정부 선박이나 항공기에 공해상에서 외국 선박이 해적행위, 노예거래, 무허가방송에 종사하였거나 국기 위장사용 행위가 있거나 무국적 선박인 경우, 그러한 선박에 대한 임검권을 인정하고 있다(제110조). 즉, 단속 사유가 존재한다고 의심되는 경우에 군함 등은 장교의 지휘하에 혐의가 있는 선박에 승선하여 선박의 서류 및 관련 문서를 검사하고, 그러고도 혐의가 남아 있을 때에는 선박 내부를 검사할 수 있다.

국제관습법상 임검은 해적행위 내지 그와 관련된 국기 위장사용의 혐의가 있을 때, 그리고 영해에서의 범죄 등에 대해 접속수역이나 추적권의 법리를 적용하는 경우에 한해 인정되다가, 나중에 노예거래, 무국적 선박 등의 사유가 추가되었다. 「공해협약」과 해양법협약에 임검권이 규정되기 전에는 임검권에 관한 국제관습법이 무엇인가에 대한 의견이 일치되지 않았다. 특히 해적행위의 정의를 넓게 해석하면서 임검 대상이 되는 선박에 대한 입장도 통일되지 않았다. 연안국이 자위권을 주장하는 과정에서도 이러한 경향이 있었으며, 접근권 및 국기 심사권의 개념과 실행 문제도 논란이 되었다. 결국 19세기부터 임검권의 남용에 대한 우려 등으로 국제관습법상 임검권을 엄격하게 해석하게 되었다. 해양법협약에도 임검권의 남용을 방지하기 위한 조치가 명시되어 있다.

범죄 혐의가 있음을 근거로 임검이 이루어지더라도, 결국 그러한 혐의에 대한 근거가 없는 것으로 증명되거나 해당 선박이 혐의 사실을 실행하지 않은 경우에, 임검을 받은 선박은 그에 의한 모든 손실 및 손해에 대해 보상을 받을 권리를 갖는다(제110조 제3항). 처음부터 충분한 근거 없이 임검이 이루어진 경우에는 임검을 실행한 군함의 기국은 책임자의 처벌이나 손해배상과 같은 엄격한 국가책임을 지게 된다. 결국 공해상에서 질서유지를 위한 조치로 군함 내지 권한 있는 선박, 항공기 등은 접근권, 임검권 및 수색, 포획 등과 같은 일련의 조치를 국제법상의 조건에 따라 실행할 수 있다.

(5) 추적권

군함, 군용항공기 또는 정당한 권한을 갖는 정부 선박이나 항공기는 자국의 관할수역에서 위법행위를 한 외국 선박을 공해까지 추적하여 나포할 수 있는 추적권을 갖는다(제111조). 즉, 연안국은 외국 선박이 자국의 내수, 군도수역, 영해, 접속수역, 배타적 경제수역 및 대륙붕에서 관련 법령을 위반하였을 때 추적을 개시하여 그 선박의 기국이나 제3국의 영해로 들어갈 때까지 계속하여 추적할 수 있는 추적권right of hot pursuit을 갖는다.

추적권은 연안국의 법익을 실효적으로 보호하고 나아가서 공해상의 해상질서를 유지하기 위한 국제법상의 제도이다. 이는 선박의 고속화와 함께 19세기 말부터 20세기 초에 걸쳐서 국제관습법으로 인정되었는데, 공해에서 기국주의의 중요한 예외가 되고 있다. 추적권제도의 형성에 중요한 계기가 된 것은 1905년 캐나다 대법원의 노스North호 사건이다. 이는 캐나다의 영해 내에서 불법조업을 한 미국 어선에 대한 추적이 문제된 사건이다. 캐나다 대법원은 연안국의 법령을 위반한 선박을 공해까지 추적하는 것은 영해 내에서 시작된 연안국의 권한 행사가 계속되는 것이라고 판결하였다. 따라서 캐나다 대법원은 연안국의 법익을 보호하기 위해 추적권이 인정되어야 한다고 판시하였다.[8]

그 후 미국의 접속수역에서 국내법령, 특히 「주류밀수에 관한 관세법」 위반이 문제 된 아임 얼론I'm Alone호 사건에서 추적권이 논의되었다. 이 사건과 관련하여 구성된 영국과 미국의 합동위원회가 추적권에 대해 명확한 판단을 내리지는 않았지만, 그 후 대부분의 국가에서 추적권의 개념을 받아들이게 되었다. 특히 1930년 헤이그 국제법편찬위원회에서는 많은 국가가 추적권을 원칙적으로 인정하였고, 국제법위원회가 추적권에 관해 작성한 1956년 초안은 약간의 수정을 거쳐 1958년 「공해협약」 제23조로 규정되었다. 해양법협약 역시 제111조에서 추적권에 관한 「공해협약」 제23조의 내용을 거의 그대로 규정하고 있다.

추적의 개시와 관련하여 영해 외측의 접속수역을 포함시킬 것인지 여부에 대해 논란이 있었다. 연안국의 법질서가 접속수역에도 미친다고 보면 접속수역에서의 연안국 법령 위반에 대해서도 추적권을 행사할 수 있지만, 추적권 개시 지역을 영해에서 이루어진 위반행위에 대한 집행조치를 취할 수 있는 수역으로 한정시킨다면 그렇지 않다는 해석이 가능하기 때문이다. 예컨대 1974년 미국이 어업전관수역에서 「접속어업수역법」을 위반한 일본의 타이요마루호에 대해 추적권을 행사한 사건에서 미국 법원은 이러한 추

---

8 캐나다 대법원은 판결에서 국제법 학자 홀Hall의 다음과 같은 견해를 받아들여 추적권을 인정하였다. "선박이나 선내에 있던 자가 외국 영역에서 그 국내법을 위반하였을 경우, 그 선박을 공해까지 추적하여 나포할 수 있다. 추적은 그 선박이 영수領水 내에 있을 때 또는 영수로부터 도망쳤을 때에 한해 인정된다. 추적권이 인정되는 이유는 그러한 상황하에서 추적이란 영역 그 자체에서 시작되는 관할권에 입각한 행위의 계속으로 봐야 하기 때문이다. 즉, 영역관할권을 유효하게 행사하기 위해 그러한 추적을 인정할 필요가 있다." Ian Brownlie, *Principles of Public International Law*), 5th ed. (Oxford: Oxford University Press, 1998), pp. 242-243.

적권 행사가 정당하다고 판결하였는데, 이에 대한 비판도 많았다.[9] 결국 이 문제는 해양법협약 제111조 제1항 후단에서 보듯이, 접속수역에 고유한 권리, 즉 "접속수역을 설정함으로써 보호하려는 권리가 침해되는 경우"라고 명시함으로써 해결되었다. 뿐만 아니라 오늘날에는 추적권의 적용범위를 배타적 경제수역 및 대륙붕으로 확대하여 그러한 관할수역에서 연안국의 관련 법령이 위반된 경우에도 추적권이 준용되는 것으로 규정하였다(제111조 제2항).

추적이 중단되는 경우 추적을 재개할 수는 없지만 다른 선박이나 항공기가 연결하여 추적을 계속할 수 있다. 즉, 추적을 개시한 선박이 최종적으로 혐의 선박을 나포하는 선박과 동일할 필요는 없다. 추적권은 궁극적으로 국가에 귀속되는 권리로 추적선에 고유한 것은 아니기 때문이다. 다만 이러한 추적의 연결은 추적선의 기관 고장, 저속선에서 고속선으로의 연계, 나포를 위한 항공기로부터 선박에로의 연계 등 추적 수단의 성질상 불가피한 경우에 한정된다.

추적은 피추적선이 기국이나 제3국의 영해로 들어감과 동시에 종료된다(제111조 제3항). 따라서 피추적선이 기국이나 제3국의 접속수역, 배타적 경제수역, 대륙붕의 상부 수역에 들어갈 경우에 추적권이 소멸되는 것은 아니다. 추적권은 군함, 군용항공기 또는 권한을 부여받은 정부 선박 및 항공기에 의해 행사된다. 추적은 시각적 또는 청각적 정선 신호를 외국 선박이 보거나 들을 수 있는 거리에서 발신한 후에 개시된다. 무선 전신이나 전화의 사용은 추적권의 남용을 초래할 수 있기 때문에 정당한 정선 신호로 간주되지 않는다.

연안국은 추적권의 행사에 의해 피추적선에 대해 승선, 임검, 나포 등 강

---

9 Gary Knight and Hungdah Chiu, *The International Law of the Sea: Cases, Documents and Readings* (New York: Elsevier Science Pub. Co., 1991), p. 392.

제조치와 같은 필요하고도 합리적인 실력을 행사할 수 있다. 다만 이러한 정선 확보를 위한 강제조치에 있어서 어느 정도의 실력 행사가 허용되는지가 문제 될 수 있다. 예컨대 전술한 아임 얼론호 사건에서 미국과 영국의 합동위원회는 미국의 연안경비선이 정선명령을 따르지 않은 밀수 선박을 격침한 것은 과잉 대응이라고 보았다. 즉, 이는 필요하고 합리적인 한도를 넘은 과잉 실력행사로 의도적인 격침이기 때문에 위법한 것으로 판단하였다.[10]

또 레드크루세이더Red Crusader호 사건에서는 비록 덴마크의 어업금지수역에서 불법조업을 하던 레드크루세이더호가 나포를 위해 승선한 덴마크 관헌을 감금한 채 도주했지만, 덴마크가 경고 없이 고체탄을 발사하여 손해를 끼친 무력행위는 정당화되지 않는다고 하였다.[11] 따라서 피추적선에 대한 실력행사가 정당화되기 위한 필요하고도 합리적인 무력은, 무력사용 외

---

10 캐나다에 등록된 영국의 I'm Alone호는 미국의 해안 10해리 지점에서 1929년 3월 미국의 관세법 및 영미 간의 주류단속조약에 위반되는 주류 밀수 혐의로 미국의 연안경비선 Walcott호의 정선명령을 받았다. 그러나 I'm Alone호가 이를 무시하고 도주하였기 때문에 Walcott호의 연락을 받은 Dexter호가 미국 연안 200해리 지점에서 I'm Alone호를 격침시켰다. 영미 양국의 합동위원회는, 첫째, 단속에서 필요하고도 합리적인 무력necessary and reasonable force을 사용할 수 있다고 하였다. 둘째, 그러한 필요하고도 합리적인 무력사용의 결과 부수적으로 incidentally 일어나는 격침은 비난할 수 없지만, 셋째, 이 사건의 경우 의도적인 격침이기 때문에 미국의 행동이 국제법적으로 정당화될 수 없다고 하였다. D. J. Harris, *Cases and Materials on International Law*, 5th ed. (London: Sweet & Maxwell, 1998), pp. 437-439.

11 1961년 5월 덴마크령 페로제도의 어업금지수역에서 불법조업을 하던 영국 트롤어선 Red Crusader호는 덴마크 어업보호선 Niels Ebbesen에 발각되었다. Red Crusader는 페로제도로 연행되던 도중 덴마크 관헌을 감금한 채 도주하였다. Niels Ebbesen은 정선명령을 듣지 않은 Red Crusader에 고체탄을 발사하여 선체, 안테나, 레이더 장치 등에 손해를 입혔다. 계속 도주하는 Red Crusader를 덴마크선박이 추적했고, 영국의 어업감시선도 출동하여 감금했던 덴마크 관헌들만 덴마크 선박에 인계해 주고 Red Crusader호와 Niels Ebbesen호를 영국 애버딘 항구로 이동시켰다. 덴마크와 영국은 국제심사위원회에 이 사건을 맡겼는데, 특히 추적권 행사에 수반되는 무력행사와 관련하여 심사위원회는 중요한 지침을 내렸다. 즉, 경고 없이 고체탄을 발사한 것은 적법한 무력사용의 한도를 넘었다는 것, 덴마크선의 관헌을 격리하고 도주한 행위도 그러한 무력사용을 정당화하지 않는다는 것, 무력사용이 아닌 그 밖의 적절한 방법들이 강구되었어야 하였다는 것 등이 그러하다. J. G. Merrils, *International Dispute Settlement*, 3rd ed. (Cambridge: Cambridge University Press, 1998), pp. 52-54.

의 다른 방법이 불가능한 경우에 허용되는 것이라고 볼 수 있다. 추적권의 행사가 정당화되지 않는 상황에서 선박이 영해 밖에서 정지되거나 나포된 경우, 그 선박은 이로 인해 받은 모든 손실이나 피해에 대해 보상을 받는다(제111조 제8항).

유엔해양법협약은 부당한 임검권 행사로 인한 손해나 손실 보상 규정(제110조 제3항)과 마찬가지로 부당한 추적권 행사로 인한 손해나 손실에 대해 피해 선박이 받을 수 있는 정당한 보상을 규정하고 있다. 여기서 부당한 추적권 행사의 판단기준이 되는 것은 제111조 제1항에 규정된 법령위반으로 믿을 만한 충분한 이유 내지 근거good reason라고 할 수 있다. 따라서 추적선은 추적권 행사의 조건을 엄격하게 해석하고 적용해야 하며, 추적권의 집행에 있어서도 필요하고도 합리적인 한도를 넘는 지나친 실력의 행사를 삼가야 한다.

한편 피추적선은 어느 국가의 관할권 내에서 나포되어 그 국가의 항구로 호송될 때 항행 도중 공해나 배타적 경제수역의 일부를 통과하더라도 그것을 이유로 석방을 주장할 수 없다(제111조 제7항). 즉, 나포의 유효성은 그러한 항행에 의해 영향을 받지 않는다.

5. 공해생물자원의 관리 및 보존

유엔해양법협약은 제87조에서 전통적인 공해어업의 자유를 인정하였지만, 제7부 제2절의 조건을 준수해야 한다는 단서를 달았다. 즉, 공해생물자원의 보존 및 관리에 대한 규정들을 준수하도록 하였다. 공해어업권, 공해생물자원 보존조치와 관련한 국가의 의무, 국가 간 협력 및 관련 보존조치가 그러한 내용들이다(제116조~제120조). 그런데 유엔해양법협약은 이와 같이 제7부 제2절에서 공해생물자원의 보존 및 관리에 대한 일반적인 의무 및 조치를 규정하였지만, 구체적인 내용은 기술하지 않았다. 1958년 「공해협약」의 실패와 '해양의 헌장'으로 불리는 유엔해양법협약의 성격을 고려하면 이는 불가피하다고 하겠다.

결국 공해어업의 규제에 대한 내용은 1995년 「유엔해양법협약의 경계왕래어족 및 고도회유성어족 보존과 관리에 관한 조항의 이행을 위한 협정」(이하 「유엔공해어업협정」)에서 더 구체화되었다.[12] 그리고 공해에서의 어업은 해양법약과 「유엔공해어업협정」의 관련 규정을 기초로 하여 보다 강화된 개별 지역수산기구 내지 지역약정 체제에 의해 본격적으로 규제되고 있다. 한편 유엔과 식량농업기구FAO에서 채택된 결의나 선언 및 관련 조약도 공해어업을 구체적으로 규율하고 있다.[13] 따라서 공해에서의 어업의 자유는 이제 무의미해졌다고 할 수 있다. 이러한 점을 고려하여, 이하에서는 공해어업의 규제에 대한 한국의 실행을 「유엔공해어업협정」과 지역수산기구 및 관련 국내법을 중심으로 살펴보고자 한다. 유엔해양법협약상 공해제도의 내용 중 우리나라의 국내적 이행 및 실행과 관련하여 가장 중요하고 의미 있는 부분은 공해생물자원의 관리와 보존이라고 할 수 있다.

---

12 공식 명칭이 너무 길기 때문에 때로는 「유엔어족협정United Nations Fish Stocks Agreement」 또는 「경계왕래어족협정Straddling Fish Stocks Agreement」 등의 약칭으로 불리기도 한다. 한국의 공식 번역본은 「유엔공해어업협정」이라는 약칭을 사용하고 있다.

13 대략 다음과 같은 결의, 선언, 조치가 있다. 즉, 1992년 5월과 6월에 각각 이루어진 칸쿤선언과 유엔환경개발회UNCED에서의 공해생물자원 보존선언(Agenda 21), 1993년 FAO의 공해상 어선의 국제적 보존·관리 조치의 준수촉진 협정Agreement to Promote Compliance with International Conservation and Management Measures by Fishing Vessels on the High Seas, 1995년 FAO의 책임수산업을 위한 행동규범Code of Conduct for Responsible Fisheries, 2001년의 불법·비보고·비규제어업의 방지·억지 및 근절을 위한 국제행동계획 International Plan of Action to Prevent, Deter and Eliminate Illegal, Unreported and Unregulated Fishing 등이다(최종화, 『現代國際海洋法』, 제7전정판(서울: 도서출판 두남, 2013), 153-157쪽).

Ⅱ 유엔공해어업협정[14]

1. 개관

유엔해양법협약이 채택된 후 고도 회유성 어족과 경계 왕래 어족의 조업에 대한 원양어업국과 연안국의 이해가 대립하면서 공해어업에 대한 규제의 필요성이 대두되었다. 원양어업국은 배타적 경제수역 제도의 도입으로 좁아진 공해에서의 자유로운 조업을 옹호했지만 연안국은 반대하였다. 연안국들은 유엔해양법협약이 발효될 때까지 계속해서 제63조와 제64조의 내용을 실현하기 위한 구체적인 방안이 필요하다고 주장하였다.[15] 또 그동안 원양어업국들의 공해 조업이 더욱 확대되면서 그에 대한 규제의 당위성 또한 강력히 주장되었다. 특히 고도 회유성 어족과 경계 왕래 어족은 특정 해역 범위 내에서만 서식하지 않으며 모든 국가가 조업할 수 있기 때문에 국제적인 관리가 더욱 필요한 상황이었다. 즉, 이동성과 접근성이 뛰어난 어종의 특성상 남획을 방지하는 국제체제가 필요해졌다.[16]

이러한 맥락에서 1992년 리우데자네이루에서 개최된 유엔환경개발회의

---

14 유엔공해어업협정에 대한 내용과 지역수산기구의 현황 부분은 저자가 발표한 논문("공해어업에 관한 분쟁해결 제도의 발전과 전망", 『국제법학회논총』, 제56권 제3호, 2010) 중 일부를 대한국제법학회의 허락하에 수정·가필하여 작성하였음을 밝힌다.

15 Andre Tahindro, "Conservation and Management of Transboundary Fish Stocks: Comments in Light of the Adoption of the 1995 Agreement for the Conservation and Management of Straddling Fish Stocks and Highly Migratory Fish Stocks", *Ocean Development and International Law*, Vol. 28 (1997), pp. 1-2.

16 Erik Jaap Molenaar, "Regional Fisheries Management Organizations: Issues of Participation, Allocation and Unregulated Fishing", Alex Oude Elferink and Donald Rothwell (eds.), *Oceans Management in the 21ˢᵗ Century: Institutional Frameworks and Responses* (Leiden: Martinus Nijhoff Publishers, 2004), pp. 69-70.

UNCED에서는 공해어업 문제를 본격적으로 논의하였다. 특히 캐나다가 공해어업에 대한 규제의 필요성을 적극적으로 제기하였다. 캐나다는 북서대서양수산기구NAFO의 관할에 대항하여 자국 배타적 경제수역 이원에서의 조업 규제가 필요하다고 보았다. 당시 캐나다는 뉴펀들랜드 앞쪽 공해에서 어업자원이 고갈되는 것을 방지하기 위해 공해어업의 규제를 강력하게 주장하였다.[17] 그러나 유엔환경개발회의에서 공해어업에 대한 규제는 어젠다 21의 구체적인 행동강령으로 채택되지 않았다. 그 대신 어젠다 21은 경계 왕래 어족과 고도 회유성 어족의 효과적인 보존 및 관리의 필요성을 강조하여 이 문제를 검토할 유엔 차원의 회의를 소집할 것을 권고하였다.[18] 이에 유엔 총회는 1993년부터 "경계왕래어족과 고도회유성어족에 관한 회의UN Conference on Straddling Fish Stocks and Highly Migratory Fish Stocks"를 개최하였다. 그리고 2년 후인 1995년 이 회의에서 「1982년 12월 10일 유엔해양법협약의 경계왕래어족 및 고도회유성어족 보존 및 관리에 관한 조항의 이행을 위한 협정」을 채택하였다.[19]

이 협정은 유엔해양법협약의 공해어업 및 배타적 경제수역 어업에 관련되는 경계 왕래 어족과 고도 회유성 어족의 보존 및 관리 조치에 관한 내용을 다루고 있다. 이 협정은 모조약인 유엔해양법협약의 이행협정이지만, 심해저 부분의 이행에 대한 1994년 협정과는 달리 유엔해양법협약과 별개의 조약으로 존재한다. 즉, 이행협정이라는 명칭에도 불구하고 유엔해양법협

17 Lawrence Juda, "The 1995 United Nations Agreement on Straddling Fish Stocks and Highly migratory Fish stocks : A Critique", *Ocean Development and Interntional Law*, Vol. 28 (1997), pp. 148-149.

18 *Ibid.*, p. 150.

19 The UN Agreement for the Implementation of the Provisions of the UN Convention on the Law of the Sea of 10 December 1982 relating to the Conservation and Management of Straddling Fish Stocks and Highly Migratory Fish Stocks. 林司宣, 『現代海洋法の生成と課題』 (2008), pp. 130-133.

약의 일부가 아닌 별개의 조약이다.[20] 따라서 유엔해양법협약의 비당사국도 이 협정에만 선택적으로 가입할 수 있다.[21] 2001년 12월에 발효한 이 협정의 가입국은 83개국(2016년 6월 기준)이다.[22] 한국은 2008년 2월 1일 「유엔공해어업협정」 비준서를 기탁하였고, 2008년 3월 2일 조약 제1886호로 발효되었다.[23]

2. 구조와 의의

「유엔공해어업협정」 조문은 유엔해양법협약의 관련 내용을 실현시키기 위한 것, 보충·강화하는 것, 협약의 규정과 개념을 확대·발전시키는 것, 신개념과 원칙을 도입한 것 등으로 나누어 고찰할 수 있다. 이는 하야시 모리타 林司宣 교수가 분류한 것인데, 조항이 중복됨에도 불구하고 유엔해양법협약과의 연관성에 주목하여 편의상 이를 따르기로 한다.[24]

첫째, 이 협정 제5조에서는 연안국과 원양어업국 사이의 협력을 위해 실현해야 할 사항, 즉 구체적인 보존조치를 열거하고 있다. 또 이 협정 제18조 및 제19조는 기국의 의무와 기국에 의한 단속의 구체적 조치를 정하고 있다. 해양법협약에서 기국의무 규정(제94조)의 준수는 자주 문제가 되어 왔는데, 「유엔공해어업협정」은 이러한 기국의 의무 규정을 강화하였다. 특히 각국이 자국의 깃발을 게양한 어선에 대해 기국으로서 책임을 다할 수 있는 경우에만 공해어업에 그 어선의 사용을 허가하도록 하였으며, 그 외에 기국

---

20 水上千之, 『海洋法』 (2005), p. 213.

21 Donald Rothwell and Tim Stephens, *op. cit.*, p. 316.

22 http://www.un.org/Depts/los/reference_files/chronological_lists_of_ratifications.htm

23 해양법포럼, 『유엔해양법해설서 I』 (2009), 237-238쪽.

24 Moritaka Hayashi, "The 1995 Agreement on the Conservation and Management of Straddling Fish Stocks and Highly Migratory Fish Stocks : Significance for the Law of the Sea Convention", *Ocean and Coastal Management, Vol 29* (1995), pp. 51-53.

의 감독·집행의무를 상세하게 정하고 있다.[25] 그리고 이 협정 제25조 및 제26조는 개발도상국에 대한 원조와 관련하여 보다 상세한 규정을 두고 있다. 이러한 원조는 협정 자체의 규정뿐만 아니라 지역수산기구 가입, 새로운 기구의 설립, 어업 데이터 및 정보의 수집과 교환 등에 대한 해양법협약 일반 규정의 실시를 촉진하는 것이기도 하다.[26]

둘째, 「유엔공해어업협정」 제8조에서는 자원의 보존과 관리를 위한 각국의 협력을 명시하였는데, 이는 지역수산기구를 통한 협력에 관한 유엔해양법협약 제63조 및 제64조의 일반적 규정을 강화한 것이다. 특히 공해에서 조업하는 국가나 해당 연안국이 지역수산기구 또는 약정에 가입하거나 그에 관련된 보존·관리 조치에 동의하여 협력하도록 한 점이 주목된다. 실질적인 이해가 있는 국가도 이에 참여하도록 규정하였다.[27] 이러한 협력체제의 연장선에서 한국과 타이완은 「남방참다랑어보존협약」에 가입하기 전 필요한 쿼터를 확보하기도 하였다.[28] 이 협정 제14조는 정보수집과 과학조사에 있어서 협력방법을 정하고 있는데, 그에 더해 데이터의 수집과 공유를 위한 표준 요건을 제1부속서에서 규정하고 있다. 제1부속서는 해양법협약 제61조와 제119조에 규정된 과학적 증거에 관한 일반적 내용을 보다 구체적으로 규정하고 있다. 이 협정 제21조와 제22조는 공해상에서의 단속에 관한 지역적 협력과 그 목적을 위한 승선·검사 등에 대한 기본적 절차를 규정하고 있다. 특히 지역수산기구 또는 약정의 회원국이거나 참가국인 당사국은 그 기구 또는 약정의 관할하에 있는 공해에서 보존 및 관리 조치의 준수를 보장하기 위해 다른 당사국이 해당 기구의 회원국 또는 참가국이든 아니든 상관없이 다른 당사국 국기를 게양한 어선에 승선 및 검색할 수 있도

25 林司宣, "公海漁業", 水上千之(編), 『現代の海洋法』(2003), p. 22.
26 Ibid., pp. 22−23.
27 유엔공해어업협정 제8조.
28 Erik Jaap Molenaar, op. cit., pp. 70−71.

록 규정하고 있다.[29]

셋째, 「유엔공해어업협정」의 일부 규정은 해양법협약의 원칙 및 규정을 더욱 확대 내지 발전시킨 것으로 평가된다. 예컨대 분쟁해결 조항, 기항국에 의한 단속, 잠정조치, 자원의 장기적 지속가능성, 생물의 다양성 보호, 생태계 접근방식 등에 관한 규정을 들 수 있다. 구체적으로 해양법협약 제15부의 분쟁해결 규정은 「유엔공해어업협정」의 해석이나 적용에 대한 이 협정 당사국 간의 분쟁에 준용되며, 분쟁 당사국들이 가입한 경계 왕래 어족 및 고도 회유성 어족에 관한 소지역적·지역적 또는 지구적 수산 협정의 해석 또는 적용에 대한 이 협정 당사국 간의 분쟁에도 준용된다.[30] 기항국 단속 제도는 선박에 의한 해양오염에 대한 해양법협약 규정을 모델로 하여 이를 어업 분야 단속으로 확대시킨 것이다(제218조). 또 재판소가 명하는 잠정조치와 관련하여 해양법협약은 해양환경에 대한 중대한 손해를 방지하기 위해 잠정조치를 명할 권한을 부여하고 있으나(제290조), 「유엔공해어업협정」은 그러한 제도를 확대하여 어업자원에 대한 손해를 방지하기 위해서도 적용할 수 있도록 하고 있다.[31] 자원의 장기적 지속가능성의 확보 및 생물의 다양성 보호 개념은 유엔환경개발회의에서 발전되어 「유엔공해어업협정」에서 비로소 명확한 형태로 인정되었다.[32] 이와 유사한 개념이 이미 해양법협약에 존재한다(제61조 제2항, 제119조 제1항, 제194조 제5항). 생태계 접근방식과 관련해서도 해양법협약은 "자원 간의 상호의존관계"나 "어획되는 어종에 관련되거나 또는 의존하는 어종의 자원량"에 대한 영향을 고려해야 할 필요성을 인정하였다(제61조, 제191조).

넷째, 해양법협약에 없던 새로운 개념 내지 원칙을 도입한 규정은 예방적

---

29 유엔공해어업협정 제21조 제1항.

30 유엔공해어업협정 제30조.

31 유엔공해어업협정 제31조.

32 유엔공해어업협정 제5조 (가) 및 (사).

접근, 국가관할수역과 공해에서의 보존관리조치의 일관성 내지 정합성 확보의 원칙, 한 국가의 관할권 내에 둘러싸인 공해수역의 지위 등이다. 예방적 접근의 개념은 1980년대 중반부터 육상과 해양 관련 환경 분야에서 등장하여 유엔환경개발회의에서 리우선언의 15원칙으로 공식화되었다. 이 원칙을 근거로 하여 유엔공해어업회의는 협정에 이를 규정하게 되었다.[33] 보존관리조치의 일관성은 원양어업국과 연안국이 첨예하게 대립한 부분이었지만, 결국 연안국의 주장이 수용되어 협정에 도입되었다.[34] 한 국가의 관할수역 내 공해의 지위는 회의에서 러시아 대표가 오호츠크해와 관련하여 주장한 것이 수용된 것이다.[35]

요컨대 「유엔공해어업협정」은 지금까지 제대로 관리되지 않았던 공해어업을 새로운 개념이나 필요한 조치 및 각국의 협력을 통해 좀 더 효율적으로 규제하기 위한 최소한의 제도적 장치라고 평가할 수 있다. 특히 많은 지역수산기구가 지금까지 대상 어종을 협소하게 설정하고 단속체제를 비효율적으로 실행하여 공해에서의 대규모 조업과 남획에 잘 대처하지 못한 점을 고려하여 그에 대한 개선책을 마련한 점이 주목된다.[36] 한편 「유엔공해어업협정」에서 다루지 못하는 다른 공해 어업자원은 새로운 지역수산기구에 의해 규율되고 있는데, 이 점 역시 중요하다.[37] 예컨대 저층어와 같은 고도 회유성 어종이 아닌 어종을 규율 대상으로 하는 남태평양수산관리기구 SPRFMO나 북태평양수산위원회NPFC와 같은 지역수산기구의 발족과 활동이 한국의 원양산업에 미치는 영향을 간과할 수 없는 실정이다.

---

33 林司宣, 前揭書, p. 153; 유엔공해어업협정 제6조.

34 유엔공해어업협정 제7조.

35 유엔공해어업협정 제16조.

36 Kristina M Gjerde, "High Seas Fisheries Management under the Convention on the Law of the Sea", in David Freestone, Richard Barnes and David M. Ong (eds.), *The Law of the Sea: Progress and Prospects* (2006), pp. 304–306.

37 Donald Rothwell and Tim Stephens, *op. cit.*, pp. 318–319.

Ⅲ 지역수산기구에 관한 대한민국의 실행

1. 지역수산기구 현황

유엔해양법협약과 「유엔공해어업협정」에 의해 규제되는 공해어업은 지역 수산기구에 의해 더욱 구체화된다. 지역수산기구Regional Fisheries Bodies: RFBs는 특정 어업 협정agreement이나 약정arrangement의 당사자인 국가나 조직이 수산자원의 보존, 관리 및 이용을 위해 협력하는 체제를 말한다. 이 는 특정 수산 분야의 국제기구라 할 수 있는데, 그 대상이 해역이나 어종으 로 한정된다. 따라서 어업의 국제적 규제방식에 있어서 영역적 접근regional approach과 어종별 접근species approach을 포괄하는 기능을 갖는다.[38] 특히 최대지속생산량MSY의 결정과 같은 어업규제 방식으로는 더 이상 공해 어 업자원에 대한 효율적인 규제가 불가능하기 때문에 이러한 지역수산기구 체제가 갖는 의미는 더욱 각별하다.[39]

지역수산기구는 다양한 권한을 갖는다. 어업자원의 보존·관리 조치와 관 련하여 회원국에 비구속적인 결정이나 협조를 권고하는 지역수산기구가 있는 반면, 좀 더 강력한 권한을 갖는 지역수산기구도 있다. 후자와 같이 구 체적이고 강력한 권한을 행사하는 경우를 특히 지역수산관리기구Regional Fisheries Management Organizations; RFMOs라고 한다.[40]

유엔해양법협약은 지역수산기구와 관련된 내용을 어업 문제와 관련된 조문에서 다양하게 규정하고 있다. 즉, 소지역적·지역적 또는 지구적 국제

---

38 영어로 Regional Fisheries Organizations(RFOs)라는 표현이 사용되기도 한다.
39 R. R. Churchill and A. V. Lowe, *op. cit.*, pp. 282–283.
40 http://www.fao.org/fishery/topic/16800/en(2016. 10. 31. 최종방문).

기구(제61조 및 제119조), 소지역 또는 지역 기구(제63조), 지역기구(제66조 및 제123조), 국제기구(제64조 및 제65조) 등의 표현이 그러한 내용을 가리킨다. 「유엔공해어업협정」에서는 지역기구나 약정이라는 용어나 소지역적·지역적 수산관리기구 및 약정이라는 용어를 주로 사용한다.[41] 「유엔공해어업협정」은 약정arrangements에 대한 정의를 두고 있다. 이 협정에 의하면, 약정이란 "협약 및 이 협정에 따라 2개국 또는 그 이상의 국가가 특히 소지역 또는 지역에서 1종 또는 그 이상의 경계왕래어족이나 고도회유성어족의 보존 및 관리 조치를 설정하기 위해 설립한 협조체계를 말한다."라고 되어 있다.[42] 그러나 이 협정은 기구organizations에 대한 정의는 두고 있지 않다.

이와 관련하여 FAO는 지역수산기구Regional Fishery Body가 회원국으로 구성된 관리조직에 의해 운영되는 사무국을 갖춘 반면, 지역수산약정 Regional Fishery Arrangement은 그렇지 않다고 설명하고 있다.[43] 상설 사무국을 갖춘 국제기구와 그렇지 않은 조약 체제의 차이를 의미하는 것이라 할 수 있을 것이다. 그러나 실질적으로 「유엔공해어업협정」에서 지역수산기구와 약정은 명칭에 차이가 있을 뿐이다.[44]

원양어업의 규제와 관련해서는 보편적인 다자조약보다 지역 수산협정 또는 기구와 같은 개별적·구체적 규범 체제가 전 세계의 각 해역별로 존재한

---

41 "regional agencies or arrangement, subregional and regional fisheries management organizations and arrangements" (유엔공해어업협정 제8조, 제9조, 제27조).

42 "arrangement" means a cooperative mechanism established in accordance with the Convention and this Agreement by two or more States for the purpose, inter alia, of establishing conservation and management measures in a subregion or region for one or more straddling fish stocks or highly migratory fish stocks (유엔공해어업협정 제1조 라).

43 http://www.fao.org/fishery/topic/16800/en (2015. 10. 31. 최종방문).

44 Bob Applebaum and Amos Donohue, "The Role of Regional Fisheries Management Organizations", in Ellen Hey (ed.), Developments in International Fisheries Law (Leiden: Brill, 1999), pp. 218–220.

다.[45] 유엔해양법협약은 배타적 경제수역이나 공해에서의 어업자원 이용에 대한 기본원칙을 규정하고 있고, 「유엔공해어업협정」은 고도 회유성 어족과 같은 특정 어업자원의 이용과 관리에 대한 내용을 담고 있다. 그러나 생태계 전체의 일반적 어업에 대한 구체적인 규제에 대해서는 기술하지 않았기 때문에 지역수산기구가 갖는 의미는 각별하다. 전 세계적 차원에서의 상업적 대형 원양어업에 대한 효과적인 규제는 유엔해양법협약, 「유엔공해어업협정」 및 해당 지역수산기구의 3단계에 걸친 기능적 관리를 통해 완성될 수 있기 때문이다.[46] 한국은 주요 원양어업국으로 해당 조업수역에서 이러한 지역수산기구의 규제를 피할 수 없으므로 3단계에 걸친 기능적 관리에 대한 이해가 매우 중요하다. 지역수산기구는 해당 해역에서 수산에 관련된 자료와 정보의 수집, 분석 및 배분과 같은 기능을 수행한다. 이러한 기능을 통해 지역수산기구는 수산자원을 관리하는 기술적 내지 정책적 포럼의 역할을 수행하는 것이다. 요컨대 지역수산기구는 수산자원의 보존, 관리, 개발 및 책임 있는 이용과 관련된 포괄적 권한을 갖고 다양한 기능을 수행한다. 이하에서는 한국이 현재 가입하였거나 가입을 앞두고 있는 지역수산기구를 분석하여 한국의 공해어업 실태를 살펴보기로 한다.

---

45 카네하라 아츠코兼原敦子 교수는 "패치워크patchwork 상태로 누적된 규범 체제의 집적"이라는 표현으로 국제적 어업 규제의 현실을 설명한다(兼原敦子, 「執行手續における特別事情」, 山本草二『海上保安法制−海洋法と國內法の交錯』(2009), pp. 215−217). 실제로 각 해역에 존재하는 지역 수산기구나 협정 체제 또는 FAO의 통계구역은 패치워크 상태로 공해와 각 관할수역으로 나눠져 있다. Gail Lugten, *The Role of International Fishery Organizations and Other Bodies in the Conservation and Management of Living Aquatic Resources−FAO Fisheries and aquaculture Circular. No. 1054−* (2010), p. 2.

46 林司宣, "漁業の國際的規制とその課題", 栗林忠男·秋山昌廣(編), 『海の國際秩序と海洋政策』(2006), p. 252.

2. 한국이 가입한 지역수산기구

지역수산기구는 규제어종에 따라 참치(고도 회유성 어족)를 대상으로 하는 것과 참치 외의 어종을 대상으로 하는 것으로 구별할 수 있다.

(1) 고도 회유성 어족 관련 기구

한국이 가입한 수산기구 중에서 참치와 같은 고도 회유성 어족을 규제대상으로 하는 지역수산기구는 다섯 개가 있다. 먼저 대서양참치보존위원회 ICCAT[47]는 1966년 5월 브라질의 리우데자네이루에서 서명되어 1969년 발효한 「대서양참치보존협약」에 따라 설립되었다. 한국은 1970년 8월 28일 가입하였으며, ICCAT의 본부는 스페인의 마드리드에 있고 회원국은 총 50개국이다.[48] 이 기구의 주요 활동은 대서양의 참치 보존을 위한 협력의 증진인데, 구체적으로 총허용어획량TAC의 결정, 어구의 규제, 휴어기 실시, 정보교환 등 관리조치를 권고하고 있다.[49]

인도양참치위원회IOTC[50]는 1996년 3월 발효한 「인도양참치위원회설립협약」에 의해 설립되었는데, 한국은 1996년 3월에 가입하였다. 본부는 세이셸의 빅토리아 마헤에 있으며 회원국은 32개국이다.[51] 이 기구는 인도양 참치의 보존과 최적 이용을 위한 회원국 간 협력 증진을 목표로 하여 지속가능한 자원의 이용을 위한 관련 조치를 도입하고 있다.[52]

---

47 International Commission for the Conservation of Atlantic Tunas.

48 International Commission for the Conservation of Atlantic Tunas, https://www.iccat.int/en/contracting.htm (2016. 10. 31. 최종방문).

49 International Commission for the Conservation of Atlantic Tunas, http://www.iccat.es/en (2016. 10. 31. 최종방문).

50 Indian Ocean Tuna Commission.

51 Indian Ocean Tuna Commission, http://iotc.org/about-iotc/structure-commission (2016. 10. 31. 최종방문).

52 Indian Ocean Tuna Commission, http://www.iotc.org/ (2016. 10. 31. 최종방문).

남방참다랑어보존위원회CCSBT[53]는 1993년 5월 10일 서명되고 1994년 5월 20일 발효한 「남방참다랑어보존협약」에 의해 설립되었다. 한국은 2001년 10월에 가입하였다. 본부는 오스트레일리아의 캔버라에 있고 오스트레일리아, 일본, 뉴질랜드, 한국, 타이완, 인도네시아 등 6개국이 회원국이다. 이 기구는 남방참다랑어의 보존과 최적 이용을 확보하기 위해 적절한 과학적 조사와 관리조치를 통한 어업규제 조치를 실시하고 있다.[54]

중서부태평양수산위원회WCPFC[55]는 2004년 6월 19일 발효한 「중서부태평양고도회유성어족보존협약」에 의해 설립되었다. 본부는 미크로네시아의 폰페이에 위치하고 있고 한국은 2004년 11월에 가입하였다. 회원국은 오스트레일리아, 중국, 캐나다를 비롯한 총 26개국이다.[56] 에콰도르, 엘살바도르, 멕시코, 파나마, 라이베리아, 태국, 베트남 등이 협력국으로 참가하고 있으며, 그 외에 괌, 사모아, 마리아나제도, 폴리네시아, 뉴칼레도니아 등이 해외령으로 참가하고 있다. 이 기구는 중서부 태평양에서 고도 회유성 어족의 장기적인 보존과 지속적인 이용을 위해 효율적인 관리방안을 도입하는 것을 목적으로 하고 있다. 그러한 목적을 실행하기 위해 하부 조직으로 과학이사회Scientific Committee, 기술이행이사회Technical and Compliance Committee, 북부이사회Northern Committee를 두고 있다.[57]

전미열대다랑어위원회IATTC[58]는 1949년 5월 서명되고 1950년 발효한 미국과 코스타리카 간 「전미열대다랑어위원회설립협약」에 따라 설립되었다.

53 Commission for the Conservation of Southern Bluefin Tuna.
54 Commission for the Conservation of Southern Bluefin Tuna, http://www.ccsbt.org/site/index.php (2016. 10. 31. 최종방문).
55 Western and Central Pacific Fisheries Commission.
56 Western and Central Pacific Fisheries Commission, https://www.wcpfc.int/about-wcpfc (2016. 10. 31. 최종방문).
57 Ibid.
58 Inter-American Tropical Tuna Commission.

본부는 미국 캘리포니아주 라호야에 위치해 있고 한국은 2005년 12월에 가입하였다. 회원국은 벨리즈, 캐나다, 중국, 한국 등 21개국이다. 이 위원회는 동부 태평양에서 참치 관련 연구와 과학적 조사를 통해 참치의 보존조치를 권고한다.[59]

(2) 고도 회유성 어족 외의 기구

참치 외의 어종을 대상으로 하는 지역 수산기구 내지 약정은 국제포경위원회, 남극해양생물자원보존위원회, 북태평양소하성어류위원회, 북서대서양수산위원회 등 13개가 있다. 구체적인 내용은 다음과 같다.

국제포경위원회IWC[60]는 1946년 미국의 워싱턴에서 서명되어 1948년 발효한 「국제포경규제협약」에 의해 설립되었다. 한국은 1978년 12월 29일에 가입하였다. 본부는 영국의 케임브리지에 있다. IWC의 회원국은 총 88개국에 이른다.[61] 국제포경위원회의 설립목적은 고래자원의 효율적인 보존과 개발을 위한 국제적인 규제제도를 마련하여 실행하는 것으로, 일본을 비롯한 포경 찬성국과 그에 반대하는 국가들의 심한 대립 속에서 포경에 대한 규제를 실시하고 있다. 즉, 1986년에 국제포경위원회가 상업적 포경을 금지한 이후 그에 대한 갈등이 현재까지 이어지고 있다. 이 기구는 과학적 조사 목적의 실험적 포경을 위한 고래의 포획량을 규제하고 있으며, 감소한 고래자원의 회복을 위해 포경 작살이나 어망 걸림과 같은 구체적인 이슈를 포함한 다양한 포경 관련 규제조치를 실시하고 있다.[62]

남극해양생물자원보존위원회CCAMLR[63]는 「남극해양생물자원보존협약」

---

59 Inter-American Tropical Tuna Commission, http://www.iattc.org (2016. 10. 31. 최종방문).
60 International Whaling Commission.
61 International Whaling Commission, http://iwc.int/home (2016. 10. 31. 최종방문).
62 *Ibid.*
63 Commission for the Conservation of Antarctic Marine Living Resources.

에 따라 1982년에 설립되었으며, 한국은 1985년 4월 28일 가입하였다. 본부는 오스트레일리아의 타즈매니아 호바트에 있으며 회원국은 25개국에 이른다.[64] 이 기구는 남극해양생물자원에 대한 연구, 관련 자료의 수집·조사·분석 및 과학적 증거에 기초한 보존 조치의 수립을 주요 목적으로 설립되었다.[65]

북태평양소하성어류위원회NPAFC[66]는 1992년 서명되어 1993년 발효한 「북태평양소하성어류보존협약」에 의해 설립되었으며, 한국은 2003년 5월 가입하였다. 본부는 캐나다의 밴쿠버에 있으며 회원국은 캐나다, 일본, 한국, 러시아, 미국 등 5개국이다. 이 위원회는 북태평양 소하성 어류의 보존 조치를 수립하고, 협약의 위반 활동에 관한 정보를 교환하며, 이와 관련된 회원국들의 이행 조치를 평가하는 것을 주된 목적으로 하고 있다.[67]

북서대서양수산위원회NAFO[68]는 1949년 설립된 「북대서양수산기구」 ICNAF가 변경·대체된 것인데, 1978년 서명되어 1979년 발효한 「북서대서양 어업에 관한 장래 다자협력협약」[69]에 의해 설립되었다. 한국은 1993년 12월 가입하였다. 본부는 캐나다 노바스코샤의 다트머스에 있으며 회원국은 12개국이다.[70] 이 기구는 북서대서양 수산자원의 최적 이용과 합리적 관리 및 보존을 위해 규제 수역의 어족자원 보존 관리 조치를 수립하고 실행하는 것을 주된 목적으로 하고 있다.[71]

---

64 Commission for the Conservation of Antarctic Marine Living Resources, http://www.ccamlr.org (2016. 10. 31. 최종방문).

65 Ibid.

66 North Pacific Anadromous Fish Commission.

67 North Pacific Anadromous Fish Commission, http://www.npafc.org (2016. 10. 31. 최종방문).

68 Northwest Atlantic Fisheries Organization.

69 Convention on Future Multilateral Cooperation in the Northwest Atlantic Fisheries.

70 Northwest Atlantic Fisheries Organization, http://www.nafo.int (2016. 10. 31. 최종방문).

71 Ibid.

중동대서양수산위원회CECAF[72]는 FAO헌장 제6조 제2항에 의거하여 FAO 이사회 결의(1/48)에 따라 1967년 9월 설립되었다. 한국은 1974년 1월 가입하였고 회원국은 33개국이다.[73] 사무국은 로마에 위치한 FAO 내에 있다. 이 기구는 협약수역 내 수산자원의 합리적 관리를 위한 연구와 조정, 교육과 연수 활동 장려, 각국의 관련 정책 수립 지원 등을 주요 목적으로 하여 활동하고 있다.[74]

중서대서양수산위원회WECAFC[75]는 FAO헌장 제6조 제1항에 의거하여 1973년 11월 FAO 이사회 결의(1/48)에 따라 설립되었다. 한국은 1974년 1월 가입하였고 회원국은 34개국이다.[76] 사무국은 로마에 위치한 FAO 내에 있다. 이 기구는 협약수역 내 수산자원의 합리적 관리를 위한 연구와 조정, 교육과 연수 활동 장려, 각국의 관련 정책 수립 지원 등을 주요 목적으로 하여 활동하고 있다.[77]

남동대서양수산기구SEAFO[78]는 유엔해양법협약 제118조와 「유엔공해어업협정」의 취지에 따라 2001년 4월 서명되고 2003년 4월 발효한 「남동대서양 어업자원의 보존과 관리에 관한 협약」에 의해 설립되었다. 본부는 나미비아의 스바코프문트에 위치해 있다. 한국은 2011년 4월 가입하였고, 회원국은 앙골라, 나미비아, 일본, 대한민국 등 7개국이다. 이 기구는 위 협약의 효율적인 이행을 통해 협약수역 내 수산자원의 장기적인 보존과 지속가능한 이용을 확보하는 것을 주요 목적으로 하여 활동하고 있다. 이 기구는 경제적으로 중요한 공해에서의 정착성 내지 분리성 어종을 포함하기 때문에

---

72 Fishery Committee for the Eastern Central Atlantic.
73 FAO, http://www.fao.org/fishery/rfb/cecaf/en (2016. 10. 31. 최종방문).
74 Ibid.
75 Western Central Atlantic Fishery Commission.
76 FAO, http://www.fao.org/fishery/rfb/wecafc/en (2016. 10. 31. 최종방문).
77 Ibid.
78 South East Atlantic Fisheries Organization.

그에 대해서는 「유엔공해어업협정」과 별도로 적용된다.[79]

북태평양해양과학기구PICES[80]는 1990년 12월 체결되어 1992년 3월 24일 발효한 「북태평양해양과학기구협약」에 의해 설립되었다. 본부는 캐나다의 브리티시 콜럼비아주 시드니에 있다. 회원국은 캐나다, 일본, 중국, 한국, 러시아, 미국 등 6개국이다. 한국은 1992년 8월 가입하였다. 이 기구는 북태평양의 해양환경과 기후변화, 생태계, 자원의 이용 및 인간활동이 미치는 영향 등에 관한 과학적 지식을 증진시키기 위해 해양과학조사를 촉진하고 조정하며, 해양과학조사와 관련된 정보의 수집과 교환을 장려하는 것을 주된 목적으로 하여 설립되었다.[81]

「중부베링공해명태협약CCBSP」[82]은 「중부베링해명태보전협약」이라고도 하는데, 1994년 6월 16일 서명되고 1995년 12월 8일 발효하였다. 이 협약은 미국과 러시아의 배타적 경제수역으로 둘러싸인 베링해의 이른바 도넛홀Donut Hole이라 불리는 공해에서 명태자원을 보존하기 위해 체결된 것이다. 이 협약은 상대적으로 좁은 협약수역과 한정된 명태자원을 대상으로 하고 있어서 상설 사무국이 없다. 한국은 1995년 12월 가입하였으며, 회원국은 한국, 미국, 러시아, 일본, 중국, 폴란드 등 6개국이다. 각 회원국 주최로 연차회의가 개최되다가 2010년부터는 화상회의로 대체되어 열리고 있다.[83] 이 협약의 웹사이트는 미국의 해양대기청NOAA이 관리하고 있다.[84]

아시아·태평양수산위원회APFIC[85]는 FAO헌장 제14조에 규정된 지역수산

---

79 South East Atlantic Fisheries Organization, http://www.seafo.org (2016. 10. 31. 최종방문).
80 North Pacific Marine Science Organization.
81 North Pacific Marine Science Organization, https://www.pices.int (2016. 10. 31. 최종방문).
82 Convention on the Conservation and Management of Pollock Resources in the Central Bering Sea.
83 FAO, http://www.fao.org/fishery/rfb/ccbsp/en (2016. 10. 31. 최종방문).
84 Alaska Fisheries Science Center, http://www.afsc.noaa.gov/REFM/CBS/Default.htm (2016. 10. 31. 최종방문).
85 Asia-Pacific Fishery Commission.

기구의 하나로 1948년 설립되었다. 처음에 FAO에 의해 인도양·태평양 어업이사회IPFC[86]로 출범하였다가 1976년 현재의 명칭으로 변경되었다. 태국의 방콕에 있는 FAO 아시아·태평양 지역사무소RAF[87]가 이 기구의 사무국 역할을 담당 내지 후원하고 있다. 한국은 1950년 1월 가입하였으며, 회원국은 오스트레일리아, 방글라데시, 캄보디아, 중국, 한국 등 21개국이다. 이 기구는 아시아·태평양 지역에서 해양생물자원의 최적 이용과 지속가능한 이용을 증진하기 위해 필요한 조치를 정해 회원국에 그 이행을 권고한다.[88]

남태평양수산관리기구SPRFMO[89]는 2011년 1월 31일 서명되고 2012년 4월 발효한 「남태평양 공해어업자원의 보존과 관리에 관한 협약」에 의해 설립되었다. 한국은 2012년 4월 가입하였다. 본부는 뉴질랜드의 웰링턴에 위치해 있으며 회원국은 14개국이다.[90] 이 기구는 협약수역 내 어업자원에 대한 예방적 접근과 생태계적 접근을 통해 어업자원의 장기적인 보존과 지속가능한 이용을 확보함으로써 어업자원이 서식하는 생태계를 보호하는 것을 주된 목적으로 하고 있다. 협약의 초안 단계에서는 주로 저층 어업자원을 목적으로 설립이 논의되었으나, 결국은 참치와 같은 고도 회유성 어족을 제외한 대부분의 어업자원을 규제대상으로 하게 되었다.[91]

(3) 기타

한국은 이러한 지역수산기구 외에 수산정책 내지 수산규범 위원회에도 가

---

86 Indo—Pacific Fisheries Council.
87 Regional Office for Asia and the Pacific.
88 Asia—Pacific Fishery Commission, http://www.apfic.org (2016. 10. 31. 최종방문).
89 South Pacific Regional Fisheries Management Organisation.
90 SPRFMO의 회원국은 오스트레일리아, 중국, 칠레, 쿡제도, 쿠바, 유럽연합, 덴마크, 페루, 에콰도르, 대한민국, 뉴질랜드, 대만, 러시아, 바누아투 등 14개국이다.
91 South Pacific Regional Fisheries Management Organisation, https://www.sprfmo.int (2016. 10. 31. 최종방문).

표 7-1 대한민국이 가입한 지역수산기구 및 수산정책·규범위원회

구분		기구(회의)명	가입일	본부	회원국	협약목적
수산정책·규범위원회(4개)		FAO 수산위원회	1965. 12.	로마	미국 등 192개국	수산 관련 국제규범 수립
		UN(수산결의안, 해양법 결의 등)	1991. 9.	뉴욕	미국 등 193개국	어업관리 규범 마련
		OECD 수산위원회	1996. 12.	파리	OECD 회원국 28개국	주요 수산이슈의 경제적 분석
		APEC 해양수산실무 그룹	1991. 3.	싱가포르	APEC 21개국	해양수산자원관리 방안 논의
지역수산기구	참치기구(5개)	대서양참치보존위원회 ICCAT	1970. 8.	마드리드	일본 등 50개국	대서양 참치자원 보존 및 이용
		인도양참치위원회 IOTC	1996. 3.	세이셸	오스트레일리아 등 32개국	인도양 참치자원 보존 및 이용
		남방참다랑어 보존위원회CCSBT	2001. 10.	캔버라	일본 등 6개국	남방 참치자원 보존 관리
		중서부태평양수산위원회 WCPFC	2004. 11.	폰페이	오스트레일리아 등 26개국	태평양수역 참치 자원 보존관리
		전미열대다랑어위원회IATTC	2005. 12.	라호야	미국 등 21개국	동부 태평양 참치 자원 보존관리
	非참치기구(13개)	국제포경위원회IWC	1978. 12.	케임브리지	일본 등 88개국	고래자원 보존관리, 상업포경
		남극해양생물자원보존위원회CCAMLR	1985. 4.	호바트	칠레 등 25개국	남극해양생물자원 보존관리
		중부베링공해명태협약 CCBSP	1995. 12.		미국 등 6개국	중부 베링해 명태 보존관리
		북태평양소하성어류위원회NPAFC	2003. 5.	밴쿠버	캐나다 등 5개국	연어자원 보존관리
		북서대서양수산위원회 NAFO	1993. 12.	다트머스	캐나다 등 12개국	북서대서양수역 수산자원 관리
		중동대서양수산위원회 CECAF	1974. 1.	로마	일본 등 33개국	중동대서양수역 수산자원 관리
		중서대서양수산위원회 WECAFC	1974. 1.	로마	이탈리아 등 34개국	중서대서양수역 수산자원 관리
		남동대서양수산기구 SEAFO	2011. 4.	스바코프문트	앙골라 등 7개국	남동대서양 수산 자원 최적이용
		남태평양수산관리기구 SPRFMO	2012. 4.	웰링턴	뉴질랜드, 칠레 등 14개국	저층어업 및 비참치 어종 관리
		아시아·태평양수산위원회APFIC	1950. 1.	방콕	오스트레일리아 등 21개국	수산정책 수립 및 이행지원
		북태평양해양과학기구PICES	1992. 8.	시드니	미국 등 6개국	해양생물 및 환경에 대한 과학적 연구
		남인도양수산협정 SIOFA	2014. 10.	미정	오스트레일리아 등 8개국	남인도양 수산자원 보존관리
		북태평양수산위원회 NPFC	2015. 7.	도쿄	일본, 미국 등 7개국	저층어업 및 비참치 어종 관리

입해 있다. 즉, 유엔에서 이루어지는 수산결의를 포함하여 FAO 수산위원회, OECD 수산위원회, APEC 해양수산실무그룹 등에도 활발하게 참여함으로써 국제수산 정책 내지 규범의 국내적 도입과 실행을 위해 노력하고 있다(표 7-1).

Ⅳ 원양산업의 국내적 규율

1. 배경

원양어업은 1960년대와 1970년대에 한국의 주요 외화 수입원이었을 정도로 중요한 산업이었다. 그러나 각국의 해양관할권 확대에 따른 공해어장의 감소와 생물자원의 국제적 보호로 한국의 원양어선단은 1980년대 이후 그 규모가 대거 축소되었다. 한국 정부는 이러한 국제사회의 조업환경 변화에 능동적으로 대처하고 원양어업의 지속가능한 발전을 모색하기 위해 2007년에 「원양산업발전법」을 제정하였다. 이 법은 원양어업을 원양산업으로 확대하여 해외의 수산자원을 안정적으로 확보하기 위한 것으로서, 기존의 「수산업법」과 「어업허가에 관한 규칙」을 근간으로 만들어졌다. 어려운 환경에 직면해 있던 한국의 원양어업계는 「원양산업발전법」을 통해 많은 지원을 받게 되었다.

그러나 최근 유럽연합이 한국을 불법어업국으로 예비 지정하였다가 여러 차례의 협의와 한국의 국내법 개정을 통해 결국 예비 지정을 철회한 바 있다. 또 「원양산업발전법」의 지원을 받은 한국의 원양어선들이 책임 있는 수산업 내지 준법 조업을 하지 않음으로써 문제를 일으키는 경우도 있다. 즉,

「원양산업발전법」이 발전과 지원에 치중한 나머지 원양어업에 대한 효율적인 규제가 제대로 이행되지 않고 있다는 문제점이 제기되고 있다.[92] 이하에서는 「원양산업발전법」의 개괄적인 내용을 살펴보고, 공해어업의 규제라는 맥락에서 볼 때 어떤 문제가 있는지 검토하기로 한다.

2. 원양산업발전법의 주요 내용

(1) 원양산업발전종합계획의 수립

우선 해양수산부 장관은 대통령령으로 정하는 바에 따라 중앙행정기관의 장과 협의한 후 원양산업발전종합계획을 5년 단위로 수립하도록 되어 있다. 원양산업발전종합계획에는 다음의 내용, 즉 해외수산자원 환경의 변화와 전망, 원양산업의 목표와 전략 및 추진계획, 해외수산자원의 조사·개발, 원양산업의 경쟁력 강화 및 육성·지원, 전문인력의 양성 및 관련 기술, 연안국 및 국제수산기구 등과의 국제협력 등에 관한 사항이 포함되어야 한다.[93]

원양산업 발전에 관한 사항을 심의하기 위해 해양수산부에 원양산업발전심의회를 둔다. 심의 사항에는 원양산업발전종합계획의 수립, 원양산업의 균형발전, 원양어업 허가정수 결정, 원양어업의 구조개선 및 경쟁력 강화와 원양산업 발전 기반 조성 등에 관한 내용 등이 있다.[94]

(2) 원양어업의 허가

원양어업의 허가 및 신고와 관련하여 원양어업을 하고자 하는 자는 어선마다 해양수산부 장관의 허가를 받아야 하며, 허가받은 사항을 변경하고자 하

---

92 이창위, "상업주의 해양 패러다임 버려라", 『매일경제』(2014. 5. 30).
93 원양산업발전법 제4조.
94 원양산업발전법 제5조.

는 경우에도 마찬가지다. 다만 대통령령으로 정하는 경미한 사항은 신고로
대신한다. 외국인과 합작하여 설립한 해외 현지 법인으로 원양어업을 하고
자 하는 자는 해양수산부 장관에게 신고해야 한다. 신고한 사항을 변경하고
자 할 때에는 변경신고를 해야 한다.[95]

　해양수산부 장관은 원양어업을 허가할 때 다음의 경우에는 원양어업 허
가를 제한할 수 있다. 즉, 국제수산기구의 자원 보존조치에 대한 결의사항
이 있거나, 공해어업과 관련된 국제적 기준에 맞지 않을 경우, 또는 연안국
및 국제수산기구의 요구가 있거나 수산자원의 관리 등을 위해 필요한 경우
등이다. 대통령령으로 정하는 원양어업의 새로운 허가 및 허가어선의 변경
시 충당되는 어선은 필요한 경우 조업구역이나 선령 등을 제한할 수 있다.[96]
피성년후견인, 관련법을 위반하여 징역 이상의 실형을 선고받고 그 집행이
종료되거나 집행이 면제된 날부터 2년이 경과되지 않은 자, 관련법을 위반
하여 징역 이상의 형의 집행유예를 선고받고 집행유예 기간 중에 있는 자,
이 법에 의해 허가가 취소된 후 2년이 경과되지 않은 자 등은 원양어업의 허
가를 받을 수 없다.[97]

　원양어업허가의 유효기간은 5년으로 한다. 다만 어선을 임차하여 사용하
는 등 해양수산부령으로 정하는 경우에는 그 유효기간을 단축할 수 있다.[98]
원양어업허가를 받은 자와 원양어업신고를 한 자는 원양어업을 폐업하거나
할 수 없게 되었을 때 해양수산부 장관에게 신고해야 한다.[99] 해양수산부 장
관은 일정한 경우에 원양어업의 허가를 취소하거나 6개월 이내의 기간을 정
하여 원양어업의 정지를 명할 수 있다. 즉, 거짓이나 그 밖의 부정한 방법으

95　원양산업발전법 제6조.
96　원양산업발전법 제7조.
97　원양산업발전법 제8조.
98　원양산업발전법 제9조.
99　원양산업발전법 제10조.

로 허가를 받거나, 제6조에 따른 허가내용을 위반한 경우, 제8조의 결격사유에 해당하거나, 원양어업자가 제12조를 위반한 경우 및 제13조에 따른 준수사항을 위반한 경우 등이다. 다만 허위나 부정한 방법으로 허가를 받은 때에는 원양어업허가를 취소해야 한다. 해양수산부 장관은 원양어업종사자가 이 법이나 그에 따른 명령을 위반한 때에는 관계 행정기관의 장에게 해기사면허의 취소·정지 또는 해기사에 대한 견책을 요구할 수 있으며, 관계 행정기관의 장은 이를 따라야 한다.[100]

원양어업자는 허가받은 사항의 범위 내에서 성실하게 조업해야 하며, 국제수산기구의 자원 보존조치에 대한 결의사항과 공해어업과 관련된 국제적 기준을 준수해야 한다. 「원양산업발전법」 제13조 제2항은 해외수역에서 중대한 위반행위로서 금지되는 12가지 행위 유형을 열거하고 있다. 즉, ① 기국 또는 해당 연안국에서 발급한 유효한 면허, 인가·허가 또는 등록 없이 조업하는 행위, ② 국제수산기구에서 요구하는 어획량 및 세부 기록을 유지하지 않거나 어획량을 거짓 보고하는 행위, ③ 국제수산기구 또는 연안국에서 설정한 금지수역에서의 조업, 금어기 중의 조업 및 설정된 어획할당량 없이 조업하거나 어획할당량을 초과하여 조업하는 행위, ④ 한시적 또는 영구적으로 조업이 금지된 자원에 대해 직접 조업하는 행위, ⑤ 사용이 허가되지 않은 어구를 이용하여 조업하는 행위, ⑥ 어선의 표시, 표지 및 등록된 내용을 위조하거나 은폐하는 행위, ⑦ 승선 검색과 관련된 증거의 은폐, 훼손 및 제거 행위, ⑧ 국제수산기구의 관할 수역에서 보존관리조치의 위반행위, ⑨ 국제수산기구의 불법·비보고·비규제 어업(IUU 어업) 선박으로 등재된 선박과 전재 또는 공동 조업하거나 이러한 선박을 지원하는 행위, ⑩ 옵서버의 이동, 승선·하선, 조사 등 임무수행을 방해하는 행위, ⑪ 항만국검색관 및 공해 승선검색관의 승선·하선, 선박 검색 및 통신을 방해하거나 항만

---

100 원양산업발전법 제11조.

국 검색에 따른 조치를 위반하는 행위, ⑫ 어선위치추적장치를 설치하지 않거나 설치한 어선위치추적장치를 고의로 작동시키지 않는 행위가 금지행위로 규정되어 있다.

국제협약의 이행 및 수산자원의 지속적인 이용 등을 위해 원양어업자가 준수해야 할 사항은 해양수산부령으로 정할 수 있고, 해양수산부 장관은 국제수산기구의 자원 보존조치를 위해 필요하다고 인정될 때에는 원양어업자에게 국제수산기구가 정한 절차에 따라 승선검색 협조와 그 밖에 필요한 조치를 하도록 명할 수 있다. 해양수산부 장관은 제13조 제1항부터 제4항까지의 준수사항을 위반한 원양어업자에 대해 제25조에 따른 원양어업 관련 회사에 대한 지원 또는 제26조에 따른 보조 및 융자를 중단하거나 그 대상에서 제외할 수 있다.[101]

해외수역의 어획물을 적재한 선박이 국내항에 입항하고자 할 때에는 입항 48시간 전에 어획물의 명칭, 수량, 어획증명서 등을 입증하는 서류 등을 해양수산부 장관에게 제출하여 입항신고를 해야 한다. 해양수산부 장관은 신고한 선박이 다음의 어느 하나에 해당하는 경우에는 항만국 검색을 하는 공무원에게 해당 선박에 승선하여 IUU 어업 관련 어획물·장부·서류 또는 그 밖의 물건을 검사하거나 관계인에게 질문하게 할 수 있다. 즉, 국제수산기구가 관리하는 어종의 수산물을 적재하거나, 국제수산기구에 IUU 어업 선박으로 등재된 경우, 국제수산기구나 외국 정부가 IUU 어업 의심 선박으로 통보하면서 검색을 요청하거나, 해양수산부 장관이 IUU 어업 선박으로 의심되는 증거가 있거나 특별히 검색이 필요하다고 인정하는 경우 등이다.[102] 원양어업자는 제6조 제1항에 따라 원양어업허가를 받은 어선에 대해 출항 전에 어

---

101 원양산업발전법 제13조.
102 원양산업발전법 제14조.

선위치추적장치VMS를 설치해야 한다.[103]

(3) 국제협력과 연구개발

해양수산부 장관은 국제수산협력체계 구축과 원양산업을 영위하는 기업의 해외수산자원확보 등 국제수산협력의 촉진을 위한 시책을 강구해야 한다. 해양수산부 장관은 이를 위해 다음의 국제수산협력사업에 대해 필요한 경비를 지원할 수 있다. 즉, 국제수산기구나 외국 정부 또는 외국 수산 관련 기관·단체와의 원양산업 관련 교섭 및 협정 체결, 원양산업 관련 정보·기술·인력의 국제교류, 원양산업 관련 기술의 국제 표준화, 공동조사, 연구 및 기술 협력, 원양산업 관련 국제학술대회 및 국제박람회 등의 개최, 해외 수산물시장의 조사·분석 및 수집정보의 체계적인 배분, 내국인·외국인 선원 및 해기사의 양성과 교육, 기타 원양산업의 국제협력을 위해 필요하다고 인정되는 사항 등이다.[104]

해양수산부 장관은 원양산업의 활성화를 지원하기 위해 원양산업종합정보시스템을 구축·운영할 수 있다.[105] 또 해양수산부 장관은 원양산업에 관한 신기술을 진흥하기 위해 관련 기술정보를 체계적·종합적으로 관리·보급하는 방안을 강구해야 하며, 원양산업자에게 원양산업 관련 신기술·기법을 도입·적용할 것을 권장하고, 이에 필요한 행정적·재정적 지원을 할 수 있다.[106]

(4) 원양산업의 육성

원양어업 관련 사업을 하고자 하는 자는 대통령령으로 정하는 바에 따라

---

103 원양산업발전법 제15조.
104 원양산업발전법 제18조.
105 원양산업발전법 제19조.
106 원양산업발전법 제20조.

해양수산부 장관에게 사업계획을 신고해야 하고, 중요한 사항을 변경하고 자 하는 경우에도 마찬가지다. 해양수산부 장관은 이러한 신고를 받은 경우에 필요한 조사를 할 수 있으며, 사업계획의 조정이나 보완을 권고할 수 있다.[107]

해양수산부 장관은 「중소기업기본법」 제2조에 따른 중소기업에 속하는 원양어업자가 원양어업 관련 사업을 하기 위해 별도의 회사를 설립하는 경우 대통령령으로 정하는 바에 따라 설립 및 운영을 지원할 수 있다. 정부는 「항만법」에 따른 항만배후단지 중 물류시설이나 그 밖에 대통령령으로 정하는 시설에 원양어업자가 설립한 관련 회사를 우선 입주하게 할 수 있다. 해양수산부 장관은 원양어업자가 설립한 관련 회사가 선령 등 대통령령으로 정하는 조건을 충족할 경우 제6조에 따른 원양어업 허가를 우선적으로 할 수 있다.[108]

정부는 관련 회사의 발전을 촉진하기 위해 필요한 경우에는 대통령령으로 정하는 바에 따라 다음의 비용을 지원할 수 있다. 즉, 사업 추진을 위한 조사에 사용되는 비용, 국제기준 준수와 안전을 위해 사용되는 비용, 사업 추진에 필요한 외국과의 국제협력 및 기술교류에 사용되는 비용, 그 밖에 사업의 촉진을 위해 필요한 비용으로서 대통령령으로 정하는 비용 등이다. 또 정부는 원양산업자가 다음의 사업을 수행하는 경우에는 소요자금의 전부 또는 일부를 보조 또는 융자하거나 부지의 확보를 위한 지원 등을 할 수 있다. 즉, 사업에 필요한 어선(운반선 포함)·어구의 매입, 시설의 설치 및 운영 자금, 사업을 수행하는 데 필요한 토지의 임차 또는 매입 자금, 사업의 정보 화·표준화 또는 공동화, 첨단기술의 개발 및 적용, 사업에서 생산된 수산물 의 판매촉진을 위한 홍보 및 해외시장 개척, 해외어장 자원조사 및 해외양식

---

107 원양산업발전법 제23조.
108 원양산업발전법 제25조.

어장 개발사업, 기타 원양산업을 효율적으로 영위하기 위해 필요한 것으로서 해양수산부령으로 정하는 사항 등이다.[109]

(5) 벌칙

「원양산업발전법」의 관련 규정을 위반한 행위자에 대한 벌칙의 내용은 제5장에 상세하게 규정되었다. 즉, 제33조부터 제36조까지에 벌칙의 내용, 양벌규정, 몰수, 과태료 등에 대한 내용이 상세하게 기술되어 있다. 벌칙의 상한이나 해당 위반행위의 내용은 2015년 1월 일부 엄격하게 규정되었지만, 아직 해양 선진국들의 기준에 비추어 보면 미흡한 부분이 적지 않다. 향후 「원양산업발전법」의 벌칙 규정뿐만 아니라 시행령의 과태료 부과 기준도 더 엄격하게 규정하여 불법조업에 대한 처벌을 강화할 필요가 있다.

Ⅴ 대한민국의 실행에 대한 평가와 정책제언

원양어업에 대한 효율적인 규제가 부족하다는 것은 해양의 관리라는 측면에서 볼 때 분명히 문제가 있다. 국제적으로 어업자원의 고갈이 심각한 상황이기 때문에 이 문제는 좀 더 진지하게 다루어야 한다. 특히 유럽연합이나 미국에서 불법어업국으로 지정하는 것을 피하기 위해서는 벌칙의 규제 내용을 엄격하게 개정해야 할 것이다. 구체적으로 법에 규정된 벌금, 과태료, 징역의 상한을 대폭 상향 조정하고 허가의 취소를 규정한 「원양산업발전법」제11조의 내용도 엄격하게 개정하여 적극적으로 운용해야 할 것이다. 예컨대 허위나 부정한 방법으로 허가를 얻은 경우에만 허가를 취소하게

---

109 원양산업발전법 제26조.

되어 있는 것을 강화하여 허가 내용의 위반이나 결격사유 등 국내적 측면이 강한 내용 외에 IUU 어업에 관련된 원양어업자의 준수사항을 위반한 경우에도 허가를 취소해야 할 것이다. 2015년 1월 「원양산업발전법」의 일부 내용이 개정되었지만, 엄격한 규제의 강화라는 측면에서 볼 때 여전히 선진 해양국들과 격차가 적지 않다.

정부가 원양어업에 대한 규제를 실질적으로 강화하는 것은 불법조업국의 오명을 벗는 차원이 아니라 선진국형 해양정책의 실현을 위해서도 필요하다. 현재 우리나라는 해양의 관리와 해양자원의 보호가 중심인 21세기 해양질서에 적응하지 못하고 있다. 오랫동안 한국은 후진국형 해양정책에 집착해 왔다. 그러나 이제는 G20 국가의 위상에 걸맞은 해양정책을 펴지 않으면 안 된다. 21세기의 해양은 개발과 이용의 대상이 아니라 관리와 보전의 대상이다.

유엔해양법협약은 전문에서 해양생물자원의 보존을 협약의 주요 목적으로 명시하고 있다. 이어서 제5부에 고도 회유성 어족과 경계 왕래 어족의 관리 문제에 대한 각국의 협력을 규정하고, 제7부 제2절에 공해생물자원의 관리와 보존을 모든 국가의 의무로 규정하고 있다. 이러한 취지에 따라 「유엔공해어업협정」이 채택되었고, 각 지역수산기구는 공해생물자원의 보존·관리 조치를 직접 실현하는 최종적 이행기구의 역할을 수행하고 있다. 즉, 3단계적 어업관리 체제의 완성으로 진정한 공해어업 규제가 이루어지는 것이다.[110]

앞에서 살펴보았듯이 국제수산기구의 규제로 이제 공해에서의 자유로운 어업은 실질적으로 불가능하다. 유엔해양법협약과 「유엔공해어업협정」을 준수해야 하는 입장에서 국제수산기구의 중요성을 간과해서는 안 될 것이

---

110 林司宣, "漁業の國際的規制とその課題", 栗林忠男·秋山昌廣(編), 『海の國際秩序と海洋政策』 (2006), p. 252.

다. 한국이 참여한 국제수산기구도 모두 유엔해양법협약과 「유엔공해어업협정」의 관련 규정의 실현을 주된 목적으로 하고 있다. 따라서 정부는 국제수산기구의 설립 취지에 부응하여 지속가능한 공해어업을 실현할 수 있도록 노력해야 한다. 구체적으로 한국이 현재 가입한 지역수산기구나 관련 위원회의 규제와 감독을 국내적으로 더욱 철저히 이행해야 하고, 비가입국으로서 조업하는 해역에서도 실질적인 이해국으로서의 역할을 게을리해서는 안 될 것이다.[111]

---

111 Erik Jaap Molenaar, *op. cit.*, pp. 84-85.

¤ 참고문헌

1. 이창위, "공해어업에 관한 분쟁해결 제도의 발전과 전망", 『국제법학회논총』, 제56권 제3호 (2010).
2. 최종화, 『現代國際海洋法』, 제7전정판 (서울: 도서출판 두남, 2013).
3. 林司宣, 『現代海洋法の生成と課題』 (信山社, 2008).
4. 水上千之, 『海洋法』 (有信堂高文社, 2005).
5. 栗林忠男・秋山昌廣, 『海の國際秩序と海洋政策』 (東信堂, 2006).
6. R. R. Churchill and A. V. Lowe, *The Law of the Sea*, 3rd ed. (Manchester University Press, 1999).
7. Alex Oude Elferink and Donald Rothwell (eds.), *Oceans Management in the 21st Century: Institutional Frameworks and Responses* (Leiden: Martinus Nijhoff Publishers, 2004).
8. Lawrence Juda, "The 1995 United Nations Agreement on Straddling Fish Stocks and Highly migratory Fish stocks: A Critique", *Ocean Development and International Law*, Vol. 28 (1997).
9. Donald Rothwell and Tim Stephens, *The International Law of the Sea* (Hart Publishing, 2010).
10. Andre Tahindro, "Conservation and Management of Transboundary Fish Stocks: Comments in Light of the Adoption of the 1995 Agreement for the Conservation and Management of Straddling Fish Stocks and Highly Migratory Fish Stocks", *Ocean Development and International Law*, Vol. 28 (1997).

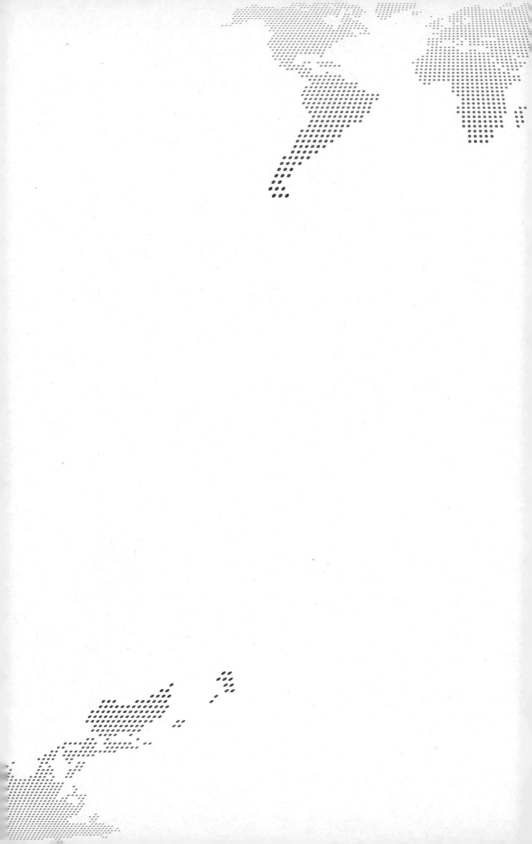

제8장

섬제도

최지현

Ⅰ 섬제도 개관

1. 유엔해양법협약에서의 섬

(1) 섬의 정의

유엔해양법협약 제121조는 섬에 대한 법적 정의를 규정하고 있다.[1] 제121

---

1 제121조

　1. 섬이라 함은 바닷물로 둘러싸여 있으며, 밀물일 때에도 수면 위에 있는, 자연적으로 형성된 육지지역을 말한다.

　2. 제3항에 규정된 경우를 제외하고는 섬의 영해, 접속수역, 배타적 경제수역 및 대륙붕은 다른 영토에 적용가능한 이 협약의 규정에 따라 결정한다.

　3. 인간이 거주할 수 없거나 독자적인 경제활동을 유지할 수 없는 암석은 배타적 경제수역이나 대륙붕을 가지지 아니한다.

　Article 121

　1. An island is a naturally formed area of land, surrounded by water, which is above water at high tide.

조 제1항에 따르면 섬이 되기 위해서는 ① 자연적으로 형성된 지역일 것, ② 물로 둘러싸여 있는 지역일 것, ③ 만조일 때에도 수면 위에 있어야 할 것, ④ 육지일 것이라는 네 가지 요건을 충족해야 한다. 이러한 섬에 관한 정의는 1958년 「영해 및 접속수역에 관한 협약」 제10조에서 확립된 것으로, 해양법협약 제121조 제1항은 1958년 협약 제10조와 문구가 같다.[2]

제121조 제1항에 따르면 섬은 자연적으로 형성된 지형물로, 인공적으로 형성된 지형물은 섬이 될 수 없다. 유엔해양법협약은 인공섬artificial island에 관한 여러 규정을 두고 있으나, 인공섬은 해양법협약 제121조의 섬이 될 수 없다.[3]

다음으로 물로 둘러싸여 있어야 한다. 해양에서 물로 둘러싸이지 않을 가능성은 없으므로 이는 당연한 요건이라고 할 수 있다. 다만 해양 지형물이 간조 시에 육지와 연결될 경우 이는 섬이 아니라 육지 영토의 일부로 보아야 한다. 문헌적 해석에만 충실할 경우 대부분의 대륙이 물로 둘러싸여 있다는 점을 간과할 수 있다. 즉, 제121조를 문헌에 충실하게 해석하면 오스트레일리아와 같은 경우에도 유엔해양법협약상 섬이 될 수 있다. 어느 정도의 크기가 섬이 될 수 있는지 해양법협약이 규정하지 않고 있기 때문이다. 하지만 해양법협약상 배타적 경제수역 및 대륙붕을 갖는다는 점에서 차이가 없으며, 해양경계획정 시에도 차이가 없을 것이므로 반드시 법적 정의가

---

2. Except as provided for in paragraph 3, the territorial sea, the contiguous zone, the exclusive economic zone and the continental shelf of an island are determined in accordance with the provisions of this Convention applicable to other land territory.

3. Rocks which cannot sustain human habitation or economic life of their own shall have no exclusive economic zone or continental shelf.

2 Convention on the Territorial Sea and the Contiguous Zone (1958), Article 121

1. An island is a naturally formed area of land, surrounded by water, which is above water at high tide.

3 해양법협약 제11조, 제56조, 제60조, 제80조, 제87조 참조.

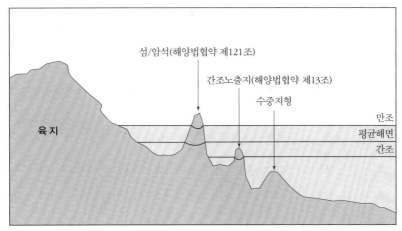

그림 8-1 해양지형의 종류

필요한 사항은 아니다.[4] 오스트레일리아가 해양법협약상 섬이라고 불릴 수 있는지에 대해서는 법적인 상식을 통해 해결할 수 있다.

만조(고조)의 의미에 대해서도 다양한 해석이 가능하다. 유엔해양법협약은 만조(고조)에 대한 정의규정을 두고 있지 않다. 최고 천문조위the highest astronomical tide를 이야기하는 것인지, 분점조석equinoctial tide[5] 시 최고점을 이야기하는 것인지, 대조평균 고조the mean high-water spring tide[6]상의 최고점을 이야기하는 것인지, 아니면 평균 고조위mean high tide를 이야기하는 것인지 해양법협약상으로 명확하지 않다.

마지막으로 섬은 육지여야 한다. 육지라는 말은 통상 해저가 자연적 현상

---

4 유엔해양법협약상 섬의 크기를 확정하지 않을 경우 군도수역을 설정할 수 있는 국가와 그렇지 않은 국가를 구별할 차이가 무엇인지 모호해질 수 있다. 하지만 군도수역을 설정하기 위해서는 기본적으로 제47조에 의해 물과 육지의 비율이 1:1에서 9:1 사이에 있어야 한다. 따라서 굳이 섬의 크기를 설정해서 군도국가가 될 수 있는 섬과 그렇지 않은 대륙국가의 구별을 확정할 필요는 없다. 즉, 인도네시아는 이러한 요건을 충족하기에 군도국가가 될 수 있는 것이며, 이웃 국가인 오스트레일리아는 이러한 요건을 충족하지 않기에 군도국가가 될 수 없는 것이다.

5 태양이 춘분점 혹은 추분점 근처에 있을 때의 조석.

6 약 15일마다 달이 삭new moon 또는 망full moon일 때 일어나는, 조차range of tide가 클 때의 조석.

으로 융기한 경우를 의미한다. 토양인 경우가 대부분이지만 모래, 진흙, 자갈gravel deposit, 산호 잔해가 혼합된 석회석 등이어도 상관없다. 다만 얼음은 육지가 될 수 없다.[7] 따라서 북극지역의 얼음은 섬으로서의 지위를 인정받지 못한다(그림 8-1).

(2) 섬과 해양관할권

유엔해양법협약상 섬은 자체의 영해, 접속수역, 배타적 경제수역, 대륙붕을 갖는다. 다만 '인간이 거주할 수 없거나' '독자적인 경제활동을 유지할 수 없는' '암석'의 경우에는 해양법협약상 배타적 경제수역 및 대륙붕을 가질 수 없다. 영해기선으로부터 200해리까지 혹은 200해리 너머까지 펼쳐져 있는 영역인 배타적 경제수역 및 대륙붕의 성립 여부가 '인간의 거주가능성', '독자적 경제활동'이라는 2개 기준의 충족 여부와 관련되어 있기 때문에 해양법협약 성안 이후에도 논란이 계속되었다. 하지만 이러한 논란은 2016년 필리핀-중국 남중국해 중재재판 사건에서 재판부가 제121조 제3항에 따라 배타적 경제수역 및 대륙붕을 가질 수 있는 섬의 법적 의미에 대해 정의를 내린 이후 어느 정도 해소되었다.

이 중재판정이 나오기 전까지 해양법협약의 문언만으로는 '인간의 거주가능성'과 '독자적 경제활동'이 무엇을 의미하는지 명확하지 않았다. 먼저 기술의 발달과 인간의 거주능력 신장으로 '거주 가능성'이라는 의미가 상당히 유동적인 개념이 되어 버렸다. 또 인간의 거주가 단 한 사람만의 거주도 포함하는 개념인지, 혹은 영구적인 거주를 의미하는 것인지 일시적인 거주를 의미하는 것인지 문언만으로는 그 의미를 파악할 수 없었다. '독자적 경제활동'도 상업적 의미에서 독자적인 경제활동을 할 수 있어야 한다는 것인

---

7 Haritini Dipla, "Islands", in *Max Planck Encyclopedia of Public International Law* (online version, 2016. 10. 31. 최종방문).

지 아니면 생물학적인 생활이 가능할 경우에도 독자적이라고 할 수 있을 것인지 의미가 명확하지 않았다. 또 '인간의 거주 가능성'과 '독자적 경제활동'이라는 두 개념이 어떠한 연관성을 갖는지도 불분명하다. 문언상으로는 둘 중 하나의 요건만 충족하면 되는 것으로 해석되지만 이를 하나의 개념으로 이해하는 견해도 있기 때문이다.[8]

(3) 2016년 필리핀-중국 남중국해 중재재판 사건

이러한 유엔해양법협약 문언의 불명확성은 2016년 필리핀-중국 남중국해 중재재판 사건을 통해 어느 정도 해소되었다. 이 사건에서 필리핀은 중국을 상대로 15개의 청구를 소로 신청하는데, 그중 3개의 청구가 제121조 제3항의 해석과 관련이 있었다.[9] 이에 따라 중재재판부는 협약 제121조 제3항을 해석하였다. 재판부는 '암석', '아니한다', '유지할', '인간의 거주', '혹은 (거나)', '독자적인 경제활동'의 문언적 의미에 대해 검토한 뒤, 제121조 제3항의 문맥 및 유엔해양법협약의 대상과 목적에 대해 고찰하고, 마지막으로 유엔해양법협약 준비문서를 검토하였다.[10] 재판부는 검토 결과를 토대로 제121조 제3항에 대한 해석을 다음과 같이 정리하였다.

---

8 R. Kolb, "L'interprétation de l'article 121, paragraphe 3, de la convention de Montego Bay sur le droit de la mer : les ≪rochers qui ne se prêtent pas à l'habitation humaine ou à une vie économique propre≫, *Annuaire français de droit international*, Vol. 40 (1994), p. 907; Yoshifumi Tanaka, *The International Law of the Sea* (Cambridge : Cambridge Univ. Press, 2012), p. 66에서 재인용.

9 청구 3은 스카보러 암초가 배타적 경제수역이나 대륙붕을 가지지 못한다는 점을 확인해 줄 것을 요청하는 내용이었다. 청구 5는 미스치프, 리프, 세컨드 토마스 암초가 필리핀의 배타적 경제수역 내에 있다는 점을 확인해 줄 것을 요청하는 내용이었다. 청구 7은 존슨, 쿠아테론, 피어리 크로스 환초가 배타적 경제수역이나 대륙붕을 가지지 못한다는 점을 확인해 줄 것을 요청하는 내용이었다.

10 PCA Case No. 2013-19, *In the Matter of the South China Sea Arbitration before An Arbitral Tribunal Constituted under Annex VII to the 1982 United Nations Convention on the Law of the Sea between the Republic of the Philippines and the People's Republic of China*, Award on the Merits, paras. 475-538.

첫째, 암석이라고 해서 단단한 돌로 이루어져야 하는 것은 아니며, 만조 시에도 수면 위로 노출되는 지형물의 지질학적·지형학적 특징만으로 암석을 설명할 수 없다고 하였다.[11]

둘째, 지형물의 법적 지위는 자연적 지위capacity에 기초하여 결정되어야 한다고 하였다. 인간의 거주 가능성을 개선하기 위해 외부에서 무엇인가를 첨가하거나 변형을 가한 사실에 의해 결정되어서는 안 된다고 보았다.[12]

셋째, "인간의 거주"와 관련하여 결정적인 요인은 거주가 일시적인 것이어서는 안 되며, 사람들이 자연스럽게 그 지형물의 인구를 구성할 정도가 되어야 거주로 볼 수 있다고 하였다. 따라서 "인간의 거주"란 안정적으로 인간 공동체가 그 지형물에 정착한다는 의미로, 지형물이 그들의 거주지가 되고 또한 그 위에 정주할 수 있어야 한다고 보았다.[13]

넷째, "독자적인 경제활동"이란 인간의 거주요건과 연관되어 있는 것으로, 2개의 요건은 보통 동시에 충족되어야 한다. 또 제121조 제3항의 지형물이 경제적인 가치를 가질 것을 요구하는 것은 아니며, 다만 경제적인 활동을 유지할 것을 요구하는 것일 뿐이다. 경제활동이란 사람들이 자신의 생명과 생계를 위해 거주하고 해양 지형물 위에 자신의 가정을 만들 수 있다는 의미이다. 또 그것은 "독자적"이어야 한다. 그러므로 경제활동이란 그 지형물 자체로부터 유래해야 하며, 오로지 주변 해역이나 주변 영해의 해저로부터 유래한 것일 경우 독자적이지 않다고 보았다.[14]

다섯째, 인간이 거주할 수 있거나 독자적인 경제활동을 유지할 수 있어야 한다고 규정하여 제121조 제3항은 상호 분절적인 형식을 취하고 있다. 그러나 실질적으로는 안정적인 인간 공동체가 정착해 있는 경우 독자적인 경

---

11 *Ibid.*, para. 540.
12 *Ibid.*, para. 541.
13 *Ibid.*, para. 542.
14 *Ibid.*, para. 543.

제활동을 할 수 있는 지형물이 된다고 재판부는 보았다. 다만 사람들이 여러 개의 관련 해양 지형물 군집을 기반으로 거주하고 있는 경우는 예외이며 (독자적 경제활동이 아니라고 해도) 이러한 경우에 인간이 거주하지 않는 지형이라고 말할 수 없다고 하였다.[15]

여섯째, 제121조 제3항은 지형물의 지위capacitiy에 근거하여 규정되었으며, 실제로 인간이 거주하고 있느냐, 경제적인 활동을 영위하고 있느냐가 기준이 되는 것은 아니라고 하였다.[16]

일곱째, 인간이 거주할 수 있고 경제적인 활동이 가능하도록 하는 지위에 관한 판단은 사례별로 검토되어야 한다고 하였다. 지형물의 지위를 확정해 주는 주요 요소에는 일단의 사람들이 무한정의 기간 동안 살아갈 수 있는 기반이 되는 물, 식량, 보금자리가 해당된다. 이러한 요소들이 인간의 거주와 경제활동에 기여하는 바와 중요도는 지형물마다 다르게 나타날 수 있다.[17]

여덟째, 지형물의 이러한 잠재적 지위를 판단할 경우 일단의 작은 섬들이 집단적으로 인간의 거주를 가능하게 하고 경제활동을 가능하게 하는 상황을 고려해서 판단해야 한다. 하지만 인간의 거주와 경제활동에 대해 규정하고 있는 제121조 제3항은 외부의 공급에 의존하는 상황은 배제하고 있으며, 이러한 경우라면 제121조 제3항의 요건을 충족시키지 못한다고 보았다.[18]

아홉째, 제121조 제3항을 해석할 때 특정 지형물에 관한 객관적이고 물리적인 상태에 관한 증거에 따라 판단해야 한다. 명확하게 거주 가능성이나 경제활동 여부를 판단 내릴 수 있는 상황이 아닌 경우에는 물리적 증거뿐만 아니라 역사적으로 그 지형물을 어떻게 사용하였는지를 보는 것이 필요하다. 만약 역사적으로 안정적인 인간 공동체가 발전한 적이 없었다면, 가장

---

15 *Ibid.*, para. 544.
16 *Ibid.*, para. 545.
17 *Ibid.*, para. 546.
18 *Ibid.*, para. 547.

합리적인 결론은 인간의 거주가 가능하지 않다고 보는 것이다. 만약 물리적으로 거주가 시작된 지 얼마 안 되었지만 역사적으로 거주한 사실이 있다면 재판부는 외부에서의 지원으로 이러한 거주가 가능하였는지 여부를 고찰해야 하며, 외부의 지원이 결정적이어서 인간의 거주를 위한 필수적 상태를 구성할 경우에는 인간의 거주가 가능한 지형물이 아니라고 볼 것이다. 경제활동 판단에 있어서도 동일한 분석방법이 적용될 것이라고 하였다.[19]

(4) 기타 효과

유엔해양법협약상 섬은 영유권 취득의 대상이 된다. 반대로 제121조 제1항 상의 섬으로서의 지위를 얻지 못할 경우 영유권 취득의 대상이 될 수 없다. 만조 시에 수면 아래로 잠기는 수중암초의 경우 어느 국가도 자국의 주권을 주장할 수 없다. 섬의 영유권 취득 방법에 대해 유엔해양법협약은 규율하고 있지 않다. 이러한 점 때문에 섬의 영유권 문제는 유엔해양법협약의 해석 및 적용에 관한 분쟁이 아니므로 원칙적으로 강제적 분쟁해결의 대상이 되지 않는다.

2. 간조노출지

간조(저조)일 때에는 물로 둘러싸여 있고 수면 위로 나오되 만조 시에는 수면 아래에 있는, 자연적으로 형성된 육지를 간조노출지low-tide elevation라고 한다(제13조 제1항). 만조 시에 수면 아래 잠기는 이상 유엔해양법협약 제121조에서 규정하고 있는 섬은 아니다. 하지만 유엔해양법협약은 간조노출지에 대해 일정한 법적 효과를 부여하고 있다.

　간조노출지의 전부 또는 일부가 본토 또는 섬으로부터 영해의 폭을 초과

---

19 *Ibid.*, paras. 548-551.

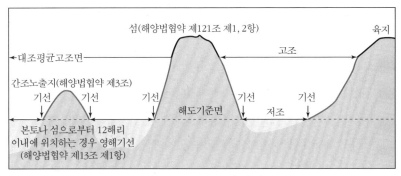

그림 8-2 간조노출지

하지 않는 거리에 위치하는 경우에는 그 간조노출지 위의 저조선을 영해기
선으로 사용할 수 있다(제13조 제1항). 이와 반대로 간조노출지 전부가 본토
나 섬으로부터 영해의 폭을 넘는 거리에 위치하는 경우, 그 간조노출지는
자체의 영해를 가지지 못한다(제13조 제2항). 따라서 12해리 밖에 있는 간조
노출지는 12해리 영해 확정에 어떠한 역할도 하지 못한다. 반면 12해리 내
에 존재한다면 이를 기준으로 다시 12해리 영해를 측정할 수 있게 되므로
최대 24해리까지 -경우에 따라서 24해리를 넘어서도-[20] 영해가 확장될 수
있다(그림 8-2).

직선기선 설정에 있어서도 간조노출지는 일정한 역할을 한다. 원칙적으
로 직선기선은 간조노출지까지 또는 간조노출지로부터 설정할 수 없다. 다
만 영구적으로 해면 위에 있는 등대나 이와 유사한 시설이 간조노출지에 세
워진 경우 또는 간조노출지 사이의 기선설정이 일반적으로 국제적인 승인
을 받은 경우에는 간조노출지를 직선기선의 기점으로 선택할 수 있다(제7조
제4항).

---

20 간조노출지 일부가 본토 또는 섬으로부터 영해의 폭을 초과하지 않는 거리에 있는 경우에 그 간
조 노출된 부분이 12해리 넘어서까지 뻗어 나가는 경우 이를 기점으로 영해를 다시 측적하게
되면 24해리를 초과할 수 있다.

3. 영해기선과 섬

(1) 직선기선과 섬

직선기선은 "해안선이 깊게 굴곡이 지거나 잘려들어간 지역"이거나 "해안을 따라 아주 가까이 섬이 흩어져 있는 지역"에 설정할 수 있다(제7조 제1항). 따라서 섬에 직선기선이 설정될 수 있지만 섬에만 직선기선이 설정되는 것은 아니며, 굴곡지거나 잘려 나간 형태의 육지 부분에도 직선기선의 기점이 설정될 수 있다. 또 간조노출지에도 기점이 설정될 수 있지만 간조노출지에서 간조노출지로는 설정될 수 없다(제7조 제4항).

(2) 암초

환초상에 위치한 섬 또는 가장자리에 암초를 가진 섬의 경우, 영해의 폭을 측정하기 위한 영해기선은 연안국이 공인한 해도상에 적절한 기호로 표시된 암초의 바다 쪽을 저조선으로 한다(제6조).[21] 해양법협약 제6조는 두 가지 형태의 섬을 규정하고 있는데, 환초상에 위치한 섬과 가장자리에 암초reef를 가지고 있는 섬이다. 그런데 '환초atoll'가 무엇을 의미하는지에 대해서는 해양법협약에서 규정하고 있지 않다. 지리학적인 개념으로 환초는 링 모양으로 생긴 암초이다. 그 안에 섬이 존재하기도 하는데, 석호lagoon를 완전히 둘러싸거나 둘러싸는 형식의 섬이 존재하기도 한다.[22] '암초reef'는 해수면에 근접해 있거나 만조 시에 노출되는 암석 덩어리 혹은 산호초 덩어리를

---

21 Article 6 Reefs In the case of islands situated on atolls or of islands having fringing reefs, the baseline for measuring the breadth of the territorial sea is the seaward low-water line of the reef, as shown by the appropriate symbol on charts officially recognized by the coastal State.

22 UN Office for Ocean Affairs and the Law of the Sea, *Baselines: An Examination of the Relevant Provisions of the United Nations Convention on the Law of the Sea* (New York, 1989), p. 50.

말한다.[23] 환초상에 위치한 섬과 가장자리에 암초를 가지고 있는 섬의 경우 영해의 폭을 측정하는 기선은 암초의 바다 쪽 저조선으로 한다.

바다 쪽 저조선으로 기선을 설정하기 위해 환초상에는 섬이 있어야 한다. 여기서 섬은 땅terra firma을 의미하는 것이므로 땅이 없는 환초는 영해를 가질 수 없다. 암초가 수면 아래 항시 있는 경우에는 해양법협약 제6조가 적용되지 않는다.

4. 군도국가

(1) 군도국가

'군도국가'라 함은 전체적으로 하나 또는 둘 이상의 군도로 구성된 국가를 말하며, 그 밖의 섬을 포함할 수 있다(제46조(a)). 가장 대표적인 예는 인도네시아이다. 대륙에 영토가 있으면서 해양에 섬을 가지고 있는 그리스와 같은 경우는 군도국가가 되지 못한다. 군도는 섬의 무리(섬들의 일부를 포함), 연결된 수역 및 그 밖의 자연지형으로, 이들이 서로 밀접하게 관련되어 있어 그러한 섬, 수역 및 그 밖의 자연지형이 고유한 지리적·경제적 또는 정치적 단일체를 이루고 있거나 역사적으로 그러한 단일체로 인정되어 온 것을 말한다(해양법협약 제46조(b)). 군도국가는 군도기선을 설정할 수 있다.

(2) 군도기선

군도국가는 군도의 가장 바깥쪽 섬의 가장 바깥 점과 드러난 암초의 가장 바깥 점을 연결한 직선인 군도기선을 그을 수 있다. 다만 이러한 군도기선이 과도하게 설정될 우려가 있어 유엔해양법협약은 다음과 같은 제한을 두고 있다. 우선 이러한 기선 안에는 주요한 섬을 포함하며 수역의 면적과 육

---

23 *Ibid.*, p. 60.

지면적(환초 포함)의 비율이 1 대 1에서 9 대 1 사이어야 한다(제47조 제1항).[24] 또 군도기선의 길이는 100해리를 넘을 수 없다. 다만 군도를 둘러싼 기선 총수의 3퍼센트까지는 그 길이가 100해리를 넘어 최장 125해리까지 연장될 수 있다(제47조 제2항). 이러한 기선은 군도의 일반적 윤곽으로부터 현저히 벗어날 수 없으며, 다른 국가의 영해를 공해나 배타적 경제수역으로부터 분리하는 방식으로 기선을 설정할 수 없다(제47조 제3항, 제5항).

영해, 접속수역, 배타적 경제수역과 대륙붕의 폭은 군도기선으로부터 측정한다(제48조). 군도기선으로 둘러싸인 수역은 군도수역이라고 하며, 군도국가의 주권이 미치는 해역이다. 군도수역에서 제3국은 무해통항권을 가진다(제52조). 군도국가의 군도수역에서의 권한은 내수에서보다는 약하지만 영해에서보다는 강한 것으로 평가할 수 있다.

(3) 군도항로대 통항권

군도국가는 자국의 군도수역과 이와 인접한 영해나 상공을 통과하는 외국 선박과 항공기의 계속적이고 신속한 통항에 적합한 항로대와 항공로를 지정할 수 있다(제53조 제1항). 군도국가는 이미 지정되거나 설정된 항로대나 통항분리방식을 필요한 경우에는 적절히 공표한 후 다른 항로대나 통항분리방식으로 대체할 수 있다(제53조 제7항). 항로대를 지정하거나 대체함에 있어 군도국가는 권한 있는 국제기구에 제안을 회부하여 채택되도록 한다. 그 국제기구는 군도국가가 동의한 항로대만을 채택할 수 있으며, 그 후 군도국가는 이를 지정 또는 대체할 수 있다(제53조 제9항)[25]

---

24 인도네시아와 필리핀의 수역과 육지의 비율은 각각 1.2:1과 1.8:1이라고 알려져 있다. UN DOALOS, *supra* note 22, p. 35.

25 권한 있는 국제기구란 항로대에 관하여서는 국제해사기구IMO를 의미하고, 항공로와 관련해서는 국제민간항공기구ICAO를 의미한다. M. H. Nordquist (ed.), *United Nations Conveuntions on the Law of the Sea; A Commentary*, Vol. Ⅲ (Leiden: Martinus Nijhoff Publishers, 1995), pp. 477-478.

모든 선박과 항공기는 이러한 항로대와 항공로에서 군도항로대 통항권을 향유한다(제53조 제2항). 군도항로대 통항이라 함은 공해나 배타적 경제수역의 어느 한 부분과 공해나 배타적 경제수역의 다른 부분과의 사이에서 오로지 계속적이고 신속하게 방해받지 않고 통과하기 위한 목적으로 통상적 방식의 항행권과 비행권을 이 협약에 따라 행사하는 것을 말한다(제53조 제3항).

Ⅱ 섬에 관한 대한민국의 실행과 관련 문제

1. 섬에 관한 국내법 체제

한국은 공간적 범위와 관리 목적에 따라 섬에 대한 법체계를 다음과 같이 구축하였다. 유인도서에 대해서는 행정자치부 소관 법률인 「도서개발 촉진법」에 의해 규율된다. 무인도서에 대해서는 해양수산부 소관 법률인 「무인도서의 보전 및 관리에 관한 법률」에 의해, 특정도서에 대해서는 환경부 소관 법률인 「독도 등 도서지역의 생태계 보전에 관한 특별법」에 의해 규율된다.

(1) 도서개발 촉진법

1986년 제정된 「도서개발 촉진법」은 삼면이 바다로 둘러싸여 많은 도서를 가지고 있음에도 도서개발을 위한 전략적 시책이 없어 내륙과의 격차가 심해지고 있는 상황에서 도서에 대한 장기적인 개발을 통해 도서 주민의 소득 증대와 생활수준 향상을 꾀한다는 취지에서 제정되었다. 이러한 취지에 따라 이 법은 "도서島嶼의 생산 · 소득 및 생활기반시설의 정비 · 확충으로 생활환경을 개선함으로써 도서지역 주민의 소득 증대와 복지 향상을 도모함을 목적으로 한다."[26] 제주도를 제외한 모든 섬을 대상으로 하지만 개발 대상 도서(지정도서)가 되기 위해서는 10인 이상의 인구가 상시 거주해야 하므로 사실상 유인도서를 대상으로 한다고 할 수 있다.[27] 이 법은 도서의 개발을 목적으로 한다는 측면에서 유엔해양법협약의 국내 이행과는 아무런 관련을 가지지 않는다.

(2) 무인도서의 보전 및 관리에 관한 법률

2007년 제정된 이 법은 생태학적 또는 자연적으로 보전가치가 높거나 이용, 개발 가능성이 있는 무인도서 및 그 주변 해역에 대한 체계적이고 지속적인 관리체계를 마련하기 위해 제정되었다. 이에 더하여 이 법은 영해를 측정하는 기준선이 되는 무인도서에 대해서는 별도의 특별관리계획을 수립, 시행하고 훼손을 방지하기 위한 근거를 마련함으로써 해양관할권의 근거가 되는 무인도서를 체계적으로 관리하기 위한 목적도 가지고 있다.

이러한 목적에 따라 이 법 제2조에서는 무인도서, 간조노출지에 대해 법적인 정의를 하고 있는데, 모두 유엔해양법협약의 규정에 부합하게 제정되었다.[28] 제2조 제1호에 '무인도서'는 "바다로 둘러싸여 있고 만조 시에 해수

---

26 도서개발 촉진법 제1조.
27 도서개발 촉진법 제2조, 제4조; 도서개발 촉진법 시행령 제3조.
28 무인도서의 보전 및 관리에 관한 법률 제2조(정의) 이 법에서 사용하는 용어의 뜻은 다음과 같다.
   1. "무인도서"란 바다로 둘러싸여 있고 만조 시에 해수면 위로 드러나는 자연적으로 형성된 땅으로서 사람이 거주(정착하여 지속적으로 경제활동을 하는 것을 말한다. 이하 같다)하지 아니하는 곳을 말한다. 다만, 등대관리 등 대통령령으로 정하는 사유로 인하여 제한적 지역에 한하여 사람이 거주하는 도서는 무인도서로 본다.
   2. "주변해역"이란 무인도서의 만조수위선滿潮水位線으로부터 거리가 1킬로미터 이내의 바다 중「항만법」제2조제4호에 따른 항만구역 등 대통령령으로 정하는 바다를 제외한 것을 말한다.
   3. "간조노출지干潮露出地"란 간조 시에는 해수면 위로 드러나고 만조 시에는 해수면 아래로 잠기는 자연적으로 형성된 땅을 말한다.

면 위로 드러나는 자연적으로 형성된 땅으로서 사람이 거주(정착하여 지속적으로 경제활동을 하는 것을 말한다. 이하 같다)하지 아니하는 곳"이라고 규정되어 있다. 무인도서에 관한 정의는 유엔해양법협약 제121조 제1항 섬에 관한 규정에 따라 제정되었다. 다만 무인도서라도 제121조 제3항에 따라서 인간이 거주할 수 있거나 독자적인 경제활동을 유지할 수 있으면 배타적 경제수역이나 대륙붕을 가질 수 있으므로, 제2조 제1호는 무인도서를 지칭할 때 '거주'라는 요건을 사용하여 '정착'하여, '지속적으로 경제활동'을 하지 않는 경우에만 무인도서가 되도록 하였다. 거주할 수 없는 무인도서라도 인간이 거주할 가능성이 있거나 독자적 경제생활이 가능할 수 있으므로 유엔해양법협약 제121조 제3항에 따라서 배타적 경제수역이나 대륙붕을 가질 수 있다는 입장인 것으로 풀이된다. '간조노출지' 역시 유엔해양법협약 제13조에 부합하게 규정되었다. 제2조 제4호는 '영해기점무인도서'에 대해 규정하고 있다. 이 도서는 직선기선의 기점으로 사용되는 무인도서뿐만 아니라 통상기선의 기점으로 사용되는 무인도서 또는 간조노출지를 의미하는 것으로 규정하고 있다.

이 법에 따르면 해양수산부 장관은 무인도서와 그 주변 해역의 종합관리계획을 10년마다 수립하고 시행해야 하며(제6조), 이를 위해 실태조사를 10년마다 실시해야 한다(제9조). 특히 해양수산부 장관은 영해기점무인도서의 보전, 관리를 위해 특별히 필요하다고 인정되는 경우에는 영해기점무인도서에 대한 특별관리계획을 수립, 시행할 수 있으며, 계획의 시행에 필요한 조치를 취해야 한다(제7조, 제19조 제1항). 또 해양수산부 장관은 영해기점무인도서의 형상이 훼손되었거나 훼손될 우려가 있는 경우를 대비하여 상시

---

4. "영해기점무인도서"란 「영해 및 접속수역법」 제2조제1항 및 제2항에 따라 통상의 기선基線 또는 직선의 기선으로 인정되는 무인도서와 국제법에 따라 영해의 폭을 측정하는 기선으로 인정되는 간조노출지를 말한다.

적인 보고 및 관리 체계를 마련해야 하고, 추가적인 훼손을 방지하기 위한 조치를 취해야 한다(제19조 제2항, 제3항).

(3) 독도 등 도서지역의 생태계 보전에 관한 특별법

이 법은 특정도서의 다양한 자연생태계, 지형 또는 지질 등을 비롯한 자연환경의 보전에 관한 기본적인 사항을 정함으로써 현재와 미래의 국민 모두가 깨끗한 자연환경 속에서 건강하고 쾌적한 생활을 할 수 있도록 하는 것을 목적으로 하고 있다(제1조). "특정도서"란 사람이 거주하지 않거나 극히 제한된 지역에만 거주하는 섬으로 자연생태계, 지형, 지질, 자연환경이 우수한 도서 중 환경부 장관이 지정하여 고시하는 도서를 말하는데(제2조 제1호), 독도는 그러한 특정도서의 예시로 제1호에 명시되어 있다.

이 법은 특정도서의 자연생태계 및 환경을 보전하기 위해 특정 행위를 제한하고 있으며(제8조), 그 보전을 위해 환경부 장관은 기본계획을 10년마다 수립해야 한다(제5조).

2. 직선기선과 섬

「영해 및 접속수역법」은 제2조 제2항에서 지리적 특수사정이 있는 수역의 경우에는 대통령령으로 정하는 기점을 연결하는 직선을 기선으로 할 수 있다고 규정하고 있다. 이에 따라 「영해및접속수역법시행령」 제2조에서 영해의 폭을 측정함에 있어 직선을 기선으로 하는 각 수역과 기점을 [별표 1]로 설정하였다.

이에 따라서 직선기선을 설정하면 그림 8-3과 같다. [별표 1]과 그림 8-3에서 보았을 때 영일만과 울산만을 잇는 기점 1~2, 기점 3~4를 제외하고는 모두 섬 위에 설정되어 있음을 알 수 있다. 즉, 남해안과 서해안을 잇는 해안

그림 8-3 대한민국 영해 직선기선

은 모두 섬 위에 설정되어 있는 기점을 기준으로 직선기선이 설정되어 있다. 다만 현재 23번 기점 이후 직선기선이 존재하지 않는다는 문제점이 있다. 북한과의 관계 등을 고려하여 직선기선을 23번 밖으로 설정하지 않은 결과 23번 이후 서해안에서 영해와 내수의 경계가 불완전하다는 문제점이 발생하고 있다. 이러한 문제점은 5번 기점인 1.5m암과 육지와의 폐쇄선이 설정되지 않아 내수 경계가 불확실하다는 점에서 동일하게 나타난다.

3. 수중암초: 이어도

이어도는 제주도 남쪽 마라도에서 서남쪽으로 약 80해리(149km)에 위치하고 있는 수중암초이다. 가장 얕은 곳은 해수면 아래 약 4.6m이며, 수심 40m 기준으로 할 경우 남북으로 약 600m, 동서로 약 750m에 이른다. 1900년 영국 상선인 소코트라Socotra호가 처음 발견하여 그 선박의 이름을 따서 소코트라암Socotra Rock이라고도 불린다. 한국은 1994년 이어도에 해양과학기지 설치계획을 수립하여 2003년 6월 11일 이어도 종합해양과학기지를 준공하였다.[29] 한국해양연구원(현 한국해양과학기술원)이 설계와 설치를 수행하였으며, 2007년 국립해양조사원으로 이관되었다. 이어도 종합해양과학기지는 해저 약 40m에 구조물을 설치한 것으로 해수면 위로 노출된 기지의 높이는 약 36m에 이른다.

중국 정부는 한국이 이어도 종합해양과학기지를 건설하는 과정에서 "배타적 경제수역이 중첩되는 해역에서 한국이 일방적으로 개발활동을 하는 것에 반대한다."며 두 차례 이의를 제기하였다. 또 2006년 9월 중국 외교부는 "쑤옌자오(蘇暗礁: 이어도의 중국명)는 섬이 아니라 수중암초이고, 쑤옌자

---

29 국립해양조사원, "이어도 종합해양과학기지", http://www.khoa.go.kr/kcom/cnt/selectContents Page.do?cntId=51302020 (2016. 10. 31. 최종방문).

오가 속한 해역이 한중 양국의 배타적 경제수역이 중첩되는 곳이기 때문에 한국이 쑤엔자오에 해양과학기지를 건설한 것은 아무런 법률적 효력이 없다."며 한국에 항의하였다. 그러나 한국 정부는 이어도가 지리적으로 한국 측에 더 근접하여 있으므로 한·중 양국 간 배타적 경제수역 경계획정 이전이라도 명백히 한국의 배타적 경제수역 권원 내에 속하는 수역이고, 자국의 배타적 경제수역에 속하는 이어도 주변 수역에 해양과학기지를 건설·운영하는 것은 한국의 정당한 권리행사로서 유엔해양법협약에도 부합하는 것이라는 입장을 유지하고 있다.[30]

한편 2012년 3월 3일 중국의 국가해양국장인 류츠구이劉賜貴는「신화통신新华通讯」과의 인터뷰에서 "쑤엔자오가 중국의 관할해역에 있으며, 감시선과 항공기 정치 순찰 범위에도 포함된다."고 하여 이어도가 영유권 분쟁의 대상인 듯한 발언을 함으로써 한국과 중국 간의 갈등을 고조시킨 바 있다.[31] 그러나 한국과 중국은 2006년 12월 개최된 한·중 해양경계획정 회담에서 이어도는 수중암초이므로 영토분쟁의 대상이 아니라 해양경계획정에 따라 해결될 문제라는 것에 합의한 바 있다.[32] 또 류츠구이 국가해양국장의 발언과 관련하여 류웨이민劉爲民 중국 외교부 대변인은 한·중 양국이 이어도를 자국 영토로 여기지 않으므로 영토분쟁이 존재하지 않는다는 공통인식을 갖고 있으며 이어도 문제는 양국 간 협상을 통해 해결되어야 한다는 입장을 밝힌 바 있다.[33] 결국 이어도는 유엔해양법협약상 섬이 아닌 수중암

---

30 외교부 보도자료, "이어도 해양과학기지에 대한 중국의 문제제기 관련 당국자 논평", http://www.mofa.go.kr/news/pressinformation/index.jsp?mofat=001&menu=m_20_30&sp=/webmodule/htsboard/template/read/korboardread.jsp%3FtypeID=6%26boardid=235%26tableName=TYPE_DATABOARD%26seqno=290467 (2016. 10. 31. 최종방문).

31 中 "이어도는 중국의 관할 해역", http://news.chosun.com/site/data/html_dir/2012/03/10/2012031000247.html?Dep0=twitter&d=2012031000247 (2016. 10. 31. 최종방문).

32 박덕배,『동북아 해양영토전: 보이지 않는 외교전쟁의 기록』(서울: 블루앤노트, 2013), 103–110쪽.

33 中 "이어도는 EEZ 중첩지역, 협상으로 경계 획정 필요", http://news.joins.com/article/

초에 불과하여 영유권 분쟁의 대상이 아니고, 양국 간의 해양경계획정 협상을 통해 이어도 부근 수역의 귀속이 결정될 것이다. 따라서 이어도 문제를 마치 영토분쟁인 것처럼 정치적 쟁점화하려는 중국의 공세적 태도에 휘말리지 않도록 경계해야 하며, 중국과의 해양경계획정 협상을 통해 종국적인 해양경계 수립을 위해 노력하고 그전까지 이어도 문제에 관한 한국의 입장을 국내외에 지속적으로 홍보해야 할 것이다.[34]

Ⅲ 대한민국의 실행에 대한 평가와 정책제언

섬 제도에 관한 한국의 실행은 대체로 유엔해양법협약 제121조의 내용을 잘 반영하고 있다고 평가할 수 있다. 「도서개발촉진법」과 「무인도서법」은 간조노출지, 도서, 무인도서 등의 개념을 규정함에 있어 해양법협약 제13조와 제121조의 내용을 반영하였다. 다만 필리핀이 중국을 상대로 제기한 유엔해양법협약 제7부속서의 중재사건에서 중재재판소는 해양법협약 제121조에 대한 상세한 해석기준을 제시하는 결정을 내렸는데, 이를 한국의 도서정책과 관련 입법에 반영할 것인지를 검토할 필요가 있다.

2016년 필리핀–중국 남중국해 중재재판 판정은 섬이 될 수 있는 요건을 아홉 가지로 제시하면서 해양법협약 제121조 제3항의 '인간의 거주 가능성'과 '독자적 경제생활'이라는 요건을 분석하고 최초로 이에 대한 국제재판의 해석을 제시하였다. 200해리 배타적 경제수역이라는 제도가 유엔해양법협약 체제 내로 도입되면서 연안국이 광대한 해양을 가지게 되었으며 이에 대

7597378 (2016. 10. 31. 최종방문).

34 신창훈, "이어도 문제의 본질과 우리의 대응", 『아산정책연구원 Issue Brief』, No. 21 (2012).

한 제한을 가하고자 해양법협약 제121조 제3항의 문언이 채택되었다고 본 것이다.

하지만 실제 국가들의 실행은 이와는 다른 방향으로 나아갔고, 멀리 떨어진 해양 지형물을 섬으로 만들기 위해 매립, 기지설치, 방파제 공사 등을 통해 필사의 노력을 기울인 것이 사실이다. 이를 통해 배타적 경제수역과 대륙붕을 가질 수 있는 섬으로 만들기 위한 노력을 경쟁적으로 벌였다. 이번 중재판정은 섬이 될 수 있는 요건을 제한적으로 해석하면서 동시에 각국의 이러한 관행에도 제한을 가하였다.

또 중재재판부는 해양법협약 제121조 제3항의 해석과 관련하여 인간의 거주 가능성과 독자적 경제활동을 연결해 주는 접속사 '또는or'의 의미를 누적적 요건이 아닌 양자택일적 요건으로 해석하였다. 즉 중재재판부는 인간의 거주 가능성과 독자적 경제활동 두 요건 중 하나의 요건만 충족해도 유엔해양법협약상 섬이 될 수 있다는 입장을 취하였다.

한국은 앞으로 해양 영역을 확정하거나 해양경계획정을 추진함에 있어서 이러한 점을 고려해야 할 것이다. 「무인도서의 보전 및 관리에 관한 법률」 등의 국내법 규정도 중재판정이 제시한 '인간의 거주', '독자적 경제생활' 요건에 대한 해석론에 맞추어 재평가해야 할 것이다.

¤ 참고문헌

1. 박찬호, "국제법상 바위섬의 법적 지위에 관한 고찰", 『법학연구』, 제54권 (2013).
2. 양희철, "한중일의 도서관리 법제 비교 연구", 『국제법학회논총』, 제58권 제4호 (2013).
3. 이석용, 『국제법상 도서제도와 독도』 (서울: 세창출판사, 2014).
4. B. Kwiatkowsak, and H. A. Soons, "Entitlement to Maritime Areas of Rocks Which cannot Sustain Human Habitation or Economic Life of their own", *Netherlands Yearbook of International Law*, Vol. 21 (1990).
5. D. W. Bowett, *The Legal Regime of Islands in International Law* (New York: Oceana, 1979).
6. H. Dipla, "Islands", in *Max Planck Encyclopedia of Public International Law* (online version, 2016. 10. 31. 최종방문).
7. M. H. Nordquist (ed), *United Nations Convention on the Law of the Sea: A Commentary*, Vol. III (The Hague: Martinus Nijhoff Publishers, 1995).
8. R. Kolb, "L'interprétation de l'article 121, paragraphe 3, de la convention de Montego Bay sur le droit de la mer: les ≪rochers qui ne se prêtent pas à l'habitation humaine ou à une vie économique propre≫", *Annuaire français de droit international*, Vol. 40 (1994).
9. UN Office for Ocean Affairs and the Law of the Sea, *Baselines: An Examination of the Relevant Provisions of the United Nations Convention on the Law of the Sea* (New York, 1989).
10. Y. Tanaka, *The International Law of the Sea* (Cambridge: Cambridge Univ. Press, 2012).

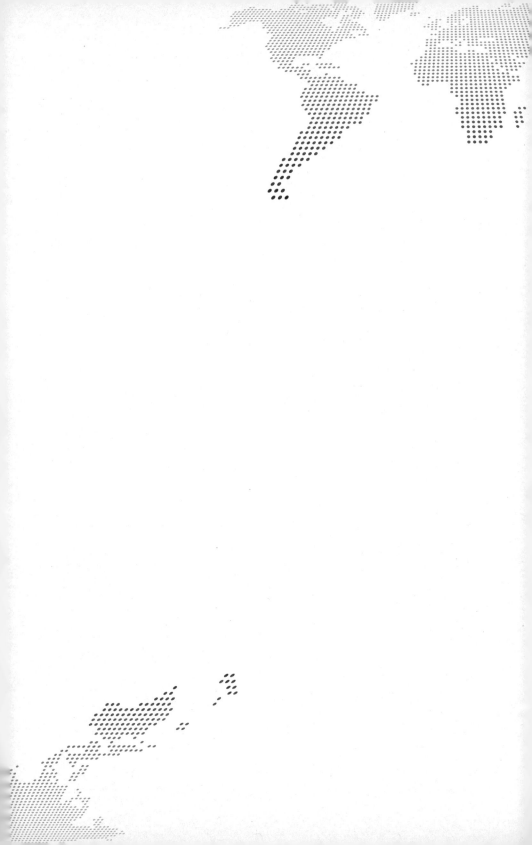

제9장

심해저제도

양희철

I 심해저제도 개관

1. 심해저제도의 연혁

심해저는 제3차 유엔 해양법회의에서 새로 확립된 해양법 개념으로, 유엔 해양법협약은 심해저를 "국가관할권 한계 밖의 해저, 해상 및 그 하층토" 라고 정의하고 있다(제1조 제1항). 제3차 유엔 해양법회의 과정에서 심해저 를 둘러싼 법제도와 관련하여 상당한 논쟁이 있었다. 선진국 중심의 해양질 서로 개편되는 것에 반대한 다수의 개발도상국이 중심이 되어 1982년 해양 법협약의 심해저 관련 조문이 만들어졌는데, 일부 선진국에서 심해저를 다 룬 유엔해양법협약 제11부를 문제 삼아 지속적으로 해양법협약 비준을 거 부하였다. 이러한 선진국의 해양법협약 비준 거부로 사실상 심해저 광물 자원 개발 자체가 어렵게 될 것이라는 점은 자명했고, 이에 유엔 사무총장은 문제 해결을 위해 여러 차례 중재를 시도하였다. 1994년 7월 28일 선진국이 문제시하던 상당한 조항을 삭제 또는 개정한 「해양법협약 제11부 이행에 관한 협정Agreement relating to the Implementation of Part XI of the UN Convention on the Law of the Sea」(이하 「1994년 이행협정」)을 채택함으로써 미국을 제외한 선진국이 해양법협약을 비준하게 되었다(그림 9-1).

1960년대 이전까지 심해저를 둘러싼 논쟁에서 해양 선진국이 내세운 논리는 해양의 자유와 무주지에 대한 선점이었다. 그러나 이러한 논쟁은 1967년 몰타 대표 파르도Arbid Pardo가 유엔 총회에서 "심해저는 평화적 목적으로 유보되어야 하고, 어떠한 국가의 취득 대상이 될 수 없으며, 후진국의 필요를 고려하고 인류의 이익을 위해 개발되어야 한다."라고 제안하면서[1] 중대한 변화를 맞게 된다. 파르도의 제안은 1945년 트루먼선언 이후 연안국의 관할권 확장과 자원개발 가능성, 심해저의 군사적 위기 가능성 등 1960년대 말의 시대적 상황과 접목되면서 많은 국가의 지지를 받았는데, 일부 해양법 학자는 이러한 시대적 환경 형성을 '시대정신zeitgeist'으로 표현하기도 한다.[2]

유엔 총회는 파르도의 제안을 바탕으로 「국가관할권 외측 공해의 해저와 해상, 지하의 평화적 이용을 위한 유보와 그 자원의 인류를 위한 이용에 관한 문제 심의」[3]에 관한 결의를 채택하였다[4]. 유엔 총회는 해당 결의에 근거하여 임시해저위원회Ad Hoc Committee를 설치했는데, 위원회는 1년 동안

---

1 UN Doc A/C.1/PA 1515, A/C.A/PV 1516 (1967).

2 E. D. Brown, "Neither Necessary Nor Prudent at this Stage," *Marine Policy*, Vol.17, No. 2 (1993), p. 205.

3 Examination of the Question of the Reservation Exclusively for Peaceful Purposes of the Seabed and the Ocean Floor, and the Subsoil thereof, Underlying the High Seas beyond the Limits of the Present National Jurisdiction, and the Use of their Resources in the Interests of Mankind.

4 UNGA Resolution 2340(XXII).

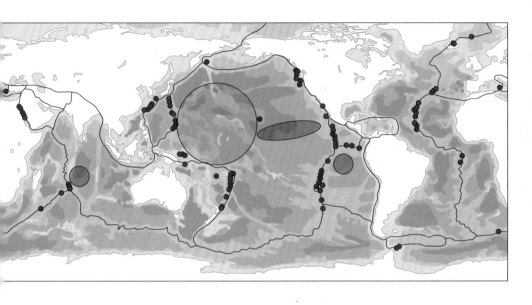

───── 대륙판 경계
◯ 망간각 분포지역
◯ 망간단괴 분포지역
● 해저열수광상 분포지역

수심 ▨▨▨▨ − 2000m
▨▨▨▨ − 4000m
▨▨▨▨ − 6000m
▨▨▨▨ − 6000m 이하

그림 9-1 심해저 자원 분포도

의 연구수행 결과를 보고서로 작성하여 1968년 유엔 총회에 제출하였다[5].
유엔 총회는 1968년 이 보고서를 근거로 '심해저 평화적 이용위원회Special
Committee on the Peaceful Uses of Seabed and Ocean Floors'를 설치하고, 위
원회의 심의를 기초로 1970년 「국가관할권 외측 해저 및 그 지하를 규율하
는 원칙선언(Declaration of Principle Governing the Seabed and Ocean Floor
and the Subsoil thereof beyond the Limits of National Jurisdiction)」(이하 「심해

---

5 Ad Hoc Committee의 "Report of the Ad Hoc Committee to Study the Peaceful Uses of
the Sea−Bed and the Ocean Floor beyond the Limits of National Jurisdiction"은 *UNGA,
Official Records of the General Assembly, Twenty−Third Session* (New York: United
Nations, 1969) 참조.

저원칙선언」)을 채택하였다.[6]

「심해저원칙선언」은 첫째, 국가관할권 외측의 심해저와 하층토 및 그 자원은 인류의 공동유산임, 둘째, 심해저는 국가, 개인 또는 법인의 영유권 대상이 될 수 없음, 셋째, 심해저 제도 및 원칙선언과 양립되지 않는 방법에 의한 심해저와 그 자원에 대한 권리의 주장이나 취득은 금지됨, 넷째, 심해저의 자원은 인류 전체의 이익을 위해 개발되어야 함, 다섯째, 심해저는 평화적 목적을 위해서만 개방되고 유보되어야 함, 여섯째, 모든 심해저 활동과 자원 탐사, 개발은 설립되는 국제레짐international regime에 의해 규율되어야 함, 일곱째, 심해저 활동과 관련된 국제분쟁은 유엔헌장 제33조에 따라 해결해야 함을 핵심으로 하고 있다.[7]

유엔 총회는 제25차 회기에서 심해저광물의 경제적 의의, 개발도상국인 내륙국의 특수한 필요와 문제에 대한 검토, 제3차 유엔 해양법회의를 1973년에 개최할 것을 담고 있는 총회 결의 2750(XXV)을 채택하였다.[8] 제3차 유엔 해양법회의는 1973년 제1차 회기를 시작으로 매년 수개월씩 회의를 개최하였으며, 마침내 1982년에 유엔해양법협약을 최종적으로 채택하였다.

2. 유엔해양법협약 제11부와 심해저제도의 규율

심해저제도는 유엔해양법협약 제11부에 주로 규정되었다. "심해저 활동"은 심해저 자원을 탐사하고 개발하는 모든 활동을 말한다(제1조 제3항). "자원"은 복합 금속단괴를 비롯하여, 심해저의 해저나 해저 아래에 있는 자연상태의 모든 고체성, 액체성 또는 기체성 광물자원을 말한다(제133조 (a)).

---

6 UNGA Resolutions 2749(XXV).

7 Ibid.

8 UNGA Resolutions 2750(XXV).

해양법협약 제11부는 「심해저원칙선언」 등으로 구체화된 심해저 원칙을 발전시켜 규정하였다. 심해저를 규율하는 기본 원칙은 심해저는 인류의 공동유산이라는 것이다(제136조). 인류의 공동유산이 무엇인지 개념은 정의되지 않았지만 이 원칙은 해양법협약 제11부에 규정된 다른 규범들을 포함하고 있다. 인류의 공동유산 원칙이 어떤 내용인지 살펴보면 다음과 같다. 먼저 어떠한 국가도 심해저와 그 자원에 대해 주권이나 주권적 권리를 주장하거나 행사할 수 없으며(제137조 제1항), 심해저 자원에 대한 모든 권리는 인류 전체에 부여된 것으로 국제해저기구International Seabed Authority가 인류 전체를 위해 활동한다(제137조 제2항). 심해저 활동의 수행은 인류 전체를 위해서 이루어져야 하며, 내륙국과 지리적 불리국의 특별한 필요를 적절히 고려해야 한다(제140조 제1항, 제143조 제3항 (b), 제144조, 제148조). 또 심해저 활동으로부터 나오는 재정적 이익과 그 밖의 경제적 이익은 차별 없이 공평하게 배분되어야 한다(제140조 제2항). 한편 심해저는 오직 평화적 목적을 위해 이용하도록 개방되고(제141조), 심해저 활동으로 초래될 수 있는 해로운 영향으로부터 해양환경을 효과적으로 보호해야 한다(제145조).

3. 1994년 이행협정의 채택을 통한 유엔해양법협약 제11부의 개정

제3차 유엔 해양법회의 내내 심해저제도에 관한 유엔해양법협약 제11부 내용과 관련하여 선진국과 개발도상국은 심각한 의견 대립을 보였다. 이러한 대립으로 인해 주요 선진국들은 해양법협약의 비준을 거부하였고, 결국 1994년 심해저에 대한 별도의 이행협정을 채택하게 되었다. 사실 국제사회는 제3차 유엔 해양법회의 초기에 이미 심해저 자원이 "인류의 공동유산"이라는 기본원칙에 합의하였다. 그러나 미국을 중심으로 한 선진국들은 국제해저기구를 창설하더라도, 이 기구는 개발 희망국이나 개인에 개발을 허가하는 일종의 면허제도로 운용되어야 하며, 특히 재정과 기술적 역량을 반영하여 허가 여부를 결정해야 한다고 강조하였다. 반면, 내륙국과 개발도상국들은 심해저 자원의 포괄적 채굴권 자체를 국제해저기구의 심해저공사가 가져야 한다고 생각하였다.

결국 미국과 독일 등의 선진국은 1982년 채택된 해양법협약의 서명 및 비준을 거부하였고, 해양법협약의 발효는 요원한 듯 보였다. 당시 선진국들이 해양법협약상의 심해저제도에 대해 제기한 문제점은 다음과 같다. 첫째, 유엔 회원국이 각국의 분담금에 비례하여 심해저공사의 활동에 재정지원을 하는 것이나 심해저공사의 특권이 다른 개발자들에 우선하여 적용되는 것은 불공평하다. 둘째, 심해저공사는 선진국의 기업과 경쟁관계를 형성하면서도 해저광물을 독점하게 될 것이다. 셋째, 결국 선진국의 기술이 심해저공사에 이전되어 국가안보에 위협요소가 될 것이다. 넷째, 개발권자가 사업계획서 승인 시 납부해야 하는 고정수수료가 너무 과중하다. 다섯째, 국제해저기구의 의사결정 절차가 선진국과 같은 소수 그룹의 이해를 보호할 수 없다는 점에서 결국 선진국 신청자들은 차별을 받게 될 것이다.[9]

당시 유엔 사무총장 하비에르 페레스 데 케야르Javier Pérez de Cuéllar는 1990년부터 미국을 포함한 25개국 간 비공식 협의를 주재하여 해양법협약 제11부를 대폭적으로 개정하는 것에 대한 합의 도출에 성공하였다.[10] 그 결과 1994년 선진국의 입장이 대폭 반영된 「1994년 이행협정」이 채택되었다.[11] 선진국 입장을 반영한 「1994년 이행협정」의 주요 개정 내용은 다음과 같다. 첫째, 인류의 공동유산 원칙의 수용에도 불구하고 자본주의적 생산방

---

9 김정건, 『국제법』, 신판(서울: 박영사, 2004), 642–645쪽; 이병조·이중범, 『국제법신강』 (서울: 일조각, 2003), 526쪽.

10 1993년 11월 16일 해양법협약 비준 요건인 제60번째 국가가 해양법협약을 비준함으로써 해양법협약의 1994년 발효가 현실적 문제로 다가온 것도 이러한 합의에 이르게 된 원인이다.

11 UNGA Resolutions 48/28. 1994년 이행협정은 1996년 7월 28일 발효되어 2016년 10월 현재 150개국이 비준하였다.

식을 심해저 기업 운영, 기술이전, 생산정책, 의사결정에 도입하는 등 해양법협약상의 개발제도를 대폭 수정하였다. 둘째, 국제해저기구의 의사결정은 컨센서스에 의하고 주요 이해그룹에 거부권을 인정하는 등 선진국의 불안감을 해소하였다. 셋째, 선행투자가가 납부해야 하는 고정수수료 등을 상업생산 시점까지 유보함으로써 재정적 부담을 줄였다.

특히 의사결정과 관련하여 국제해저기구 집행기관으로 심해저 관련 의사결정을 주도하는 이사회Council는 36개 국가로 구성된다(제162조). 이들은 이해를 달리하는 5개 그룹(A그룹에서 E그룹)으로 구성되는데, 그 구성국 수는 그룹마다 다르다.[12] 이들 중 A그룹에서 C그룹까지는 각각 하나의 소위원회Chamber를 구성하고, D그룹과 E그룹은 하나의 단일 소위원회를 이루도록 규정하고 있다.[13] 이사회가 컨센서스에 이르기 위한 모든 노력을 다하고도 합의에 이르지 못하는 경우, 실질문제의 결정decisions on questions of substance은 모든 소위원회가 찬성하면(이때 각 소위원회의 결정은 다수결에 의한다) 출석하여 투표한 3분의 2의 표결에 따른다.[14] 이는 각국이 심해저 관련 활동을 추진하는 데 있어 동일한 이해를 가지는 소규모 그룹을 통해 자국에 불리한 문제에 대해 거부권을 행사할 수 있다는 점에서 중요하다. 한편 해양법협약과 「1994년 이행협정」은 단일 문서로 해석되고 적용되지만, 서로 일치하지 않는 내용이 있으면 「1994년 이행협정」이 우선한다.[15]

---

12 예컨대, A그룹에서 C그룹은 4개국으로 구성되며, D그룹은 6개국, E그룹은 18개국으로 구성된다. 1994년 이행협정 부속서 제3절 제15항.
13 1994년 이행협정 부속서 제3절 제9항, 제15항.
14 1994년 이행협정 부속서 제3절 제5항.
15 1994년 이행협정 제2조.

4. 국제해저기구의 설립과 심해저 활동의 규율

유엔해양법협약에서는 국제해저기구(International Seabed Authority, 이하 ISA)를 설립하여 심해저와 그 자원에 관해 여러 가지 권한과 임무를 부과하였다(제137조 제2항, 제153조, 제156조, 제157조). 모든 해양법협약 당사국은 당연히 ISA 회원국이 된다(제156조 제2항). ISA의 주요 기관으로는 총회, 이사회, 사무국이 있다(제158조 제1항). 총회는 모든 회원국으로 구성되는데 각 회원국은 총회에 한 명의 대표를 파견하며, 총회는 ISA의 최고기관으로 일반적인 정책을 수립할 권한을 가진다(제159조, 제160조). 이사회는 36개 회원국으로 구성되며, ISA의 집행기관으로 총회가 수립한 일반정책에 따라 개별정책을 수립하고 사업계획을 승인할 권한을 가진다(제161조, 제162조).

심해저공사Enterprise는 직접 또는 국영기업이나 사기업과의 합작투자를 통해 심해저 활동을 수행할 수 있는 ISA의 독립적인 기관이다(제170조). 해양법협약의 당사국 또는 당사국 국민의 통제를 받아야 하는 신청자가 심해저의 탐사와 개발 허가를 신청하려면 동등한 상업적 가치를 가지는 것으로 평가되는 2개 지역을 대상으로 하는 사업계획을 제출해야 한다(제3부속서 제3조). 사업계획이 승인을 받으면 ISA는 2개 지역 중 하나는 심해저공사를 위한 지역으로 유보하며 신청자는 다른 지역에서의 탐사권 및 개발권을 ISA와의 계약의 형태로 취득한다(제3부속서 제8조, 제9조).

해양법협약 제11부는 신청자와 계약자에게 중요한 의무를 부과하고 있다. 심해저 자원의 탐사 및 개발을 위한 사업계획의 신청자는 수수료 미화 50만 달러를 ISA에 지불해야 하고, 사업계획이 승인되고 계약이 발효되면 연간 고정수수료 미화 100만 달러를 지급해야 한다(제3부속서 제13조 제2항, 제3항). 해양법협약 제151조에 따른 생산인가 발급이 늦어져 상업생산의 시작이 늦어지는 경우 그 기간 동안 연간 고정수수료는 면제되고, 계약자는 상업생산 시작일로부터 생산부과금이나 연간 고정수수료 중 금액이 많은 것을 지급해야 한다(제3부속서 제13조 제3항). 심해저 활동으로 인해 발생하는 재정적 이익과 그 밖의 경제적 이익이 개발도상국과 완전한 독립 또는 그 밖의 자치적 지위를 획득하지 못한 주민의 이익과 필요를 고려하여 공평하게 배분되어야 한다(제140조 제1항). 원래 해양법협약 제151조는 해저기구의 생산인가를 제도화함으로써 심해저 활동에 의한 가격하락이나 수출량 감소로 인해 부정적 영향을 받는 개발도상국을 보호하기 위해 심해저 광물의 생산을 제한할 수 있는 권한을 해저기구에 부여하였다. 그러나 「1994년 이행협정 부속서」 제6절은 제151조의 내용 중에서 다자무역협정의 적용을 규정한 제151조 제8항을 제외한 나머지 규정의 적용을 배제하였다. 이에 따라 해저기구가 개발도상국의 보호를 위해 심해저 광물 생산을 제한할 수 없게 되었다. 「1994년 이행협정 부속서」 제6절은 더 나아가 심해저 활동에 대한 보조금 지급의 금지, 심해저 생산 광물과 다른 지역에서 생산된 광물의 차별금지, 관세와 무역에 관한 일반협정의 적용 등을 규정함으로써 생산량 제한을 통한 개발도상국 보호제도를 폐지하였다.

또 해양법협약 제4부속서 제11조 제3항은 심해저공사가 유보된 지역의 개발을 시작할 정도로 충분한 자금을 보유하지 못할 경우를 대비하여 유엔 정규예산에 대한 분담비율에 따라 장기 무이자 차관 방식으로 심해저공사가 초기 상업개발을 위해 필요한 자금을 이용할 수 있도록 규정하였다. 그러나 「1994년 이행협정 부속서」 제2절 제3항은 심해저공사의 광구에 자금을 지원할 당사국의 의무를 적용하지 않는다고 규정함으로써 해양법협약 제4부속서 제11조 제3항을 삭제하였고, 제2절 제4항은 계약자에게 적용되는 의무를 심해저공사에도 적용한다고 규정하여 심해저공사에 부여한 재정적 특혜를 폐지하였다.

해양법협약 제11부와 관련 부속서의 재검토회의에 관한 해양법협약 제

표 9-1 1994년 이행협정에 따른 주요 개정 내용[16]

구분	유엔해양법협약 제11부	1994년 이행협정 부속서
국제해저기구, 해양법협약 당사국의 부담	국제해저기구의 조직은 총회, 이사회(법률기술위원회, 경제기획위원회), 사무국으로 구성	경제기획위원회의 설치 유보, 재정위원회의 신설(제1절 제3항, 제4항 및 제9절 제1항)
	국제해저기구의 예산은 해저기구 회원국의 분담금, 사업계획 신청비, 개발청 이월금, 차관으로 확보(제171조)	국제해저기구는 모든 잠정 회원국을 포함한 해저기구 회원국의 분담금으로 독자적 예산을 가짐(제1절 제14항)
	협약 당사국이 사업계획을 보증(제3부속서 제4조)	잠정 회원국에도 보증을 허용(제1절 제6항)
	등록 선행투자자의 탐사사업 계획서 신청기한은 협약 발효 후 6개월 이내(결의 II 제8항)	탐사사업 계획서 신청기한을 36개월로 연장(제1절 제6항)
	심해저 환경보호를 위한 법규 채택 의무(제145조)	탐사계획 신청 시 환경영향평가서 첨부(제1절 제7항)
심해저공사의 운영	당사국은 최초의 상업적 광구 개발 운영자금의 50%를 심해저공사에 공여해야 하고, 나머지 50%는 장기 차관으로 충당(제4부속서 제11조 제3항)	심해저공사에 부여되는 재정적 특혜를 배제하고 최초의 상업적 광구 개발을 합작투자 방식으로 실시(제2절 제3항, 제4항)
의사결정방식	실질문제는 출석하여 투표하는 회원국의 2/3 이상의 다수결로 결정(제159조 제8항)	국제해저기구의 일반정책은 이사회와 협력하여 총회가 수립함. 일반적인 의사결정은 컨센서스 방식에 따르지만, 컨센서스에 이르기 위해 모든 노력을 했음에도 합의에 이르지 못하면 표결로 결정(제3절 제1항 내지 제6항)
재검토회의	최초의 상업생산이 시작된 연도의 1월 1일부터 15년 후에 총회가 재검토 회의를 소집(제155조)	해양법협약 제155조 제1항, 제3항 및 제4항의 적용 배제. 총회가 이사회의 권고에 따라 언제든지 재검토 회의 소집 가능(제4절)
기술이전	심해저활동 관련 기술과 과학지식의 이전 의무화(제144조, 제3부속서 제5조)	공정하고 합리적인 상업적 조건 또는 합작투자약정을 통한 기술이전과 지적재산권 보호에 부합되는 기술이전 협력 요청만을 인정. 기술이전을 의무화한 제3부속서 제5조의 적용 배제(제5절 제2항)
생산정책	심해저 생산 광물과 동종광물을 생산하는 심해저 생산 개발도상국 보호를 위한 생산허가제도 채택(제151조)	생산허가제도 관련 해양법협약 제151조 제1항 내지 제7항, 제9항, 제162조 제2항 (q), 제165조 제2항 (n), 제3부속서 제6조 제5항 및 제7항의 적용 배제(제6절 제7항)

| 개발도상국의 보호 | 심해저의 광물자원 개발로 부정적 영향을 받는 개발도상국을 원조하기 위한 보상제도 수립(제151조 제10항) | 국제해저기구의 기금 중 행정비용을 제외한 잉여분으로 경제지원기금을 설립하여 보상제도를 운영함으로써 해양법협약에 규정된 엄격한 보상제도를 완화(제7절) |
| 계약 체결 시의 재정부담 조건 | 탐사, 개발 사업계획서 제출 시 신청비 50만 달러 납부(제3부속서 제13조) | 재정조건에 관한 일반원칙만 규정하고 사업계획서 신청비를 탐사와 개발로 이원화하여 각각 25만 달러를 납부하도록 함으로써 계약의 재정조건 완화(제8절) |

155조 제1항, 제3항 및 제4항은 「1994년 이행협정 부속서」 제4절에 의해 사실상 삭제되었다. 즉 해양법협약 제155조 제1항은 상업생산 개시 후 15년이 지나면 재검토회의를 할 수 있고, 제3항은 재검토회의의 표결에 컨센서스 방식이 적용되며, 제4항은 재검토회의 개최 후 5년이 경과해도 합의가 이루어지지 못하면 당사국 4분의 3의 다수결로 개정안을 채택할 수 있다고 규정하였다. 그런데 「1994년 이행협정 부속서」 제4절은 해저기구 총회가 이사회의 권고에 따라 언제든지 제155조 제1항의 사항을 재검토할 수 있고 제155조 제2항에 언급된 원칙, 제도 및 조건이 유지되고 제155조 제5항의 권리가 영향을 받지 않는 한 심해저 활동에만 관련된 규정의 개정절차에 따라 해양법협약 제11부를 개정할 수 있다고 규정하였다. 「1994년 이행협정 부속서」 제4절이 해양법협약 제155조 제1항, 제3항 및 제4항을 적용할 수 없다고 규정함으로써 사실상 해양법협약의 일부 규정이 삭제되는 결과를 가져온 것이다. 「1994년 이행협정」의 채택으로 개정된 심해저제도의 주요 내용은 표 9-1에 나타난 바와 같다.

---

16 최종화, 『현대 국제해양법』, 제7전정판(서울: 두남, 2013), 222쪽에 나온 표를 재구성한 것임.

5. 심해저 활동 관련 분쟁 해결을 위한 해저분쟁재판부

「1994년 이행협정」체결에도 불구하고 심해저 활동 관련 분쟁해결 절차는 해양법협약에 규정된 대로 유지되었다. 해양법협약 제186조에서는 심해저 활동과 관련한 분쟁에 대해 관할권을 갖는 해저분쟁재판부가 해양법협약 제15부와 제6부속서에 따라 설치되고 관할권을 행사한다고 규정하였다. 해저분쟁재판부는 국제해양법재판소 재판관 21명 가운데 자체 투표에서 과반수로 뽑힌 11명의 재판관으로 구성된다(제6부속서 제2조, 제35조 1항). 해저분쟁재판부 재판관의 임기는 3년이고, 1회에 한해 재선할 수 있다(제6부 속서 제35조 3항). 해저분쟁재판부를 구성하는 데 필요한 재판관의 정족수는 일곱 명이다(제6부속서 제35조 7항).

해저분쟁재판부의 재판절차는 국제해양법재판소에 적용되는 규정과 동일하다(제186조, 제6부속서 제40조). 해저분쟁재판부의 결정은 당사국 최고 재판소의 판결이나 명령과 같은 방법으로 당사국 영토 내에서 집행되어야 한다. 해저분쟁재판부는 비계약적 문제non-contractual matters와 계약적 문제contractual matters에 대해 강제관할권을 갖는다. 우선 비계약적 문제 로, 해저분쟁재판부는 해양법협약 제11부 및 관련 부속서의 해석 또는 적용에 관한 당사국 사이의 분쟁disputes between States Parties에 대해 관할권을 가진다(제187조 (a)). 다만 '분쟁 당사국의 요청이 있을 경우에는' 해양법협약 제6부속서 제15조 및 제17조에 따라 세 명 이상의 재판관으로 구성되는 '국제해양법재판소 특별재판부special chamber of the international tribunal for the law of the sea'가 관할권을 가진다(제188조 1항 (a)). 그리고 '어느 한 분쟁 당사국의 요청이 있는 경우에는' 제6부속서 제36조에 따라 세 명의 재판관으로 구성되는 '해저분쟁재판부 임시재판정ad hoc chamber of the sea-bed disputes chamber'이 관할권을 가진다(제188조 1항 (b)).

해저분쟁재판부는 '당사국과 국제해저기구' 사이의 분쟁disputes between a state party and the authority으로, 해양법협약 제11부, 제11부 관련 부속서 또는 이에 따라 채택된 해저기구의 규칙을 위반한 것으로 주장되는 해저기구 또는 당사국의 행위, 그리고 관할권의 일탈excess of the jurisdiction 또는 권한남용misuse of power으로 주장되는 해저기구의 행위에 대해 관할권을 갖는다(187조 (b)). 다만 해저분쟁재판부는 해저기구의 '재량권' 행사에 대해 서는 관할권을 갖지 않는다. 해저분쟁재판부는 기구의 규칙, 규정, 절차가 협약과 일치하는지의 문제에 관해 판단할 수 없으며, 따라서 규칙, 규정, 절차의 무효를 선언해서는 안 된다(제189조).

다음으로 해저분쟁재판부는 계약적 문제contractual matters에 대해 강제 관할권을 갖는다. 해저분쟁재판부는 당사국, 국제해저기구 또는 심해저공사, 국영기업, 그리고 자연인과 법인 등 계약 당사자 간의 분쟁disputes between parties to a contract에 대해 관할권을 갖는다(제187조 (c), (d), (e), (f)). 특히 '자연인 또는 법인'이 분쟁 당사자인 경우 보증국sponsoring state은 이에 관해 통지를 받고 서면진술 또는 구두진술을 통해 소송절차에 참가할 권리를 갖는다(제190조 1항). 그러나 계약 관련 분쟁이라 하더라도 다음 두 가지 사안에 대해서는 해저분쟁재판부가 관할권을 갖지 못한다. 먼저 '계약 또는 사업계획서의 해석 또는 적용에 관한 분쟁'은, 당사자들이 달리 합의하지 않는 한 어느 한 당사자의 요청이 있으면 구속력 있는 상사중재binding commercial arbitration에 회부된다(제188조 제2항 (a)). 그리고 '계약의 재정조건의 해석 또는 적용에 관한, 기구와 계약자 사이의 분쟁disputes between the Authority and a contractor over the interpretation or application of the financial terms of a contract'도 당사자들이 달리 합의하지 않는 한 어느 한 당사자의 요청이 있으면 구속력 있는 상사중재에 회부된다(제3부속서 제13조 제15항).

한편 해저분쟁재판부는 다음 사항에 대해서도 관할권을 갖는다. 첫째, 해저분쟁재판부는 '협약 제11부 및 관련 부속서의 해석' 문제를 결정할 관할권을 갖는다. 협약 제188조 제2항 (a) 및 제3부속서 제13조 제15항에 해당하는 분쟁일 경우에도 구속력 있는 상사중재를 담당하는 상사중재재판소 commercial arbitral tribunal는 '협약 제11부 및 관련 부속서의 해석' 문제를 결정할 관할권을 갖고 있지 않다(제188조 제2항 (a)). 분쟁이 심해저 활동에 관해 제11부 및 관련 부속서의 해석문제를 포함하는 경우 그러한 분쟁은 해저분쟁재판부가 결정하고, 상사중재재판소는 해저분쟁재판부의 판결에 부합되게 판정을 내려야 한다(제188조 제2항 (b)). 둘째, 해저분쟁재판부는 총회의 요청이 있는 경우 총회에 제출된 제안이 협약과 일치하는지의 여부에 관해 권고적 의견advisory opinion을 제시할 수 있다(제159조 10항). 셋째, 해저분쟁재판부는 회원국의 권리와 특권의 행사 정지와 관련하여 관할권을 갖는다. 총회는 중대하고도 계속적으로 해양법협약 제11부의 규정을 위반한 당사국에 대하여는 이사회의 권고에 따라 회원국으로서의 권리와 특권의 행사를 정지시킬 수 있지만, 해저분쟁재판부가 그러한 위반행위가 있었다고 결정할 때까지는 어떠한 조치도 취할 수 없다(제185조). 넷째, 해저분쟁재판부는 총회나 이사회의 활동범위 안에서 발생하는 법률문제에 관해 총회나 이사회의 요청에 따라 권고적 의견을 제시해야 한다(제191조).

6. ISA의 심해저 자원 관련 규칙

심해저 자원이라 함은 복합 금속단괴를 비롯하여 심해저의 해저나 해저 아래에 있는 자연상태의 모든 고체성, 액체성 또는 기체성 광물자원을 말한다(제133조). 세계 대륙변계에 부존하는 자원으로는 석유, 천연가스, 가스하이드레이트, 망간, 토륨, 모래, 티타늄, 철, 니켈, 구리, 코발트, 금, 다이아몬드 등이 있는데, 이들 광상의 구체적인 규모와 가치는 알려져 있지 않다.[17] 현재 세계적으로 석유, 천연가스 및 유용광물을 개발하려는 노력이 지속되고 있으며, 심해저에서는 망간단괴, 망간각, 해저열수광상 및 메탄수화물 개발이 활발히 추진되고 있다. 또 해수 중에 용존溶存된 마그네슘, 우라늄, 리튬 등 전략적 가치가 큰 용존물질들이 경제성을 가질 수 있을 것으로 판단됨에 따라 상용화를 위한 기술개발에도 적극적인 투자가 이루어지고 있다.[18] 특히 심해저에는 바다의 '검은 황금'이라 비유되는 직경 3~25cm 크기의 금속 산화물인 망간단괴, 해저산 암반 위를 껍질처럼 덮고 있는 망간각, 해저 화산활동에 수반되어 형성되는 열수광상이 분포해 있다. 이 자원들은 육상자원의 감소와 자원공급 문제 등에 따른 자원부족을 해결할 중요한 원천으로 부각되고 있다. 이 중 코발트, 니켈, 구리, 망간 등 4대 전략금속을 함유한 망간단괴 개발을 위해 한국은 1994년 세계에서 일곱 번째로 태평양 공해상에 위치한 클라리온-클리퍼톤 해역에서 15만km² 광구를 확보하고, 2002년 최종적으로 7만 5천km² 단독광구를 획득하였다.

ISA는 2000년 7월 심해저 광업의 실질적 운영을 위한 「망간단괴자원개발에 대한 광업규칙Mining Code」을 채택했으며, 2010년 5월 「해저열수광상 광업규칙」을, 2012년 7월 「망간각 광업규칙」을 제정하였다. 망간각과 해저 열수광상 규칙안은 처음에는 통합되어 논의되다가, 2006년 이사회 회의를 통해 두 자원의 광상 특성이 다르고 민간기업인 노틸러스Nautilus 등을 중심으로 국가 관할 해역에서의 해저열수광상 개발이 가시화되고 있다는 점에 주목하여 해저열수광상에 대한 규칙안 제정을 우선적으로 추진키로 결정한 이후, 상당 기간 논의 끝에 「해저열수광상 탐사규칙」을 채택하였다.[19]

17 Cleo Paskal and Michael, "A Fair Deal on Seabed Wealth : The Promise and Pitfalls of Article 82 on the Outer Continental Shelf," *Chatham House Brifing Paper* (2009), p. 3.

18 김웅서·강성현, 『해양개발의 현재와 미래』(서울: 한국해양연구원, 2005), 58쪽.

19 양희철, "심해저에서 열수광상까지: 협력과 갈등의 목표", *KORDI NEWS 기획특집* (2008).

2010년 5월 「해저열수광상 탐사규칙」이 채택된 이후, 중국과 러시아가 각각 해저열수광상 탐사광구를 신청하여 2011년 ISA으로부터 최종 승인을 받았다.[20]

7. 심해저 자원 개발에 대한 국제적 환경 변화

심해저 자원 개발을 위한 국제사회의 탐사규칙 제정은 심해저 자원에 대한 탐사와 관련 기술의 개발이 상당한 정도로 진척되고 있음을 보여 준다. 동시에 광물가격의 상승에 따른 상업성의 조기 확보 가능성, 민간기업의 심해저 광구 진출 시도, 일부 국가의 국가 관할권 내측 해역에서의 해저열수광상 상업개발 가시화 등은 인류가 심해저 자원 개발에 한층 다가섰음을 의미한다.

그런데 기술적 및 경제적 조건 외에, 심해저 활동을 둘러싼 국제사회의 접근과 시도, 국제적 환경규범 강화를 위한 시도 등은 심해저 자원 개발에 중대한 영향을 줄 수 있다는 점에서 다음과 같은 사항에 주목할 필요가 있다. 첫째는 망간단괴에 대한 국제사회의 개발규칙 논의가 가시화되었다는 점이다. 둘째는 일부 민간기업을 중심으로 망간단괴 유보광구에 대한 개발 시도가 시작되었다는 점이다. 셋째는 국제사회가 심해저 활동을 보증하는 보증국sponsoring state[21]에 자국 법체계 내에서 책임과 의무에 대한 조치를 취하도록 요구하고 있다는 점이다.

---

20 ISBA/16/12/Rev.1.
21 해양법협약과 1994년 이행협정, 망간단괴 탐사규칙(2000), 해저열수광상 탐사규칙(2010), 망간각 탐사규칙(2012)은 모두 심해저 자원 탐사 신청을 위해서는 관련 국가의 보증서를 요구하고 있다.

(1) 자원개발규칙 제정

2011년 제17차 ISA 회기에서 피지 대표 톰슨Thomson은 망간단괴에 대한 개발규칙을 제안했고, 이사회와 사무총장이 이를 수용하였다. 이에 ISA 사무국이 작성한 초안을 법률기술위원회가 검토하여 이사회에 제출하였다. 해양법협약 규정에 의하면 심해저 계약자는 15년간의 탐사사업계획 종료 시 개발사업계획을 신청할 수 있으며, 계약 만료 이전에도 신청이 가능하다.[22] ISA 역시 "탐사 또는 개발 계획서 승인을 용이하게 하는 데 필요한 추가 규칙, 규정, 절차를 정비하고 채택"할 의무가 있다는[23] 점에서 피지의 제안과 이사회의 수용은 당연한 것이다. 개발 규칙과 규정 혹은 절차의 채택 조건은 이사회가 자체적으로 판단한 경우, 이사회가 상업생산이 임박하였다고 결정한 경우,[24] 개발사업계획 승인을 신청하고자 하는 국가의 요청이 있는 경우[25] 등으로 구분할 수 있다. 망간단괴 개발규칙 제정 제안은 「1994년 이행협정」 제1부속서 제1절 제15호 (a)에 의한 "이사회가 심해저 활동을 수행하기 위하여 규칙, 규정 및 절차의 전부 또는 일부가 필요하다고 판단하거나, 상업생산이 임박하였다고 결정하거나 …… "의 경우에 해당된다고 할 수 있다.

(2) 유보광구 참여

심해저 자원의 개발허가를 신청하는 당사국의 국영기업 또는 당사국이 보증하는 민간기업은 상업적 가치가 충분한 것으로 평가되는 2개의 광구를 지정하여 신청해야 한다. ISA는 신청받은 두 광구 중 하나는 심해저공사를 위한 유보광구로 지정하고 나머지 하나에 대해 개발을 허가한다.

---

22 1994년 이행협정 부속서 제1절 제9항.
23 1994년 이행협정 부속서 제1절 제15항.
24 1994년 이행협정 부속서 제1절 제15항 (a).
25 1994년 이행협정 부속서 제1절 제15항 (a), (b).

개발계약 신청자는 동등한 상업적 가치를 갖는 것으로 평가되는 2개의 광구로 나누는 경위도표를 표시하며, 이 두 광구에 관해 획득한 모든 자료를 제출한다. ISA는 자료를 받은 후 45일 이내에 어떠한 부분이 심해저공사를 통해 또는 개발도상국과 제휴하여 활동을 수행하기 위해 유보될 곳인가를 지정한다. 하지만 독립적인 전문가에게 필요한 모든 자료가 제출되었는지를 평가하도록 요청한 경우에는 추가로 45일을 연장할 수 있다. 지정된 지역은 비유보지역에 관한 사업계획이 승인되고 계약이 서명되는 즉시 유보지역이 된다(제3부속서 제8조).

최근 다양한 주체에 의한 유보광구 참여가 활발하게 진행되고 있다. 특히 유보광구는 심해저공사와의 연계성이 강하다는 점에서 관련 주체들의 신청에 대한 법적 해석은 반드시 필요한데, 이는 심해저 활동의 지나친 경쟁과 난립 현상을 방지하기 위해 필요하다고 하겠다.

현재까지 유보광구를 대상으로 제출된 신청서로는 OMS(Ocean Mineral Singapore Pte. Ltd., 싱가포르)와 UN Seabed Resources(캐나다) 등이 제출한 것이 있다. OMS와 UN Seabed Resources의 제안은 유보광구를 대상으로 한다는 점에서는 같지만, 전자는 직접개발, 후자는 심해저공사와의 합작사업을 진행하고자 한다는 점에서 차이가 있다. 또 후자는 심해저공사의 독자적 운영을 전제로 한다.

유보광구의 확보절차에 관해서는 「망간단괴 탐사규칙」에 관련 규정이 있다. 예컨대, 「망간단괴 탐사규칙」 제17조는 "개도국 또는 개도국에 의해 보증되고 실효적으로 통제되는 자연인이나 법인, 또는 개도국이 보증하고 다른 개도국에 의해 실효적으로 통제되는 자연인이나 법인 또는 상기한 모든 집합체"가 유보광구를 확보하고자 할 때는 관련 의사를 ISA에 통보하고, 심해저공사는 그 지역에서 활동할 의사가 있는지에 대해 서면 통지해야 한다. 심해저공사가 유보광구에서 활동할 의사가 없다는 결정을 하거나 통보를 받은 후 6개월 내에 활동 여부를 결정하지 않은 경우, 제17조의 대상자는 유보광구를 대상으로 탐사사업계획서를 신청할 수 있다.[26]

주의할 것은 심해저공사가 현재까지 독자적인 운영을 할 단계에 있지 않다는 점과 유보광구를 대상으로 한 신청서가 제출되고 있다는 점이다. 이러한 경우에 대비하여 「1994년 이행협정 부속서」 제2절은 "ISA 사무국은 심해저공사가 ISA 사무국으로부터 독자적인 운영을 시작할 때까지 심해저공사의 기능을 수행한다."라고 규정하여 심해저공사가 독자적 기능을 수행하기 전의 상황을 해결하고 있다. 즉, 심해저공사가 독자적인 활동을 수행하기 전에는 ISA 사무국이 사실상의 심해저공사로 기능하고 유보광구 활동 여부를 판단할 수 있다. 따라서 OMS의 제안에 대한 심해저공사의 활동 여부 판단은 신청서 접수와 함께 ISA가 이를 이사회 검토에 부친 것으로 "활동 여부를 결정"한 것이라고 해석해야 한다.

(3) 보증국의 책임범위와 국제해양법재판소의 권고적 의견

나우루와 통가의 보증을 받은 NORI(Nauru Ocean Resources Inc.)와 TOML (Tongan Offshore Mining Limited)가 제17차 ISA 회기에서 유보광구를 탐사광구로 확보하는 데 성공하였다. 내륙국이나 지리적 불리국인 개발도상국이 심해저 활동에 효과적으로 참여할 수 있도록 규정한 해양법협약 제148조는 심해저 자원 개발의 가속화를 꾀할 수 있는 긍정적 조치로 평가된다. 그런데 NORI와 TOML에 대한 승인은 유보광구에서의 활동 주체에 대해 규정한 해양법협약과 해양법협약 제3부속서의 규정 해석과 관련하여 주의할 필요가 있다. 예컨대 나우루와 통가의 신청은 제14차 회기(2008년도)에서

---

26 다만, 심해저공사가 활동 여부를 결정하는 6개월이라는 기간과 관련하여, 만일 심해저공사가 잠정적으로 공동개발에 관한 협의를 진행 중인 경우 그 지역에서의 활동수행 여부를 결정함에 있어 통보일로부터 1년의 유예기간을 갖는다. 망간단괴 탐사규칙 제17조 참조.

처음 이루어졌는데, 통가와 나우루가 보증한 기업은 노틸러스(캐나다)의 현지 법인인 NORI와 TOML이다. 이러한 이유로 당시 ISA에서는 신청의 법적 하자보다는 노틸러스라는 서방 민간회사가 개발도상국의 보증을 받아 심해저 유보광구에 광구를 신청하는 것이 서방의 독점적 자원 진출로 이어질 것을 염려하였다. 이에 ISA 이사회의 산하 기관인 법률기술위원회는 통가와 나우루 정부에 보증국의 기술적 및 재정적 책임범위를 명확히 하라고 요구했고, 나우루 정부는 제16차 회기(2010년)에 ISA 이사회를 통해 국제해양법재판소의 해저분쟁재판부에 권고적 의견을 요청하였다.[27]

2011년 2월 국제해양법재판소의 해저분쟁재판부는 심해저 활동 보증국의 의무와 책임에 관한 법적 문제에 대해 다음과 같은 권고적 의견을 제시하였다. 첫째, 보증국은 보장의무와 직접의무라는 두 종류의 의무를 부담하며, 둘째, 보증국의 책임은 피보증 주체의 의무불이행에서 발생하지 않으므로 피보증 주체와의 책임 관계는 병행적parallel이지 연대적joint and several 이지 않고, 셋째, 보증국이 면책되기 위해서는 피보증 주체와의 계약체결만으로는 부족하고 자국의 법체계 내에서 입법적, 행정적 조치를 해야 한다.[28]

ISA는 국제해양법재판소의 권고적 의견을 바탕으로 나우루와 통가가 보증한 망간단괴 탐사신청서를 검토했는데, 중요한 것은 이사회의 권고적 의견 요청과 국제해양법재판소의 심의기간 동안 나우루와 통가가 신청주체 내부의 통제구조를 대폭 바꾸었다는 점이다. 예컨대 나우루는 경과기간 동안 나우루 내국민이 NORI의 전체 지분을 취득했고 NORI가 나우루의 법적 관할권 내에 있으며 실질적 통제를 받고 있다는 것을 강조하였다. 즉, 2008

---

27 Decision of the Council of the International Seabed Authority requesting an advisory opinion pursuant to Article 191 of the United Nations Convention on the Law of the Sea, ISBA/16/C/13.

28 *Responsibilities and obligations of States with respect to activities in the Area, Advisory Opinion, 1 February 2011*, ITLOS Reports 2011, p. 10.

년 신청 당시에는 NORI가 노틸러스의 자회사였으나 현재는 모든 소유권과 이익이 나우루에 넘어간 상태로 보증국인 나우루 관할범위 외의 실체나 개인에 부속하지 않는다는 점을 주장함으로써[29] 이사회 및 총회에서 탐사계약서를 최종 승인받았다.[30]

반면, 통가는 TOML이 통가의 관할범위 내에서 설립되었고 유효하게 통제되고 있다고 주장하였다. 그러나 통가는 TOML이 노틸러스가 통가에 등록한 자회사이고, 노틸러스가 캐나다에 설립한 다른 주식회사에서 TOML의 지분을 100% 가지고 있다고 설명함으로써 TOML이 실질적으로 노틸러스의 실효적 통제하에 있다는 의심을 제거하지 못하였다.[31] 그런데 ISA 이사회는 "실효적 통제"에 대한 정의가 명확하게 정리될 필요가 있었음에도 불구하고 통가의 탐사계획서를 승인하였다.[32]

통가의 신청과 관련하여 "신청자가 1개 당사국의 국적을 가지고 있으나 다른 당사국이나 그 국민에 의해 실효적으로 통제받고 있는 경우, 당해 신청자에 관련된 각 당사국은 각각 보증서를 발행해야 한다."라는 「망간단괴 탐사규칙」 제11조 제2항에 주목할 필요가 있다. 이 조항에 따르면 신청서를 제출한 TOML은 통가에 등록된 회사이지만 노틸러스가 캐나다에 설립한 자회사에서 100% 소유권을 가지고 있는 상태이므로, 「망간단괴 탐사규칙」 제11조 제2항에 따르면 통가와 캐나다가 각각 보증서를 발급해야 한다. 실제 ISA 이사회 논의 과정에서도 논쟁의 초점은 주체에 대한 법적 관할legal jurisdiction과 실효적 통제effective control 문제에 있어서 TOML의 경우 「망간단괴 탐사규칙」 제11조 제2항의 조건을 어떻게 만족시킬 것인가 하는 데 있었다. 그럼에도 불구하고 ISA 이사회는 명확한 보증국 규정의 적용 없이

---

29 ISBA/17/C/9, para.15.
30 ISBA/17/C/14.
31 ISBA/17/C/10, para.15
32 ISBA/17/C/15.

탐사계획서를 승인하여 향후 발생할 수 있는 배상문제에 대한 문제점을 노출하였다. 즉, 소재지 회사가 배상할 수 없을 경우 모회사가 배상해야 하는데, 모회사가 설립된 국가의 보증이 없을 경우 해당 문제에 대한 배상책임이 모호해지는 결과가 발생할 수 있다.

II 대한민국의 심해저 활동

1. 심해저 자원 개발 추진 현황

한국은 해양법협약을 비준하기 전부터 심해저 광물자원의 개발에 관심을 갖고 국가정책을 수립하고 추진해 왔다. 한국 정부는 1983년부터 태평양 심해저에 부존되어 있는 망간단괴를 개발하기 위해 과학기술처 주관으로 태평양 클라리온-클리퍼톤 해역Clarion-Clipperton Fracture Zone; C-C Zone에서 탐사를 수행하였다. 이후 1991년 제11차 경제장관회의에서 심해저 광물자원개발 추진 계획을 의결했고, 이에 따라 1992년부터 클라리온-클리퍼톤 해역에서 광구확보를 위한 탐사에 본격적으로 착수하였다. 1992년 2월 산업자원부는 ISA에 한국의 심해저광구 등록을 신청하여 1994년 8월 3일 승인받았다. 계속해서 2008년에는 통가의 배타적 경제수역에서, 2011년에는 피지의 배타적 경제수역에서, 그리고 2014년에는 인도양 중앙해령에서 해저열수광상 광구를 확보했으며, 2016년에는 서태평양에서 망간각 광구를 확보하였다.

특히 인도양 중앙해령에서 약 10,000km^{2}의 해저열수광상에 대한 광구 승인을 받음으로써 한국은 국가관할권 한계 밖에 위치한 심해저 지역에서

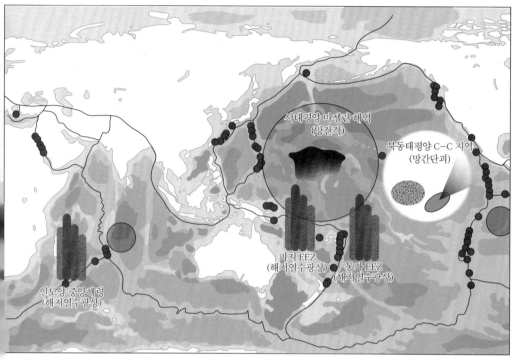

그림 9-2 한국의 탐사광구 위치도

망간단괴에 이어 두 번째 해저광물자원을 개발할 수 있는 발판을 마련하였다. 또 중국과 러시아에 이어 세 번째로 망간단괴와 해저열수광상 광구를 확보한 국가가 되었다(그림 9-2).[33]

「해저열수광상 탐사규칙」은 「망간단괴 탐사규칙」에 이어 심해저 광물자원을 상업적으로 개발하는 데 중요한 역할을 할 것으로 보인다. 그동안 해저열수광상의 상업화 가능성에 대하여는 노틸러스와 넵튠(Neptune Minerals Plc.) 등을 중심으로 한 민간기업이 주도해 왔다. 그런데 2010년 「해저열수광상

---

33 Decision of the Council relating to an application for approval of a plan of work for exploration for polymetallic sulphides by the Government of the Republic of Korea (ISBA/18/C/24).

탐사규칙이」채택되면서 심해저에서의 해저열수광상 탐사와 개발 노력은 국제적, 국가적인 차원에서 한층 탄력 있게 추진될 것으로 기대된다. 특히 해외자원 의존도가 절대적인 한국으로서는 국가관할권 외측에서 새로운 성장 동력이 될 안정적 자원 공급원을 확보할 수 있는 기회라는 점에서 주목할 만하다. 해저열수광상은 망간단괴에 비해 늦게 탐사규칙이 채택되었으나, 상업개발 가능성은 심해저 광물 중 가장 높은 것으로 평가된다. 이러한 영향으로 망간각과 함께 논의되던 해저열수광상 탐사규칙은 별도로 분리되어 먼저 논의되었고,[34] 2010년 ISA 이사회와 총회에서 최종 채택되었다.

광구 확보를 위해 각국에서도 빠르게, 그리고 전략적으로 움직이고 있다. 「해저열수광상 탐사규칙」이 채택된 이후 중국[35]과 러시아[36]가 광구신청을 완료하였다. 한국을 포함하여 이들 국가에 비해 비교적 후발주자라고 판단되는 국가들 역시 해저열수광상 광구 신청을 위해 경쟁을 벌이고 있다. 특히 「해저열수광상 탐사규칙」은 일정 기간 이후 제출되는 광구 신청에 대해 먼저 신청서를 제출하는 국가에 우선권을 주는 '선착순 원칙'을 적용하고 있다는 점에서[37] 빠른 정책결정이 필요하다.

한국은 2016년 7월 제22차 ISA 총회의 최종승인을 얻어 서태평양 공해상 마젤란 해저산 지역의 망간각 독점탐사광구를 확보하였다.[38] 이 광구의 규모는 3,000km²로, 여의도 총면적(8.4km²)의 약 350배에 달한다. 한국은 이번 망간각 독점탐사광구를 확보하면서 태평양 공해상 망간단괴 독점광구, 인도양 공해상 해저열수광상 독점광구, 통가 EEZ 해저열수광상 독점광구, 피지 EEZ 해저열수광상 독점광구에 이어 총 11.5만km²에 달하는 5개 독점

---

34 ISBA/13/C/WP.1, paras.3-7.

35 ISBA/17/C/16.

36 ISBA/17/C/17.

37 해저열수광상 탐사규칙 제23조 참조.

38 정부 합동 보도자료, "서태평양 공해상 망간각 독점탐사광구 확보" (2016. 7. 20).
    http://www.mof.go.kr/article/view.do?menuKey=376&boardKey=10&articleKey=12913

표 9-2 한국의 광구개발 현황(2016년 12월 현재)

위치		광종	권한 기관	근거	면적(km²)
공해	태평양 C-C 해역 (1994)	망간단괴	ISA	망간단괴 탐사규칙	7.5만
	인도양 중앙해령 (2014)	해저열수광상	ISA	열수광상 탐사규칙	1.0만
	서태평양 마젤란 해저산 (2016)	망간각	ISA	망간각 탐사규칙	0.3만
도서 국가 EEZ	피지 EEZ (2011)	해저열수광상	피지 토지자원부	피지 광물법	0.3만
	통가 EEZ (2008)	해저열수광상	통가 국토자원부	통가 광물법	2.4만
합계					5개 광구 11.5만

광구를 확보하게 되었다. 한국은 이로써 중국과 러시아에 이어 국제사회에서 세 번째로 공해상 심해저에서 3개 광종(망간단괴, 해저열수광상, 망간각)에 대한 독점탐사광구를 모두 확보한 나라가 되었다. 서태평양 독점탐사광구에 매장되어 있는 망간각은 코발트와 희토류 함량이 높고 망간단괴보다 얕은 수심(800~2,500m)에 분포하여 세계 각국의 관심이 높은 광물자원이다.

한국 정부는 이번에 확보한 서태평양 망간각 독점탐사광구에 4천만 톤 이상의 망간각이 매장되어 있을 것으로 추정하고 있으며, 연간 망간각 100만 톤을 상업 생산할 경우 20년간 총 6조 원의 주요광물자원 수입대체효과가 있을 것으로 기대하고 있다. 또 앞으로 ISA와 탐사 계약을 체결(2018년 예상)하고 정밀탐사를 통해 최종 개발 유망광구(1,000km², 계약 후 10년 이후)를 선정한 후 민간 주도의 본격적인 상업생산을 시도할 계획이다(표 9-2).

또 한국은 ISA 의사결정 과정에서도 중요한 역량을 발휘하고 있는데, 지난 1996년 이사국 E그룹에 진출한 이래 심해저 8대 투자자임을 지속적으로 주장하여 2008년 제14차 회기에서 이사국 B그룹에 진출(2010년 4년

(2011~2014년) 임기로 재선출)하였다.[39] 동시에 이사회의 주요 기관인 법률기술위원회에도 1996년부터 2016년까지 계속 진출함으로써, 의사결정 과정에서 한국의 이익을 반영하기 위한 소통경로를 확보하고 있다.

2. 심해저 광구의 추가 확보

현재 한국의 심해저 자원 연구와 개발은 개별 광물 중심의 R&D 사업화로 진행되고 있다. 즉, 망간단괴, 해저열수광상, 망간각 각 자원별로 해양수산부에서 발주한 사업이 진행되고 있으며, 연구개발 예산은 그 기본 재원은 같으나 각각 독립된 형태로 유지되는 체제이다. 이러한 접근법은 각 자원별 전문성과 독립성, 예산의 안정적 예측에 근거한 사업 추진 방향을 설정하는 데 유익하다. 그러나 국가적 차원에서 심해저를 둘러싼 ISA에서의 규범형성과 환경변화에 빠르게 대응하고 광구 확보를 추진하는 데는 상당한 장애로 작용할 수 있다. 예컨대, 현재 한국의 심해저 광구 연구는 망간단괴, 해저열수광상, 망간각을 중심으로 추진 중이며, 이 중 망간단괴와 해저열수광상 광구를 이미 확보하였고 마지막으로 망간각 광구를 2016년 7월 확보하여 각 광상별 광구 확보라는 측면에서는 문제가 없다. 다만 각 광종별 부존량과 분포형태, 즉 전략적 광상 확보 측면과 함께 논의할 경우 합리성과 융통성이 결여되어 있다는 문제점이 있다.

앞에서 지적한 바와 같이, 한국은 망간단괴 광구 확보에도 불구하고 여전히 클라리온-클리퍼톤 해역에서 추가 광구를 확보할 수 있는 자격과 여건을 지니고 있다. 특히 망간단괴 채광기술 영역에서 기술적 우위를 보이고 있다는 점 또한 동일 지역에서 망간단괴를 추가 확보할 경우 동일 기술을 통한 상업개발이라는 측면에서 효율성을 높일 수 있는 이점도 있다. 다만

---

[39] ISBA/14/A/12.

망간단괴가 주로 부존되어 있는 클라리온–클리퍼톤 해역의 경우 후보 광구가 이미 다른 주체들에 의해 신청, 승인되고 있어 참여할 수 있는 광구가 제한적이며, 따라서 망간단괴 광구 추가 확보는 빠른 시일 안에 추진되어야 한다.

한국은 1999년부터 2004년까지 서태평양 해역 14개 해저산을 중심으로 망간각 광구 확보를 위한 연구를 진행해 왔으며, 그중 7개의 해저산에서 망간각 부존지역을 확인하여 2016년 3000㎢의 광구를 확보하였다. 한편 한국은 통가(2008년)와 피지(2011년)의 배타적 경제수역과 인도양 중앙해령(2014년)에서 이미 해저열수광상의 광구를 확보하였다. 이는 심해저 자원개발의 접근성을 우선 고려한 것이고 해당 구역에 대한 국제적 연구가 미진한 상황에서 진행되었다는 문제점이 있다. 다만 망간각의 후보광구가 다수 존재한다는 점 등을 고려하면 해저열수광상보다는 광구의 수가 제한적인 망간각 광구를 우선 확보하는 전략을 추진할 필요가 있을 것이다.

한국은 심해저 자원과 관련하여 여전히 망간단괴의 추가 광구 확보, 해저열수광상의 추가 광구 확보, 망간각의 추가 광구 확보라는 기회를 갖고 있다. 그렇다면 광구 확보의 우선순위는 어떻게 확정해야 하는지가 중요하다. 이는 한국의 심해저 연구현황과 각 자원별 광구 후보군을 함께 고려할 필요가 있으며, 이때 광구 확보의 우선 정책 방향과 긴급성에 따라 각 자원별 독립된 예산 구조를 조정할 수 있어야 한다. 만일 현재의 자원별 예산구조가 망간단괴, 해저열수광상, 망간각에 고루 배분되어 있다고 가정한다면, 사업의 자원별 접근성이라는 틀을 유지하면서도 예산활용은 심해저 자원 확보라는 측면에서 융통성 있게 조정하고, 심해저 규범 및 광구 확보 환경, 각국의 정책적 추진 속도에 대응할 수 있도록 해야 한다.

물론 자원별 상업개발을 위한 추진 속도가 다르다는 점에서 추가 광구 확보를 예산 조정의 우선순위로 절대화할 수는 없다. 그렇지만 심해저 자원

내에서의 사업별 예산구조와 추진역량의 조정력 확보는 향후 한국이 심해저 광구를 확보하는 데 가장 중요한 과제임은 분명하다.

3. 심해저 자원 개발을 위한 법제도 정비

심해저 자원에 대한 국제사회의 접근은 ISA 관할하에 있는 순수한 심해자원으로서의 국가관할권 외측 해역과, 이전에는 ISA가 관리하는 심해저였으나 해양법협약 제76조에 의거하여 새롭게 연안국의 대륙붕으로 편입된 지역을 중심으로 전개될 것으로 보인다. 따라서 한국의 입법 혹은 정책적 대응 역시 크게 두 가지 측면에서 분석되고 접근되어야 한다. 물론 해양법협약 제76조에 근거하여 연안국 대륙붕으로 확장된 지역에서의 자원개발과 국가관할권 외측 해역에서의 심해저 자원개발은 각각 해양법협약 제82조와 해양법협약 제11부 및 「1994년 이행협정」의 규율대상이라는 점에서 법적 지위가 다르다. 그러나 양자는 공통적으로 ISA에서의 논의를 중심으로 이익 분배가 이루어질 것이라는 점과 육상이나 근해에서의 자원개발과는 다른 특징을 가지는 심해 해역이라는 점에서 같은 방향에서 접근 또는 대응이 가능하다. 한국은 200해리 밖의 대륙붕 자원과 심해저 자원의 개발을 규율하는 포괄적 입법을 하거나, 순수한 국가관할권 바깥의 심해저 자원만을 규율하는 입법을 할 수 있다. 앞에서 지적한 대로 200해리 밖의 대륙붕과 심해저의 법적 지위가 다르지만, 두 곳에서 개발된 광물자원의 처리가 ISA를 중심으로 이루어질 것이므로 양자를 포괄적으로 규율하는 입법을 하는 것이 바람직할 것이다.

현재까지 심해저 광물자원에 관한 국내법 제정 사례는 다음과 같다. 1980년 미국의 「심해저 고체광물자원법Deep Seabed Hard Mineral Resources Act」과 1980년 독일의 「심해저 광업잠정규율에 관한 법률Act of Interim

Regulation of Deep Seabed Mining」,[40] 1981년 영국의 「심해채광법Deep Sea Mining Temporary Provisional Act」과 프랑스의 「심해저 광물자원탐사 및 개발법Law on the Exploration and Exploitation of Mineral Resources of the Deep Seabed」, 1982년 일본의 「심해저 광업잠정조치법Law on Interim Measures for Deep Seabed Mining」, 1982년 러시아의 「대륙붕외측 심해저 광물자원탐사 개발에 대한 각 주체의 수행활동 통제 잠정조치Edict on Provisional Measures to Regulate the Activity of Soviet Enterprises Relating to the Exploration and Exploitation of Mineral Resources of Seabed Areas Beyond the Limits of the Continental Shelf」, 1985년 「이탈리아의 심해저 광물자원탐사개발법Law on the Exploration and Exploitation of the Mineral Resources of the Deep Seabed」 등이 있다. 이는 해양법협약 발효 전 과도기적으로 적용된 조치로 심해저 개발을 둘러싼 환경변화를 담고 있지는 않다.

국내적으로는 유사 법령으로 「해외자원개발 사업법」이 있으나, 이는 주로 외국의 육상 및 관할 해역을 대상으로 하고 있다는 점에서 심해저 자원 개발 및 관련 사업을 규율할 수 있는 국내법 규정은 현재 없다고 판단된다. 200해리 밖 대륙붕의 법적 지위 변화로 인해 해양법협약 제82조 적용 해역이 연안국의 관할 해역으로 됨으로써 「해외자원개발 사업법」상의 공간적 범위 내로 포함될 수 있을 것이다. 그러나 이러한 확대 적용은 심해저 자원 분포와 개발 특성을 간과하는 것으로 기계적 해석에 불과하다. 과거 ISA가 관리하던 심해저 해역이 연안국의 관할 대륙붕으로 포함되었으므로 공간적 개념에서는 해당 법률의 적용 대상이나, 자원의 분포 해역 특성과 자원 개발 난이도, 투자 회수기간의 장기화 및 수익 안정성 등을 고려한다면 「해

---

40 독일은 1994년 해양법협약 가입한 후 1995년 해양에 관한 종합적 성격의 법률을 제정하고 여기에 심해저 자원 개발 규율을 위한 법률을 하나의 절로 편제하였다. 한국해양연구원, 『심해저광물자원개발보고서(CRPM32100-1782-5)』 (안산: 국토해양부, 2006), 60쪽.

외자원개발 사업법」을 적용하는 데 한계가 있기 때문이다. 이는 수심 3천 내지 5천 미터 심해에 분포하는 망간단괴나 망간각 등이 함유하고 있는 전략광물 확보 전략에도 부합하지 않는다.

III 대한민국의 실행에 대한 평가와 정책제언

심해저 자원 개발에 관한 한국의 실행은 크게 다섯 단계로 나누어 평가할 수 있다.[41] 첫째, 1982년부터 1991년까지는 기술습득 단계였다. 이때 한국 정부는 최초로 심해저 광물자원 개발을 검토하고 미국립지질조사소USGS 와 국제공동연구 프로그램을 실시하여 심해저 광물자원 탐사에 필요한 기술을 습득하였다. 둘째, 1992년부터 1994년까지는 망간단괴 광구 등록을 위해 노력한 진입 단계라고 할 수 있다. 이 기간 동안 심해저 광물자원 개발 사업을 본격적으로 추진하기로 결정했고, 종합해양조사선 온누리호(1,422 톤)를 건조하여 태평양 C-C지역에서 망간단괴 광역조사를 수행(130만km²) 한 결과를 가지고 1994년 세계에서 일곱 번째로 C-C지역의 망간단괴 개발광구(150,000km²)를 유엔에 등록하였다. 셋째, 1995년부터 2002년까지는 과학적 연구 사업이 산업화로 전환되는 기반을 마련한 도약 단계였다. 2000년 국내에서는 제5차 국가과학기술위원회가 '상용화기반구축 추진계획'을 의결하였고, 국제적으로는 ISA 광업규칙Mining Code이 제정되었다. 2001년 ISA와 대한민국 간에 탐사·개발 계약(2001~2015년)이 체결되어 광구에 대한 배타적인 권리와 의무가 명확해졌다. 또 국제해저기구 의무이행

---

41 지상범, 홍섭, "심해저 망간단괴 개발의 현황과 미래", *Ocean and Polar Research*, Vol. 36(4) (2014), 369-370쪽.

사항에 근거하여 망간단괴 광구 등록 이후 8년간의 탐사를 수행하고 그 결과에 따라 2002년 최종 독점 탐사 광구(75,000 km²)를 확보하는 성과를 거두었다. 넷째, 2003년부터 2010년까지는 망간단괴의 상업개발에 필요한 채광기술연구, 정밀탐사 및 환경연구 수행에 중점을 둔 성장 단계였다. 2009년 ISA에서 그간의 한국의 심해저 활동성과를 인정받아 이사회 B그룹에 진입하여 국익을 대변할 수 있는 유리한 지위를 확보하였다.[42] 2009년과 2010년에는 망간단괴 근해역 시험채광장비(상용 1/20 규모, 250톤/일 채광규모)를 독자 개발하고 동해 수심 100m 근해역 채광시험 수행에 성공하였다. 마지막으로 2011년부터 2015년까지는 상용화 기반 성과를 도출한 단계로 평가할 수 있다. 약 20년간 연구개발 사업을 수행한 결과 2012년에는 망간단괴 시험채광장비(상용 1/5 규모, 1,000톤/일 생산규모)를 독자 개발하여 제작을 완료했고, 2013년에는 수심 1,370m 심해역에서 망간단괴 채광로봇 성능 실증시험을 성공적으로 완료하였다. 또 제련 분야에서는 2톤/일 용량의 망간단괴 건식제련 설비를 완성하고 실증시험을 수행하는 등 망간단괴 상업개발에 필요한 핵심기술의 확보에 성공하였다.

이러한 성과에도 불구하고 심해저 자원개발과 관련된 국내 입법의 불비를 해결해야 한다. '심해저자원개발법'이라는 단독 입법 체제에 200해리 밖 대륙붕 자원개발을 포함하는 방법으로 전략광물 확보 방향을 제시하거나, 현행법에 심해자원에 관한 특례조항을 두는 방안을 비교, 검토해야 한다. 또 해양법협약 제82조 대상 해역을 포함한 심해저 자원의 개발 문제는 「해외자원개발 사업법」상의 지원과는 별도의 민자 유치와 지원 방식을 도입해야 한다. 심해저 자원은 육상이나 국가관할권 내측에서의 접근보다 상업성

---

42 A그룹: 심해저 채취광물 대량 소비국/수입국 4개국, B그룹: 심해저 활동 8대 투자국 중 4개국, C그룹: 심해저 광물 주요 수출국 4개국, D그룹: 개발도상국 6개국, E그룹: 지리적 배분에 따라 18개국으로 구성된다. 1994년 이행협정 부속서 제3절 제15항.

에 대한 위험성과 기술개발에 어려움이 있다는 점에서 초기부터 민간 사업자를 중심으로 진행되는 데는 한계가 있기 때문이다. 즉, 심해저 자원 개발은 기간의 장기화와 수익의 안정성, 상업화를 위한 경제성 확보가 주요 고려요소인 만큼 민간 사업자가 R&D 단계에서부터 참여할 수 있도록 제도를 마련할 필요가 있다. 즉, 개별법으로 추진하는 것이 적합하지 않다면, R&D 단계부터 기업이 참여하여 사업 안정화를 꾀해야 한다. 예를 들어, 정부 훈령을 통해 R&D 단계에서 참여한 기업에는 "출연한 금액을 상용화 개발 단계에서 그에 상당하는 지분으로 인정"하거나,[43] 「해저열수광상개발사업 운영규정」과 같이 "사업실패 시 1회에 한하여 다른 해저열수광상 광구개발사업 참여 투자금액으로 인정"하는[44] 특례를 둘 수도 있을 것이다. 이와 함께 사업추진이 장기화될 수 있다는 점에서, 민간기업의 초기 투자비율을 낮게 (정부투자율 대비) 책정하거나 단계별 비율을 확대하는 방안이 제시될 수 있다. 이외에 기술료 감면과 조정, 개발 참여 기업에 대한 금융세제상의 지원 등은 민간기업이 심해저 자원 개발에 대한 정부의 지원 의지와 수익에 대해 확신할 수 있는 중요한 동기가 될 것이다.

국내입법 제정이 필요한 또 다른 이유는 ISA가 국제해양법재판소의 권고적 의견을 근거로 심해저 활동에 대한 보증국의 조치를 권고하고 있기 때문이다. 여기서 국제해양법재판소가 권고한 보증국의 조치는 국내입법이나 행정적 조치를 말한다. 물론 국제해양법재판소의 권고적 의견은 법적 구속력은 없다. 그러나 증가되는 심해저 활동에서 해양환경영향 규범의 강화, 심해저 탐사규칙과 개발규칙을 통한 국내적 조치에 대한 요구 강화 등이 지속될 것이라는 점을 고려하면, 심해저 활동을 주도하는 국가로서 국내입법 제정을 서두를 만한 환경은 조성되었다고 볼 수 있다. 향후 추진되는 심

---

43 산업통상자원부 훈령으로 운영하고 있는 가스하이드레이트개발사업운영규정 제16조 제3항.
44 해양수산부 훈령으로 운영하고 있는 해저열수광상개발사업운영규정 제15조.

해저 관련법에는 심해저 탐사활동을 고려한 환경 관련 규정과 보증 주체로 심해저 사업자에 대한 해양법협약상의 의무 준수와 위반에 대한 책임관계, ISA의 긴급명령 조치에 대한 이행 조치, 손해배상의 국내법적 이행 근거와 절차 등이 반영되어야 할 것이다.

¤ 참고문헌

1. 김정은·박성욱, "심해저 망간단괴 생산규칙의 잠재적 환경보호 의무 범위에 관한 연구", *Ocean and Polar Research*, Vol. 37(1) (2015).
2. 김정은·박성욱, "해양법협약상 심해저 활동의 독과점 금지 규정 이행의 한계", 『국제법학회논총』, 제59권 제1호 (2014).
3. 박성욱·이용희, "망간단괴 이외의 심해저자원 개발제도 형성 방향에 관한 연구", 『해양정책연구』, 제16권 제1호 (2001).
4. 양희철, "국제해저기구의 심해저 자원개발을 위한 논의와 우리나라 광구확보 전략", 『해양환경안전학회 학술발표대회 논문집』 (2013).
5. 이용희, "섬해저 광물자원 개발제도의 운영결과 분석 및 향후전망", *Ocean and Polar Research,* Vol. 27(1) (2005).
6. 정진석, "심해저활동과 관련한 보증국의 의무와 책임에 대한 국제해양법재판소의 권고적 의견", 국민대학교 『법학논총』, 제27권 제2호 (2014).
7. 지상범·홍섭, "심해저 망간단괴 개발의 현황과 미래", *Ocean and Polar Research*, Vol. 36(4) (2014).

박수진

I 해양환경보호제도 개관

1. 국제적 해양환경보호제도의 연혁

"오염은 국가관할권의 경계를 고려하지 않는다Pollution respects no jurisdiction boundaries."라는 말에서 알 수 있듯이, 오늘날 환경은 전 지구적 공동 관심사global common concerns로 인식되고 있다.[1] 국경을 넘는 오염 문제는 유엔해양법협약과 국제환경협약의 기본 주제이며 국제법의 발전을 촉진하는 이슈이다.[2] 개별국가는 자국의 영토를 자유로이 이용하거나 개발 할 수 있으나, 이러한 행위는 환경을 훼손하지 않는 범위 내에서 이루어져

---

1 박병도, 『국제환경책임법론』 (서울: 집문당, 2007), 15–17쪽.
2 E. D. Weiss, S. C. McCaffrey, P. C. Szasz & R. E. Luts, *International Environmental Law and Policy* (Aspen LAW, 1998), p. 557.

야 한다. 이러한 국가주권에 대한 제약은 스톡홀름 「인간환경선언」과 「리우선언」 원칙 21에서 확인된다.[3]

해양환경의 오염문제는 유엔해양법협약이 채택되기 이전에도 국제사회에서 중요한 문제로 다루어졌다. 「오슬로 투기협약Oslo Dumping Convention」(1972), 「선박 기인 오염방지협약(MARPOL 73/78)」(1973), 「바르셀로나 지중해 보호협약Barcelona Convention for the Protection of the Mediterranean Sea」(1976) 등이 체결되어 해양오염 문제를 규율하였다.[4] 또 해양환경의 보호는 1972년 '스톡홀름 유엔인간환경회의Stockholm United Nations Conference on the Human Environment'[5]에서 핵심의제 가운데 하나로 다루어졌다.

1982년 자메이카 몬테고만Montego Bay에서 채택된 유엔해양법협약은 전 세계 150개 이상의 국가가 참여하여 오랜 논의를 통해 도출해 낸 결과물로, 해양에 관한 모든 문제를 다루는 종합적인 레짐comprehensive regime의 성안을 목적으로 하였다. 해양법협약의 전문은 당사국들이 해양법협약을 통해 모든 국가의 주권을 적절히 고려하면서, 국제교통의 촉진, 해양의 평화적 이용, 해양자원의 공평하고도 효율적인 활용, 해양생물자원의 보존, 그리고 해양환경의 연구, 보호 및 보전을 촉진하기 위하여 해양에 대한 법질서를 확립하는 것이 바람직하다는 인식을 공유했다는 점을 잘 나타내고 있다.[6] 특히 1973년에 시작된 제3차 유엔 해양법회의에서는 1972년 스톡홀름 유엔인간환경회의에서 채택된 원칙과 권고사항을 구현하였으며, 유엔

---

3 정서용, 『동북아시아 환경협력』 (서울: 집문당, 2005), 27쪽.

4 Malcolm D. Evans, *International Law*, 3rd ed. (Oxford University Press, 2010), pp. 698–699.

5 1972년 스톡홀름 유엔인간환경회의를 계기로 국제환경법은 본격적으로 발전하게 되었다. 유엔 산하에 UNEP, FAO, IMO이 설치되었고, 1992년 리우 환경선언 채택 당시 기후변화협약, 생물다양성협약, 사막화방지협약 등 대표적인 국제환경규범이 마련되었다. Malcolm D. Evans, *supra* note 4, p. 688.

6 International Seabed Authority, *The Law of the Sea – Compendium of Basic Documents* (Kingston: Caribbean Law Publishing Company, 2001), xlvi.

해양법협약 제12부 '해양환경의 보호와 보전protection and preservation of the marine environment'을 통해 국제사회는 해양오염통제를 위한 전 지구적인 포괄적 규범체계를 마련한 것으로 평가할 수 있다.[7]

해양환경보호에 관한 사항은 유엔해양법협약에서 중요한 부분을 차지하고 있는데, 협약 성안 과정에서 해양환경보호 의무와 지속가능한 이용에 관한 사항을 협약에서 어떻게 규율할 것인가에 대한 검토가 이루어졌다. 유엔해양법협약 제12부는 해양환경보호제도에 대한 일반규정이며, 협약의 전문과 제1부 총칙, 제5부 배타적 경제수역, 제7부 공해, 제11부 심해저 등 개별 조항에도 생물자원의 보전 및 이용 등 해양환경과 관련된 사항이 포함되어 있다. 즉, 유엔해양법협약은 협약 전반에서 해양환경을 고려하고 있는데, 이는 해양환경의 보호와 보존을 해양의 평화적이고 효과적인 이용과 보전의 기반으로 인식하고 있는 것으로 이해할 수 있다. 왜냐하면 해양환경의 보호와 보존 문제는 개별국가의 권리, 의무 사항만으로 접근할 수 없고 지역적·지구적 협력이 필수적이기 때문이다.

1960년 이전에는 해양오염문제에 대한 국제사회의 관심이 그다지 높지 않았다. 그러나 1967년 토리 캐넌Torrey Cannon호 사고,[8] 1978년 아모코 카디즈Amoco Cadiz호 해난사고,[9] 1989년 엑슨 발데즈Exxon Valdez호 사고, 1996년 시 엠프레스Sea Empress호 사고 등 대규모 유류오염 사고가 발생하면서 해양오염문제에 대한 정책적·제도적 관심이 커지게 되었다.[10]

더불어 육상으로부터 유입된 다양한 유해오염물질이 해양환경과 해양생태계에 중요한 위협요인이 되면서 유엔해양법협약을 기본적인 틀로 하여

---

7 국제해양법학회, 『유엔해양법협약 관련 쟁점과 대응방안』 (서울: 세창출판사, 2012), 83쪽.

8 1967년 토리 캐넌호Torry Canion가 좌초하면서 약 12만 7,000톤의 원유를 유출하여 영국 해안을 오염시킨 사고이다.

9 1978년 3월 아모코 카디즈호Amoco cadiz가 해난사고로 원유 약 22만 톤을 유출시켜 프랑스 해안을 오염시킨 사고이다.

10 International Seabed Authority, *supra* note 6, p.105.

다양한 국제해양환경규범체계가 발전하게 되었다. 즉, 유엔해양법협약은 해양환경 보호 및 보존을 위한 일반원칙과 개별국가의 의무와 협력 사항에 대한 기본규범으로 기능하고 있으며, 정부 간 해양기구Inter-governmental Oceanographic Commission(이하 IOC), 유엔환경계획United Nations Environment Programme(이하 UNEP),[11] 국제해사기구International Maritime Organization(이하 IMO)와 같은 국제기구를 기반으로 지역적regional, 분야별 sectoral, 지구적global 규범체계가 구축되어 있다.

2. 유엔해양법협약상 해양환경보호제도의 주요내용

해양환경보호제도의 근간이 되고 있는 유엔해양법협약 제12부는 제192조 부터 제237조까지 총 11개 절, 46개 조문으로 구성되어 있다. 세부내용을 살펴보면, ① 일반원칙(제192조~196조), ② 지구적·지역적 협력(제197조~제 201조), ③ 기술적 지원(제202조~제203조), ④ 감시와 환경평가(제204조~제206 조), ⑤ 해양환경오염의 방지, 경감, 통제를 위한 국제규칙과 국내입법(제207 조~제212조), ⑥ 법령집행(제213조~제222조) 및 결빙해역(제234조), ⑦ 보장제 도(제223조~제233조), ⑧ 책임 및 주권면제(제235조~제236조) 등에 대해 규정 하고 있다. 이하에서는 유엔해양법협약 제12부와 기타 규정에 포함되어 있 는 해양환경보호제도의 주요내용에 대해 살펴본다.

(1) 해양환경보호의 일반원칙

유엔해양법협약에 따라 모든 협약 당사국은 가장 적절한 수단을 사용하여

---

11 유엔환경계획하에 람사르협약(1971), 생물다양성협약(1992), 바이오안전성의정서(2000), 나고 야의정서(2010) 등의 해양생물다양성 관련 국제협약이 채택되었으며, 해양환경보호를 위한 전 문가 그룹Group for Experts on the Scientific Aspects of Marine Pollution; GESAMP 등 거 버넌스 체제가 운영되고 있다.

모든 오염원으로부터 해양환경을 보호하고 보존할 의무가 있다(제192조).
이는 협약 당사국으로 하여금 해양환경을 보호하고 보존하도록 의무화한
것으로, 유엔인간환경회의 선언의 원칙이 국제협약으로 구체화된 것으로
평가된다.[12] 더불어 개별국가는 자원개발권과 해양환경 보호 및 보전 의무
가 균형을 이루도록 해야 한다. 즉, 각국은 자국의 환경정책과 해양환경을
보호하고 보전할 의무를 부담하는 한편 자국의 천연자원을 개발할 주권적
권리를 갖는다(제193조).

또 각국은 자국의 관할권이나 통제하의 활동이 다른 국가의 환경에 대해
오염으로 인한 손해를 주지 않도록 해야 하며, 오염이 자국의 주권적 권리
를 행사하는 지역 밖으로 확산되지 않도록 보장하기 위해 필요한 모든 조치
를 취해야 한다(제194조). 여기서 주목할 점은 각국은 해양환경의 오염[13]을
방지, 경감하고 통제하기 위한 조치를 취함에 있어서 직·간접적으로 피해
나 위험을 특정 지역에서 다른 지역으로 전가시키거나 어떤 형태의 오염을
다른 형태의 오염으로 변형시키지 않을 의무가 있다는 점이다(제195조). 이
는 해양환경오염을 막기 위한 각국의 일련의 조치가 또 다른 형태의 오염을
유발하거나 다른 지역의 해양환경에 피해를 주는 결과를 초래하지 않아야
한다는 기본적인 원칙을 규정한 것이라 할 수 있다.

해양환경 보호와 보전 의무의 불이행과 관련해서는, 해양법협약 제235조
제1항에 "각국은 해양환경의 보호와 보전을 위한 국제적 의무를 이행할 의
무를 진다. 각국은 국제법에 따라 책임을 진다."라고 하여 해양법협약상 국
가책임을 구체적으로 규정하고 있지는 않다. 다만 해양환경의 오염으로 인

---

12 박춘호·김한택, 『국제해양법』(서울: 서울경제경영, 2011), 175쪽.
13 '해양환경오염pollution of the marine environment'이란 생물자원과 해양생물에 대한 손상,
　인간의 건강에 대한 위험, 어업과 기타 적법한 해양이용을 포함한 해양활동에 대한 장애, 해수
　이용에 의한 수질악화 및 쾌적도 감소 등과 같은 해로운 결과를 가져오거나 가져올 가능성이 있
　는 물질이나 에너지를 인간이 직접적으로 또는 간접적으로 강어귀를 포함한 해양환경에 들어
　오는 것을 말한다. 유엔해양법협약 제1조 제1항 제4호.

한 모든 손해에 대한 신속하고 적절한 보상을 보장할 목적으로 손해평가와 손해보상, 분쟁해결을 위한 책임에 관한 국제법의 이행과 국제법의 점진적 발전을 위해 협력하고, 적절한 보상지급에 관한 기준과 절차의 발전을 위해 협력할 것을 규정하고 있다(제235조).

이와 관련하여 국제해사기구IMO는 「유류오염손해에 대한 민사책임에 관한 국제협약International Convention on Civil Liability for Oil Pollution Damage」(1969), 「유류오염손해 배상에 대한 국제기금 설치에 관한 국제협약의 1992년 의정서1992 Protocol to the International Convention on the Establishment of an International Fund for Compensation for Oil Pollution Damage」(1992), 「유해·위험물질의 해상운송책임협약International Convention on Liability and Compensation for Damage in Connection with the Carriage of Hazardous and Noxious Substances by Sea; HNS」(1996) 및 「2010 의정서」 등을 지속적으로 채택하여 구체적인 규범체계를 정비해 가고 있다.

오늘날 해양오염은 건강한 해양환경 및 해양생태계의 중요한 위협요인으로 작용하고 있다. 사실 해양오염은 해양생태계 및 인간의 건강을 포함한 해양환경에 심각한 훼손을 야기할 수 있기 때문에, 제2차 세계대전 이후 해양오염에 대한 국제적인 규범체계는 지속적으로 강화되고 있다.[14] 유엔해양법협약에 근거한 해양환경오염의 방지, 경감 및 통제를 위한 조치는 ① 육상 기인 오염land-based sources, ② 대기를 통한 오염, ③ 선박으로부터의 오염, ④ 천연자원의 탐사, 개발에 사용되는 설비나 장치로부터의 오염, ⑤ 해양환경에서 운용되는 설비나 장치로부터의 오염 등 해양환경에 영향을 주는 모든 오염원을 포괄하며, 각국의 개별적 조치나 공동으로 이루어지는

---

14 Yoshifumi Tanaka, *The International Law of the Sea* (Cambridge: Cambridge University Press, 2010), pp. 255-260.

조치를 모두 포함한다(제194조). 또 해양법협약은 오염원에 대한 방지, 경감, 통제 조치뿐만 아니라, 취약 해양생태계와 멸종위기 해양생물 및 그 서식지 등에 대한 보호와 보존 조치도 강조하고 있다(제194조 제5항).

더불어 각국은 해양환경에 중대하고도 해로운 변화를 초래할 우려가 있는 기술의 사용 또는 해양환경의 특정 부분에 대한 외래종이나 신규종의 고의적 또는 우발적인 '도입introduction'으로 인한 해양환경오염의 방지와 경감 및 통제에 필요한 조치를 해야 한다(제196조). 이는 해양환경 보호 및 보존 조치가 해양이라는 공간에 대한 오염원 관리뿐만 아니라, 해양생태계 및 해양생물에 대한 보호 및 보존도 포함하고 있음을 나타내는 것이다.

해양오염은 해양이라는 특성상 오염이 발생한 국가뿐만 아니라 주변 국가에도 영향을 미칠 수 있으며, 해양오염에 효과적으로 대처하기 위해서는 필수적으로 지역적·지구적 차원의 협력이 요구된다(제197조, 제198조, 제199조). 이를 위해서는 해양환경오염에 대한 각국의 역량을 제고시키는 것이 중요한데, 이는 해양법협약 제202조 및 제203조에서 과학적·기술적 지원과 적절한 자금지원 등에 있어서 개발도상국에 우선권을 부여하도록 하고 있는 규정과 일맥상통한다.

(2) 해양환경의 보호 및 보존을 위한 협력 및 기술지원

해양법협약 제12부 제2절 "지구적·지역적 협력"에서는 해양환경보호를 위한 국가들의 국제협력 의무에 대해 규정하고 있다. 각국은 지구적 차원에서, 적절한 경우에는 지역적 차원에서 특수한 지역특성을 고려하여 직접 또는 '권한 있는 국제기구competent international organizations'를 통해 해양환경을 보호하고 보존하기 위해 유엔해양법협약과 합치하는 국제 규칙, 기준, 권고관행 및 절차를 마련하는 데 협력해야 한다(제197조). 이 규정에 근거하여 권한 있는 국제기구인 국제해사기구, 생물다양성협약 사무국, 유엔식량농업기구FAO 등 정부 간 국제기구와 동북아환경협력계획 NEASPEC, 북서태평양보전실천계획NOWPAP, 동아시아해역환경관리협력 기구PEMSEA, 황해광역해양생태계보전사업YSLME, 동아시아해양조정기구 COBSEA 등 다양한 지역해 협력프로그램 등을 통해 지구적·지역적 협력이 이루어지고 있다.[15]

그 밖에 유엔해양법협약 제198조에 따라 어느 국가가 해양환경이 오염에 의해 피해를 입을 급박한 위험에 처하거나 피해를 입은 것을 알게 된 경우에는 피해를 받을 우려가 있는 국가와 권한 있는 국제기구에 신속히 통고해야 한다.

한편 각국은 지역의 특수성을 고려하여 직접 또는 권한 있는 국제기구를 통해 해양환경을 보호하고 보존하기 위해 해양법협약과 합치되는 과학적 기준을 설정하고 관련 국제 규칙과 기준, 관행 및 절차를 마련하기 위해 협력할 의무가 있다. 또 각국은 해양오염대비 비상계획을 개발하고 해양오염 관련 과학조사연구를 촉진하고 획득된 정보와 자료의 교환을 장려하기 위해 개별국가 상호 간 또는 국제기구를 통해 협력해야 한다(제200조, 제201조).

유엔해양법협약 성안 과정에서 다수 국가가 개발도상국이 해양오염 방지와 통제에 관한 규칙과 기준을 준수하기 위해서는 교육적·기술적·재정적인 지원이 필요하다고 주장하였다. 이는 해양환경 보호와 보존 조치의 효과를 제고하는 동시에 지구적인 차원의 문제에 선진국과 개발도상국이 함께 대응하기 위한 기반을 마련한다는 의미이다. 따라서 각국은 유엔해양법협약 제202조에 따라 해양환경의 보호와 보전, 해양오염의 방지, 경감 및 통

---

15 우리나라는 동북아환경협력계획North East Asia Sub-regional Programme for Environmental Cooperation: NEASPEC, 북서태평양보전실천계획Northwest Pacific Action Plan; NOWPAP, 동아시아해역환경관리협력기구Partnership in Environmental Management for the Seas of East Asia; PEMSEA, 황해광역해양생태계보전사업Yellow Sea Large Marine Ecosystem; YSLME, 동아시아해양조정기구Coordinating Body on the Seas of East Asia; COBSEA 등 지역해 협력프로그램을 통해 해양환경의 보호 및 보존을 위한 지역적 협력에 참여하고 있다.

제를 위해 과학기술요원의 훈련, 필요한 장비와 시설의 제공, 연구·감시·교육·계획을 위한 시설 개발 및 조언 제공 등 개발도상국에 대한 과학적·교육적·기술적 지원과 기타 지원계획을 촉진시켜야 한다.

더불어 각국은 해양환경에 심각한 오염을 가져올 수 있는 심각한 사고의 영향을 최소화하고 환경평가environmental assessment를 준비하기 위해 개발도상국에 대한 적절한 지원을 제공해야 한다(제202조). 이 경우 개발도상국은 해양법협약 제203조에 따라 해양환경오염의 방지, 경감 및 통제 또는 그 영향을 최소화하기 위해 국제기구로부터 적절한 자금과 기술의 원조와 국제기구의 전문적 용역의 이용에 관한 우선권을 갖는다.

(3) 해양환경오염 감시 및 환경평가

유엔해양법협약상 해양환경의 보호와 보존 조치는 과학적 방법에 기초한 관찰, 측정, 평가, 모니터링을 통한 실질적인 이행이 수반되어야 한다. 즉, 각국은 다른 국가의 권리와 양립하는 범위 내에서 직접적 또는 권한 있는 국제기구를 통해 해양환경오염의 위험이나 영향을 인정된 과학적 방법에 따라 관찰, 측정, 평가, 분석하기 위해 노력해야 한다(제204조). 더불어 자국이 허가하거나 참여하는 모든 활동이 해양환경을 오염시킬 가능성이 있는지를 결정하기 위해 지속적인 감시활동을 해야 한다. 또 각국은 자국의 관할권이나 통제하에 계획된 활동이 해양환경에 실질적인 오염이나 중대하고 해로운 변화를 초래할 것이라고 믿을 만한 합리적인 근거가 있는 경우에는, 해양환경에 대한 해당 활동의 잠재적 영향potential effects을 실행 가능한 한 평가하고, 해양법협약 제205조에 따라 평가결과에 대한 보고서를 발간하거나 권한 있는 국제기구에 보고서를 제출해야 한다(제206조).

(4) 해양환경오염에 관한 국제규칙 및 국내입법

유엔해양법협약은 해양환경에 대한 오염을 원인별로 구분하고 오염 방지와 경감, 통제를 위한 국제규칙과 국내입법의 정비를 의무화하고 있다.

1) 육상 기인 오염

해양은 육상으로부터 유입, 배출되는 오염원으로부터 직·간접적 영향을 받고 있다. 따라서 유엔해양법협약은 강, 하구, 관선 및 배출시설 등 육상오염원에 의한 해양오염을 방지, 경감, 통제하기 위해 각국에 국제적으로 합의된 규칙, 기준 및 권고관행과 절차를 고려하여 법령을 정비하고 적절한 조치를 취하도록 하고 있다(제207조). 더불어 지역 차원에서 각국의 육상 기인 오염원 관리정책이 상호조화를 이루도록 노력해야 하며, 개발도상국의 지역적 특성과 경제적 능력 및 경제개발의 필요성을 고려하여 지구적·지역적 규칙, 기준 및 권고관행과 절차를 확립하고 수시로 재검토해야 한다.

각국이 육상 기인 오염원에 대한 법령, 조치, 규칙, 기준 및 권고관행과 절차를 마련할 때에는 해양환경에 지속적인 영향을 미칠 수 있는 물질, 특히 유독, 유해 물질의 배출을 최소화하기 위한 방안을 포함시켜야 한다.

2) 국가관할권 내 해저활동 및 심해저활동에 의한 오염

연안국은 자국의 관할권에서 이루어지는 ① 해저활동sea-bed activities 또는 당해 활동과 관련하여 발생하는 해양환경오염과 ② 자국 관할권 내 건설된 인공섬, 설비 및 구조물로부터 발생하는 해양환경오염을 방지하고 경감, 통제하기 위한 법령을 제정하고 필요한 조치를 해야 한다(제208조 제1항, 제2항). 이러한 법령과 조치는 국제 규칙, 기준 및 권고관행, 절차와 동등한 효력을 가지며, 개별국가는 자국의 법령 및 조치가 다른 국가의 정책과 조화되도록 노력해야 한다(제208조 제3항, 제4항).

더불어 해저활동 및 제11부의 심해저활동으로 인한 해양환경오염을 방지하고 경감, 통제하기 위한 국제 규칙, 규정 및 절차는 필요한 경우 재검토 작업이 이루어져야 한다(제208조, 제209조).

3) 투기에 의한 오염

각국은 투기에 의한 해양환경오염을 방지하고 경감, 통제하기 위해 법령을 제정하고 관련 조치를 해야 한다. 또 각국은 권한 있는 국제기구나 외교회의를 통해 투기에 의한 오염을 방지하고 경감, 통제하기 위한 지구적·지역적 규칙, 기준, 권고관행과 절차를 마련하기 위해 노력해야 하며, 이는 수시로 재검토되어야 한다(제210조).

여기서 '투기dumping'라 함은 ① 선박, 항공기, 플랫폼 또는 기타 인공 해양구조물로부터 폐기물이나 기타 물질을 고의로 버리는 행위, ② 선박, 항공기, 플랫폼 또는 기타 인공 해양구조물을 고의로 버리는 행위를 말한다(제1조 제1항).

유엔해양법협약은 동시에 투기에 해당하지 않는 행위를 명확히 하고 있는데, ① 선박, 항공기, 플랫폼 또는 기타 인공 해양구조물 및 이들 장비의 통상적인 운용에 따라 발생되는 폐기물이나 기타 물질의 폐기, ② 협약의 목적에 위배되지 않는 단순한 폐기를 목적으로 하지 않는 물질의 '유치placement'는 투기에 해당하지 않는다. 즉, 이산화탄소를 포집하여 해양지중에 저장하는 행위는 유치에 해당하며 「1996 런던의정서」에 따른 투기허용 물질에 포함된다. 다만 폐기물이나 기타 물질을 버릴 목적으로 운용되는 선박, 항공기, 플랫폼 또는 기타 인공 해양구조물에 의해 운송되거나 이들 선박, 항공기, 플랫폼에 의해 운송된 폐기물이나 기타 물질 처리과정에서 2차적으로 또는 부수적으로 발생되는 폐기물 및 기타 물질은 해양에 투기할 수 없다(제1조 제1항 제5호). 주목할 점은, 연안국의 명시적인 사전승인 없이는 영해와 배타적 경제수역, 대륙붕에서 투기할 수 없으며, 연안국은 지리적 여건으로 인해 불리한 영향을 받는 다른 국가와 함께 적절한 검토를 통해 이러한 투기를 허용하거나 규제, 통제할 권리를 갖는다(제210조 제5항).

4) 선박 기인 오염

해양오염원 중 선박에 의한 오염은 대규모 유류오염이 발생할 경우 피해가 광범위하기 때문에 유엔해양법협약은 선박에 의한 오염에 대해 보다 구체적으로 규정하고 있다. 각국은 선박에 의한 해양환경오염을 방지, 경감 및 통제하기 위해 국제적 규칙과 기준을 마련해야 하며, 사고의 위협 및 연안국의 관련 이익에 대한 오염피해를 최소화하기 위한 항로제도를 채택해야 한다. 이러한 원칙과 기준은 동일한 방식으로 필요에 따라 수시로 재검토된다(제211조 제1항).

한편 선박 기인 오염과 관련된 법령제정 의무에는 차이가 있는데, 자국기를 게양하고 있거나 자국에 등록된 선박으로부터의 해양환경오염 방지, 경감, 통제를 위한 법령은 의무적으로 제정해야 한다(제211조 제2항). 다만 자국 영해 내에서 무해통항권을 행사하는 선박을 포함한 외국 선박 또는 자국의 배타적 경제수역에서 선박으로부터의 해양오염을 방지하거나 경감, 통제하는 경우에는 별도의 국내법령을 제정하거나 일반적으로 수락된 국제규칙과 기준에 합치하고 이에 대해 효력을 부여하는 법령을 제정할 수 있다(제211조 제4항 및 제5항).

개별국가가 외국 선박의 자국항구와 내수로의 진입, 연안정박시설 방문 등 특별한 조건을 규정할 경우에는 이러한 요건을 적절히 공표하거나 권한 있는 국제기구에 통보해야 한다(제211조 제3항). 또 자국의 배타적 경제수역 중 일부를 수역의 이용 및 자원보호, 교통상의 특수성, 해양학적·생태적 조건 등에 따라 오염방지를 위한 특별강제조치를 채택할 필요가 있는 해역으로 지정하기 위해서는 지정근거와 관련 정보를 국제기구에 통보할 수 있다. 국제기구는 12개월 이내에 개별국가로부터 통보된 수역의 지정요건 부합 여부를 결정해야 하며, 연안국은 획정된 특별수역의 한계를 공표해야 한다 (제211조 제6항).

5) 대기 기인 오염

유엔해양법협약상 대기로부터 또는 대기를 통한 해양환경의 오염을 방지 하고 경감, 통제하기 위해 국제적으로 합의된 규칙과 기준, 권고관행, 절차 및 항공안전을 고려하여 자국의 주권 아래 있는 영공과 자국기를 게양하고 있는 선박 또는 자국에 등록된 선박과 항공기에 적용되는 법령제정 및 필요 한 조치를 해야 한다(제212조 제1항). 이 경우 각국은 권한 있는 국제기구나 외교회의를 통해 투기에 의한 오염을 방지하고 경감, 통제하기 위한 지구적 ·지역적 규칙, 기준, 권고관행과 절차를 마련하기 위해 노력한다(제212조 제 3항). 유엔해양법협약 제222조는 1973년 「선박으로부터의 오염방지를 위 한 국제협약」 및 1978년 의정서의 제6부속서인 「선박으로부터의 대기오염 방지를 위한 규칙(Annex VI: Prevention of Air Pollution from Ships)」으로 구체 화되었다.

(5) 해양환경보호 관련 법령집행

1) 오염원별 법령집행

유엔해양법협약은 ① 육상 기인 오염, ② 해저활동 및 심해저활동에 의한 오염, ③ 투기에 의한 오염, ④ 선박 기인 오염, ⑤ 대기 기인 오염 등 오염원 별로 국내법령의 집행이나 필요한 조치의 이행에 대해 규정하고 있다. 기본 적으로 해양환경보호를 위한 개별국의 법령집행은 자국의 법령과 권한 있 는 국제기구나 외교회의를 통해 수립된 적용 가능한 국제 규칙과 기준에 따른다. 다만 심해저활동으로 인한 해양환경오염의 방지와 경감, 통제를 위한 사항은 제11부에 따라 수립된 국제 규칙, 규정 및 절차에서 정한 바에 따르도록 하고 있다.

선박 기인 오염원에 대한 법령집행은 크게 ① 기국flag States에 의한 법령집행, ② 기항국the port States에 의한 법령집행, ③ 연안국Coastal States에 의한 법령집행으로 구분된다. 우선 기국은 자국기를 게양하고 있거나 자국에 등록된 선박이 선박으로부터의 해양오염을 방지하고 경감, 통제하게 하기 위해 관련 법령을 제정하거나 필요한 조치를 해야 한다. 또 기국은 자국기를 게양하고 있거나 자국에 등록된 선박의 설계, 구조, 장비 및 인원배치에 관한 요건을 비롯한 항행 기준 및 규칙, 증명서 발급, 위반에 대한 조사 및 소송절차 등에 대한 법령을 집행해야 한다(제217조 제1항 및 제2항). 기국은 다른 국가의 서면요청이 있을 경우, 자국기를 게양한 선박이 범하였다고 주장되는 위반사항에 대해 조사하며, 각국은 기국의 적절한 요청에 응하도록 노력해야 한다(제217조 제5항 및 제6항).

다음으로 기항국에 의한 법령집행을 살펴보면, 선박이 어느 국가의 항구나 연안정비시설에 자발적으로 들어온 경우에 그 국가는 권한 있는 국제기구나 일반 외교회의를 통해 수립된 적용 가능한 국제 규칙과 기준에 위반하여 자국의 내수, 영해 또는 배타적 경제수역 밖에서 행해진 당해 선박으로부터의 배출에 관해 조사하고, 증거가 허용하는 경우에는 소송을 제기할 수 있다(제218조 제1항). 다만 자국의 내수, 영해나 배타적 경제수역에서 배출위반이 발생한 국가나 기국 또는 배출위반으로 인해 피해를 입었거나 위협을 받는 국가에 의해 요청되거나 위반이 소송을 제기하는 국가의 내수, 영해나 배타적 경제수역에서 오염을 초래하거나 오염을 초래할 위험이 있는 경우에만 배출위반에 대한 소송 제기를 인정하고 있다. 이러한 경우를 제외하고는 다른 국가의 내수, 영해나 배타적 경제수역에서의 배출위반에 대해서 소송을 제기할 수 없다(제218조 제2항). 한편 기항국이 수행한 조사기록은 기국이나 연안국이 있으면 기국이나 연안국에 전달되며, 기항국이 제기한 소송은 유엔해양법협약 제12부 제7절에 따를 것을 조건으로 연안국의 요청에 따라 중단될 수 있다(제218조 제4항).

연안국은 영해를 항행하는 선박이 운항 중에 선박으로부터의 오염을 방지, 경감, 통제하기 위해 유엔해양법협약 또는 적용 가능한 국제 규칙과 기준에 따라 제정된 국내법령을 위반하였다고 믿을 만한 명백한 근거가 있는 경우에는 위반선박에 대해 물리적 조사를 할 수 있고, 증거가 허락하는 경우 제12부 제7절에 따를 것을 조건으로 자국법률에 따라 선박의 억류를 포함한 소송을 제기할 수 있다(제220조 제2항). 또 배타적 경제수역이나 영해를 항행 중인 선박이 배타적 경제수역에서 선박으로부터의 오염을 방지, 경감, 통제하기 위해 적용 가능한 국제 규칙과 기준 또는 이에 합치하고 또한 시행하기 위한 그 국가의 법령을 위반하였다고 믿을 만한 명백한 근거가 있는 경우에는, 당해 선박에 대해 선박식별, 등록항, 직전 및 다음 기항지 정보와 위반발생 여부를 확인하기 위한 정보를 요구할 수 있다. 또 정보제공을 거부하거나 제공한 정보가 명백히 실제상황과 위배되는 경우 및 사건의 상황이 조사를 정당화하는 경우에는 당해 선박에 대해 물리적 조사를 실시할 수 있다(제220조 제3항 및 제5항). 이와 같이 유엔해양법협약은 선박으로부터 유발될 수 있는 오염원에 대해 기국, 기항국, 연안국으로 구분하여 각 주체의 법령 집행이나 조치를 적극적으로 요구하고 있다.

2) 해난사고 시 법령집행

'해난사고maritime casualty'라 함은 선박의 충돌, 좌초, 기타 항행상의 사고 또는 기타 선상이나 선외에서 발생한 사건으로 선박이나 화물에 실질적인 피해나 급박한 피해의 위협을 초래하는 기타 사건을 말한다(제221조 제2항).

유엔해양법협약은 해난사고와 같이 특수한 경우의 법령집행에 대해 별도로 규정하고 있다(제221조). 즉, 해난사고로 인해 중대한 해로운 결과를 초래할 것이 합리적으로 예측되는 경우에는 개별국가의 법령집행 권한을 보다 폭넓게 인정하고 있다.

해난사고가 발생할 경우에는 제12부의 어떠한 규정도 개별국가가 국제관습법이나 국제성문법에 따라 당해 사고에 관련된 행위로 인한 오염 또는 오염의 위험으로부터 자국의 해안이나 어로를 포함한 관계이익을 보호하기 위해 실제적 피해 및 발생위험이 있는 피해에 상응하는 조치를 영해 밖까지 취하고 집행할 권리를 침해하지 않는다(제221조 제1항).

3) 결빙해역에서의 법령집행

한편 해양법협약은 제234조에서 결빙해역ice covered areas에 대한 법령제정과 집행권리에 대해 특별히 규정하고 있는데, 이는 특별히 가혹한 기후조건과 연중 대부분 얼음으로 덮여 있는 결빙해역의 해양환경 특성을 고려한 것이다. 연안국은 ① 결빙해역의 항해에 대한 장애나 특별한 위험이 되고, ② 해양환경오염이 결빙해역의 생태학적 균형에 중대한 피해를 초래하거나 돌이킬 수 없는 혼란을 가져올 수 있는 경우에는 배타적 경제수역에 있는 결빙해역에서 선박으로부터의 해양오염을 방지하고 경감, 통제하기 위한 차별없는 법령non-discriminatory laws and regulations을 제정하고 집행할 권리를 갖는다. 이 경우 법령은 항행과 이용 가능한 최선의 과학적 증거에 근거해야하며, 해양환경의 보호와 보존을 적절하게 고려해야 한다.

(6) 보장제도

항만국이나 연안국의 집행관할권의 행사는 무제한적으로 인정되지 않으며, 유엔해양법협약상 '보장제도safeguards'에 따라 일정 부분 제한된다. 이는 항행의 자유를 보호하기 위한 조치의 일환으로, 각국은 해양법협약 제12부에 따라 제기된 소송을 용이하게 진행하기 위한 조치를 취하고, 법령집행권한 행사상의 부정적 영향을 방지할 의무가 있다(제223조 내지 제225조). 그러나 해양법협약의 어떠한 규정도 해양환경오염으로 인한 손실이나 피해의 청구를 위한 민사소송의 제기에 영향을 미치지 않는다(제229조).

1) 소송 및 법령 집행권한

각국은 제12부 해양환경오염에 관하여 제기된 소송에 있어서 증인심문 및 다른 국가의 당국이나 권한 있는 국제기구가 제출한 증거의 채택을 용이하게 할 조치를 해야 하며, 권한 있는 국제기구, 기국 및 법령위반 등으로 발생한 오염에 의해 영향을 받는 국가의 공식대표가 소송에 용이하게 출석할 수 있도록 해야 한다(제223조).

한편 해양법협약은 외국 선박에 대한 집행권한을 제한하고 있는데, 집행권한은 공무원이나 군함, 군용항공기나 정부업무에 사용되는 것이 명백하게 표시되고 식별 가능한 기타 선박이나 항공기에 의해서만 행사될 수 있다(제224조). 더불어 각국은 이 협약에 따른 외국선박에 대한 법령집행 권한 행사가 부정적 영향을 미치지 않도록 해야 한다. 즉, 외국 선박에 대한 법령을 집행하는 과정에서 항행의 안전을 위태롭게 하거나 기타 선박에 어떠한 위험을 초래하거나 선박을 안전하지 못한 항구나 정박지로 이동시키거나 해양환경을 불합리한 위험에 노출시켜서는 안 된다(제225조).

2) 외국 선박 조사

해양환경 보호 및 보존을 위해 외국선박을 조사할 경우에는 조사목적을 위해 필요한 기간 이상 외국선박을 지체시켜서는 안 되며, 외국선박에 대한 물리적 검사는 일반적으로 수락된 국제 규칙과 기준에 따라 당해 선박에 비치하도록 요구된 증명서, 기록 및 기타 서류에 국한된다. 더불어 외국 선박은 관련 법령이나 국제 규칙, 기준의 위반이 밝혀지는 경우 보석금이나 기타 적절한 금융보증과 같은 합리적 절차에 따를 것을 조건으로 신속하게 석방된다(제226조 제1항 (a), (b)). 만약 석방이 거부되거나 조건부로 된 경우에 각국은 선박의 기국에 신속하게 통보해야 하며, 이 경우 기국은 제15부 분쟁해결절차에 따라 선박의 석방을 요구할 수 있다(제226조 제1항 (c)).

한편 각국은 유엔해양법협약 제12부의 규정에 따른 권리를 행사하고 의무를 이행함에 있어서 다른 국가의 선박을 형식상 또는 실질상으로 차별해서는 안 된다(제227조).

3) 소송의 정지, 제한 및 통지

유엔해양법협약에 따르면, 소송을 제기한 국가의 영해 밖에서 외국 선박이 선박으로부터의 오염 방지, 경감 및 통제에 관해 적용되는 법령이나 국제 규칙, 기준을 위반한 것을 근거로 처벌을 청구하는 소송은 원칙적으로 소송이 시작된 날로부터 6개월 이내에 기국이 동일한 혐의에 대해 처벌하는 소송을 시작한 경우에 정지된다. 기국이 소송의 중지를 요청한 경우에는 그 기국은 이전에 소송을 제기한 국가에 적절한 시기에 따라 사건의 모든 서류와 소송기록을 제공한다. 기국이 제기한 소송이 종결되었을 때 정지된 소송은 종료되며, 외국 선박에 형벌을 부과하는 소송은 위반 발생일로부터 3년이 지난 후에는 제기할 수 없다(제228조).

외국 선박이 형벌의 부과를 초래할 수 있는 위반을 한 소송을 진행함에 있어서 형사 피고인에게 인정된 권리는 존중된다. 더불어 각국은 외국 선박에 대한 조치를 기국과 기타 모든 관련국에 신속히 통고하고, 이러한 조치에 관한 모든 공식문서를 기국에 제출한다(제231조).

4) 집행조치에 따른 국가책임 및 해협 관련 보장제도

각국은 해양법협약 제12부 제6절의 법령집행에 따라 이루어진 조치가 불법적이거나 이용 가능한 정보에 비추어 합리적으로 요구되는 한도를 벗어난 경우에는, 이러한 조치로 인해 자국에 귀책되는 손해나 손실이 발생한 경우에 책임을 부담한다. 또 각국은 자국 법원에 이러한 손해나 손실의 구제를 청구하는 절차를 마련할 의무가 있다(제232조).

한편 유엔해양법협약상 해양환경오염 방지, 경감, 통제를 위한 국제규칙과 국내입법, 법령집행권, 보장제도는 국제항행에 사용되는 해협의 법제도에 영향을 미치지 않는다. 다만 해양법협약 제236조에 따라 주권면제가 인정되는 선박 이외의 외국 선박이 해협의 해양환경에 중대한 피해를 초래하거나 초래할 위험을 야기한 경우에는 해협 연안국은 적절한 집행조치를 할 수 있다. 이 경우 협약 제223조부터 제232조까지의 보장제도에 관한 규정이 준용된다(제233조).

(7) 책임 및 주권면제

유엔해양법협약에 따라 개별국가는 해양환경의 보호와 보전을 위한 국제적 의무를 이행할 의무를 부담한다. 즉, 각국은 국제법에 따라 해양환경 보호 및 보전을 위한 책임을 부담하며, 자국 관할권하에 있는 자연인이나 법인으로 인해 발생된 해양환경오염으로 인한 손해에 관해 자국의 법제도에 따라 신속하고 적절한 보상compensation이나 그 밖의 구제relief를 위한 수단을 보장해야 한다. 한편 각국은 해양환경의 오염으로 인한 모든 손해에 대한 신속하고 적절한 보상을 보장하기 위한 손해평가와 손해보상 및 분쟁해결을 위한 책임responsibility and liability과 관련한 현행 국제법을 이행하고, 관련 국제법의 점진적 발전을 위해 협력해야 한다. 이는 개별국가에 해양환경의 보호와 보전을 위한 국제적 의무를 실질적으로 이행하는 동시에, 관련 국제법을 발전시키는 데 있어서 협력할 것을 의무로 규율한 것이다. 또 개별국가는 해양환경의 보호와 보전을 위해 강제보험compulsory insurance이나 보상기금compensation funds 등 적절한 보상지급에 관한 기준과 절차의 개발을 위해 협력해야 한다(제235조).

한편 해양환경의 보호와 보존에 관한 유엔해양법협약의 규정은 군함, 해군보조함 및 국가가 소유하거나 운영하며 당분간 정부의 비상업용 업무에만 사용되는 기타 선박이나 항공기에는 적용되지 않는다(제236조). 즉, 제12부 및 기타 유엔해양법협약상 해양환경보호제도는 국가 소유·운영 선박이나 항공기, 정부의 비상업용 선박이나 항공기에 대해서는 '주권면제 sovereign immunity'가 인정된다.

다만 각국은 자국이 소유하거나 운영하고 있는 선박이나 항공기의 운항 또는 운항능력에 손상을 주지 않는 적절한 조치를 취함으로써, 해당 선박이나 항공기가 합리적이고 실행 가능한 범위 내에서 유엔해양법협약에 합치하는 방식으로 행동하도록 보장해야 한다(제236조).

3. 유엔해양법협약 기타 규정상 해양환경보호조치

(1) 전문 및 총칙 내 해양환경보호

유엔해양법협약은 전문에서 해양문제는 상호 밀접하게 관련되어 있기 때문에 모든 국가의 주권을 적절히 고려하는 동시에 해양환경을 고려해야 한다는 점을 명확히 하고 있다. 즉, '국제교통의 촉진', '해양의 평화적 이용', '해양자원의 공평하고도 효율적인 활용'과 더불어 '해양생물자원의 보전'과 '해양환경의 연구, 보호 및 보전'을 촉진하기 위한 해양법질서의 확립이 필요하다는 점을 명확히 하고 있다.

또 유엔해양법협약 제1부 총칙에서는 '해양환경오염pollution of the marine

environment'에 대한 정의를 내리고 있는데, 해양환경오염의 원인과 유형, 오염 주체, 공간에 대해 규정하고 있다. 즉, 해양환경오염의 원인과 유형은 "생물자원과 해양생물에 대한 손상, 인간의 건강에 대한 위험, 어업과 그 밖의 적법한 해양이용을 포함한 해양활동에 대한 장애, 해수이용에 의한 수질악화 및 쾌적도 감소 등과 같은 해로운 결과를 가져오거나 가져올 가능성이 있는which results or is likely to result in such deleterious effect as harm 물질이나 에너지를 인간이 직접적으로 또는 간접적으로 해양환경에 들여오는 것into the marine environment을 의미한다." 또 강어귀estuaries를 해양환경의 일부로 포함하고 있는데, 이는 해양법협약 제213조 '육상오염원에 의한 오염 관련 법령집행Enforcement with respect to pollution from land-based sources'에서 육상오염에 의한 해양환경의 오염 방지, 경감 및 통제를 위한 개별국가의 법령집행 및 필요조치를 의무화하고 있는 것과 연결된다.

(2) 배타적 경제수역 내 해양환경보호

배타적 경제수역은 영해 밖에 인접한 수역으로, 연안국은 해저 상부수역, 해저 및 그 하층토의 생물이나 무생물 등 천연자원의 탐사, 개발, 보존 및 관리를 목적으로 하는 주권적 권리를 갖는다. 또 해수, 해류 및 해풍을 이용한 에너지생산과 같은 수역 내 경제적 개발과 탐사를 위한 기타 활동에 대한 주권적 권리도 갖게 된다(제56조). 그에 따라 연안국은 배타적 경제수역 내 해양환경의 보호와 보전에 관한 관할권을 가지며, 동시에 연안국의 권리행사와 의무이행은 유엔해양법협약상 다른 국가의 권리와 의무를 적절히 고려해야 하고, 해양법협약상 규정에 따르는 방식으로 이루어져야 한다.

유엔해양법협약상 연안국은 배타적 경제수역 내 생물자원living resources의 보존을 위해 자국의 배타적 경제수역 내 생물자원의 허용어획량을 결정하며, 남획으로 인해 생물자원의 유지가 위태롭게 되지 않도록 적절한 보전 및 관리 조치를 해야 한다(제61조). 또 연안국은 배타적 경제수역 내 '생물자원의 최적 이용목표the objective of optimum utilization of the living resources'를 설정하고, 자국의 어획능력을 결정하고, 허용어획량의 잉여량에 대해서는 다른 국가의 입어를 허용해야 한다(제62조). 한편 2개국 이상 연안국의 배타적 경제수역에 걸쳐 동일어족이나 관련된 어종의 어족이 출현하는 경우에는 연안국들은 어족의 보존과 개발을 조정하고 보장하기 위해 직접 또는 적절한 소지역기구나 지역기구를 통해 필요한 조치에 합의하도록 노력해야 한다(제63조).

그 밖에 유엔해양법협약은 고도 회유성 어종highly migratory species에 대한 보존과 협력(제64조), 해양 포유동물의 보존을 위한 노력과 협력(제65조), 소하성 어족의 기원국the State of origin of anadromous stocks 어족 보존조치(제66조), 강하성 어종catadromous species에 대한 연안국의 어종 관리책임과 어획범위(제67조) 등의 규정을 통해 배타적 경제수역 내 해양생물자원의 보존과 관리 조치에 대해 규정하고 있다.

(3) 공해 내 해양환경보호

유엔해양법협약에 따라 공해는 연안국이나 내륙국이거나 관계없이 모든 국가에 개방되며(제87조), 일정한 요건을 충족하는 것을 전제로 '공해 어업권right to fish on the high seas'을 갖는다. 즉, 자국의 조약상 의무와 연안국의 권리, 의무 및 이익, 그리고 해양법협약 제7부 제2절의 규정을 준수하는 조건으로 자국민이 공해에서 어업에 종사하도록 할 권리를 갖는다(제116조). 한편 국제해양법질서의 중요한 원칙 중 하나인 '공해의 자유freedom of the high seas'는 협약과 기타 국제법 규칙이 정하는 조건에 따라 행사되는데, 공해의 자유에는 앞에서 말한 어로의 자유 외에 ① 항행의 자유, ② 상공비행의 자유, ③ 해저 전선과 관선 부설의 자유, ④ 국제법상 허용되는 인

386

공섬과 기타 시설 건설의 자유가 포함된다. 기본적으로 공해는 평화적 목적peaceful purposes을 위해 보존되며, 모든 국가는 공해 생물자원의 관리와 보존을 위해 협력하고 일정한 보존조치를 해야 한다(제117조부터 제119조).

즉, 모든 국가는 자국민을 대상으로 '공해 생물자원the living resources of the high seas'의 보존에 필요한 조치measures for the conservation를 취하거나 그러한 조치를 취하기 위해 다른 국가와 협력할 의무가 있다. 더불어 유엔해양법협약은 모든 국가는 공해수역에서 생물자원의 보존, 관리를 위해 서로 협력하며, 동일한 생물자원이나 동일 수역에서의 다른 생물자원을 이용하는 국민이 있는 모든 국가는 관련 생물자원의 보존에 필요한 조치를 취하기 위한 교섭을 하고, 적절한 경우에는 소지역 또는 지역 수산관리기구Regional Fisheries Management Organizations(이하 RFMOs)를 설립하는 데 협조하도록 규정하고 있다(제118조). 1995년 8월 4일에 채택된 「1982년 12월 10일 해양법에 관한 국제연합협약의 경계왕래어족 및 고도회유성어족 보존과 관리에 관한 조항의 이행을 위한 협정」(이하 「유엔공해어업협정」)[16] 제8조는 사전예방적 접근방법과 생태계 접근방법에 대해 규정하고 있으며, 공해자원 관련 보존조치가 연안국이 경계성 왕래 어족에 대해 취하는 조치와 양립compatible할 것을 요구하고 있다.[17] 즉, 저층어업에 대해 유엔총회 산하 수산결의를 통해 기본원칙과 규제방식이 정해지고, FAO 수산위원회는 이를 구체화하는 규정과 지침 등을 개발함으로써, 회원국들의 통일된 관행과 국가실행을 유도하고 있다. 지역수산관리기구는 유엔공해어업협정, FAO 규정 및 지침 등에 근거하여 해당 지역 내 어업활동에 대한 감시와

---

16 유엔공해어업협정은 유엔해양법협약의 이행협정 중 하나로, 2001년 12월 11일에 발효되었다. 유엔공해어업협정은 공해상 경계 왕래 어족과 고도 회유성 어족의 보존과 관리를 위한 기본원칙, 지역수산기구 가입 및 타국 선박에 대한 승선 검색 등을 주된 내용으로 하고 있다. 우리나라에서는 2008년 3월 2일 자로 발효하였다.

17 유엔공해어업협정 제7조.

통제, 이행조치를 담당하고 있다.[18]

그 밖에 유엔해양법협약 제119조에 따라 개별국가는 공해 생물자원의 보존을 위해 공해 생물자원의 허용어획량을 결정하고, 그 밖의 보존조치를 수립함에 있어 일반적으로 권고된 국제 최저기준을 고려하여 최대지속 생산량을 실현시킬 수 있는 수준으로 어종의 자원량을 유지, 회복하도록 조치를 해야 한다. 또 이용 가능한 과학적 정보, 어획량, 어획활동 통계, 수산자원 보존 관련 자료의 제공과 교환 등 공해 생물자원 보존을 위한 국가들의 조치에 대해서도 명확히 하고 있다. 이 경우 공해 생물자원의 보존조치와 그 이행에 있어서 어떠한 국가의 어민에 대해 형식상, 실질상의 차별이 없도록 보장해야 한다.

한편 공해지역에 서식하는 해양 포유동물marine mammals에 대해서도 해양법협약 제65조에 따른 배타적 경제수역 내 해양 포유동물에 관한 규정이 적용된다는 점을 명확히 하고 있는데, 각국은 해양 포유동물의 보전을 위해 노력해야 하며, 특히 고래류에 대한 보존관리 및 연구를 위해 적절한 국제기구(국제포경위원회)를 통해 노력해야 한다(제65조 및 제120조).

1993년 「FAO의 공해상 어선에 대한 국제보전 및 관리조치 이행촉진을 위한 협정1993 FAO Agreement to Promote Compliance with International Conservation and Management Measures by Fishing Vessels on the High Sea」, 1995년 「유엔공해어업협정」, 1995년 FAO의 「책임 있는 어업행동강령Code of Conduct for Responsible Fisheries」 등은 유엔해양법협약 제7부 제2절의 공해 생물자원의 관리 및 보존에 관한 사항을 구체화하고 이행을 촉진하기 위한 국제협약이라고 할 수 있다.[19]

---

18 국제해양법학회, 『유엔해양법협약 관련 쟁점과 대응방안』 (서울: 세창출판사, 2012), 119쪽.
19 일반적으로 공해어선은 국제법과 기국flag state의 법률에 의해 규제되며, 유엔공해어업협정 등 국제수산협정은 공해자유 원칙의 하나인 어업의 자유에 대해 일정한 제약을 가하고 있다. Peter Malanczuk, *Akehurst's Modern Introduction to International Law*, 7th revised ed.

(4) 심해저 내 해양환경보호

유엔해양법협약 제11부는 심해저에 관해 규정하고 있다. 제133조부터 제191조까지 심해저의 적용범위, 법적 지위, 심해저를 규율하는 원칙, 심해저자원의 개발, 국제해저기구International Seabed Authority, 심해저공사Enterprise, 분쟁해결과 권고적 의견 등에 대해 상세하게 규정하고 있다.

'심해저'는 "국가관할권 한계 밖의 해저, 해상 및 그 하층토"를 의미한다(제1조 제1항 제1호). 해양법협약의 대상이 되는 심해저 자원은 심해저의 해저나 해저 아래에 있는 자연상태의 모든 고체성, 액체성 또는 기체성 광물자원을 말한다(제133조). 심해저와 그 자원은 '인류공동유산common heritage of mankind'이라는 점에서 어떠한 국가도 심해저나 그 자원에 대해 주권이나 주권적 권리를 주장할 수 없다.[20] 또 심해저는 모든 국가에 차별 없이 오로지 평화적 목적을 위해 이용하도록 개방되며, 심해저활동은 특별한 규정이 없는 한 '인류 전체의 이익'을 위해 수행되어야 한다.[21]

이와 같은 심해저의 평화적 목적 이용 원칙과 인류공동유산으로서의 법적 성격으로 인해 유엔해양법협약 제11부에는 심해저의 해양환경보호를 위한 다수의 규정이 포함되어 있다. 즉 해양법협약 제145조에 따라 심해저활동에 따라 초래될 수 있는 해로운 영향으로부터 해양환경을 효과적으로 보호하기 위해 심해저활동에 필요한 조치를 해야 한다. 구체적으로 살펴보면, 첫째, 해안을 포함한 해양환경에 대한 오염과 기타 위험 및 해양환경의

(New York: Routledge, 2009), p. 185.

20 1970년 12월 17일 유엔총회는 찬성 108, 반대 0, 기권 14표로 통과된 결의 2749호[Resolution 2749(XXV)]를 통해 심해저는 인류공동유산이라고 선언하였다. Yoshifumi Tanaka, *The International Law of the Sea* (Cambridge: Cambridge University Press, 2010), p. 193.

21 심해저의 관리는 국제해저기구가 담당하고 있다. 국제해저기구의 주요기관으로는 총회Plenary Assembly, 36개국으로 구성되는 이사회Council 및 사무국Secretariat이 있으며, 이사회는 보조기관으로 법률기술위원회Legal and Technical Commission와 경제계획위원회Economic Planning Commission가 운영되고 있다.

생태학적 균형에 대한 영향의 방지, 저감 및 통제 조치를 해야 한다. 이 경우 시추, 준설, 굴착 및 폐기물 투기, 이러한 활동에 관련된 시설, 관선과 기타 장비의 건설, 운용, 유지와 같은 활동에 의한 해로운 영향으로부터 해양을 보호할 필요성에 특별히 유의해야 한다. 둘째, 심해저 천연자원의 보호와 보존 및 해양환경의 동식물군에 대한 피해를 방지하기 위한 적절한 조치를 해야 하며, 해저기구는 이를 위해 적절한 규칙, 규정 및 절차를 마련해야 한다. 셋째, 또 심해저활동은 해양환경에서의 다른 활동을 합리적으로 고려하여 수행되어야 하는 동시에 해양환경에서의 다른 활동 역시 심해저활동을 합리적으로 고려하여 수행되어야 한다(제147조).

유엔해양법협약 제165조에 따라 설치된 심해저 법률·기술위원회Legal and Technical Commission는 해양환경보호 관련 분야 전문가의 견해를 고려하여 이사회에 해양환경보호에 관한 권고를 해야 하며, 해양환경에 대한 중대한 피해의 위험이 있다는 구체적인 증거가 있는 경우에는 계약자 또는 심해저공사의 개발지역을 승인하지 않을 것을 이사회에 권고해야 한다. 이는 심해저활동에 있어서 해양환경보호가 매우 중요한 고려사항이라는 점을 반증하는 것이라고 할 수 있다. 또 2000년에 제정된 「망간단괴에 대한 탐사규칙Regulations on Prospecting and Exploration for Polymetallic Nodules in the Area」(이하 「망간단괴 탐사규칙」)[22]과 2010년에 제정된 「해저열수광상 탐사규칙Regulations on prospecting and exploration for polymetallic sulphides in the Area」(이하 「해저열수광상 탐사규칙」)에서도 해양환경의 보호를 위한 조치는 심해저에서의 탐사, 개발 활동에 있어서 핵심 규율사항 중 하나로 다루어지고 있다. 그 밖에 유엔해양법협약 제209조에서는 심해저활동에 의한 오염을 제12부의 해양오염원 중 하나로 다루고 있는데, 심해저활동으로 인한 해양환경의 오염을 방지, 경감하고 이를 통제하기 위한 법령을 경우에

---

22 ISBA/6/A/18.

따라 제정하도록 하고 있다.

Ⅱ 해양환경보호제도 관련 주요협약

유엔해양법협약상 해양환경보호제도와 관련된 국제협약은 크게 해양오염 방지에 관한 협약과 해양생태계 및 해양생물자원 보전을 위한 협약으로 나누어진다. 1990년대 초반까지는 유엔해양법협약상 생물자원의 보전 및 지속가능한 이용은 수산자원과 습지, 멸종위기 생물종, 특정 생물종 또는 특정 서식지에 대한 보전에 초점을 두었다. 1992년에「환경과 개발에 관한 리우선언Rio Declaration」과 실행계획인「의제 21」,「생물다양성협약」이 채택되면서 국제협약의 적용범위는 전 지구 생태계 및 생물다양성의 보전과 지속가능한 이용으로 확대되었다고 볼 수 있다.

국제해양환경협약은 그 규율내용을 기준으로 4개의 범주로 유형화할 수 있다. 즉, ① 해양생물다양성과 해양생물의 서식지를 보전하기 위한 국제협약, ② 수산업의 대상이 되는 생물자원의 보전협약, ③ 기름, 폐기물, 유해액체물질 등 오염물질로부터의 해양오염방지 및 해양환경보전 협약, ④ 유류오염손해배상 등 선박사고에 관한 국제협력에 관한 협약으로 구분할 수 있다.[23] 해양오염방지에 관한 대표적인 국제협약으로는「1954년 유류에 의한 해양오염방지를 위한 국제협약International Convention for the prevention of Pollution of the Sea by Oil 1954」,「선박에 의한 해양오염방지에 관한 국제협약International Convention for the Prevention of Pollution from Ships 11/2/73」(이하「MARPOL협약」),「폐기물 및 그 밖의 물질의 투기

---

23 윤진숙·박수진 외,『국가해양환경정책의 진단 및 방향 설정에 관한 연구』(2009), 155쪽.

에 의한 해양오염방지에 관한 협약Convention on the Prevention of Marine Pollution by Dumping of Wastes and Other Matter 1972」(이하 「London협약」), 「선박으로부터의 오염방지를 위한 국제협약의 1978년 의정서International Convention for the Prevention of Pollution from Ships, 1973 as Modified by the Protocol of 1978 relating thereto, MARPOL 73/78」, 「유류오염 준비, 대응 및 협력에 관한 국제협약International Convention on Oil Pollution Preparedness, Response and Cooperation 1992」(이하 「OPRC협약」), 1973년 선박으로부터의 오염방지를 위한 국제협약 및 1978년 의정서의 제6부속서인 「선박으로부터의 대기오염방지를 위한 규칙Annex VI: Prevention of Air Pollution from Ships」(2005. 5. 19. 발효」) 등이 있다. 그리고 1975년 「유류오염 손해에 대한 민사책임에 관한 국제협약International Convention on Civil Liability for Oil Pollution Damage; CLC」, 「1971년 유류오염손해배상을 위한 국제기금 설치에 관한 국제협약International Convention on the Establishment of an International Fund for Compensation for Oil Pollution Damage, 1971 Fund Convention」 등이 있다.

유엔해양법협약상 해양생물자원의 보전과 관련이 있는 국제협약으로는 「물새서식지로서 국제적으로 주요한 습지에 관한 협약Convention on Wetlands of International Importance Especially as Waterfowl Habitat」(이하 「RAMSAR협약」, 1971), 「멸종위기에 처한 야생동·식물종의 국제거래에 관한 협약Convention on International Trade in Endangered Species of Wild Fauna and Flora」(1973), 「생물다양성협약Convention on Biological Diversity」(이하 CBD, 1992), 「바이오안전성에 관한 카르타헤나 의정서Cartagena Protocol on Biosafety; BSP」(이하 「바이오안전성의정서」, 2000) 등이 있다. 이들 협약은 「습지보전법」(1999), 「자연환경보전법」(1991), 「야생생물 보호 및 관리에 관한 법률」(2011), 「해양생태계의 보전 및 관리에 관한 법률」(2006), 「유전자변형생물

체의 국가간이동 등에 관한 법률」(2001)의 제정을 통해 국내이행을 위한 제도적 기반이 마련되었다. 한편 「국제포경규제협약International Convention for the Regulation of Whaling」(이하 ICRW, 1946), 「대서양 참치의 보존에 관한 국제협약International Convention for the Conservation of Atlantic Tunas」(이하 ICCAT, 1966), 「북서대서양 어업에 관한 장래 다자협력 협약Convention on Future Multilateral Cooperation in the Northwest Atlantic Fisheries」(1978), 「남극해양생물자원보존에 관한 협약Convention on the Conservation of Antarctic Marine Living Resources」(이하 CCAMLR, 1980) 등의 수산 관련 국제협약도 해양생태계 및 해양생물다양성 보전과 관련이 있다.

Ⅲ 해양환경보호제도에 관한 대한민국의 실행

1. 국내 해양환경보호제도 개관

우리나라의 해양법제도는 1961년에 「조선공유수면취체규칙」을 폐지하고 제정된 「공유수면관리법」상 일부 규정과 1963년의 「수산자원보호령」을 통해 태동하였다고 볼 수 있으나, 이 법률들은 공유수면에 대한 점·사용 허가와 수산자원의 보호를 위한 법제도였을 뿐 해양환경의 보전을 위한 법률이라고 할 수는 없었다.[24]

따라서 「MARPOL협약」의 국내 이행입법 형태로 1977년 제정된 「해양오염방지법」을 계기로 본격적으로 해양환경보호제도가 도입되었다고 볼 수 있다. 1996년 해양수산부가 발족하면서 1999년에 연안관리와 습지보전에

---

24 박수진·목진용, 『우리나라 해양환경법체계 정비에 관한 연구』(2007), 1쪽.

관한 「연안관리법」과 「습지보전법」이 제정되었으며, 2004년에 「남극조약」 및 「환경보호에 관한 남극조약 의정서」의 이행입법인 「남극활동 및 환경보호에 관한 법률」이 제정되었다.

2005년에 독도와 독도 주변 해역의 생태계를 보전하고 지속가능한 이용을 촉진하기 위한 「독도의 지속가능한 이용에 관한 법률」이 제정되고 2006년에 「해양생태계의 보전 및 관리에 관한 법률」이 제정되는 등 해양생태계 및 해양생물다양성의 보전과 지속가능한 이용을 위한 국내법 체계의 정비작업은 지속되었다. 2007년에 기존 「해양오염방지법」의 전부개정 형태인 「해양환경관리법」과 「무인도서의 보전 및 관리에 관한 법률」이 제정되고, 2009년에 「연안관리법」이 전부개정 되는 등 해양환경과 관련된 법률의 정비가 활발하게 이루어졌으나, 2008년 정부조직개편에 따라 해양수산부가 국토해양부와 농림수산식품부로 나뉘면서 국내 해양환경보호제도는 정체기를 맞이하였다.

이후 2012년에 「해양생명자원의 확보·관리 및 이용 등에 관한 법률」이 제정되고, 2014년에 「해수욕장의 이용 및 관리에 관한 법률」이 제정되는 등 해양환경보호와 관련된 입법작업이 다시 시작되었으나, 유엔해양법협약의 이행과 직접적인 관련성은 높지 않았다.

한국의 해양환경법제도는 1999년 2월에 「연안관리법」과 「습지보전법」이 제정되기까지 20년 이상 1977년 12월에 제정된 「해양오염방지법」에 주로 근거해 왔다. 그 밖에 「자연환경보전법」, 「야생생물 보호 및 관리에 관한 법률」 등 환경부 소관 법률과 「수산업법」, 「수산자원보호령」 등의 수산 관계 법령의 일부 규정이 적용되었지만, 이는 극히 일부 규정에 불과하였다. 이와 같이 해양환경을 보호하기 위한 국내법제도는 육상환경에 비해 상대적으로 발달하지 못하였다.

1999년까지 국내 해양환경법제도가 단편적인 형태를 보인 것은 우리나라 환경법제도가 육상환경 보호를 중심으로 정비되어 온 이유도 있지만, 해양수산정책에 있어서 수산, 해운, 항만 등의 산업적·경제적 가치에 중점을 두고 해양환경의 보전을 통한 환경적 가치는 제대로 평가받지 못한 것도 중요한 원인이었다.

현행 「해양환경관리법」은 선박 및 해양시설, 육상, 해양공간, 대기 등으로부터의 해양오염 방지와 경감, 개선 조치를 포괄하고 있어 유엔해양법협약 제12부와 관련성이 가장 높은 국내법률이라고 하겠다.

2. 국내 해양환경보호 관련 주요법률

(1) 해양환경관리법

2007년 1월 19일 제정된 「해양환경관리법」은 「해양오염방지법」을 폐지하고 제정하는 형태로 입법이 이루어졌다. 이 법률은 총 12개 장, 133개 조문으로 구성되어 있으며, 「영해 및 접속수역법」에 따른 영해 및 대통령령이 정하는 해역, 「배타적 경제수역법」 제2조의 규정에 따른 배타적 경제수역, 이 법 제15조의 규정에 따른 환경관리해역, 「해저광물자원 개발법」 제3조의 규정에 따라 지정된 해저광구 및 선박, 해양시설 등에서의 해양환경관리에 관해 적용된다. 다만 방사성 물질과 관련한 해양환경관리 및 해양오염방지에 대하여는 「원자력법」이 정하는 바에 따른다.

유엔해양법협약 규정과 관련이 높은 주요내용을 살펴보면, ① 선박 및 해양시설로부터의 해양오염방지(제26조~제38조, 제41조~제60조), ② 해양오염 방제 및 해양오염 영향조사(제61조~제69조, 제77조~제83조), ③ 해역 이용 협의 및 영향평가(제84조~제95조), ④ 해양배출 및 폐기물 관리(제22조~제24조, 제18조, 제83조의2), ⑤ 환경관리해역과 연안오염총량관리(제15조~제16조) 등이 있다.

유엔해양법협약의 오염원별 관리조치, 환경영향평가를 국내법으로 반영하였으며, 「MARPOL협약」 및 6개 부속서, 「1996 런던의정서」 등 당사국으로서의 의무사항도 세부 조항에 반영하고 있다. 특히 선박 또는 해양시설에서 배출되는 기름, 유해액체물질, 폐기물 등에 대해 이들 개별물질을 오염물질로 통합 관리할 수 있도록 하고 그 구체적 사항은 하위법령에 위임함으로써, 개별 물질별 규제대상을 통합하여 입법 경제적 효율성을 도모하였다.

(2) 해양생태계의 보전 및 관리에 관한 법률

「해양생태계의 보전 및 관리에 관한 법률」(이하 「해양생태계법」)은 무분별한 해양개발행위와 해양생물의 남획 등으로 인한 해안침식, 백사장유실, 서식지파괴 등 해양생태계 및 해양생물다양성 훼손에 대응하기 위해 2006년 10월 4일에 제정되었다. 해양생태계에 대한 위협요인이 다양화·복잡화되면서 해양의 특성에 맞는 법률의 정비가 요구되었고, 해양수산부 장관의 권한을 일부만 인정하고 있었던 기존 「자연환경보전법」과 「야생생물 보호 및 관리에 관한 법률」로는 적절하고 실효적인 정책을 추진하는 데 한계가 있었다.

이 법은 총 7개 장 65개 조문으로 구성되어 있으며, ① 해양생태계 보전 및 관리에 관한 국가의 책무, ② 해양생태계 보전 및 관리 기본계획의 수립, ③ 해양생태계기본조사의 실시, ④ 해양생태도 작성 및 보호대상해양생물의 보전, ⑤ 해양생태계교란생물 및 유해해양생물의 관리, ⑥ 해양보호구역의 지정 및 관리, ⑦ 해양생물다양성 보전대책 수립, ⑧ 해양생태계보전협력금의 부과 및 징수 등에 대해 규정하고 있다. 해양수산부 장관은 매 10년마다 해양생태계 관리정책의 기본이 되는 해양생태계보전·관리기본계획을 수립, 시행해야 하며, 해양생태계의 현황을 파악하고 효율적인 관리정책의 기반이 되는 해양생태계기본조사를 실시해야 한다.

유엔해양법협약 제194조에 따른 취약 해양생태계와 멸종위기 해양생물 및 그 밖의 서식지 등에 대한 보호와 보존 조치, 제196조에 따른 외래종에 대한 관리조치는 「해양생태계법」의 핵심적 규율사항이다. 또 「해양생태계법」 제8조에서는 해양생태계와 해양생물자원의 체계적이고 종합적인 보전·관리를 위해 주변국가와 공동대책을 수립하고, 해양생물의 보호, 해양생물 서식지의 보전 및 해양오염으로 인한 해양생태계의 영향 등에 대한 국제적 공동대응을 촉진하기 위해 주변국가와 공동으로 조사, 연구, 복원, 복구 등의 협력사업을 실시할 수 있도록 규정하고 있다. 이는 유엔해양법협약상 지역적·지구적 협력과 개발도상국에 대한 기술지원 등의 규정과 관련된다.

(3) 습지보전법

1971년 2월 이란 람사르Ramsar에서 습지보호에 관한 국제협약인 「물새서식지로서 국제적으로 중요한 습지에 관한 협약」이 채택되었으며, 한국은 1997년 3월에 협약 당사국으로 가입하였다. 「습지보전법」은 습지를 효율적으로 보전·관리하기 위해 필요한 사항을 규정함으로써 습지와 습지의 생물다양성을 보전하고, 습지에 관한 국제협력을 증진하기 위해 1999년 2월에 제정되었다. 이 법은 「물새서식지로서 국제적으로 중요한 습지에 관한 협약」의 국내이행 입법 형태이고, 환경부와 해양수산부의 공동 소관 법령이다.

「습지보전법」은 총 4개 장, 27개 조문으로 구성되어 있으며, 습지조사, 습지보전기본계획의 수립, 습지보호지역의 지정·해제, 습지보호지역 내 행위제한 및 출입제한, 중지명령 등이 주요내용이다. 이 법은 유엔해양법협약의 규정과 직접적인 관련성이 높지는 않으나, 해양생물다양성 및 해양생물자원의 보전 및 지속가능한 이용이라는 유엔해양법협약의 기본원칙을 반영한 국내법률이라 할 수 있다.

(4) 독도의 지속가능한 이용에 관한 법률

「독도의 지속가능한 이용에 관한 법률」은 2005년 5월 18일에 제정된 법률로, 독도 및 그 주변 해역의 체계적이고 지속가능한 이용을 도모하고자 제정되었다. 이 법률은 독도의 자연생태계를 해치지 않는 범위 안에서 현재와 미래 세대가 독도에 대한 동등한 기회와 혜택을 누리게 함과 동시에 대한민국 영토로서의 지위와 가치를 제고시키는 데 그 주된 목적이 있다.

법률은 총 13개 조문으로 구성되어 있으며, 법률 제4조에 따라 해양수산부 장관은 "독도의 지속가능한 이용을 위한 기본계획"을 독도지속가능이용위원회의 심의를 거쳐 5년마다 수립·확정하고, 이를 관계 중앙행정기관의 장 및 시·도지사에게 통보해야 한다. 이 법률에 따라 해양수산부 장관은 독도와 독도 주변 해역의 생태계 및 해양수산자원에 관한 지식정보의 원활한 생산·보급 등을 위해 데이터베이스를 구축·운영할 수 있는데, 이는 유엔해양법협약상 해양생물자원 및 해양환경의 보호를 위한 국내이행과 관련된다.

(5) 무인도서의 보전 및 관리에 관한 법률

「무인도서의 보전 및 관리에 관한 법률」(이하 「무인도서법」)은 2007년 8월 3일 제정된 법률로, 이 법률은 무인도서와 그 주변해역을 효율적으로 보전 및 이용, 개발하고 체계적으로 관리함으로써 공공복리의 증진에 이바지함을 목적으로 한다.[25] 이 법률은 「독도 등 도서지역의 생태계 보전에 관한 특별법」에 따라 특정도서로 지정된 도서와 다른 법률에 특별한 규정이 있는 경우를 제외하고 대한민국의 무인도서와 그 주변해역에 적용된다.[26] 유엔해양법협약상 연안국은 자국의 관할권 내에 있는 자원을 배타적으로 이용 개

---

25 이 법에서 "주변해역"이라 함은 무인도서의 만조 수위선으로부터 거리가 1km 이내의 해역 중 대통령령으로 정하는 해역을 말한다. 무인도서법 제2조 제2호.
26 무인도서법 제5조.

발할 수 있는 동시에 해양환경을 보호하고 보존할 의무를 부담하고 있다. 따라서 「무인도서법」은 유엔해양법협약상 연안국의 해양환경보호에 관한 사항을 이행하는 것과 관련이 있는 법률이다.

「무인도서법」에 따르면 10년마다 무인도서종합관리계획을 수립하며, 10년마다 무인도서에 대한 실태조사를 실시해야 한다.[27] 「무인도서법」의 핵심적인 규율사항은 무인도서의 체계적인 관리를 위해 무인도서를 4개 유형으로 구분하여 유형별로 관리하도록 한 것이다. 즉, 무인도서 실태조사 및 다른 법률에 따른 조사결과에 기초하여 ① 절대보전 무인도서, ② 준보전 무인도서, ③ 이용가능 무인도서, ④ 개발가능 무인도서로 구분했고, 유형별로 행위 제한사항을 차별화하였다.

한편 영해기점 도서 및 최외곽 도서에 대한 특별관리계획 등을 수립하도록 한 「무인도서법」 제19조는 향후 중국, 일본 등 주변 국가와의 대륙붕 및 배타적 경제수역 경계획정 과정에서 유리한 기반을 마련하고 지속적인 실태조사를 위한 제도적 기반을 마련하였다는 점에서 유엔해양법협약에 근거한 국가관할권의 실질적 행사와 관련이 있다.

(6) 남극활동 및 환경보호에 관한 법률

「남극활동 및 환경보호에 관한 법률」(이하 「남극활동법」)은 「남극조약」 및 「환경보호에 관한 남극조약의정서」의 국내 이행입법으로, 2004년 3월 22일 제정되었다. 이 법률은 총 6개 장, 27개 조문으로 구성되어 있으며, 유엔해양법협약 제12부의 결빙해역에 있어서의 해양환경보호와 관련이 있다.

누구든지 남극지역 안에서는 군사적 행위, 핵실험 및 방사성 폐기물의 처리, 남극 사적지 또는 기념물의 손상행위 등이 금지된다(남극활동법 제3조). 또 남극지역에서 과학조사, 시설물의 설치, 탐험, 관광, 취재, 그 밖에 이에

---

27 무인도서법 제5조 및 제10조.

준하는 활동을 하고자 하는 자는 외교부 장관의 허가를 받도록 하고, 외교부 장관이 이를 허가하고자 하는 때에는 미리 환경부 장관 및 해양수산부 장관과 협의해야 한다(남극활동법 제4조).

남극활동 허가를 받고자 하는 자는 남극활동이 남극환경에 미치는 영향에 관한 평가를 실시하고, 그 결과를 기재한 평가서를 외교부 장관에게 제출해야 한다(남극활동법 제4조~제7조). 다만 인명 또는 선박의 구조, 고가의 장비 또는 설비의 안전보호와 남극환경의 보호를 위해 긴급한 필요가 있는 때에는 예외적으로 허가를 받지 않고 남극활동을 할 수 있다(남극활동법 제11조).

남극활동을 하는 자가 남극 토착 동식물을 포획, 채취하거나 남극 토착 동식물 외의 동식물을 남극지역으로 반입하는 행위 등을 하고자 하는 때에는 외교부 장관의 승인을 받아야 한다(남극활동법 제13조). 외교부 장관은 남극환경의 보호와 한국의 국민의 남극활동이 원활히 수행되도록 하기 위해 남극활동 감시원을 지명할 수 있다(남극활동법 제18조).

외교부 장관은 남극조약협의 당사국회의에서 지정한 하는 바에 따라 남극특별보호구역 및 남극특별관리구역, 남극 사적지 및 기념물을 고시해야 하며, 만약 남극특별보호구역 또는 남극특별관리구역에 출입을 하거나 그 구역 안에서 남극활동을 하고자 하는 자는 대통령령이 정하는 바에 의해 외교부 장관의 승인을 얻어야 한다(남극활동법 제14조).

한편 「남극활동법」 제4조의 규정에 따라 남극활동에 대한 허가를 받은 자는 남극활동으로 인해 발생되는 폐기물을 최소화하도록 해야 하며, 남극활동을 하는 자는 그 남극활동으로 인해 발생하는 폐기물을 대통령령이 정하는 바에 따라 처리해야 한다(남극활동법 제15조).

남극활동을 하는 자는 자신의 남극활동에 사용되는 선박이 남극지역의 해양을 오염시키지 않도록 주의해야 한다(남극활동법 제16조 제1항). 해양수산부 장관은 남극활동에 사용되는 선박(군함을 제외한다)이 해양오염방지에 필요한 장비 및 시설을 갖추고 있는지 여부를 확인해야 하며, 확인한 때에는 그 결과를 지체 없이 외교부 장관에게 통보해야 한다(남극활동법 제16조 제2항).

포괄적 환경영향평가서에 관한 규정은 유엔해양법협약 제206조와 관련되는 규정으로, 남극활동의 허가를 받은 자는 대통령령이 정하는 바에 의해 정기적으로 남극환경 모니터링을 실시하고, 남극활동이 남극환경에 미치는 영향이 최소화되도록 필요한 조치를 취해야 한다(남극활동법 제17조).

(7) 해양생명자원의 확보·관리 및 이용 등에 관한 법률

「해양생명자원의 확보·관리 및 이용 등에 관한 법률」(이하 「해양생명자원법」)은 국내 해양생명자원에 대한 외국인의 무분별한 획득 및 해외유출을 방지하고, 국내외 해양생명자원을 종합적·체계적으로 확보, 관리 및 이용할 수 있는 제도적 근거를 마련함으로써, 해양생명자원의 효율적인 관리 및 이용을 촉진하는 한편, 해양생명공학의 발전기반을 조성하여 국가경제의 발전에 기여하려는 목적으로 2012년에 제정되었다. 유엔해양법협약과의 관계를 살펴보면, 해양생물자원에 대한 연안국의 주권 및 주권적 권리의 행사와 관련성이 있다. 즉, 「해양생명자원법」은 무분별한 해양생명자원의 해외로의 유출을 방지하기 위해 외국인과 국제기구가 관할해역에서 해양생명자원의 연구, 개발, 생산 등을 목적으로 해양생명자원을 획득하려는 경우에는 미리 해양수산부 장관에게 허가를 받도록 명시하고 있다. 이때 외국인과 국제기구가 관할해역에서 대한민국 국민 및 국가기관과 공동으로 연구, 개발, 생산 등을 통한 획득을 하는 경우에도 참여하는 대한민국 국민 및 국가기관은 허가를 받도록 하고 있다(해양생명자원법 제12조). 이는 외국인이 내국인과의 공동연구나 개발, 생산을 이유로 획득허가를 회피하려는 것을 방지하기 위한 조치이다. 한편 해양생명자원법 제26조와 제28조에서는 정부로 하여금 해양생명자원을 연구, 이용하는 민간기관을 지원, 육성하고, 그에 필요한 기술을 개발하고, 연구개발 및 산업화 등을 촉진하기 위한 시책을 마련할 것을 규정하고 있다. 이는 유엔해양법협약 제197조의 지역적·지구적 협력규정과 연결된다. 다만 이와는 별도로 해양수산부 소관 법률로 「농수산생명자원의 보존·관리 및 이용에 관한 법률」이 운영되고 있어 통합작업이 시급히 필요한 상황이다.[28]

(8) 선박평형수 관리법

「선박평형수 관리법」은 국제해사기구IMO가 2004년 2월에 채택한 「선박평형수 관리 협약International Convention for the Control and Management of Ships' Ballast Water and Sediments」의 국내 이행입법으로 2007년 12월 21일에 제정되었다. 이 법의 목적은 선박으로부터 배출되는 선박평형수에 포함되어 있는 외래 수중생물 또는 미생물 등으로 인한 생태계의 파괴 및 교란을 방지하는 데 있다.

이 법은 총 8개 장, 46개 조문으로 구성되어 있으며, 유해 수중생물의 유입에 따른 해양오염을 방지하기 위해 일정한 기준에 적합하게 선박평형수 또는 침전물을 처리하여 배출하는 경우 등을 제외하고는 원칙적으로 선박 소유자가 선박평형수 또는 침전물을 한국의 관할수역에 배출하는 것을 금지하고 있다(선박평형수 관리법 제6조). 또 관할수역 외의 수역에서 선박평형수를 주입한 후 관할수역에 들어오는 선박은 한국의 항만당국에 입항 보고를 해야 한다(선박평형수 관리법 제5조).

또 선박평형수 관리법 제7조에 따라, 해양수산부 장관은 유해수중생물

---

28 「해양생명자원의 확보·관리 및 이용 등에 관한 법률」과 「농수산생명자원의 보존·관리 및 이용에 관한 법률」의 정비방안에 대한 자세한 내용은 박수진 · 김진엽, 『해양수산생명자원 법령 재정비 방안 연구』(2013) 참조.

의 유입에 따른 수중생태계의 교란·파괴를 예방하기 위해 관할수역 중 일부를 특별수역으로 지정, 고시하고 해당 수역에서는 선박평형수의 교환, 주입, 배출의 금지 등 특별조치를 명할 수 있다. 그 밖에 이 법에서는 선박검사, 선박평형수 처리업 등에 대해 규정하고 있다.

한국 정부는 「선박평형수 관리법」의 시행령(2011. 2. 9. 제정)과 시행규칙(2012. 11. 23. 제정)을 제정함으로써, 선박평형수 처리설비의 형식승인 절차를 정비하고 선박평형수 처리설비의 설치기준을 설정하는 등 「선박평형수 관리협약」의 국내 이행에 대비하는 입법작업을 진행하였다. 그러나 「선박평형수 관리법」은 아직까지 시행되고 있지 못하다. 왜냐하면 부칙에서 법률의 시행시기를 「선박평형수 관리협약」이 발효하는 날로 정하고 있는데, 2016년 12월 현재까지 「선박평형수 관리협약」이 발효되지 않았기 때문이다.

Ⅳ 대한민국의 실행에 대한 평가와 정책제언

1. 한국의 해양환경보호제도에 대한 평가

한국의 해양환경보호제도는 유엔해양법협약상 해양환경 관련 조항을 그대로 국내 입법한 형태는 아니다. 「해양수산발전 기본법」을 중심으로 하여 「해양환경관리법」, 「해양생태계의 보전 및 관리에 관한 법률」 등 다수의 법률이 제정되어 있는 상태이다. 그러나 관련 법률 간 상호관계가 정립되어 있지 않으며, 유엔해양법협약의 국내이행과 가장 밀접하게 관련된 「해양환경관리법」의 경우에도 해양환경정책의 기본법적 사항뿐만 아니라, 오염물질 규제, 해역이용 협의, 해양환경 개선조치 등 개별법적 사항이 혼재되어 있어 법률 체계성 측면에서 개선이 필요한 상황이다.[29] 이에 해양수산부는 2014년에 (가칭)「해양환경정책기본법」을 해양환경 부문의 기본법으로 하고, 관련 법률을 원인관리−공간관리−대상관리라는 3개의 범주로 정비하는 입법계획을 수립한 바 있다.[30] 즉, 현행「해양환경관리법」중 기본법적 규정은 (가칭)「해양환경정책기본법」[31]으로 이관하고, 나머지 조항을 분법하여 (가칭)「해양에서의 폐기물 및 그 밖의 관리에 관한 법률」, (가칭)「해양환경관리공단법」, (가칭)「해양환경영향평가법」을 단계별로 제정하는 입법이 추진되고 있다. 기존「해양환경관리법」의 경우에는「해양환경 보전 및 활용에 관한 법률」의 제정작업과 연동하여 기존의 기본법적인 규정을 삭제함으로써 집행법으로서의 성격을 명확히 하였다.

한국의 해양환경보호 관련 법률은 상당히 발달되어 있다고 평가할 수 있지만, 앞서 언급한 바와 같이 법률 체계성과 정합성에서는 한계가 있다. 또 유엔해양법협약의 해양환경보호제도 중 오염원에 대한 관리 사항은 국내 입법으로 상당 부분 반영이 되었으나, IMO, FAO, UNEP, 지역기구의 해양환경 관련 협약 및 지역해 협력 프로그램이 다양하기 때문에 국내법과 국제법 사이에 입법적 공백이 존재한다. 특히 유엔해양법협약상 생물자원에 관한 규정은 국내 수산법규와 관련이 있는데,「해양생명자원의 확보·관리 및 이용 등에 관한 법률」과「농수산생명자원의 보존·관리 및 이용에 관한 법률」이 해양수산부에서 동시에 운용되고 있었다. 이에 2016년 12월 27일

---

29 장원근 외,『마산만 특별관리해역 연안오염총량관리 시행 연구』(2015).

30 해양수산부의「해양정책기본법」제정 및 입법계획에 대한 자세한 내용은 박성욱·이문숙 외,『해양환경정책기본법』제정을 위한 정책보고서』(2014) 참조.

31 (가칭)「해양환경정책기본법」의 법률 명칭은 입법과정에서「해양환경 보전 및 활용에 관한 법률」로 변경되었으나, 해양환경의 특성에 적합한 정책방향을 제시하고 체계적인 해양정책 기반을 조성한다는 기본법적 성격은 유지되었다. 이 법률은 의원입법 형태로 제정 작업이 진행되고 있으며, 2016년 10월 20일에 국회 농림축산식품해양수산위원회에 제출되어 심사가 진행되고 있다.

에 두 법률을 통합한 「해양수산생명자원의 확보·관리 및 이용 등에 관한 법률」로 전부 개정되었다. 통합법률로의 개정작업은 매우 시의적절하다고 판단되나, 「농수산생명자원의 보존·관리 및 이용에 관한 법률」, 환경부가 새롭게 제정하고 있는 「유전자원의 접근 및 이익공유에 관한 법률」 등 관련 법률과의 관계를 잘 정립해야 할 것이다.

2. 한국의 해양환경보호제도에 대한 정책제언

2004년 유엔총회 결의를 통해 '국가관할권 이원 지역에서의 해양생물다양성의 보전 및 지속가능한 이용에 관한 비공식 실무작업반회의 Ad Hoc open-ended informal working group to study issues relating to the conservation and sustainable use of marine biological diversity beyond areas of national jurisdiction(이하 BBNJ)'가 설치되었으며, 유엔해양법협약 체제하의 새로운 국제문서를 개발하기 위해 2006년 제1차 작업반 회의를 시작으로 2015년까지 총 아홉 차례에 걸쳐 회의가 개최되었다.[32] 당초 2006년 제1차 유엔 BBNJ회의는 심해저에서 광물자원이 아닌 '해양유전자원Marine Genetic Resources(이하 MGR)'이 발견되자 개발도상국들이 동·생물자원 처리(접근/개발 등)를 위한 법제도 마련을 요구하면서 시작되었으나, 이후 국가관할권 이원지역Area Beyond National Jurisdiction(이하 ABNJ)에서의 어업, 해양보호구역Marine Protected Areas, 해양유전자원, 환경영향평가, 능력배양 및 해양과학기술 이전 등에 이르기까지 포괄적인 논의가 진행되고 있다.

2015년 1월에 개최된 제9차 작업반회의에서는 2012년 'Rio+20 결의(A/

---

32 유엔 BBNJ회의는 유엔총회 결의문 59/24(UNGA-59/2004.1.17) 제73항에 근거하여 설치되었으며, 50여 개국 정부대표 및 UNEP, CBD, FAO, IUCN, WWF, 그린피스 등 비정부 간 기구가 참여하고 있다.

RES/66/288)'에 기초하여 유엔해양법협약 체제하에서 법적 구속력을 갖는 '국가관할권 이원 지역의 해양생물다양성 보전 및 지속가능한 이용'에 관한 새로운 국제문서New Legally-binding International Instrument(이하 NLII)를 마련하는 데 합의하였다. 이에 국제문서 성안을 위해 두 차례의 준비위원 회를 구성하고, 준비위원회 결과를 바탕으로 정부 간 회의intergovernmental conference(이하 IGC) 개최 여부를 제72차 총회 종료 시까지 결정하기로 제 69차 유엔총회에서 결정하였다.[33]

향후 논의결과에 따라서는 「유엔공해어업협정」, 「1994년 이행협정」에 이은 유엔해양법협약의 세 번째 이행협정이 채택될 수도 있는 상황이다. 따라서 유엔해양법협약의 국내법과의 정합성을 제고하는 입법노력을 지속하는 한편, 유엔 BBNJ회의의 국제문서 성안 협상과정에 적극적으로 참여함으로써, 새로운 국제문서가 유엔해양법협약 체제에 입각한 기존 국제질서를 약화시키지 않도록 해야 할 것이다.[34]

이를 위해서는 ABNJ에 관한 국제항행규범(IMO 협약)과 국제수산규범 (FAO, 지역수산기구 규정 등), 유엔해양법협약 및 이행협정, WIPO, CBD, 나고야의정서 등 기존 국제규범에 대한 비교분석을 통해 우리나라의 국익을 최대한 반영하는 협상전략을 마련해야 할 것이다.

---

33 UNGA resolution 69/292 : Development of an international legally binding instrument under the United Nations Convention on the Law of the Sea on the conservation and sustainable use of marine biological diversity of areas beyond national jurisdiction.
34 자세한 내용은 유엔 해양법사무국 홈페이지(http://www.un.org/Depts/los/biodiversity/prepcom.htm) 참조.

¤ 참고문헌

1. 국제해양법학회,『유엔해양법협약 관련 쟁점과 대응방안』(서울: 세창출판사, 2012).
2. 목진용·박수진 외,『해양환경 관리제도 개선방안 연구』(2007).
3. 박병도,『국제환경책임법론』(서울: 집문당, 2007).
4. 박성욱·이문숙 외,『해양환경정책기본법 제정을 위한 정책보고서』(2014).
5. 박수진·김진엽,『해양수산생명자원 법령 재정비 방안 연구』(2013).
6. 박수진·목진용,『우리나라 해양환경법체계 정비에 관한 연구』(2007).
7. 박수진·최수정,『해양유전자원의 접근 및 이익공유에 대한 국가대응방안연구』(2008).
8. 박찬호·김한택,『국제해양법』(서울: 서울경제경영, 2011).
9. 윤진숙·박수진 외,『국가해양환경정책의 진단 및 방향 설정에 관한 연구』(2009).
10. 장원근 외,『마산만 특별관리해역 연안오염총량관리 시행 연구』(2015).
11. 정서용,『동북아시아 환경협력』(서울: 집문당, 2005).
12. 한국해양과학기술원,『유엔해양법해설서 II』(2015).
13. Daniela Addis, The protection and preservation of the marine environment, http://www.icef-court.org/site/images/stories/pdf/d.addis.pdf (2016. 10. 31. 최종방문).
14. Malcolm D. Evans, *International Law*, 3rd ed. (Oxford University Press, 2010).
15. International Seabed Authority, *The Law of the Sea — Compendium of Basic Documents* (Kingston: The Caribbean Law Publishing Company, 2001).
16. Peter Malanczuk, *Akehurst's Modern Introduction to International Law*, 7th ed. (New York: Routledge, 2009).
17. Yoshifumi Tanaka, *The International Law of the Sea* (Cambridge: Cambridge University Press, 2012).
18. E. D. Weiss & S. C. McCaffrey & P. C. Szasz & R. E. Luts, *International Environmental Law and Policy* (New York: Aspen LAW, 1998).

제11장

해양과학조사제도

이용희

I 해양과학조사제도 개관

1. 해양과학조사제도의 연혁

해양은 육지와는 다른 자연환경을 갖고 있으므로, 지속가능한 해양자원 개발과 효과적이고도 효율적인 해양환경보전을 위해서는 해양의 현상을 밝히는 것이 필수적이라고 인식되고 있다.[1] 특히 해양 기인성 자연재해의 증가, 육상자원의 고갈로 인한 해양자원에 대한 의존성 증가, 해양생물종 다양성 보존의 필요성, 해양오염으로 인한 인간의 건강에 대한 위협 등에 적절히 대처하기 위해서는 해양에 대한 인간의 지식이 확대되어야 한다.

해양과학조사에 대한 국제적인 입법 노력은 1958년 제1차 유엔 해양법

---

1 이용희·권문상·박성욱, "해양과학조사에 관한 국제규범과 주변국의 수용태도에 관한 연구", 『국제법학회논총』, 제43권 제2호(1998), 165쪽.

회의에서 비롯되었다. 그 결과 1958년 「대륙붕에 관한 협약」(이하 「대륙붕협약」)에 관련 규정을 두게 되었다. 1958년 「대륙붕협약」은 제5조 제8항에서 연안국에 자국의 대륙붕에서 또는 자국의 대륙붕에 대해 수행되는 타국의 해양과학조사에 대한 동의권을 부여하였다. 한편 자격을 갖춘 기관이 대륙붕의 물리적 또는 생물학적 특성에 대한 순수 해양과학조사를 요청하는 경우에는 통상적으로 동의를 유보하지 못하도록 하였다. 그러나 이 경우에 연안국은 이 조사에 자국 해양 과학자를 참여시키거나 참관자를 파견할 수 있으며, 조사결과를 반드시 공개하도록 조건을 부과할 수 있다.

한편 제3차 유엔 해양법회의를 통해 채택된 유엔해양법협약에서는 다른 모습을 보이고 있다. 즉, 제13부에서 해양과학조사에 관한 세부적인 규정을 두고 있을 뿐만 아니라 영해, 국제항행용 해협, 배타적 경제수역, 대륙붕, 공해 및 심해저를 규율하는 부분에서도 각 해역에서 수행되는 해양과학조사에 대한 규정을 별도로 두고 있다. 특히 해양법협약에 의해 새로이 도입된 배타적 경제수역과 대륙붕에서의 해양과학조사에 대해 많은 규정을 할애하고 있다. 이는 해양과학조사에 대한 선진국과 개발도상국의 인식 차이에서 비롯된 것이다. 개발도상국들은 해양과학조사가 자국 안보와 자원개발에 미칠 수 있는 영향을 고려하여 자국 관할해역에서 행해지는 해양과학조사에 매우 민감한 모습을 보였다.[2] 개발도상국들은 자국의 배타적 경제수역에서 수행되는 자원개발에 응용할 수 있는 해양과학조사를 통제하지 못한다면 자원개발에 관한 주권적 권리를 행사함으로써 얻는 이익을 충분히 확보할 수 없다고 생각하였다. 또 군사 강국의 해양과학조사선이 첩보활동을 하기도 한다고 의심하였다. 이에 반해 선진국들은 해양과학조사가 모든 인류의 이익을 위한 것이며, 과도한 통제는 이러한 해양과학조사를 장기간

---

2 R. R. Churchil and A. V. Lowe, *The Law of the Sea* (Manchester: Manchester University Press, 1999), p. 403.

지연시키거나 해양과학조사에 바람직스럽지 못한 부담을 부과하게 될 것이라는 우려를 하였다. 이와 같은 입장 차이를 반영하여 해양법협약상 해양과학조사제도는 연안국의 해양과학조사에 대한 통제권을 폭넓게 인정한 반면에 그 요건을 엄격히 규정하는 태도를 보이고 있다.[3] 그러나 해양법협약은 자세한 해양과학조사제도를 입법하는 데는 성공했으나 해양과학조사의 정의를 도출하는 데는 실패하였다. 이로 인해 해양과학조사에 대한 명확한 정의규정이 없어 해양과학조사와 유사한 형태의 행위에 대해 해양과학조사제도를 적용할 수 있는지 여부가 국제해양법상 현안문제로 대두되고 있다. 이러한 대표적인 행위로는 해도작성을 위한 수로측량, 전 지구적 해양관측활동과 같은 운용해양학 활동, 해양생명자원에 대한 탐사활동인 생물탐사, 군함에 의한 또는 군사적 목적의 군사조사 등을 들 수 있다. 이러한 행위 중 수로측량과 군사조사는 제3차 유엔 해양법회의 당시에도 논의되었으나 구체적인 규정을 두지 못한 것이고 운용해양학 활동과 생물탐사는 해양법협약 채택 이후 새롭게 등장한 개념들이다.

이하에서는 해양법협약상 해양과학조사제도를 영해, 배타적 경제수역, 대륙붕, 공해, 심해저 등 해양법협약상 해양공간별로 구분하여 개개의 해양과학조사제도를 분석한 다음 분쟁해결 등 공통요소에 대해 살펴보고자 한다.

2. 일반원칙

해양법협약은 우선적으로 모든 국가 및 권한 있는 국제기구에 해양과학조사를 수행할 권리를 인정하고 있다(제238조). 여기에서 모든 국가란 내륙국, 지리적 불리국을 불문한 모든 국가를 의미한다. 동시에 그 권리는 무제한적인 것이 아니라 이 협약에서 규정하고 있는 타국의 권리와 의무를 전제로

---

3 *Ibid.*, pp. 403-404.

인정된다는 점을 분명히 하고 있다. 한편 해양법협약은 이러한 해양과학조사 수행권을 인정하는 동시에 각국 및 권한 있는 국제기구에 이 협약에 따라 해양과학조사의 발전과 수행을 촉진할 의무를 부과하고 있다(제239조). 또 해양과학조사가 지켜야 할 원칙으로 다음과 같은 네 가지를 명시하고 있다(제240조).

(a) 해양과학조사는 오로지 평화적 목적을 위하여 수행한다.
(b) 해양과학조사는 이 협약에 합치하는 적절한 과학적 수단과 방법에 따라 수행한다.
(c) 해양과학조사는 이 협약에 합치하는 다른 적법한 해양의 이용을 부당하게 방해하지 아니하며, 이러한 이용과정에서 적절히 존중된다.
(d) 해양과학조사는 해양환경의 보호·보전을 위한 규칙을 비롯하여 이 협약에 따라 제정된 모든 관련 규칙을 준수하여 수행된다.

이러한 원칙과 관련하여 해양법협약은 평화적 목적이 무엇인지에 대하여는 아무런 언급을 하지 않고 있다. 전통 국제법이나 국가관행도 평화적 목적에 대해 명확한 해석을 제공하고 있지 않으며, 각국은 평화적 목적이 모든 군사적 이용을 배제하는 것인지 아니면 유엔헌장 제51조에서 인정하는 자위권 행사와 같은 비침략적 이용행위는 허용되는 것인지에 대해 해석상 불일치를 보이고 있다. 이러한 문제는 연안국의 배타적 경제수역 및 대륙붕에서 행해지는 해양과학조사와 관련되는 것으로, 특히 군사적 조사의 경우가 해당되는데 해양법협약은 이에 대해 명확한 규정을 두고 있지 않다.[4] 군사적 목적의 해양조사를 해양과학조사의 틀 속에서 살펴볼 수 있는 것인지 아니

---

4 UN., *Marine Scientific Research – A revised guide to the implementation of the relevant provisions of the United Nations Convention on the Law of the Sea* (UN, 2010), p. 6.

면 근본적으로 그러한 행위를 금하는 것인지가 핵심 사안이다. 군함에 의한 조사라 하더라도 평화적 목적을 위한 것이며 해양에 대한 유익한 과학지식을 증진시키는 것이고 그 결과가 공개되고 연안국의 참여가 보장되는 형식이라면 일반적인 해양과학조사에 해당하는 제도가 적용된다고 볼 수 있다. 그렇지 않은 경우에는 협력관계를 설정하여 연안국과 협력하여 조사를 실시하거나 연안국과의 마찰을 감수하고 조사를 수행하는 방법이 있을 수 있다. 후자의 경우 이러한 행위가 연안국의 재량적 판단에서 비평화적인 것으로 인정되는 경우 조사 선박은 조사의 중지 및 해역으로부터의 퇴거를 요구받을 수 있다. 이러한 경우는 중국과 인도가 미국 및 영국의 해군 소속 조사선에 대해 취한 조치에서 찾아볼 수 있다.[5] 그러나 미국 등 해양 선진국들은 배타적 경제수역에서의 군사적 목적의 조사는 해양과학조사에 해당하지 않으므로 연안국의 관할범위에 포함되지 않으며 모든 국가가 자유롭게 수행할 수 있는 권리라고 주장하고 있다.[6]

한편 해양법협약은 협약에 합치하는 적절한 과학적 수단과 방법에 따라 조사가 수행되어야 한다는 원칙을 규정하였지만, 어떻게 하는 것이 그 원칙을 따르는 것인지에 대하여는 아무런 언급을 하고 있지 않다. 국가관행상 많은 국가에서 이 원칙을 국내법상 수용하고 있으며, 이 원칙의 확인절차로 조사국에 선박, 항공기 및 기타 조사수단에 대한 자세한 정보를 요구하고 있다. 또 시료의 종류, 채취 방법 및 도구에 대한 정보도 요구하고 있다.

해양과학조사가 해양법협약에 합치하는 다른 적법한 해양의 이용을 부당하게 방해하지 않아야 한다는 원칙은, 각각의 해역에서 해양과학조사를 수행하는 주체 이외의 주체가 해양법협약에서 인정하고 있는 권리 또는 자유

---

5 J. Ashley Roach and Robert W. Smith, *Excessive Maritime Claims* (Leiden: Matinus Nijhoff Publishers, 2012), pp. 384–386.
6 *Ibid.*

를 향유할 때 이를 부당하게 방해하는 방법으로 해양과학조사가 수행되어 서는 안 된다는 점을 적시하고 있는 것으로 해석된다.

마지막으로 해양법협약은 해양과학조사가 해양환경의 보호, 보전을 위한 규칙을 비롯하여 협약에 따라 제정된 모든 관련 규칙을 준수하여 수행되어 야 함을 원칙으로 규정하고 있다. 이는 협약의 환경보호규정뿐만 아니라 협 약과 일치하는 범위 내에서 선박 기인 해양오염, 투기에 의한 해양오염 등 국제해사기구IMO 주도로 채택된 별도의 해양환경보호협약의 규정을 충실 히 따를 것을 말하는 것으로 해석된다.

이 밖에도 해양법협약은 제241조에서 해양과학조사를 실시하였다는 사 실 그 자체 또는 그로 인해 획득된 자료에 근거하여 해양환경이나 그 자원 의 어느 한 부분에 대한 어떠한 권리 주장도 인정하지 않는다는 점을 명시 하고 있다. 이는 해양과학조사를 근거로 연안국 관할해역 자원에 대한 권리 를 주장할 수 없으며, 공해 또는 심해저 및 그 자원에 대해 권리를 주장할 수 없다는 의미로 해석된다(제56조 제1항 (a)호, 제89조 및 제137조 제3항).

3. 해양공간별 해양과학조사제도

(1) 내수 및 영해

영해에서의 해양과학조사와 관련하여 해양법협약은 "연안국은 그 주권을 행사함에 있어서 자국 영해에서의 해양과학조사를 규제, 허가 및 수행할 배타적인 권리를 가진다. 영해에서의 해양과학조사는 연안국의 명시적 동 의와 연안국이 정한 조건에 따라서 수행된다."고 규정하고 있다(제245조). 또 해양법협약 제19조 제2항 (j)호에서는 영해통항 중 수행한 외국 선박의 조사활동을 연안국의 평화, 공공질서 또는 안전을 해치는 유해통항의 사례 로 예시하고 있다. 따라서 타국 영해에서 외국인이 해양과학조사를 수행하기 위해서는 반드시 사전에 연안국의 명시적인 동의를 받아야 한다. 이때 연안국이 동의를 부여함에 있어 어떠한 조건이나 제한을 부과하는 것도 가능하다.[7]

한편 해양법협약은 내수에서의 해양과학조사에 대해서는 아무런 규정을 두고 있지 않다. 이는 내수의 경우 연안국의 주권이 미치는 지역으로, 전적으로 연안국에 해양과학조사 허용 여부 및 그 조건에 대해 재량을 부여한 것으로 해석된다.[8]

(2) 군도수역 및 국제항행용 해협

해양법협약은 군도수역의 해양과학조사제도에 대해 아무런 언급을 하고 있지 않다. 그렇지만 군도수역의 경우 군도국가가 영해와 마찬가지로 군도수역과 그 상공, 해저와 하층토 및 그에 포함된 자원에 대해 주권을 행사하며, 군도수역에서의 통항은 영해에서의 무해통항제도 또는 국제항행용 해협에서의 통항제도에 따라야 한다(제49조 제2항, 제52조 제1항, 제54조). 따라서 무해통항 시 해양과학조사제도 또는 국제항행용 해협 통항 시 해양과학조사제도가 군도수역에서의 해양과학조사에 각각 적용된다고 해석된다.

한편 국제항행용 해협에서의 해양과학조사와 관련해서는 해양법협약 제40조에 규정을 두고 있다. 국제항행용 해협을 통과통항 중인 외국의 해양과학조사선박이 해양과학조사를 수행하기 위해서는 해협 연안국의 사전허가prior authorization를 받아야만 한다.

---

7 해양법협약 제21조 제1항 (g), 제19조 제2항 (j), 제40조 및 제54조 참조. 타국 영해에 대한 해양과학조사 신청에 관하여 동의가 거부되거나 비합리적인 조건이 부과되더라도 해양과학조사 신청자는 이에 대한 이의를 제기할 수 없다. J. Ashley Roach, "Marine Scientific Research and the New Law of the Sea", *Ocean Development & International Law*, Vol. 27 (1996), p. 63.

8 이석용, "해양법협약상 해양과학조사제도와 쟁점", 『과학기술법연구』, 제16집 제2호(2010), 15쪽.

(3) 배타적 경제수역 및 대륙붕

해양법협약은 제56조 제1항 (b)호 (ii)목에서 연안국이 자국 배타적 경제수역에서 해양과학조사에 관한 관할권을 갖는다고 규정하고 있다. 이 규정에 근거하여 해양법협약 제246조에서는 연안국이 자국 배타적 경제수역 및 대륙붕에서의 해양과학조사를 규제, 허가 및 수행할 권리를 가진다고 규정하고 있다. 따라서 연안국의 배타적 경제수역 및 대륙붕에서 다른 국가 또는 권한 있는 국제기구가 해양과학조사를 실시하려면 해양과학조사 실시 6개월 이전에 조사에 관한 일정한 정보를 포함한 동의요청서를 적절한 외교경로를 통해 연안국에 제출하고 동의를 얻어야 한다(제246조 제2항, 제248조). 그러나 이때의 동의는 반드시 명시적일 필요는 없다. 영해의 경우에는 연안국의 명시적 사전동의를 규정하고 있지만, 배타적 경제수역 및 대륙붕의 경우에는 명시적 동의 이외에 묵시적 동의로도 해양과학조사를 실시할 수 있도록 조건을 완화하고 있다. 즉, 연안국이 요청하는 해양과학조사에 대한 정보를 제출한 후 6개월이 경과하고 제출 후 4개월 이내에 연안국이 동의 여부에 대해 별도의 의사표시를 하지 않는 경우 해양과학조사를 실시할 수 있다는 의미이다(제252조).

또 연안국의 동의권은 영해의 경우와 같이 무제한적이지 않다. 통상적 상황에서 연안국은 자국의 배타적 경제수역 또는 대륙붕에서 외국인이 해양과학조사활동을 수행하려고 요청하는 경우 동의를 해야 할 의무를 지니고 있다. 이때 통상적 상황이라 함은 연안국과 조사국 간에 외교관계가 없는 경우에도 존재할 수 있다고 명백하게 규정하고 있다(제246조 제3항, 제4항). 그럼에도 불구하고 연안국은 신청된 해양과학조사의 내용이 다음과 같은 네 가지 경우에 해당하면 동의를 유보할 수 있는 재량을 갖는다(제246조 제5항 (a~d)).

(a) 생물 또는 무생물을 불문하고 천연자원의 탐사와 개발에 직접적인 영향을 미치는 경우

(b) 대륙붕의 굴착, 폭발물의 사용 또는 해양환경에 해로운 물질의 반입을 수반하는 경우

(c) 인공섬, 시설 및 구조물의 건조, 운용 또는 사용을 수반하는 경우

(d) 조사사업의 성질과 목적에 관하여 전달된 정보가 부정확한 경우나 조사국이나 권한 있는 국제기구가 이전에 실시된 조사사업과 관련하여 연안국에 대한 의무를 이행하지 아니한 경우

단, 이러한 유보의 결정에 대해 해양과학조사를 신청한 국가 또는 권한 있는 국제기구가 요청하면 동의 거부 이유를 명시해야 한다.[9] 또 해양과학 조사의 실시지역이 영해의 폭을 측정하는 기선으로부터 200해리 외측의 대륙붕에서 실시되고 이 지역이 연안국에 의해 특정지역으로 지정된 곳이 아닌 경우에는 위의 사유 중 (a)를 이유로 동의유보권을 행사할 수 없다(제246조 제6항).

해양법협약은 국제기구에 의한 해양과학조사에 대해 간편한 동의절차를 규정하고 있다. 국제기구가 직접 또는 국제기구의 후원하에 실시되는 해양 과학조사에 대해서는 국제기구의 회원국이거나 국제기구와 양자협정을 체결한 연안국의 배타적 경제수역 내 또는 대륙붕에서 그 국제기구가 직접 또는 그 후원하에 해양과학조사사업을 실시하고자 하는 경우에 해당한다. 이 경우 그 국제기구가 사업의 실시를 결정할 때 연안국이 세부사업을 승인하거나 사업에 참가할 의사를 표명하였거나 그 국제기구로부터 연안국에 대한 사업의 보고 후 4개월 이내에 연안국이 반대를 표명하지 아니한 경우에

9 Myron Nordquist (ed.), *United Nations Convention on the Law of the Sea 1982: A Commentary*, Vol. IV (Dordrecht: Martinus Nijhoff Publishers, 1991), p. 519.

는 연안국이 합의된 내역에 따른 실시를 인가한 것으로 본다(제247조).

한편 해양법협약은 각국 또는 권한 있는 국제기구가 연안국의 배타적 경제수역 또는 대륙붕에서 해양과학조사를 실시함에 있어 준수해야 할 조건을 명시하고 있다(제249조). 첫째, 연안국이 조사선박 등에 탑승하여 해양과학조사사업 자체에 참여하거나 대표할 사람을 파견할 권리를 인정해야 한다. 이때 발생하는 비용은 해양과학조사를 실시하는 국가 또는 국제기구가 부담한다. 둘째, 연안국이 요청하는 경우 가능한 한 신속히 조사수행에 대한 예비보고서 및 조사완료 후 최종 결과와 결론을 제출해야 한다. 셋째, 연안국이 요청하는 경우 해당 해양과학조사로부터 획득된 모든 자료와 시료에 대해 접근을 허용해야 한다. 또 복사 가능한 자료와 과학적 가치를 손상하지 않고 분할이 가능한 시료를 제공해야 한다. 넷째, 연안국이 요청하는 경우 위의 자료와 시료 또는 조사결과에 대한 평가를 제공하거나 연안국이 스스로 평가하거나 해석하는 것을 지원해야 한다. 다섯째, 조사결과가 국제적으로 이용 가능하도록 해야 한다. 다만 조사결과가 연안국의 천연자원 탐사와 개발에 직접적인 관련이 있는 경우 연안국이 해양과학조사에 대한 동의 부여 시 국제적 공개를 제한하는 경우에는 그러하지 않다. 여섯째, 조사계획에 중요한 변경이 있는 경우에는 이를 즉시 연안국에 통보해야 한다. 마지막으로, 연안국과 달리 합의하지 않는 한 조사가 완료되면 해양과학조사를 위해 설치되거나 사용된 시설 또는 장비는 완전히 제거해야 한다.

만일 국가 또는 권한 있는 국제기구가 연안국의 배타적 경제수역 또는 대륙붕에서 해양과학조사를 실시함에 있어서 위의 의무를 이행하지 않았거나, 조사가 연안국 동의의 기초가 된 정보에 따라 수행되고 있지 않은 경우, 연안국은 조사활동을 정지시킬 수 있다(제253조 제1항). 그리고 연안국은 조사를 수행하는 주체들이 합리적인 기간 내에 상기의 상황을 시정하지 않거나 정보제공의무의 불이행이 그 조사의 주요한 변경에 해당하는 경우에는 해양과학조사 자체를 중지시키고 해역으로부터 퇴거시킬 수 있다(제253조 제2, 3항).

(4) 공해 및 심해저

공해에서의 해양과학조사는 공해의 자유 중 하나로 명시적으로 인정되고 있다(제87조(f)).[10] 이와 연계하여 해양법협약 제257조에서는 지리적 위치와 관계없이 모든 국가에 배타적 경제수역 외측 수역에서 해양과학조사를 수행할 권리를 인정하고 있다. 물론 이 경우에도 무제한적인 해양과학조사의 자유가 인정되는 것이 아니라 해양과학조사의 일반원칙이 적용됨은 물론 공해자유의 행사에 부과되는 공통적 제한이 적용된다고 해석된다(제87조 제2항, 제88조, 제89조).

한편 심해저에서의 해양과학조사도 지리적 위치에 관계없이 모든 국가와 국제기구에 개방된다(제256조). 그러나 심해저에서의 해양과학조사에는 공해의 경우와는 달리 몇 가지 제약이 규정되어 있다. 먼저 해양과학조사가 오로지 평화적 목적과 인류 전체의 이익을 위해 수행되어야 한다(제143조 제1항). 또 심해저에 대한 해양과학조사는 모든 국가와 국제기구에 개방되지만, 심해저 자원에 대한 해양과학조사는 국제해저기구만이 수행하도록 규정하고 있다(제143조 제2항, 제256조). 마지막으로 해양법협약 당사국은 심해저 해양과학조사에 대한 국제협력을 증진해야 할 의무를 이행해야 한다(제143조 제3항).

---

10 이 조에서는 제6부 및 제13부의 조건에 따라 모든 국가에 공해에서의 과학조사 자유freedom of scientific research를 부여하고 있다.

4. 해양과학조사를 위한 시설 및 장비

해양법협약은 해양과학조사 목적의 인공섬, 시설 및 장비에 대해 별도의 규정을 두고 있다. 먼저 제258조에서 "해양환경의 모든 수역에 있어서 모든 종류의 과학조사 시설이나 장비의 설치 및 사용은 이러한 수역에서의 해양과학조사 수행에 관하여 이 협약에 규정된 것과 동일한 조건에 따른다."고 규정하고 있다. 따라서 해양과학조사 목적으로 해역에 시설이나 장비를 설치하여 사용하는 것도 해양과학조사의 하나로 보고, 이러한 시설 또는 장비가 설치될 해역에 적용되는 해양과학조사와 관련된 권리와 의무 관계를 적용한다는 태도를 보이고 있다. 이에 따라 영해에서 해양과학조사 목적의 시설이나 장비를 사용하고자 하는 경우 연안국의 명시적 사전동의를 받아야 한다. 또 배타적 경제수역 또는 대륙붕에 설치하여 이용하고자 하는 경우에도 연안국의 사전동의를 받아야 한다. 특히 다른 국가 또는 권한 있는 국제기구가 인공섬, 시설 및 구조물을 활용하여 해양과학조사를 하고자 하는 경우에는 연안국은 해양과학조사 신청에 대한 동의를 유보할 수 있다는 규정을 별도로 두고 있다(제246조 제1항과 제5항 (c)호).

해양과학조사 목적의 인공섬, 시설, 구조물 또는 장비는 섬의 지위를 갖지 않으며 스스로의 관할해역을 보유하지 못할 뿐만 아니라 해양경계획정에 영향을 미치지 않는다(제60조 제8항, 제259조). 이 밖에도 해양과학조사 목적의 시설 주위에 항행의 안전과 시설물 보호를 목적으로 500미터를 초과하지 않는 합리적인 폭의 안전수역을 설치할 수 있다(제260조). 그러나 여하한 유형의 설비 또는 장비의 설치 및 사용도 확립된 국제항행로에 대한 장애가 되지 않도록 해야 한다(제261조). 그리고 이들은 등록국 또는 소속 국제기구를 나타내는 식별표시를 부착해야 하며 국제적으로 합의된 적당한 경고신호를 갖추어야 한다(제262조). 마지막으로, 해양과학조사 종료 후 사용된 시설 또는 장비는 연안국이 달리 정하지 않는 한 완전히 제거해야 한다.

5. 해양과학조사에 따른 책임

해양법협약 제263조 제1항에 따라 각국 및 권한 있는 국제기구는 스스로 수행하는 또는 그들을 위해 수행되는 해양과학조사가 해양법협약에 따라 수행되도록 보장할 책임을 진다. 제263조 제2항에 의하면 각국 및 권한 있는 국제기구는 타국, 당해 타국의 자연인 또는 법인 또는 권한 있는 국제기구에 의해 수행되는 해양과학조사와 관련하여 협약에 위반하여 취한 조치에 대해 책임을 지며 이러한 조치로부터 발생하는 손해를 보상해야 한다. 또 각국 및 권한 있는 국제기구는 스스로 수행하는 또는 그들을 위해 수행되는 해양과학조사로부터 발생한 해양환경오염으로 인한 손해에 대해 해양법협약 제235조에 따라 책임을 진다(제263조 제3항).

6. 해양과학조사에 관련된 분쟁해결절차

해양법협약은 해양과학조사에 관한 협약 규정의 해석 또는 적용에 관한 분쟁은 해양법협약 제15부 제2절의 구속력 있는 결정을 수반한 강제적 분쟁해결절차와 제3절의 적용의 제한 및 예외의 규정에 따라 해결되어야 한다고 규정하고 있다(제264조). 이는 해양과학조사제도에 대해 특별한 분쟁해결제도를 규정한 것이 아니라 해양법협약 제15부의 분쟁해결절차 적용에 대해 반복적으로 강조한 것으로 해석된다. 따라서 해양과학조사 관련 규정의 해석과 적용에 관해 당사국 간에 분쟁이 발생하면 당사국은 이를 평화적으로 해결해야 하며 신속한 의견교환 절차를 이행해야 한다. 또 당사자가 합의하는 절차에 따라 임의적 분쟁해결절차를 진행해야 한다. 다만 이러한 절차를 통해서도 상당한 기간 내에 분쟁이 해결되지 않는 경우에는 해양법협약 제15부 제2절에 따른 구속력 있는 결정을 수반한 강제적 분쟁해결절차를 적용해야 한다. 분쟁 당사국은 국제사법재판소, 국제해양법재판소, 해양법협약 제7부속서에 의한 중재재판, 해양법협약 제8부속서에 의한 특별중재재판 중 당사국 간 선택이 일치한 분쟁절차에 회부할 수 있다. 그러나 해양법협약 제246조에 따르는 연안국의 권리 및 재량권의 행사와 해양법협약 제253조에 따르는 조사계획의 정지 또는 중지를 명령하는 연안국의 결정에 관련된 분쟁에 대해서는 연안국이 분쟁을 강제적 분쟁해결절차에 회부할 것을 동의하지 않는 한 절차가 적용되지 않는 예외를 인정하고 있다(제297조 제2항 (a)). 다만 특정한 조사계획에 관해 연안국이 해양법협약과 양립하는 방법으로 제246조 및 제253조에 의한 권리를 행사하지 않고 있다는 조사국의 주장으로부터 발생하는 분쟁은 연안국이 동의하지 않는 한 구속력 있는 결정을 수반한 강제적 분쟁해결절차에는 회부되지 않지만, 해양법협약 제5부속서 제2절에 따른 강제조정에는 분쟁당사자 어느 한쪽의 요청에 의해 회부될 수 있다. 그러나 이러한 경우에도 당해 분쟁의 조정위원회는 제246조 제6항에 규정된 특정한 지역을 지정할 연안국의 재량행사나 제246조 제5항에 따라 동의를 유보할 연안국의 재량권 행사에 대해서는 다룰 수 없다.

이와 같은 분쟁해결절차와 연계한 잠정조치interim measures로, 해양과학조사의 실시에 관해 연안국의 허가 또는 동의를 받은 경우에도 이러한 조사와 관련하여 분쟁이 재판에 회부된 때에는 연안국의 명시적 동의가 있기 전에는 분쟁대상이 된 해양과학조사를 개시하거나 계속할 수 없다(제265조).

Ⅱ 해양과학조사에 관한 대한민국의 실행

1. 해양과학조사 동의 또는 동의 신청 실적[11]

한국은 해양법협약을 1996년 1월 29일 비준했으며, 배타적 경제수역과 관련하여 「배타적 경제수역법」을 1996년 8월 8일 제정하여 1996년 9월 10일부터 시행하였다. 이와는 별도로 해양과학조사를 특별히 규율하기 위해 1995년 1월 5일 「해양과학조사법」을 제정하고 1995년 7월 6일부터 시행하였다. 또 1995년 7월 13일과 1995년 11월 28일 각각 동법 시행령과 시행규칙을 제정하여 해양과학조사를 규율하기 위한 국내법체제를 갖추었다.

이와 같은 제도적 기반을 바탕으로 한국은 1996년부터 관할해역에서의 외국인의 해양과학조사에 대한 동의 절차를 진행해 오고 있다. 1996년부터 2013년까지 총 52회의 동의 신청이 있었으며, 이 중 2건을 거부하고 나머지는 동의를 하였다. 동의 신청국은 일본, 러시아, 미국, 중국 등 주변국들이 대부분을 차지하고 있다. 동의 신청 해역을 살펴보면, 동해가 전체의 42%를 차지하고 있으며, 황해가 33%, 동중국해가 25%이다.

한편 한국이 외국에 해양과학조사 동의 신청을 한 사례는 1997년부터 2014년까지 총 74건에 이른다. 이 중 7건이 동의 거부되었는데, 중국 4건, 일본 2건, 필리핀 1건이다. 한국의 동의 신청 지역은 일본이 전체의 33%를 차지하며, 중국, 필리핀, 미국, 남태평양 도서국가들이 주요 대상국들이다.

---

11 해양과학조사 동의 또는 동의 신청에 관한 실적자료는 한국해양조사협회가 제공한 자료를 바탕으로 한 것이다.

2. 해양과학조사에 관한 국내 입법례

(1) 영해 및 접속수역법

「영해 및 접속수역법」은 한국의 영해와 접속수역을 설정하기 위해 1995년 기존의 「영해법」을 개정하여 입법한 법률이다. 이 법은 해양과학조사라는 용어 대신 조사라는 광의의 용어를 사용하여 영해에서의 해양과학조사를 규율하고 있다. 이 법은 제5조 제2항 제11호에서 영해에서 외국 선박 통항이 한국의 평화, 공공질서 또는 안전보장을 해치는 행위가 되는 유형으로 '조사'를 명시하고 있다. 그러나 영해에서의 조사행위가 전면적으로 금지되는 것은 아니며, 관계 당국의 허가, 승인 또는 동의를 받은 경우에는 허용된다고 규정하고 있다(영해 및 접속수역법 제5조 제2항 후단).

조사를 위한 구체적 절차로는 당해 선박의 선명, 종류 및 번호, 통항목적, 통항 항로 및 일정을 기재한 신청서를 외교부 장관에게 제출하여 관계당국의 허가, 승인 또는 동의를 얻도록 요구하고 있다(영해 및 접속수역법 시행령 제5조 제1항). 다만 다른 법령에 의해 영해에서의 조사에 대한 관계 당국의 허가, 승인 또는 동의를 얻은 때에는 이 법 시행령에 의한 허가, 승인 또는 동의를 얻은 것으로 본다(영해 및 접속수역법 시행령 제5조 제2항).

만약 관계 당국의 허가, 승인 또는 동의를 받지 않고 영해에서 조사를 수행하는 혐의가 있는 외국 선박에 대해서는 관계 당국이 정선, 검색, 나포, 그 밖에 필요한 명령이나 조치를 취할 수 있다(영해 및 접속수역법 제6조). 이를 위반한 외국 선박의 승무원이나 그 밖의 승선자는 5년 이하의 징역 또는 2억 원 이하의 벌금에 처하고, 정상을 고려하여 필요한 때에는 해당 선박, 기재, 채포물 또는 그 밖의 위반물품을 몰수할 수 있으며 징역형과 벌금형을 병과할 수 있다(영해 및 접속수역법 제7조).

(2) 배타적 경제수역법

「배타적 경제수역법」은 해양법협약에 따라 배타적 경제수역을 설정하기 위해 1996년 제정된 법률이다. 이 법은 제3조에서 해양과학조사에 관한 사항을 규정하고 있다. 제3조에서는 배타적 경제수역에서 한국이 행사할 수 있는 권리를 규정하고 있는데, 제2호 나목에서 한국이 배타적 경제수역에서 행사할 수 있는 관할권의 하나로 해양과학조사를 명시하고 있다. 또 제4조 제2항에서는 외국 또는 외국인이 한국의 배타적 경제수역에서 권리를 행사하고 의무를 이행할 때에는 한국의 법령을 준수하도록 의무화하고 있다. 한편 외국 또는 외국인이 해양과학조사를 포함한 한국의 권리를 침해하거나 관련 법령을 위반한 혐의가 인정되는 경우에는 추적권의 행사, 정선, 승선, 검색, 나포 및 사법절차를 포함하여 필요한 조치를 할 수 있다고 제5조 제3항에서 규정하고 있다.

(3) 배타적 경제수역에서의 외국인어업 등에 대한 주권적 권리의 행사에 관한 법률

「배타적 경제수역에서의 외국인어업 등에 대한 주권적 권리의 행사에 관한 법률」(이하 「경제수역어업주권법」)은 배타적 경제수역에서 외국인의 어업활동을 규율할 목적으로 1996년 8월 8일 제정된 법률이다. 이 법에서는 해양과학조사란 용어를 사용하고 있지는 않지만, '시험, 연구'라는 용어를 사용하고 있다. 즉, 제8조에서 "배타적 경제수역에서 시험·연구, 교육실습 또는 그 밖에 해양수산부령으로 정하는 목적을 위하여 다음 각 호의 어느 하나의 행위를 하려는 외국인은 선박마다 해양수산부령으로 정하는 바에 따라 해양수산부장관의 승인을 받아야 한다."라고 규정하고 있다. 수산자원의 탐사 또는 개발에 직접적 영향을 미칠 수 있는 해양과학조사도 가능하다는 점을 고려할 때, 이러한 시험, 연구 활동도 해양과학조사의 일환으로 볼 수 있을 것이다.

한편 시험, 연구 승인을 받아야 하는 행위의 대상은 수산동식물의 포획·채취, 어업에 관련된 탐색·집어, 어획물의 보관·저장·가공, 어획물의 또는 그 제품의 운반이다. 시험, 연구 목적의 승인을 받기 위해서는 시험, 연구 승인을 신청한 선박이 자국의 법령에 따른 어업활동 등의 허가를 받았음을 증명하는 서류 사본, 사용하고자 하는 어업방법의 해설서(단, 「수산업법」상 어업방법과 현저히 다른 경우에만 해당), 시험, 연구 등의 계획서(시험, 연구 등의 시기, 주된 시험, 연구 구역, 어획계획량과 승선원 현황이 포함되어야 한다)를 제출해야 한다(경제수역어업주권법 시행규칙 제16조 제1항). 이와 같은 신청을 받아 해양수산부 장관이 승인하고자 하는 경우에는 수수료를 부과할 수 있으며, 제한이나 조건을 붙일 수 있다(경제수역어업주권법 제9조, 제10조).

이상의 절차를 통해 승인을 받은 외국인이 이 법률을 위반하거나 제한 또는 조건을 위반한 경우에 해양수산부 장관은 1년의 범위에서 시험, 연구 활동을 정지시키거나 승인을 취소할 수 있다(경제수역어업주권법 제13조). 만약 승인을 받지 않고 시험, 연구 활동을 하였거나 제한 또는 조건을 위반한 자는 500만 원 이하의 벌금에 처해진다(경제수역어업주권법 제19조 제1호, 제2호).

(4) 해저광물자원 개발법

「해저광물자원 개발법」은 한국의 대륙붕에 부존하는 석유 및 천연가스를 합리적으로 개발하기 위해 1970년 1월 1일 제정된 법률이다. 이 법은 대륙붕에서의 해양과학조사와 관련하여 "영리를 목적으로 하지 아니하고 해저광물을 탐사하거나 채취하는 자"를 상정하고, 이들에게는 「해저광물자원 개발법」을 적용하지 않는다고 규정하고 있다(해저광물자원 개발법 제34조). 이에 해당하는 자의 자격은 정부기관, 대학(대학원을 포함한다)과 미래창조과학부 장관의 추천을 받은 연구기관 또는 학술단체, 기타 산업통상자원부령이

정하는 기관으로 한정하고 있다(해저광물자원 개발법 시행령 제17조 제1항). 이들이 대륙붕에서 영리를 목적으로 하지 않고 해저광물을 탐사하거나 채취하기 위해서는 비영리탐사 또는 채취신고서에 목적, 기관과 장소 등을 기재하여 행위 30일 전에 산업통상자원부 장관에게 신고해야 한다. 이때 탐사 또는 채취하려는 구역에 대한 해저구역도 1부, 탐사 또는 채취 계획서 및 자금계획서 각 1부, 환경오염방지계획서 1부(채취하려는 경우만 해당)를 첨부해야 한다(해저광물자원 개발법 시행령 제17조 제2항, 시행규칙 제14조). 이상의 규정상 외국인이 비영리 목적의 탐사 또는 채취를 할 수 있는지 분명하지 않으며, 신고하지 않고 탐사 또는 채취하는 행위에 대한 벌칙 규정도 찾아보기 어렵다.

(5) 해양과학조사법

「해양과학조사법」은 한국의 관할해역에서 외국인 또는 국제기구가 실시하는 해양과학조사의 절차를 정하고, 우리 국민, 외국인 또는 국제기구가 실시한 해양과학조사의 결과물인 조사자료의 효율적 관리 및 공개절차를 규율하기 위해 1995년 제정된 법률이다.

이 법은 규율대상이 되는 해양과학조사를 "해양의 자연현상을 연구하고 밝히기 위하여 해저면·하층토·상부수역 및 인접대기隣接大氣를 대상으로 하는 조사 또는 탐사 등의 행위를 말한다."라고 정의하고 있다(해양과학조사법 제2조 제1호). 다만 해양광물자원의 개발사업과 관련된 조사 또는 탐사 등에 대해서는 적용을 배제하고 있다(해양과학조사법 제3조). 이와 같은 정의하에 이 법은 제2장에서 외국인이 한국의 영해, 배타적 경제수역, 대륙붕에서 단독으로 또는 한국 국민과 공동으로 실시하는 해양과학조사를 규율하는 절차를 마련하고 있다. 따라서 비록 이 법의 정의상 관할해역이 내수, 영해, 배타적 경제수역 및 대륙붕으로 정의되어 있지만, 한국의 내수에서의 외국인의 해양과학조사는 원칙적으로 금지하는 태도를 취하고 있다.

먼저 한국의 영해에서 외국인이 해양과학조사를 실시하기 위해서는 조사 실시 예정일 6개월 전까지 조사계획서를 외교부 장관을 거쳐 해양수산부 장관에게 제출하여 허가를 받아야 한다. 해양수산부 장관은 신청일로부터 4개월 이내에 허가 여부를 결정하고 지체 없이 신청인에게 그 사실을 알려야 한다(해양과학조사법 제6조). 이러한 영해 해양과학조사 제도는 해양법협약상의 제도를 구체화한 것으로, 조사계획서 제출시기와 답변시기를 명시하여 정하고 있다. 또 허가 여부를 결정함에 있어 고려해야 할 요소를 규정하고 있지 않아 전적으로 재량사항으로 남겨 두고 있다. 다만 해양법협약상 명시적 동의라는 용어를 쓰고 있는 반면에 「해양과학조사법」에서는 허가라는 용어를 사용하고 있다.

배타적 경제수역 및 대륙붕에서 외국인이 해양과학조사를 하고자 하는 경우에도 조사 실시 예정일 6개월 전까지 조사계획서를 외교부 장관을 거쳐 해양수산부 장관에게 제출하여 동의를 받아야 한다. 이때 해양수산부 장관은 신청일로부터 4개월 이내에 동의 여부를 결정하고 지체 없이 신청인에게 그 사실을 알려야 한다(해양과학조사법 제7조). 4개월 이내에 동의 여부를 결정하여 신청인에게 통보하도록 한 취지는 해양법협약상 인정하고 있는 묵시적 동의제도의 적용을 배제하기 위한 것으로 해석된다. 이때 동의유보 사유로 일곱 가지를 열거하고 있는데, 그 내용 대부분이 해양법협약상의 동의유보 조건과 동일하지만 "국민 등의 해양과학조사를 정당한 이유 없이 거부한 국가의 국가기관 또는 국민이 조사계획서를 제출하는 경우"를 새롭게 추가하고 있다(해양과학조사법 제7조 제4항 제5호). 한편 동의를 받은 외국인이 이행해야 할 의무도 해양법협약상 의무와 동일하지만, 「해양과학조사법」은 "해양과학조사의 결과에서 발생하는 이익에 대하여 공평한 공유를 보장할 것"을 추가하고 있다(해양과학조사법 제10조 제1항 제9호). 이는 앞으로 살펴볼 생물탐사활동에 따른 이익공유를 염두에 둔 것으로 해석된다.

이상과 같은 절차와 함께 「해양과학조사법」은 우리 국민과 외국인의 공동조사에 관한 특칙을 두고 있다. 여기서 외국인이란 한국의 국적을 가지지 않은 사람(「국적법」에 따른 복수국적자 포함), 외국의 법률에 따라 설립된 법인, 외국정부, 한국 법률에 따라 설립된 법인이지만 외국에 그 본점이나 주된 사무소가 있거나 그 법인의 주식 또는 지분의 반 이상을 외국인이 소유한 법인을 의미한다(해양과학조사법 제2조 제2호, 제3호). 이러한 외국인과 한국 국민이 공동으로 해양과학조사를 실시하고자 하는 경우에도 위에서 언급한 허가 및 동의 절차를 반드시 거쳐야 함을 규정하고 있다(해양과학조사법 제8조). 공동조사에 관한 특칙을 포함한 것은 한국 국민에 의한 해양과학조사가 아무런 제한 없이 자유롭게 수행된다는 점을 이용하여 외국인이 「해양과학조사법」상의 통제를 회피하는 것을 방지하기 위한 조치로 해석된다.

이 밖에도 「해양과학조사법」은 허가 또는 동의를 받지 않은 외국 해양과학조사 선박이 한국의 항구에 기항하는 경우에도 기항 예정일 2개월 전까지 기항계획서를 외교부 장관을 거쳐 해양수산부 장관에게 제출하고 허가를 받도록 규정하고 있다(해양과학조사법 제15조의2). 이는 해양법협약 규정에는 없는 제도로, 외국의 해양과학조사 선박에 의한 한국 내수의 불법조사 위험성을 차단하기 위한 의도로 보인다.

해양과학조사의 정지와 중지 사유도 해양법협약의 관련 규정을 대부분 수용한 모습을 보이고 있지만, 국방부 장관이 군작전 수행을 위해 해양수산부 장관에게 해양과학조사의 정지를 요청하는 경우와 관계 중앙행정기관의 장이 대한민국의 평화, 질서유지 및 안전보장을 이유로 해양수산부 장관에게 해양과학조사의 중지를 요청한 경우를 정지와 중지의 사유로 각각 추가하고 있는 점이 다르다(해양과학조사법 제12조).

외국인 등이 「해양과학조사법」상의 허가 또는 동의를 받지 않고 해양과학조사를 실시한다고 의심이 되는 경우에는 정선, 검색, 나포하거나 그 밖에 필요한 명령이나 조치를 할 수 있다고 규정하고 있다(해양과학조사법 제13조). 영해에서 허가를 받지 않고 해양과학조사를 수행한 경우에는 5년 이하의 징역 또는 2억 원 이하의 벌금에 처하고, 배타적 경제수역 또는 대륙붕에서 그러한 경우에는 1억 원 이하의 벌금형에 처하도록 규정하고 있다(해양과학조사법 제24조 제1항, 제2항). 이때 사용된 선박, 설비, 장비와 조사를 통해 획득된 조사자료는 몰수할 수 있도록 하고 있다(해양과학조사법 제24조 제4항).

3. 해양과학조사 유사개념에 대한 입법례

해양법협약은 해양과학조사에 관한 정의규정 없이 해양과학조사를 규율하는 제도를 포함하고 있다. 이 점에 대해 비록 해양법협약상 해양과학조사에 대한 정의는 없지만 해양과학제도의 여러 규정 속에 그 의미가 명확하게 설정되어 있음으로 정의규정이 달리 필요하지 않다는 주장이 있다.[12] 그러나 해양과학조사에 대한 정의규정을 포함시키지 못한 것은, 해양과학조사제도에 대한 토의가 매우 복잡하게 진행되었으며 그러한 과정에서 모두가 만족할 수 있는 정의를 도출하지 못한 것이라는 주장도 있다.[13] 학자들의 주장이 어떠하든 해양과학조사에 대한 정의 부재로 특정 형태의 행위에 대해 해양과학조사제도를 적용할 수 있는가 하는 문제가 실질적으로 국제사회에서 현안문제로 제기되고 있다. 그러한 대표적인 행위로는 수로측량hydrological survey, 운용해양학 활동operational oceanography, 생물탐사

---

12 Alfred H. A. Soons, *Marine Scientific Research and the Law of the Sea* (Hague: Kluwer Law and Taxation Publishers, 1982), p. 118.

13 Florian H. Th. Wegelein, *Marine Scientific Research – The operation status of research vessels and other platforms in international law* (Leiden: Martinus Nijhoff Publishers, 2005), p. 11.

bio-prospecting 등을 들 수 있다. 이러한 개념이 해양과학조사에 포함되는 지 여부에 대해 미국을 위시한 전통적인 해양 선진국들은 해양과학조사의 범위를 좁게 해석하고 나머지 활동은 연안국의 통제를 받지 않는 공해 자유 로 주장하고 있다. 이에 대해 개발도상국들은 이러한 태도를 연안국의 해양 과학조사에 관한 관할권을 의도적으로 희석시키려는 것으로 해석하고 그 러한 주장에 반대의 입장을 취하고 있다.[14] 이하에서는 해양과학조사와 관 련하여 국제법적 쟁점이 되고 있는 해양활동에 대해 개괄적으로 살펴보고 이에 대한 한국의 입법태도를 알아본다.

(1) 수로측량

전통적으로 수로측량은 "해양의 수심 측량 및 파도, 해류, 조수 현상의 연 구, 수중암석, 사주, 기타 숨겨진 위험의 조사를 포함하는 것으로 이러한 수 로조사에서 수집된 대부분의 자료는 항행용 해도의 작성과 같은 항행의 안 전을 지원하기 위해 사용된다."라고 정의되고 있다.[15] 그러나 해양법협약 은 수로측량에 대한 정의를 내리고 있지 않은 상태에서 해양과학조사와는 구별되는 개념으로 사용하고 있다.[16] 이와 같은 상황에도 불구하고 해양법

---

14 Sam Bateman, "Hydrographic surveying in the EEZ : differences and overlaps with marine scientific research", *Marine Policy*, Vol. 29 (2005), p. 164.

15 E. D. Brown, "Freedom of Scientific Research and the Legal Regime of Hydrospace", *Indian Journal of International Law*, Vol. 9 (1969), p. 329.

16 해양법협약은 제21조 제1항 (g)호에서 영해에서의 무해통항과 관련하여 법령을 제정할 수 있는 분야로 수로측량을 언급하고 있으며, 제40조에서 국제항행용 해협에서 해협 연안국의 사전허 가 없이 외국의 수로측량선hydrographic survey ships이 측량활동survey activity을 할 수 없 다고 규정하고 있다. 또 제54조에서는 군도항로대를 통항 중인 수로측량선은 국제항행용 해협 을 통과하는 경우와 마찬가지로 군도국의 사전허가 없이는 측량활동을 할 수 없다고 규정하고 있다. 수로측량을 포괄하는 의미를 지니고 있는 측량survey이라는 용어는 위의 제40조 규정 이 외에도 제19조 제2항 (j)호에서 영해를 통항 중인 외국 선박이 행하는 경우 유해통항이 되는 행 위의 하나로 규정되어 있다. 또 측량이라는 단어는 심해저자원 개발과 관련하여 제3부속서 제 17조 제2항 (b)호 (ii)목과 결의 II 제1항 (a)호 (i)목에 언급되어 있다.

협약의 해석과 적용상 해양과학조사와 연계하여 문제가 발생하고 있는 것은 수로측량의 외형적 형태가 해양과학조사와 매우 유사하다는 점과 수로측량이 대부분 해군 소속의 선박 내지는 공용선박에 의해 수행된다는 점에서 기인한다. 특히 문제가 되는 것은 배타적 경제수역에서의 수로측량에 대한 관할권이다. 이는 한국도 경험한 바가 있다. 일본 해상보안청이 독도 주변 수역을 포함한 한국의 배타적 경제수역에 대해 수로측량을 하겠다는 계획을 2006년 4월 14일 국제수로기구에 통보한 것이 알려지면서, 이 활동이 수로측량인지 해양과학조사인지, 한국이 이 행위에 대해 어떻게 대응할 수 있는지에 대한 해양법협약 해석상의 논란이 야기된 바 있다.[17] 이 사건이 외교적 수단으로 해결되면서 법 해석상의 의문점을 해소하지는 못하였지만 수로측량과 해양과학조사의 관계에 대한 연구의 필요성을 제기하였다.

수로측량에 대한 해양법협약의 태도를 살펴보면, 해양법협약은 영해에서 수로측량을 포함한 측량행위를 하는 경우 유해통항으로 보고 있고, 국제항행용 해협과 군도수역에서는 연안국의 사전허가 없는 수로측량을 금지하고 있다(제21조 제1항 (g)호, 제40조, 제54조). 그러나 배타적 경제수역에서의 수로측량에 대해서는 아무런 규정을 두고 있지 않다. 따라서 연안국이 해양과학조사와 매우 유사하며 군함이나 공용선박에 의해 배타적 경제수역에서 수행되는 타국의 수로측량을 통제할 수 있느냐가 관건이 되고 있다.

먼저 수로측량을 자유롭게 실시할 수 있다는 주장은 미국을 비롯한 해양선진국들에서 제기하고 있다. 이 주장의 주된 논거는 해양법협약상 배타적 경제수역제도가 해양과학조사의 경우에는 연안국의 관할권을 인정한 반면에 수로측량에 대해서는 아무런 언급을 하고 있지 않으므로 연안국의 허가,

---

17 이 사건에 대하여 자세한 것은 신창훈, "일본의 동해 측량/조사계획 사건에 대한 국제법적 평가", 『서울국제법연구』, 제13권 제1호(2006), 116-118쪽 참조.

동의 또는 통보를 필요로 하지 않는다는 것이다.[18] 또 이들은 해양법협약 제58조 제1항에서 연안국의 배타적 경제수역에서 타국은 제87조에서 인정하고 있는 "항행·상공비행의 자유, 해저 전선·관선부설의 자유 및 선박·항공기·해저전선·관선의 운용 등과 같이 이러한 자유와 관련된 것으로서 이 협약의 다른 규정과 양립하는 그 밖의 국제적으로 적법한 해양이용의 자유"를 향유한다고 규정하고 있는 점을 논거로 제시하고 있다. 즉, 수로측량이 항행의 안전을 위해 수행되는 행위이기 때문에 제58조에서 인정하고 있는 "항행·상공비행의 자유와 관련된 국제적으로 적법한 해양이용의 자유"에 해당된다는 것이다.[19]

이러한 해양 선진국의 주장에 대해 많은 개발도상국은 다양한 논거에 입각하여 이의를 제기하고 있다. 연안국이 자국의 배타적 경제수역에서 수행되는 타국의 수로측량을 규율해야 한다는 주장의 논거는 다음과 같다. 첫째, 수로측량이 군사적 목적으로 이용될 수 있으므로 연안국의 안보에 위해적 요소를 지니고 있기 때문에 연안국의 규제를 받아야 한다. 둘째, 해도작성을 위한 자료 확보라는 수로측량의 외형상 목적보다는 획득된 자료의 실질적 이용목적을 기준으로 수로측량 행위의 해양과학조사 해당 여부를 결정하고 해양과학조사제도 규정을 적용해야 한다. 셋째, 수로측량 자료의 상업적 가치를 고려하여 배타적 경제수역의 경제적 이용에 대해 주권적 권리를 갖는 연안국이 수로측량 활동을 통제할 수 있다.[20] 중국의 경우에는 2002년 12월 「측량법」을 개정하여 중국의 영역과 기타 관할해역에서 외국의 기구 또는 개인이 측량활동을 하고자 하는 경우 국무원 측량행정 주관 부서와

---

18 Mark J. Valencia and Kazumine Akimoto, "Guidelines for navigation and overflight in the exclusive economic zone", *Marine Policy*, Vol. 30 (2006), p. 706.

19 Moritaka Hayashi, "Military and intelligence gathering activities in the EEZ: definition of Key terms", *Marine Policy*, Vol. 29 (2005), p. 131.

20 이용희, "해양법협약상 해양과학조사제도 관련 현안문제에 대한 법적 고찰", *Ocean & Polar Research*, Vol. 28, No. 3 (2006), pp. 265-267 참조.

군대 측량 주관 부서의 비준을 받아야 하고, 중국 관련 법규 및 행정법규의 규정을 준수해야 한다고 규정하였다. 또 이 법은 위의 규정에 반해 측량활동을 하는 경우 위법행위 정지를 명령하고 측량성과와 측량도구를 몰수하며 1만 위안 이상 10만 위안 이하의 벌금을 병과하는 한편, 사정의 경중에 따라서는 10만 위안 이상 50만 위안 이하의 벌금을 병과하고 기한 내 출국을 명령한다고 규정하였다. 이 밖에도 취득한 측량성과가 국가비밀로 측량활동이 범죄에 해당되는 경우에는 법에 따라 형사책임을 추궁할 수 있다고 명시하고 있다.[21]

한국 국내법상 수로측량을 규율하는 현행 법률은 2016년 개정된 「공간정보의 구축 및 관리 등에 관한 법률」이다.[22] 이 법은 수로측량을 "해양의 수심·지구자기·중력·지형·지질의 측량과 해안선 및 이에 딸린 토지의 측량을 말한다."라고 규정함과 동시에 수로조사를 "해상교통안전, 해양의 보전·이용·개발, 해양관할권의 확보 및 해양재해 예방을 목적으로 하는 수로측량·해양관측·항로조사 및 해양지명조사를 말한다."라고 정의하고 있다(공간정보의 구축 및 관리 등에 관한 법률 제2조 제5호 및 제11호). 또 해양관측을 "해양의 특성 및 그 변화를 과학적인 방법으로 관찰·측정하고 관련 정보를 수집하는 것"이라고 정의하여 「해양과학조사법」상의 해양과학조사가 수로조사의 범주에 포함되는 것으로 해석될 여지를 두고 있다(공간정보의 구축 및 관리 등에 관한 법률 제2조 제12의2호). 이 법의 적용대상에서 "순수 학술 연구나 군사 활동을 위한 측량 또는 수로조사, 「해저광물자원 개발법」에 따른 탐사를 위한 수로조사" 등 국토교통부 장관 및 해양수산부 장관이 고시하는 것은

---

21 Jon M. Van Dyke, "Military ships and plaines operating in the exclusive economic zone of anther country", *Marine Policy*, Vol. 28 (2004), p. 34; 중국 측량법 제7조, 제51조.

22 한국의 수로측량 관련 입법은 1961년 제정된 「수로업무법」에서 시작되어 2009년 「측량·수로조사 및 지적에 관한 법률」로 변경되었다가 2014년 6월 다시 「공간정보의 구축 및 관리 등에 관한 법률」로 변경되어 2015년 6월 4일부터 시행되고 있다.

배제한다는 규정을 두고 있어 해양과학조사와 수로측량의 경계에 대한 해석에 어려움이 있다(공간정보의 구축 및 관리 등에 관한 법률 제4조).

한편 수로조사의 실시와 관련하여 해양수산부 장관을 주체로 설정하였으나, 수로조사의 대상해역에 대해서는 분명히 하지 않고 있다. 다만 수로조사의 내용에 "국가 간 해양경계획정을 위하여 필요한 수로조사", "관할해역에 관한 지구물리적 기초자료 수집을 위한 탐사"를 포함시킴으로써 관할해역 전체에 대해 수로조사를 실시한다는 의미로 해석된다(공간정보의 구축 및 관리 등에 관한 법률 제31조 제1항 제2호 및 제4호). 해양수산부 장관 이외의 자가 수로조사를 하려고 하는 경우에는 해양수산부 장관에게 신고해야 하며, 수로조사 성과를 해양수산부 장관에게 제출하여 심사받아야 한다고 규정하고 있다(공간정보의 구축 및 관리 등에 관한 법률 제31조 제3항, 제33조). 또 수로조사를 수행할 수 있는 주체를 수로기술자로 한정하고 있으며, 수로조사업을 하고자 하는 자는 해양수산부 장관에게 등록하도록 하고 있다(공간정보의 구축 및 관리 등에 관한 법률 제43조, 제54조). 수로사업을 등록하지 않고 수로사업을 한 자는 2년 이하의 징역 또는 2천만 원 이하의 벌금에 처하도록 하고 있다(공간정보의 구축 및 관리 등에 관한 법률 제108조 제5호).

이상과 같은 입법태도로 볼 때 한국의 관할해역에서 수로조사는 해양수산부 장관이 직접 수행하거나 해양수산부 장관에 신고된 수로사업자만이 수행할 수 있는 것으로 해석된다. 그러나 외국이 한국의 관할해역, 특히 배타적 경제수역에서 수로조사를 하는 것이 원천적으로 금지된 것인지, 수로조사와 해양과학조사의 차이점이 무엇인지 불분명한 상태로 입법되어 있다. 게다가 '순수 학술연구 목적의 측량 또는 수로조사'라는 용어를 사용하고 있어 더욱 혼란스럽다.

(2) 운용해양학 활동

일반적으로 운용해양학은 법적 용어로 사용되고 있지는 않은데, "해양 및 대기에 대한 체계적이고 장기적인 정례 측정행위와 관련 자료의 신속한 해석과 전파"라고 정의되고 있다.[23] 이와 같은 운용해양학과 해양과학조사의 개념 차이는 다음과 같이 설명할 수 있다. 먼저 해양과학조사는 획득된 자료를 바탕으로 조사실시 전에 설정된 가설 또는 전제의 입증 여부를 확인하기 때문에 획득된 자료의 공개를 일정기간 유보하고 그 수행 범위와 시간 면에서 특정되는 경향이 강하다. 그러나 운용해양학은 획득된 자료가 실시간 무제한적으로 무료로 제공되며 자료의 분석결과도 전 인류를 위해 공개될 뿐만 아니라 조사해역도 광범위하고 그 기간도 장기간에 걸쳐 진행되는 특징을 가지고 있다.[24] 이와 같은 구분에도 불구하고 운용해양학 활동은 해양과학조사에 통상적으로 사용되는 프로파일링 플로트profiling float나 부이surface drifting buoys 등을 활용하고 있으며, 수집자료도 수온, 염분 등 기초적인 해양물리자료를 대상으로 한다. 즉, 외형상 해양과학조사 행위와 구분되지 않으며 단지 조사 후 자료의 활용 측면이 다르다는 것이 구별점이다. 따라서 운용해양학을 해양과학조사와 구분되는 개념으로 보고 연안국의 통제 없이 타국이 자유롭게 배타적 경제수역에서 운용해양학 활동을 할 수 있는지가 국제적 현안으로 등장하고 있다.

운용해양학 활동이 해양과학조사에 포함되지 않으며 타국의 배타적 경제수역에서 자유롭게 수행될 수 있다는 주장은 미국 등 소수의 해양 선진국들에서 제기되고 있다. 이 주장의 주된 논거는 다음과 같다. 첫째, 해양법협약상 해양학 자료 수집활동을 해양과학조사로 보아야 한다는 법적 근거가 없다. 둘째, 운용해양학 활동은 항행의 안전을 도모하기 위해 수행되는 것이

---

23 Florian H. Th. Wegelein, *op. cit.*, p. 20.
24 *Ibid.*

므로, 이는 해양법협약 제58조의 규정에 따라 공해자유의 원칙 중 항행의 자유와 관련된 적법한 행위에 해당되므로 연안국의 배타적 경제수역에서 아무런 제약 없이 자유롭게 수행이 가능하다. 셋째, 제3차 유엔 해양법회의 과정에서도 세계기상기구WMO에서 장기간 수행해 온 배타적 경제수역에서의 기상자료 수집행위가 해양과학조사에 포함되지 않는다는 입장을 해당 특위 의장이 밝혔다는 점[25] 등이 제시되고 있다.[26]

이에 반해 일본, 중국, 인도, 칠레, 아르헨티나 등의 국가들은 운용해양학 활동은 해양과학조사의 하나이며, 따라서 연안국 배타적 경제수역에서의 운용해양학 자료수집 활동은 연안국의 동의를 받아야 한다고 주장하고 있다. 이러한 주장의 논거는 첫째, 해양학자료 수집의 방법 및 수단이 해양과학조사와 동일하며, 둘째, 해양법협약에서 연안국 배타적 경제수역에서의 해양학 자료 수집활동을 자유라고 규정하고 있지 않다는 것이다. 더욱이 해양법협약 제13부 제4절에서 해양환경 내의 과학조사 시설이나 장비에 대해 특칙을 두고 있고, 과학조사 시설이나 장비를 활용한 행위도 해양과학조사 행위로 동일하게 규율하도록 하고 있다는 점을 강조하고 있다(제258조). 이러한 반대 입장의 배경에는 운용해양학 활동의 성질, 수집되는 자료의 종류, 자료수집의 수단 및 이러한 수단에 부착되는 센서의 종류, 자금을 지원하는 후원자 등에 의해 활동의 본질이 크게 달라질 수 있다는 우려가 존재한다. 따라서 이러한 행위를 자유롭게 시행하게 하는 경우 연안국의 해양과학조사에 관한 관할권을 훼손하는 결과를 가져올 수 있다고 판단하는 것이다.[27]

---

25 *Official Records of the United Nations Third Conference on the Law of the Sea*, Vol. XIV (1982), pp. 102-103.

26 IOC/ABE-LOS VI/3 Prov. (7 April 2006) 참조. 특히, 미국의 입장은 'Comments of the United States of America on the "Draft Practical Guidelines of IOC, within the context of UNCLOS, for the Collection of Oceanographic Data by special means" contained in Document IOC/ABE-LOS VI/8,20 Feb.2006' 참조. 이용희, 전게논문 (주 20), 269쪽에서 재인용.

27 이용희, 전게논문 (주 20), 270쪽.

한국의 「해양과학조사법」은 운용해양학에 대해 별도의 규정을 두고 있지 않다. 최근 이 법의 개정작업 과정에서 운용해양학에 관한 사항을 해양과학조사에 포함해야 한다는 취지의 개정안이 제시된 바 있다. 그러나 부처 간 논의과정에서 현행법의 규정상 운용해양학 활동을 「해양과학조사법」에 따라 충분히 규율할 수 있으므로 별도의 규정을 둘 필요가 없다는 의견이 힘을 얻으면서 이 개정안은 채택되지 않았다. 이러한 입법결과로 볼 때 한국은 운용해양학 활동을 해양과학조사에 포함되는 개념으로 판단하고 있으며, 외국인이 한국의 관할해역에서 운용해양학 활동을 하고자 하는 경우 「해양과학조사법」의 규정에 따라 사전에 허가 또는 동의를 받아야 한다는 입장이라고 해석된다. 실제로 허가 또는 동의 신청을 위해 제출해야 하는 조사계획서의 내용 중 조사 방법 및 수단에 관한 사항에 잠수정, 사용장비 및 조사항목 등을 기재하도록 요구하고 있어 이러한 해석을 뒷받침한다 (해양과학조사법 시행령 [별표 1] 제3항).

(3) 생물탐사

생물탐사의 문제는 유엔의 국가관할해역 외측의 생물다양성보전에 관한 비공식회의, 생물다양성협약 당사국회의, 남극조약 협의당사국회의 등에서 1990년대부터 다양하게 논의되어 오고 있으나 그 개념을 국제법상 정의한 바는 없다. 따라서 다양한 개념정립 시도가 있었으며, 2005년 해양 및 해양법에 관한 유엔 사무총장 추가보고서에서는 생물탐사를 "상업적으로 가치 있는 유전적·생화학적 자원에 대한 생물다양성 탐사를 실시하는 것에서부터 새로운 상업적 상품 개발을 위해 생물상에서 유전자원의 분자구성에 대한 정보를 수집하는 과정까지를 폭넓게 지칭하는 것"으로 정의하고 있다.[28] 비록 정확한 정의에 대해 국제적 합의는 없지만, 해양생물탐사가 상업

---

28 UN Doc. A/60/63/Add.1, para. 203.

적 목적으로 수행된다는 점에 대해서는 합의에 이른 것으로 보인다.[29]

이와 같은 생물탐사가 해양과학조사와 관련하여 쟁점이 되고 있는 것은 해양생물탐사의 외양이 해양생물을 대상으로 하는 해양과학조사와 구별하기 어렵기 때문이다. 상업적 목적이라는 점에서 이론적으로는 구별이 가능하지만, 처음부터 상업적 목적으로 수행되는 생물탐사도 해양과학조사와 외양상 동일할 뿐만 아니라, 해양과학조사 목적으로 수행된 생물조사의 결과물로부터 신물질이 발견되어 차후에 상업화에 이르는 경우도 존재하기 때문이다. 그러나 생물탐사가 채집한 해양유전자원의 상업적 이용, 지적재산권 및 기밀성을 그 본질적인 특성으로 하고 있다는 점에서, 이러한 가능성이 제도상 근본적으로 차단되어 있는 해양과학조사와 동일한 것으로 보기는 어려울 것으로 생각된다.[30]

한국의 국내법상 해양생물탐사와 관련된 것으로는 「해양생명자원의 확보·관리 및 이용 등에 관한 법률」과 「해양과학조사법」이 있다. 먼저 2012년 제정된 「해양생명자원의 확보·관리 및 이용 등에 관한 법률」(이하 「해양생명자원법」)은 제2조 정의에서 "해양생명자원의 과학적 조사"란 "「해양과학조사법」 제2조 제1호에 따라 해저면·하층토·상부수역 내에 서식하는 해양생명자원을 대상으로 하는 조사 또는 탐사 등의 행위를 말한다. 이 경우 상업적 이용을 목적으로 해양생명자원에 접근하는 생물탐사는 제외한다."라고 규정하고 있다. 즉, 상업적 목적의 생물탐사와 해양과학조사 목적의 해양생명자원 조사 또는 탐사를 명시적으로 구분하고 있다. 제11조에서는 외국인 등이 한국의 관할해역에서 해양생명자원을 획득하는 경우를 규정하고 있

---

29 이용희·김형국, "배타적 경제수역에서 외국인 생물탐사의 법적 지위와 우리나라의 대응방안", 『해사법연구』, 제22권 제3호(2010), 71쪽.

30 UNEP/CBD/SBSTTA/8/INF/3/Rev.1, paras. 39, 47. 해양 및 해양법에 관한 2004년 유엔 사무총장 보고서에서도 투명성, 개방성을 특성으로 하는 해양과학조사는 기밀성 또는 소유권을 수반하는 개발탐사와 같은 상업적 요소를 지닌 그 밖의 해양조사활동과는 구별될 필요성이 있음을 강조하고 있다. UN Doc. A/59/62, para. 261.

다. 이 경우 외국인 등으로 하여금 자원획득 예정일 6개월 전까지 조사계획서를 해양수산부 장관에게 제출하고 허가를 받도록 하고 있다. 「해양과학조사법」의 경우와 마찬가지로 한국의 국민이 대행하거나 공동으로 위의 행위를 하는 경우에도 동일한 허가획득 절차를 거치도록 하고 있다(해양생명자원법 제12조). 이 밖에도 외국인 등의 권리와 의무, 허가 등의 취소와 중지, 조건부여 등에 관한 규정을 두고 있다(해양생명자원법 제13조 내지 제15조). 만약 외국인이 허가를 받지 않고 해양생명자원을 획득한 혐의가 있는 때에는 정선·검색·나포, 그 밖의 명령이나 조치를 취할 수 있다(해양생명자원법 제13조 제2항). 실질적으로 허가를 받지 않고 영해에서 해양생명자원을 획득한 경우에는 5년 이하의 징역 또는 1억 원 이하의 벌금에 처하고, 영해 이외의 관할해역에서 해양생명자원을 획득한 자는 1억 원 이하의 벌금에 처하도록 하고 있다. 또 획득한 해양생명자원은 몰수하고, 몰수할 수 없을 때에는 그 가액을 추징하도록 벌칙규정을 두고 있다(해양생명자원법 제37조).

한편 「해양과학조사법」에서는 생물탐사에 관한 명시적 규정을 두고 있지는 않다. 다만 앞에서 설명한 바와 같이 해양과학조사를 수행하는 외국인이 부담해야 할 의무의 하나로 이 법 제10조 제1항 제9호에 "해양과학조사의 결과에서 발생하는 이익에 대하여 공평한 공유를 보장할 것"을 새롭게 추가하고 있다. 이는 당초에는 해양과학조사 목적으로 수행된 해양생물에 대한 연구의 결과로 해양생명공학적으로 가치 있는 발견을 하거나 물질을 개발하여 상업적으로 활용하는 경우, 그로부터 발생하는 이익에 대해 한국이 권리를 주장할 수 있는 근거규정을 마련해 둔 것으로 해석된다.

Ⅲ 대한민국의 실행에 대한 평가와 정책제언

해양법협약상 해양과학조사제도와 관련하여 한국은 적절하게 대응하고 있는 것으로 생각된다. 「영해 및 접속수역법」, 「배타적 경제수역법」, 「해저광물자원 개발법」 등에서 각각의 관할해역에서 실시되는 외국인의 해양과학조사에 대한 규율근거를 마련하고, 「해양과학조사법」에서 이를 종합적으로 규율하는 형태를 띠고 있다. 타국의 입법태도에 비추어 볼 때 한국의 국내적 수용태도는 선제적으로 국제제도에 대응하고 있는 것으로 보인다. 먼저 한국은 해양법협약을 비준하기 전인 1995년 1월 5일 국내 비준 조치의 하나로 「해양과학조사법」을 입법함으로써 국내적 수용을 위한 기틀을 마련하였다. 또 1995년 7월 13일과 1995년 11월 28일 각각 동법 시행령과 시행규칙을 제정함으로써 해양법협약에 따라 한국의 관할해역에서 수행되는 외국인의 해양과학조사를 규율하기 위한 국내법체제를 완비하였다. 이에 그치지 않고 후속적인 국내입법을 통해 수로조사, 생물탐사 등과 같은 유사 해양과학조사에도 국내법적으로 대처하는 모습을 보이고 있다. 이와 같은 국내법제도의 구축은 실제 실행을 통해서도 그 운용가능성이 입증되었으며, 현재까지 제도적 문제 없이 무난하게 집행되고 있는 것으로 판단된다.

이와 같은 외형적인 측면뿐만 아니라 국내입법의 내용도 비교적 해양법협약 관련 규정에 일치하도록 마련되었음을 알 수 있다. 그러나 해양법협약상의 규정과 완전히 일치하는 것은 아니며 국내적으로 수용하는 과정에서 일정 부분의 가감이 이루어졌음을 알 수 있다. 먼저 해양법협약의 경우에는 배타적 경제수역과 대륙붕에서의 해양과학조사에 대해 자세한 규정을 두고 내수와 영해에서의 해양과학조사에 대해서는 매우 간단하게 규정한 반면에, 한국 국내입법은 이에 대해 명시적 신청절차를 규정하고 있다. 즉, 영해에서의 외국인 해양과학조사 신청절차와 처리절차를 규정하고 있다. 국내입법의 특이점으로는 첫째 한국 내수에 대한 외국인의 해양과학조사를 근본적으로 금지하고 있다는 점이다. 이는 외국인이 내국인과의 공동조사 형태로 내수에 접근하는 것도 포함되는데, 외국인이 내국인과의 공동조사를 이유로 우회적으로 내수에 대한 해양과학조사를 실시하는 것을 원천적으로 차단하고 있다. 둘째는 묵시적 동의제도를 수용하는 대신 반드시 국내 절차를 통해 외국인의 해양과학조사 신청 시 4개월 이내에 정부의 입장을 신청자에게 전달하도록 하고 있다. 이와 같은 입법태도는 관련 부처의 업무 지연 또는 해태로 인해 외국인의 해양과학조사를 용인하는 잘못을 회피하기 위한 조치로 해석된다. 셋째는 외국인의 신청에 대한 동의 유보사유 중 하나로 "대한민국의 국민 및 국가기관의 해양과학조사를 정당한 이유 없이 거부한 국가의 국가기관 및 국민이 조사계획서를 제출하는 경우"를 추가하고 있다는 점이다. 이것은 국제관계상 가장 기본적 원칙인 상호주의원칙을 반영한 것으로 해양법협약에 일치하지 않는다고 볼 수 없다고 하겠다. 마지막으로, 동의를 받은 외국인이 이행해야 할 의무 중 하나로 "해양과학조사의 결과에서 발생하는 이익에 대하여 공평한 공유를 보장할 것"을 추가하고 있다. 이는 한국 관할해역에서 해양과학조사 결과로 외국인이 취득한 해양생명자원이 미래에 상업적 생산물로 발전할 경우 그로부터 발생하는 이익을 공유하기 위한 포석으로 보인다. 다만 이에 대한 구체적인 기준이나 절차는 「해양과학조사법」에 포함되어 있지 않고 「해양생명자원의 확보·관리 및 이용 등에 관한 법률」에서 마련하고 있다.

비록 이상과 같이 몇 가지 요소에 대해 해양법협약과 다르게 국내입법을 하고 있지만, 그 내용이 협약 규정의 본질적 요소를 해하고 있지 않으며 일반적으로 수용 가능한 범위 내 있는 것으로 판단된다. 실제적으로도 한국의 입법에 대한 외국의 항의나 비판은 제기되고 있지 않다.

그러나 해양과학조사에 대한 한국의 법제도에 개선의 여지가 없는 것은 아니다. 먼저 해양과학조사 관련 국내법 상호 간의 불일치를 조정해야 한다. 특히「해양과학조사법」,「공간정보의 구축 및 관리 등에 관한 법률」및「해양생명자원의 확보·관리 및 이용 등에 관한 법률」상호 간의 역할에 대한 정립이 절실하다. 용어의 정의상 수로조사와 해양과학조사의 구분이 불분명하고 오히려 수로조사에 해양과학조사가 포함되는 듯한 모습을 보이고 있어 법률적용에 혼선을 일으키고 있다. 또 해양생명자원에 대한 해양과학조사를 왜「해양생명자원의 확보·관리 및 이용 등에 관한 법률」에서 규율하고 있는지에 대해서도 그 입법취지를 이해하기 어렵다. 따라서 관련법들을 종합적으로 판단하여 조정하는 과정이 시급한 것으로 판단된다. 이 과정에서 용어의 정의뿐만 아니라 벌칙 규정의 상이점도 조정해야 할 것이다.

두 번째는 군사조사에 대한 한국의 불분명한 태도이다. 2001년 10월 28일 미 해군 보조함 바우디치Bowditch호가 한국의 배타적 경제수역에서 군사조사를 수행하였다. 이에 한국의 해군함정이 접근하여 소속국, 선박의 임무, 목적지, 관할해역 체류기간 등을 질문했으나 바우디치호는 함정의 명칭과 소속국만을 답변하였다. 이에 한국 정부가 주한 미국대사관에 바우디치호가 사전승인 없이 한국 배타적 경제수역에서 해양과학조사를 실시한 것으로 보인다는 의견을 제시하였다. 이에 대해 미국 정부는 바우디치호가 한국의 배타적 경제수역에서 군사조사를 실시했으며, 이는 국제관습법상 정당한 행위라고 설명하였다.[31] 이와 같이 논란의 여지가 있는 군사조사에 대해 한국의 국내법상 이를 규율할 수 있는 분명한 근거가 발견되지 않는다. 당초 한국 정부가 주한 미국대사관에 문제를 제기한 태도로 볼 때 한국 정부는 군사조사를 별도의 행위로 보지 않고 해양과학조사의 틀 속에서 규율하고자 한 것으로 보인다. 그러나 이에 대한 명확한 규정의 불비로 군사조

---

31 이 사건의 자세한 전개에 대해서는 Roach and Smith, *supra* note 5, pp. 383-384 참조.

사에 대한 한국의 태도를 이해하는 데 어려움이 있다. 이 점에 대한 국내법 정비가 필요하다고 판단된다.

¤ 참고문헌

1. 김동욱, "외국 관할수역에서의 군사조사에 관한 연구", 『국제법학회논총』, 제49권 제1호 (2004).
2. 박수진·최수정, 『해양유전자원의 접근 및 이익공유에 대한 국가대응방안연구』(2008).
3. 박찬호, "한반도 주변수역 해양과학조사문제", *Strategy 21*, 제5권 제1호 (2002).
4. 신창훈, "배타적 경제수역에서의 수로측량과 해양과학조사의 법적 의의에 대한 재조명", 『서울국제법연구』, 제12권 제2호 (2005).
5. 이석용, "해양법협약상 해양과학조사제도와 쟁점", 『과학기술법연구』, 제16집 제2호 (2010).
6. 한국해양연구원, 『관할해역 관리 효율화를 위한 해양과학조사법 개정』(2010).

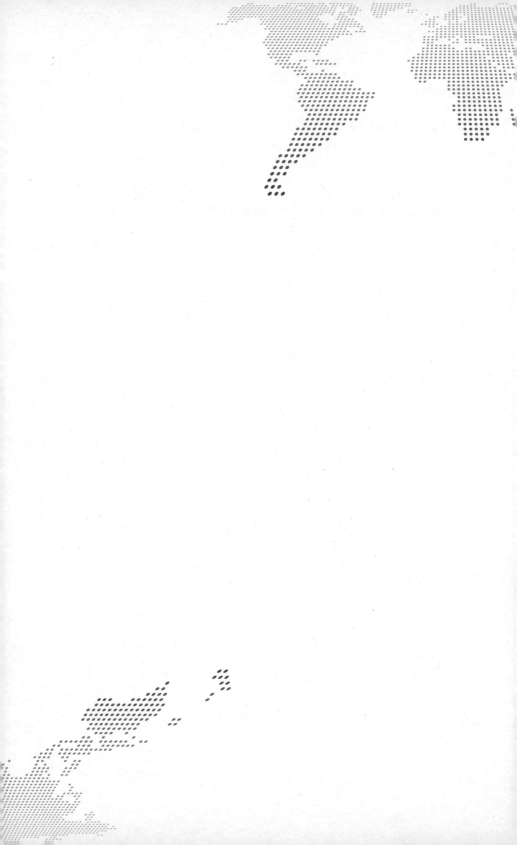

용어 해설

용어	설명
간조 low water	만조high water에 대비되는 용어로, 조석현상에 의해 해수면이 하루 중 가장 낮아진 상태 또는 낙조ebb tide에서 해수면이 가장 낮아진 상태
간조노출지 low-tide elevation	썰물일 때에는 물로 둘러싸여 물 위에 노출되나 밀물일 때에는 물에 잠기는 자연적으로 형성된 육지지역
감항성 seaworthiness	선체 및 기관에 이상이 없고 선장 이하 선원에 결원이 없으며 연료, 청수 등 항해 준비를 완벽하게 갖추어 선박의 정상적인 항해가 가능한 상태
강하성 어족 catadromous fish	뱀장어와 같이 담수에서 생활하다가 산란을 위해 하천을 따라 내려가서 바다로 들어가는 어류
경계 왕래 어족 straddling stock	참치, 적어, 대구, 명태 등과 같이 배타적 경제수역과 그 인근 공해를 왕래하는 어족
고도 회유성 어종 highly migratory species	참치, 고등어, 병어, 새치, 꽁치, 돌고래, 상어, 고래 등과 같이 회유回游 범위가 200해리를 넘어서는 어족
공해high seas	유엔해양법협약상 내수, 군도수역, 영해 및 배타적 경제수역이 아닌 해역으로, 국가의 주권이 배타적으로 행사되지 않는 해역
관할해역 jurisdictional sea area	연안국이 주권, 주권적 권리 또는 배타적 관할권을 행사하는 해역. 관할해역에는 내수, 영해, 접속수역, 배타적 경제수역, 대륙붕 등이 있음. 해양관할권의 구분은 영해의 폭을 측정하는 기선에 의해 구분됨.
국제수산기구 fisheries organization	어업자원의 보존과 관리를 담당하는 소지역, 지역, 범세계적 차원의 국제기구. 일반수산기구는 UN, FAO, OECD, APEC 등 일반적인 국제기구 산하 수산위원회로 수산 관련 정책과 제도를 논의하는 기구이며, 지역수산기구는 관할해역 및 특정 어종을 지정하여 보존·관리 조치를 채택·이행하거나 조업쿼터를 직접 배분하는 기구임.

용어	설명
국제해협 international strait	국제항행에 이용되고 있는 2개의 커다란 수역을 연결하는 좁은 자연적 통로
내수 internal waters	영해기선을 설정할 경우 그 기선과 육지 사이의 해역을 내수라 하며, 이는 내륙의 호수나 강과 같은 법적 지위를 가짐.
대륙변계 continental margin	연안국 육지의 해면 아래쪽 연장으로, 대륙붕, 대륙사면, 대륙융기의 해저와 하층토로 이루어진 해저지형
대륙붕 continental shelf	연안국 육지의 자연적 연장에 따라 영해 밖으로 대륙변계의 바깥 끝까지 또는 대륙변계의 바깥 끝이 200해리에 미치지 않는 경우에는 영해기선으로부터 200해리까지에 이르는 해저지역의 해저와 하층토
대륙붕단 continental edge	대륙붕이 끝나고 대륙사면이 시작되는 곳으로, 가장 최근의 빙하기 때의 해안선에 해당되는 것으로 추정됨. 대륙붕단은 수심 100~150m에 위치하며 평균수심은 128m 정도임.
대륙사면 continental slope	대륙붕의 가장 바깥쪽 경계점을 지나 그 경사가 1:20 정도로 증가하는 이심으로, 대양저ocean floor에 이르는 해저지역을 말함. 대륙사면의 수심은 평균 4,000m 정도로 대륙붕에서 대양저에 이르기까지 지속되며 그 폭이 수직으로 9,000m 정도임.
대양저 ocean floor	대륙사면이 끝나는 부분부터 해저면의 경사가 완만해지면서 대륙대를 통과하여 평탄한 해저면을 이루는 부분. 대양저의 평균수심은 3,000~6,000m로 전체 대양의 74%를 차지함.
등심선 isobath	해저지형을 나타내기 위해 지도상에 해저海底의 깊이가 같은 지점을 연결하여 그린 곡선
만조 high water	간조low water에 대비되는 용어로, 조석현상에 의해 해수면이 하루 중 가장 높아진 상태. 만조는 주기적인 조석력tidal force에 의해 생기지만, 기상 및 해양 상태도 영향을 미침.
망간각 ferromanganese crusts	수심 800~2,500m의 해저산 경사면 및 정상부 부근에 평균 3~5cm의 얇은 두께로 분포하는 광물 덩어리
망간단괴 manganese nodule	해수 또는 퇴적물 공극수에 용해되어 있는 금속이 조개껍데기, 산호, 상어 이빨, 암석 조각 등을 핵으로 하여 자란 감자모양의 다금속 산화물 광물 덩어리. 평균 수심 5,000m 깊이 심해저 평원에 널리 분포하며 주요 함유 금속은 망간, 구리, 니켈, 코발트 등임.
무해통항권right of innocent passage	외국 선박이 연안국의 평화, 공공질서 또는 안전을 해하지 않는 한 영해를 자유로이 항행할 수 있는 권리
배타적 경제수역 exclusive economic zone	영해에 접속된 200해리 이내의 수역으로, 연안국이 이 수역의 상부수역, 해저 및 하층토에 있는 천연자원의 탐사·개발 및 보존에 관한 주권적 권리와 당해 수역에서의 인공섬, 시설물의 설치·사용, 해양환경의 보존·보호 및 과학적 조사의 규제에 대한 배타적 관할권을 행사하는 수역

용어	설명
선박평형수 ballast water	선박 운항 시 선박의 상부가 무거워서 뒤집어지지 않도록 선박의 복원성을 유지하기 위해 이용하는 물
불법·비보고·비규제어업 illegal, unreported and unregulated fishing	국가의 허가 없이 또는 국가의 법률과 규정을 위반하여 그 국가의 관할 수역에서 자국민 또는 외국인에 의해 행해지는 어업활동(불법어업), 국가의 법률과 규정을 위반하여 관련 국가의 당국에 보고를 하지 않거나 잘못 보고를 하는 어업활동(보고어업) 및 지역수산관리기구의 적용수역에서 무국적 어선에 의해 행해지는 어업활동 또는 그 기구의 비당사국 국기를 게양한 어선 또는 어업 실체에 의해 그 기구의 보존관리 조치와 일치하지 않거나 위반하는 방법으로 행해지는 어업활동(비규제어업) 등을 총칭
생물다양성 biological diversity	육상, 해상, 그 밖의 수생생태계 및 생태학적 복합체ecological complexes를 포함하는 모든 자원에서의 생물 간의 변이성을 말하며, 종들 간 또는 종과 그 생태계 사이의 다양성을 포함함.
소하성 어족 anadromous fish	연어, 송어와 같이 주로 바다에서 생활하다가 산란을 위해 산란기 이전에 바다에서 하천으로 거슬러 오는 어종
심해abyss	해저지형에서 대륙사면을 벗어나 수심이 2,000~6,000m인 깊은 바다
심해저 deep sea-bed	일반적으로 대륙 주변부가 끝나는 부분부터 보통 수심 2,000~6,000m의 비교적 평탄하고 광대한 해저지형. 심해저는 심해저평원과 심해저의 대부분을 차지하는 심해구릉으로 구성됨.
영해 territorial sea	연안국의 주권이 미치는 일정 범위의 수역을 말하며, 유엔해양법협약상 모든 국가는 영해기선으로부터 12해리를 넘지 않는 범위에서 영해의 폭을 설정할 수 있음.
영해기선baseline of the territorial sea	영토 관할권 확정에 기본이 되는 기선으로, 통상기선과 직선기선으로 구분됨.
잠정수역 provisional zone	배타적 경제수역의 경계획정을 유보하고 어업 등의 문제를 우선 해결하기 위해 설정된 특정 수역. 한일 양국은 1998년 한일 어업협정에서 잠정적으로 동해와 동중국해에 잠정수역을 설정했고, 한국은 이를 중간수역이라고 함. 한중어업 협정과 중일어업 협정에도 한일 간의 잠정수역과 유사한 경계 미획정 수역이 있음.
접속수역 contiguous zone	관세, 재정, 출입국, 위생 등의 특정사항을 규제하기 위해 영해기선으로부터 24해리 이내에서 연안국의 관할권 행사가 인정된 영해에 접속한 수역
총허용어획량total allowable catch	포획, 채취할 수 있는 수산동물의 종별 연간 어획량의 한도
최대 지속적 생산 maximum sustainable yield	특정 자원으로부터 물량적 생산을 최대 수준에서 지속적으로 유지할 수 있는 생산 수준. 수산자원은 자율적 갱신자원이므로 환경요인에 변화가 없을 때에는 적정 수준의 어획노력을 하면 자원의 고갈로 인한 남획현상을 초래하지 않고 영속적으로 최대 생산을 올릴 수 있으며, 이를 최대 지속적 생산이라고 함.

용어	설명
측지 기준선 geodetic datum	삼각측량의 출발점. 경위도 원점. 이 지점에서는 천문학적 경도와 위도를 정하고 이 점으로부터 어느 점으로의 천문학적 방위각을 정해야 함.
통과통항권 right of transit passage	선박과 항공기가 공해 또는 배타적 경제수역의 일부와 공해 또는 배타적 경제수역의 다른 부분 간의 해협을 오직 계속적으로 신속하게 통과할 목적으로 항행과 상공비행의 자유를 행사하는 것
퇴적암 sedimentary rocks	물과 바람 등에 의해 운반된 광물이 지표의 낮은 압력과 낮은 온도 상태에서 퇴적작용을 거쳐 생성된 암석
특정금지구역	배타적 경제수역 중 어업자원의 보호 또는 어업조정을 위해 외국인의 어업활동을 금지하는 구역. 한국의 경우 동해, 황해, 남해안에 각각 한 곳씩 두고 있으며, 「배타적 경제수역에서의 외국인어업 등에 대한 주권적 권리의 행사에 관한 법률」에서 규정하고 있음.
편의치적 flag of convenience	선주가 선박을 자국에 등록할 경우 부과되는 엄격한 선원 고용조건이나 세금과 같은 경제적 규제를 회피함으로써 이윤을 극대화하고 비용을 최소화하기 위해 선박을 제3국에 등록하는 것
해구 trench, troughs	경사가 급하고 대륙 가장자리에 평행하면서 비교적 좁고 기다란 심해저의 움푹 꺼진 해저지형. 주위의 해저보다 2km 정도 더 깊고 수천 km까지 뻗어 있음.
해리 nautical mile	자오선子午線의 위도 1′의 평균거리로, 1국제해리nmile는 1,852m임. 1929년 국제수로국에서 위도 45°에서의 지리위도 1′에 대한 자오선의 길이에 해당하는 1,852m를 1해리로 정하고 이를 채택하여 사용할 것을 권장함.
해양보호구역 marine protected area	해양생태계 및 해양경관 등 특별히 보전할 필요가 있어서 정부가 보호구역으로 지정하여 관리하는 수역
해저열수광상 polymetallic sulphides	수심 1,000~3,000m에서 마그마로 가열된 열수熱水가 해저암반을 통해 방출되는 과정에서 유용금속이 계속 분출하여 검은 굴뚝연기 형태의 유화물을 형성하는데, 이러한 순환과정에 의해 생성된 광상으로 금, 은, 구리 등 광물자원이 풍부하게 함유되어 있음.
FAO 준수협정 FAO Compliance Agreement	'공해조업어선의 국제적 보전관리 조치 준수협정'으로, 1993년 채택되고 2003년 발효함. '리프래깅reflagging 방지 협정' 또는 '편의치적선 금지 협정'이라고도 함. 기국에 자국 등록 공해조업어선에 대한 관리 책임을 부과하며, 회원국 간 공해상 불법어선에 대한 정보 교환을 촉진하도록 규정한 조약임.

찾아보기

저자소개(가나다순)

김원희
아주대학교 법과대학 및 대학원 졸업(법학사, 법학석사)
서울대학교 법과대학원 졸업(법학박사)
독일 뮌헨대학교 국제법연구소 방문학자(2012)
한국해양수산개발원 전문연구원(현재)
주요연구: 『ICJ의 영토분쟁 사건에서의 증거의 유형과 증명력 평가』(박사학위 논문, 2013), "남중국해 해양분쟁 관련 '국제법 전쟁Lawfare'의 성과와 과제"(『국제법학회논총』 제61권 제4호, 2016) 등

박배근
부산대학교 법과대학 및 대학원 졸업(법학사, 법학석사, 법학박사)
전 일본 규슈대학교 법학부 조교수
대한국제법학회 회장(2017)
부산대학교 법학전문대학원 교수(현재)
주요연구: 『국제법신강』(공저), 『일본의 한국침략과 주권 침탈』(공저), 『한일간 역사현안의 국제법적 재조명』(공저) 등

박수진
경희대학교 정경대학 및 법과대학 대학원 졸업(행정학사, 법학석사, 법학박사)
미국 캘리포니아 주립대학교 버클리 로스쿨 방문학자(2015~2016)
지속가능발전위원회 전문위원(현재)
한국해양수산개발원 연구위원(현재)
주요연구: 『우리나라 해양환경법체계 정비에 관한 연구』(공저), 『해양환경 부문 기후변화정책의 개선방안 연구』(공저), 『국가남극정책 추진전략에 관한 연구』(공저), 『나고야 의정서 및 BBNJ 의제분석 및 대응방안 연구』(공저) 등

박영길

건국대학교 법과대학 및 대학원 졸업(법학사, 법학석사)

서울대학교 법과대학원 졸업(법학박사)

영국 킬대학교 SPIRE 방문연구원

한국해양수산개발원 극지연구센터 센터장(현재)

주요연구: "The Republic of Korea's Response against IUU Fishing by Korean Vessels"(*Korean Yearbook of International Law*, Vol. 3, 2016), "Republic of Korea v. Araye": Korean Supreme Court Decision on Universal Jurisdiction over Somali Pirates"(*American Journal of International Law*, Vol.106, 2012)(공저) 등

신창훈

서울대학교 공과대학 졸업(전기공학과 공학사)

서울대학교 법과대학원 졸업(법학석사, 법학박사 수료)

영국 옥스퍼드대학교 졸업(법학박사)

전 아산정책연구원 연구위원

한국해양전략연구소 선임연구위원(현재)

주요연구: 『주요 해양국가의 도서관리 제도 분석 및 한국에의 정책적 함의』(공저), 『해양의 국제법과 정치』(공저), "한중일에서의 효율적인 해양과학조사 협력체제의 모색"(『서울국제법연구』 제14권 제2호, 2007) 등

양희철

경희대학교 법과대학 및 대학원 졸업(법학사, 법학석사)

국립대만대학교 대학원 졸업(법학박사)

한국해양과학기술원 해양정책연구소 소장(현재)

주요연구: 『국제해양질서의 변화와 동북아 해양정책: 한중일 대륙붕 외측한계획정의 이론과 전략』(공저), 『해양의 국제법과 정치』(공저), "국경을 넘는 해양환경오염에 대한 국가책임과 적용의 한계: 중국의 산샤댐 건설로 인한 동중국해 해양환경 영향을 중심으로"(*Ocean and Polar Research* 제37권 제4호, 2015) 등

이기범

연세대학교 법과대학 및 대학원 졸업(법학사, 법학석사)

영국 에든버러대학교 로스쿨 졸업(법학박사)

아산정책연구원 연구위원(국제법 및 분쟁해결프로그램)(현재)

주요연구: 『The Demise of Equitable Principles and the Rise of Relevant Circumstances in Maritime Boundary Delimitation』(박사학위 논문, 2012), "UN해양법협약의 해석 또는 적용 개념에 관한 소고"(『국제법학회논총』 제60권 제3호, 2015), "단일해양경계 설정과 어업문제 고려의 양립가능성 문제"(『국제법학회논총』 제61권 제2호, 2016) 등

이용희

경희대학교 법과대학 및 대학원 졸업(법학사, 법학석사, 법학박사)

한국해양연구원 연구원(1987~2004)

한국해양대학교 해사법학부 교수(현재)

주요연구:『국제연합해양법협약』(공역),『해양오염과 지구환경』(공저),『해양의 국제법과 정치』(공저),『한국의 신해양산업 부흥론』(공저) 등

이창위

고려대학교 법과대학 및 대학원 졸업(법학사, 법학석사)

일본 게이오대학 대학원 졸업(법학박사)

국제해양법학회회장(2015~2016)

서울시립대학교 법학전문대학원 교수(현재)

주요연구:『국제어업분쟁해결제도론』(공저),『일본제국흥망사』,『국제해양법판례연구』(공저) 등

정진석

서울대학교 법과대학 공법학과 및 대학원 졸업(법학사, 법학석사)

영국 브리스틀대학교 졸업(법학박사)

국민대학교 법과대학 교수(현재)

주요연구:『유엔해양법협약 관련 쟁점과 대응방안』(공저),『해양의 국제법과 정치』(공저) 등

최지현

고려대학교 법과대학 및 대학원 졸업(법학사, 법학석사, 법학박사)

한국해양수산개발원 전문연구원(현재)

주요연구:『국제사법재판소의 잠정조치에 관한 연구』(박사학위 논문, 2010), "안전보장이사회에 의한 분쟁의 국제사법재판소 회부"(『국제법평론』제39권, 2014), "일본에 대한 대륙붕한계위원회 권고의 비판적 검토"(『해사법연구』제27권 1호, 2015), "actio popularis에 대한 국제사법재판소 판례의 입장 변화 검토"(『국제법평론』제45권, 2016) 등

대한민국의 해양법 실행
유엔해양법협약의 국내적 이행과 과제

1판 1쇄 펴낸날 2017년 4월 6일
1판 2쇄 펴낸날 2018년 12월 28일

편저자 | 한국해양수산개발원
펴낸이 | 김시연

펴낸곳 | (주)일조각
등록 | 1953년 9월 3일 제300-1953-1호(구 : 제1-298호)
주소 | 03176 서울시 종로구 경희궁길 39
전화 | 02-734-3545 / 02-733-8811(편집부)
         02-733-5430 / 02-733-5431(영업부)
팩스 | 02-735-9994(편집부) / 02-738-5857(영업부)
이메일 | ilchokak@hanmail.net
홈페이지 | www.ilchokak.co.kr

ISBN 978-89-337-0726-5 93360
값 40,000원

* 편저자와 협의하여 인지를 생략합니다.
* 이 도서의 국립중앙도서관 출판예정도서목록(CIP)은 서지정보유통지원시스템 홈페이지
  (http://seoji.nl.go.kr)와 국가자료공동목록시스템(http://www.nl.go.kr/kolisnet)에서
  이용하실 수 있습니다. (CIP제어번호 : CIP2017007602)